·视频讲解·

汽车维修
从入门到精通

黄 坚 戴振锋 ◎ 主编

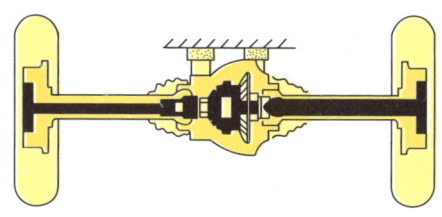
中国商业出版社

图书在版编目（CIP）数据

汽车维修从入门到精通 / 黄坚，戴振锋主编. -- 北京：中国商业出版社，2022.2
（零基础学技能从入门到精通丛书）
ISBN 978-7-5208-1988-6

Ⅰ.①汽… Ⅱ.①黄… ②戴… Ⅲ.①汽车－车辆修理 Ⅳ.①U472.4

中国版本图书馆CIP数据核字（2021）第248484号

责任编辑：管明林

中国商业出版社出版发行

（www.zgsycb.com　100053　北京广安门内报国寺1号）
总编室：010-63180647　编辑室：010-83114579
发行部：010-83120835/8286
新华书店经销
三河市冀华印务有限公司印刷

*

710毫米×1000毫米　16开　22印张　521千字
2022年2月第1版　2022年2月第1次印刷
定价：88.00元

* * * *

（如有印装质量问题可更换）

前言

近几年来，随着我国国民经济的不断发展和人们生活水平的迅速提高，作为我国支柱产业之一的汽车工业正以前所未有的规模迅猛发展，汽车进入普通百姓家庭已成为现实，其社会保有量急剧增加，社会对汽车维修行业从业人员的需求也不断增加；如此同时，汽车技术的飞速发展，车型不断更新换代，其维修工作也更为严重困难和复杂，给广大维修人员带来了新的考验。

正因如此，针对汽车维修人员的实际需要，以全新的思路、科学的理念，采用图文并茂的形式，深入浅出地介绍了汽车维修岗位最基本的技能，内容通俗易懂。在编写时，以知识点必须、够用为度，注重实用性，既考虑了传统汽车维修工艺，又突出了新技术、新知识的应用。在编写过程中力求体现"定位准确、注重能力、内容创新、结构合理、叙述通俗"的特色，编写时从维修实际出发，简明扼要，没有过于追求系统及理论的深度，突出"入门"的特点，使具有初中文化程度的读者就能读懂学会，稍加训练就可掌握基本维修操作技能，从而达到实用速成的目的。本书与已出版的同类书相比，主要特色在于：

（1）按照工作过程导向及实施流程的思路编写，较好地满足了当前各初学入门的需求。

（2）在内容的安排上遵照循序渐进的原则，文字和全彩图片在分量上更加均衡，充分增强了光大培训者学习者的主观能动性。

（3）紧密结合融合出版的理念，运用互联网＋形式，通过二维码嵌入高清晰度微视频和微课，给读者带来更为直观的阅读感。

（4）参考了大量汽车品牌的售后服务培训资料，内容、形式和体例都有创新，真正实现了与企业需求之间的并轨。

本书主要内容包括汽车维修基础知识、发动机基本简介，曲柄连杆机构、配气机构、燃油喷射系统、润滑系统、冷却系统、点火系统、汽车传动系统、汽车转向系统及汽车制动系统等，适合于城乡广大汽车维修人员、初学者、业余爱好者阅读，也可供汽车驾驶员、汽车维修工程技术人员和汽车运输部门的技术人员参考，还可作为各类职业学校的培训教材。

本书由五彩绳科技研究室组织编写，特邀请长期在汽车维修和教学工作第一线、具有丰富实践经验的教师和工程技术人员编写，其中主编为广西机电职业技术学院黄坚教授和山东威海市水产学校戴振锋老师。

由于编者水平有限，书中难免存在疏漏乃至错误，衷心希望广大读者不吝赐教，批评指正。

编　者

目录

第一章　汽车维护基础知识

第一节　汽车维护安全防护

一、防护 …………………………………… 001
二、5S 管理 ………………………………… 002
三、车辆安全检查 ………………………… 002
四、安全标识 ……………………………… 003
五、工作安全须知 ………………………… 004

第二节　汽车维修工具使用

一、常用工具 ……………………………… 006
二、常用量具 ……………………………… 012
三、举升机 ………………………………… 014

第三节　汽车维修基础流程

一、人员构成 ……………………………… 016
二、作业流程 ……………………………… 016

第二章　发动机概述

第一节　发动机类型及工作原理

一、发动机类型识别 ……………………… 018
二、发动机基本术语 ……………………… 021
三、发动机工作原理 ……………………… 022

第二节　发动机基本结构组成

一、曲柄连杆机构 ………………………… 025
二、配气机构 ……………………………… 026
三、燃料供给系统 ………………………… 027

四、润滑系统 ………………………………… 027
五、冷却系统 ………………………………… 028
六、点火系统 ………………………………… 028
七、启动系统 ………………………………… 028

第三节　发动机主要性能指标及编号

一、认识发动机主要性能指标 ……………… 029
二、发动机名称和型号 ……………………… 029

第三章　曲柄连杆机构

第一节　机体缸盖组的构造与检测

一、汽缸盖和油底壳 ………………………… 031
二、汽缸体及其检测 ………………………… 035

第二节　活塞连杆组的构造与检测

一、活塞 ……………………………………… 039
二、活塞环 …………………………………… 041
三、活塞销 …………………………………… 042
四、连杆 ……………………………………… 043
五、活塞连杆组的拆装与检测操作 ………… 044

第三节　曲轴飞轮组的构造与检测

一、曲轴 ……………………………………… 049
二、飞轮 ……………………………………… 049
三、曲轴飞轮组的拆装与检测操作 ………… 050

第四节　曲柄连杆机构故障的诊断与排除

一、汽缸压力不足 …………………………… 053
二、连杆弯曲、扭曲和双重弯曲 …………… 053
三、曲轴弯曲和扭转 ………………………… 054
四、活塞裙部烧蚀 …………………………… 055
五、活塞环槽磨损 …………………………… 055

第四章 配气机构

第一节 配气机构的构造与拆装

一、配气机构的组成 …………………………………… 057
二、配气机构的分类 …………………………………… 058
三、配气机构的拆装操作 ……………………………… 059

第二节 气门传动组的构造与检测

一、凸轮轴 ……………………………………………… 064
二、挺柱 ………………………………………………… 065
三、推杆 ………………………………………………… 066
四、摇臂 ………………………………………………… 066
五、气门传动组的拆装与检测操作 …………………… 067

第三节 气门组的构造与检测

一、气门组结构的组成 ………………………………… 068
二、配气相位 …………………………………………… 070
三、气门间隙 …………………………………………… 071
四、气门间隙的测量操作 ……………………………… 074
五、气门组的检测操作 ………………………………… 076

第五章 汽油机电控燃油喷射系统

第一节 空气供给系统的组成与检测

一、进气测量装置的构造与检测 ……………………… 078
二、进气量调节装置的构造与检测 …………………… 085
三、进气是调节装置的检测 …………………………… 094
四、废气排放装置的构造与检测 ……………………… 095
五、废气排放装置的检测 ……………………………… 099

第二节 燃油供给系统构造与维修

一、燃油供给系统的基本组成 ………………………… 101
二、电动燃油泵构造与检测 …………………………… 102
三、喷油器构造与检测 ………………………………… 106

四、喷油器的检测 ………………………………… 109

第三节　电子控制系统构造与检测

一、传感器的构造与检测 …………………………… 111
一、ECM 的构造与控制功能 ………………………… 120

第四节　电控燃油喷射系统常见故障的诊断与排除

一、电控发动机不能启动故障诊断与排除 ………… 123
二、电控发动机启动困难故障诊断与排除 ………… 124
三、电控发动机怠速常见故障诊断与排除 ………… 125

第六章　润滑系统

第一节　润滑系统的构造与检修

一、润滑系统的功用与类型 ………………………… 127
二、润滑系统的结构组成 …………………………… 128
三、润滑系统的检修 ………………………………… 136

第二节　润滑系统常见故障诊断与排除

一、机油油量的检查 ………………………………… 139
二、机油质量的检查 ………………………………… 139
三、机油压力的检查 ………………………………… 141

第七章　冷却系统

第一节　冷却系统的构造与检修

一、冷却系统的基本功用 …………………………… 142
二、水冷系统的结构组成 …………………………… 142
三、冷却系统的检修 ………………………………… 149

第二节　冷却系统故障诊断与排除

一、冷却系统温度过低 ……………………………… 153
二、冷却液充足但冷却系统温度过高 ……………… 154

三、冷却液消耗异常引起冷却系统温度过高 …………… 155
四、发动机突然过热 …………… 155

第八章 点火系统

第一节 点火系统的组成与检修

一、点火系统的基本功用 …………… 156
二、点火系统的组成原理 …………… 156
三、点火系统主要部件 …………… 158
四、点火系统的检修 …………… 163

第二节 点火系统典型故障的诊断与排除

一、点火线圈的检修 …………… 166
二、点火控制器的检修 …………… 167
三、火花塞的检修 …………… 167
四、高压线的检测 …………… 168
五、传感器的检测 …………… 168
六、汽油机电控点火系统高压无火花的故障诊断流程及故障排除 …………… 168

第九章 汽车传动系统

第一节 离合器

一、离合器结构认知 …………… 170
二、离合器的拆装与检修 …………… 173
三、离合器踏板行程的检查与调整 …………… 174

第二节 手动变速器

一、手动变速器结构认知 …………… 176
二、手动变速器的拆装与检修 …………… 185
三、手动变速器油的检查与更换 …………… 190

第三节 自动变速器

一、自动变速器结构认知 …………… 193

二、自动变速器的拆装与检修 ·············· 201
　　三、自动变速器油的检查与更换 ·············· 212

第四节　万向传动装置

　　一、万向传动装置结构认知 ·············· 216
　　二、十字轴式万向传动装置的拆装与检修 ·············· 221
　　三、球笼式万向传动装置的拆装与检修 ·············· 227

第五节　驱动桥

　　一、驱动桥结构认知 ·············· 233
　　二、主减速器的拆装与检修 ·············· 239
　　三、差速器的拆装与检修 ·············· 246

第十章　汽车行驶系统

第一节　车架与车桥

　　一、车架 ·············· 251
　　二、车桥结构认识 ·············· 252

第二节　车轮与轮胎

　　一、车轮与轮胎结构认知 ·············· 253
　　二、车轮和轮胎的拆装与检修 ·············· 256
　　三、轮胎换位与动平衡 ·············· 259
　　四、车轮动平衡操作 ·············· 261

第三节　悬架

　　一、悬架结构认知 ·············· 263
　　二、非独立悬架的拆装与检修 ·············· 266
　　三、独立悬架的拆装与检修 ·············· 270

第十一章　汽车转向系统

第一节　机械转向系统

　　一、机械转向系统结构认知 ·············· 276

二、机械转向系统的基本检查 …………………… 277

第二节　转向操纵机构的拆装与调整

一、转向操纵机构的拆卸 …………………… 281
二、转向操纵机构的安装与调整 …………………… 283
三、转向操纵机构拆装与调整操作 …………………… 285
四、转向传动机构的拆装与调整 …………………… 290
五、转向器的拆装与调整 …………………… 296

第三节　动力转向系统

一、液压助力转向系统结构认知 …………………… 300
二、转向助力油的检查与更换 …………………… 301
三、电动助力转向系统结构认知 …………………… 304
四、电动助力转向系统的检查与诊断 …………………… 305

第十二章　汽车制动系统

第一节　制动器

一、盘式车轮制动器的拆装与检修 …………………… 309
二、鼓式车轮制动器的拆装与检修 …………………… 311
三、驻车制动器的检查与调整 …………………… 313

第二节　气压制动传动装置

一、气压制动传动装置结构认知 …………………… 316
二、气压制动传动装置的拆装与检修 …………………… 318

第三节　液压制动传动装置

一、液压制动传动装置的拆装与检修 …………………… 322
二、制动液的检查与更换 …………………… 328

第四节　ABS系统

一、ABS结构认知 …………………… 334
二、ABS轮速传感器的检查与更换 …………………… 338

参考文献 …………………… 340

第一章　汽车维护基础知识

第一节　汽车维护安全防护

许多工伤事故都是由杂乱无章引起的。在凌乱的工作场所，常常会发生因绊倒、跌倒或滑倒而导致受伤的事故。妥善保管所有设备、部件和汽车，可以保护人员和设备不受伤害。

一、防护

1. 个人防护

穿戴整洁的工作服和工作鞋，是职业化形象的具体体现，也是安全生产的具体要求，如图 1-1-1 所示。

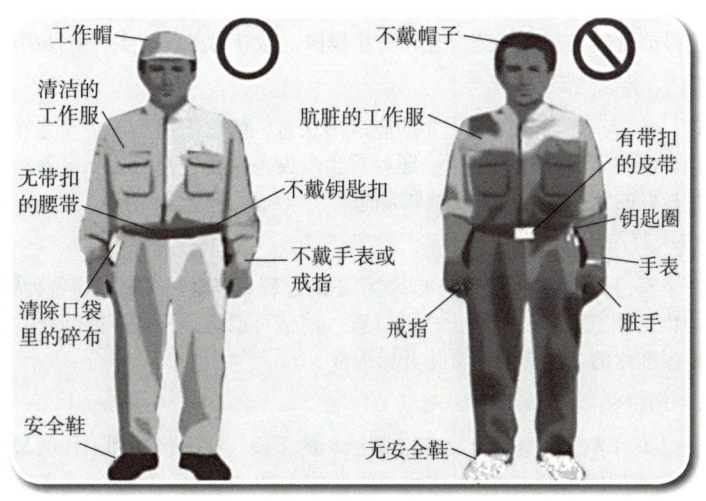

图 1-1-1　人员防护

① 头部防护。在举升起来的车辆下工作时应对头部进行保护。女性出于安全考虑最好将长发用发网盘起。

② 工作服。根据工作类型配备相应的工作服。为了安全和方便工作，工作服必须结实合身；为防止车内外被划伤，不要将皮带、纽扣、手表等坚硬物体暴露在外，同时应保持

工作服的整洁；为了防止受伤或烫伤，请规范穿着工作服，尽量不要裸露自己的皮肤。

③ 脚部保护。在维修车间范围内工作的每位员工都应穿上防护鞋。这些防护鞋配有脚趾保护罩。有些工作鞋还带有防汽油和机油的鞋底。这种鞋底可以降低滑倒的危险。鞋底中部快要磨破时应更换工作鞋，即使鞋底边缘仍完好无损。

2. 车辆防护

车辆防护的目的是防止客户车内进入灰尘或沾染脏污，防止划伤或腐蚀车身涂层，防止车辆移动，便于检查维护。主要包括三件套的安装（含座椅套、地板垫、转向盘套）、发动机舱的翼子板布、前格栅布的安装，车轮挡块的安装，如图1-1-2所示。

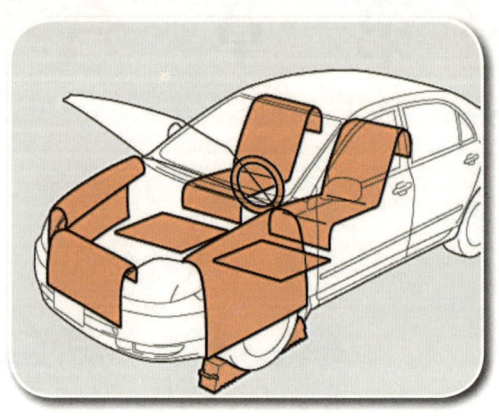

图1-1-2 车辆基本防护

二、5S管理

1. 整理（Seiri）

将必需品的数量降到最低限度，将马上要用的、暂时不用的、长期不用的区分对待，使现场无杂物，行道通畅，增大作业空间，提高工作效率。

2. 整顿（Seiton）

将产品按机能或种类分区放置，摆放方法各样（如架式、箱内、悬吊式等），充分利用空间，便于拿取和先进先出，平行、直角在规定区域放置，堆放高度应有限制，一般不超过1.2m，容易损坏的物品要分隔或加防护垫保管，防止碰撞，做好防潮、防尘、防锈措施。

3. 清扫（Seiso）

经过整理、整顿，必需物品处于立即能取出状态，但取出物品还必须完好可用，这是清扫的最大作用。清扫不仅是打扫卫生，还要对生产设备仪器进行点检、保养和维护工作，以利于保持设备良好的状态，及时发现故障隐患。

4. 清洁（Seiketsu）

清洁是一个努力保持整理、整顿和清扫状态的过程，也是一个通过对各种物品进行分类，清除不必要的物品使工作场所保持干净的过程。清洁可以防止任何可能问题的发生，成为惯例和制度，是标准化的基础，企业文化开始形成。

5. 修养（Shitsuke）

修养是通过4S（整理、整顿、清扫、清洁）的手段，使人们达到工作的最基本要求，也可理解为通过推动能做到的4S而达到最终精神上的"清洁"。通过遵守规章制度，培养良好素质习惯的人才，铸造团队精神。

三、车辆安全检查

车辆安全检查是在定期检查过程中确定是否存有启动发动机、自动变速器挂挡或开动刮水器所需的最低机油和油液量，保证启动的最低蓄电池电压。

安全检查内容有：①确认散热器储液罐内有冷却液；②用油尺检查发动机机油液位，确认正常油位；③检查制动总泵的储液箱内确有制动液；④用液位尺来检查洗涤液的液位，确保有洗涤液；⑤用油尺来检查自动变速器油液液位，确保正常液位；⑥用万用表来检查蓄电池，电压不低于 12V，确保能正常启动发动机。如图 1-1-3 所示。

四、安全标识

1. 指令标志

指令标志为蓝白色圆形标志，表示注意作为行为规定的指令性保护措施，必须在标注区域内采取相应保护措施。常见的指令标志如图 1-1-4 所示。

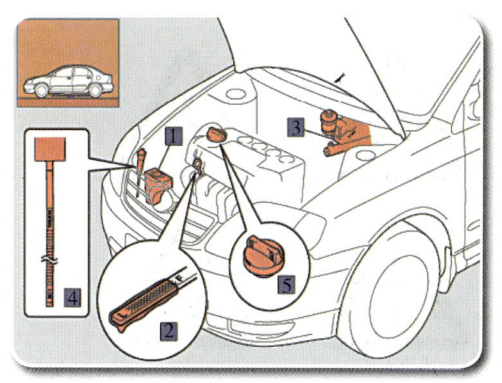

图 1-1-3 车辆安全检查

1—散热器储液罐；2—机油油尺；3—制动总泵储液罐；4—洗涤器液位尺；5—机油加注口盖。

图 1-1-4 常见指令标志

2. 警告标志

警告标志是黑色标志、黑色边框和黄底的三角形标牌，提醒一些潜在危险。常见的警告标志如图 1-1-5 所示。

图 1-1-5 常见警告标志　　　图 1-1-6 常见禁止标志

3. 禁止标志

禁止标志采用圆形白底标牌,以黑色标志表示禁止内容,带有一个红色斜杠和红色圆形边缘,表示一些特殊的行为不被允许。常见的禁止标志如图 1-1-6 所示。

4. 防火标志

防火标志是带有白色标志的红色矩形标牌,箭头表示防火设备或设施所在位置,这些箭头只允许与另一个防火标志一起使用。常见的防火标志如图 1-1-7 所示。

5. 救援标志

救援标志是带有白色标志的绿底矩形标牌,箭头表示救援设备或设施所在位置,逃生路线和逃生方向通过这些标志标记出来,以便在危险情况下迅速安全地离开危险区域。常见的救援标志如图 1-1-8 所示。

五、工作安全须知

1. 防火知识

在汽车维修工作中要做好防火预防工作。如发生火灾,首先拨打火警电话 119,在消防员没有到达现场前,所有人员应配合扑灭火焰。

① 不得在工作场所吸烟,如在吸烟区吸烟后,应确认烟头熄灭在烟灰缸里。

② 不要在充电的蓄电池旁使用明火或产生火花的设备,因为在充电时蓄电池产生可燃性气体——氢气。

图 1-1-7　常见防火标志　　　　　图 1-1-8　常见救援标志

③ 在机油存储地或可燃性的零件清洗剂附近，不要使用明火。
④ 仅在必要时才将燃油或清洗剂带到车间，携带时还应使用密封的容器。
⑤ 吸满机油和汽油的碎布在特定条件下，可能发生自燃，所以应将其放入带盖的金属容器内。
⑥ 不要将可燃性废机油或燃油倒入污水管道，这不仅造成环境污染，还可能造成污水管道发生火灾，应将这些废油倒入指定的回收容器内。
⑦ 在维修车辆燃油系统前，应断开蓄电池的负极，在没有修好前，可以防止误启动。
⑧ 知道灭火器、灭火沙、消防栓放在何处，如何使用。

2. 防电知识

在汽车维修工作中还需做好防触电措施。如果因电路或电气设备引起的火灾或人身伤害，应先断开电源开关，再进行施救。
① 拔电缆插头时，不要拉电线，而应拉插头本身。
② 对于标有故障的电气开关，千万不要触碰。
③ 不要靠近断裂或摇晃的电线。
④ 不要用湿手接触电气设备。
⑤ 不要让电线通过尖角、潮湿、有油污或高温的地方。
⑥ 不要在电气设备附近使用易燃物。
⑦ 如发现电气设备不正常，应立即关闭电源开关，并加以警示和上报。

第二节　汽车维修工具使用

一、常用工具

1. 扳手

扳手的作用是拧紧或松开螺栓或螺母。常用的普通扳手有单头、双头和等双头扳手，如图 1-2-1 所示。

图 1-2-1　常用扳手

使用时的重要提示如下。

① 使用与螺栓或螺母相配的扳手，并且能够正确结合，如图 1-2-2 所示。

图 1-2-2　扳手的选择

② 使用扳手时应拉动扳手，这样更安全，如图 1-2-3 所示。如果推动扳手，可能向前移动不顺，手也可能碰到其他零件，扳手从螺栓或螺母中滑落时手可能会受伤。如果用另一只手握住把手和螺栓或螺母结合处，则更安全可靠。如果由于一定原因必须向前推扳手，把手张开推。这样即使工具滑落，也不会造成太大伤害（这一警告同样适用于类似工具或套筒扳手）。

③ 即使扳手同螺母或螺栓可靠结合，如果突然用很大的力气拧紧/松开螺母或螺栓，也应注意扳手的开口有可能松开。

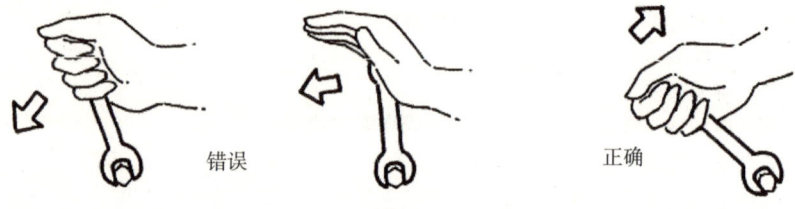

图 1-2-3　推扳手与拉扳手

④ 扳手手柄的长度取决于扳手开口的尺寸,这样才能用适于螺栓或螺母尺寸的扭矩进行拧紧。所以,不要把两把扳手接合使用,不要在扳手手柄上加套管来加长手柄,也不要用锤敲扳手来代替用手推扳手,如图 1-2-4 所示。如果这样使用扳手,扭矩会变大,将可能导致损坏螺栓和扳手,甚至导致严重事故。所以,绝对不要这样使用扳手。

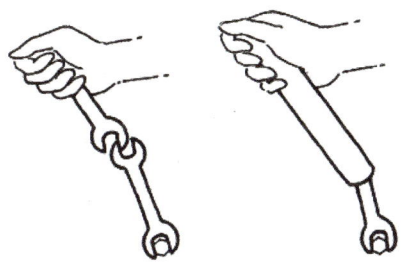
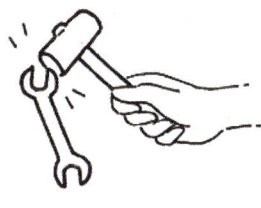

图 1-2-4 扳手的错误使用

2. 梅花扳手

梅花扳手比普通的扳手易于使用,因为它完全包住了螺栓或螺母的顶端部。同时,由于它的手柄比普通的扳手长,可以获得更大的扭矩。常见的梅花扳手如图 1-2-5 所示。

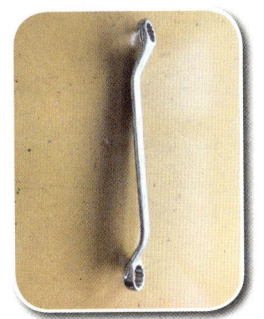
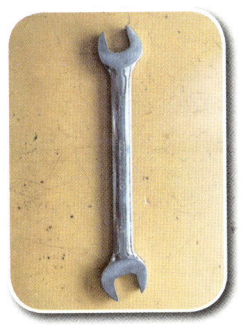
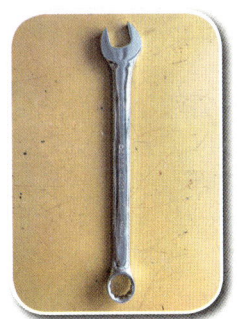

弯颈扳手　　　　　　油管螺母扳手　　　　　　梅花-开口组合扳手

图 1-2-5 常见的梅花扳手

使用时的重要提示如下。

① 在开始松开或结束拧紧螺栓或螺母时,它更方便。

② 使用适用于螺栓或螺母尺寸的梅花扳手,使梅花端部与螺栓或螺母的头部平行,并拉动扳手,如图 1-2-6 所示。

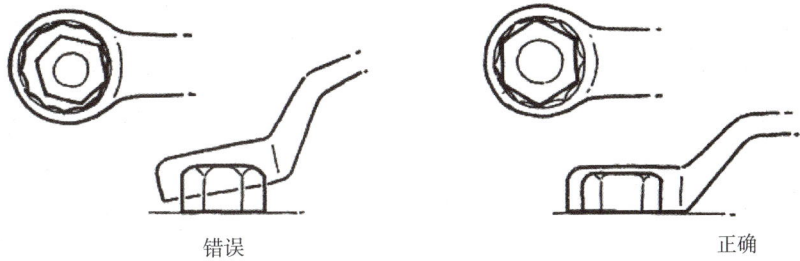

错误　　　　　　　　　　　　　　　　正确

图 1-2-6 梅花扳手的使用

③ 不要使用锤或类似物敲击扳手手柄，或在螺栓还没有松开时就连接金属管。这些动作可能会导致损坏螺栓或工具。如果用锤轻轻敲击螺栓或螺母，将有助于松开螺栓或螺母。

3. 旋具

旋具俗称改锥，用来拧紧或松开螺钉。有各种形状的改锥头，如图1-2-7所示。改锥也有各种型号和规格，如图1-2-8所示。

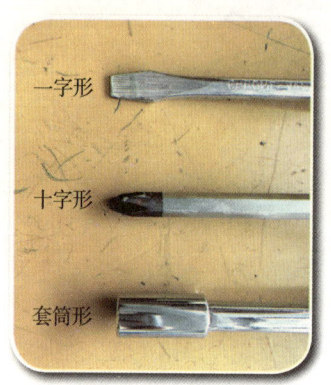

图1-2-7 改锥头类型

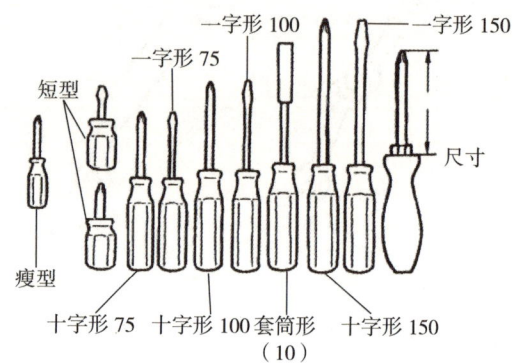

图1-2-8 各种改锥

使用时的重要提示如下。

① 改锥的改锥头和螺钉槽必须匹配。

② 改锥头必须可靠地同螺钉槽接合，如图1-2-9所示。

③ 不要使用小号改锥去松大号螺钉。使用尺寸不合适的改锥将有可能损坏螺钉槽或改锥头。

④ 如图1-2-10所示，即使螺钉很紧不能松开，也不要击打改锥。使用带六角接头的改锥并用扳手旋转它，或使用专门设计的击打改锥，能够更容易地松开螺钉。

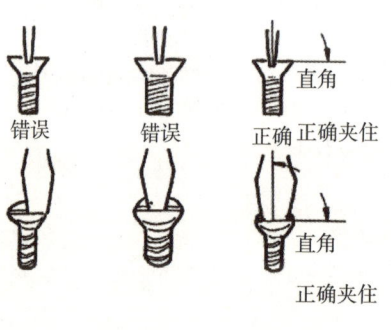

图1-2-9 改锥头与螺钉槽的接合

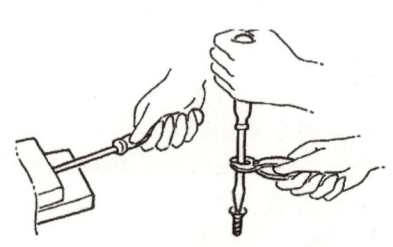

图1-2-10 改锥的错误使用

4. 可调扳手

可调扳手又称活动扳手，根据螺栓或螺母的尺寸，通过转动调整螺钉来移动可调爪，可调扳手的开口宽度可变宽或变窄，如图1-2-11所示。

可调扳手可用于非标准尺寸的螺栓或螺母，如空调金属管的连接处等。

使用时的重要提示如下。

① 使用可调扳手前，先调整好适于螺栓或螺母的开口宽度，如图1-2-12所示。如果可调扳手的夹持太松，螺栓或螺母的边可能会被咬掉。

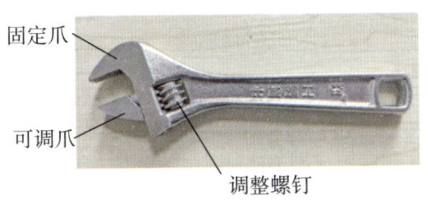

图 1-2-11　可调扳手　　　　图 1-2-12　调整可调扳手的开口宽度

② 可调扳手的结构决定了固定爪比可调爪能够承受更大的力,夹持物体更可靠,所以应把可调扳手的固定爪放在上侧,如图 1-2-13 所示。如果把可调扳手的可调爪放在上侧使用,螺栓或螺母有可能从可调扳手中滑出,并且螺栓或螺母的边可能会被咬掉。

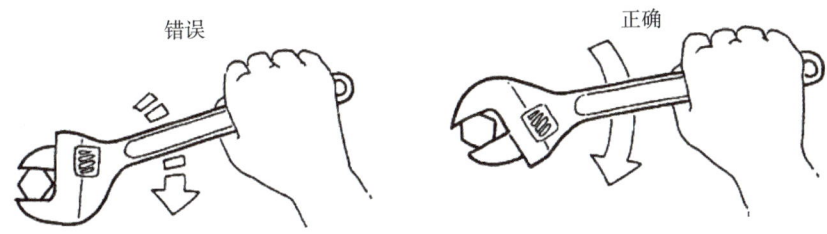

图 1-2-13　固定爪应在上侧

5. 套筒扳手组合工具

通过组合使用扳手和各种手柄或延长杆等,如图 1-2-14 所示。套筒扳手可适用于各种尺寸的螺母,并能够安全迅速地处理难于接近的螺母。

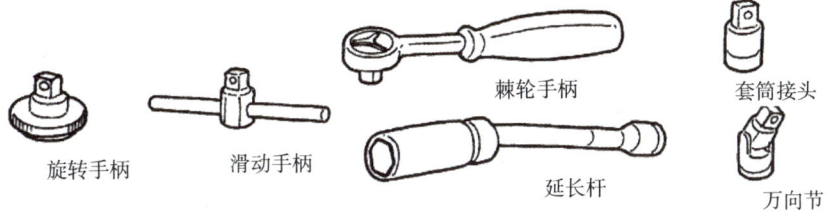

图 1-2-14　手柄、延长杆、套筒接头和万向节

常用套筒接口宽度(对边)为 9.5mm(3/8 英寸)或 12.7mm(1/2 英寸)。梅花端有两种类型:六角的和十二角的,十二角的更常用,如图 1-2-15 所示。

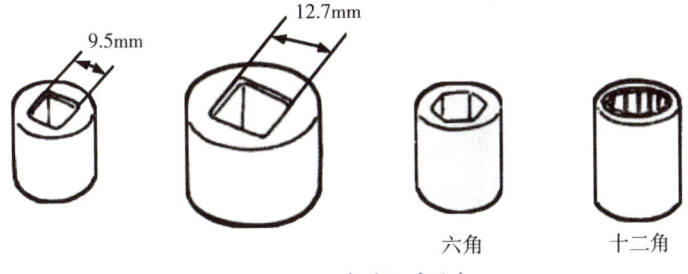

图 1-2-15　套筒扳手端部

使用时的重要提示如下。

（1）套筒

① 使用能可靠套住螺栓和螺母的尺寸的套筒扳手（见图1-2-16），这样才能够安全工作，螺栓或螺母端部的边角不会被咬掉，套筒也不会变形。

② 把接头、万向节、延长杆、手柄等连接到套筒时（见图1-2-17），确保各个连接都是可靠的。不可靠的连接将导致操作时脱离和意外伤害。

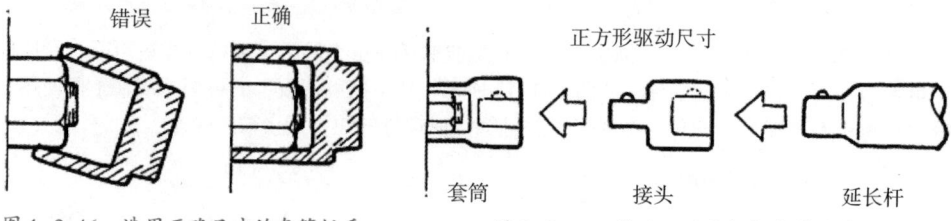

图1-2-16 选用正确尺寸的套筒扳手　　图1-2-17 接头、延长杆与套筒的连接

③ 如果把一通用套筒与一受冲击作用的扳手相连接使用，冲击很容易损坏套筒孔的顶部。在这种情况下，要使用专门设计的套筒。

（2）延长杆和万向节

① 当螺母在很深的凹进处，套筒不能套到螺母时，须使用合适长度的延长杆使操作变得可行。延长杆有各种长度的，应该选择便于工作的延长杆。

② 在延长杆不能直立插入的地方，使用万向节能使操作变得可行，如图1-2-18所示。

③ 工作中结合使用延长杆和万向节应小心，因为套筒容易从螺母脱离。此外，当延长杆倾斜时，需注意套筒此时无法提供准确的扭矩。

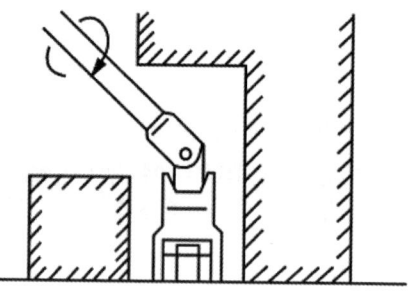

图1-2-18 延长杆和万向节的配合使用

（3）T形滑动手柄

T形滑动手柄是套筒和十字杆的组合，通过改变两者的相对位置，可以用多种扭矩进行紧固，如图1-2-19所示。

 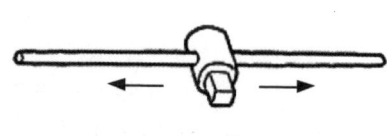

图1-2-19 T形滑动手柄

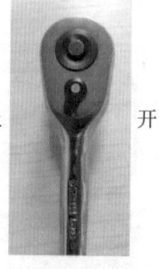

图1-2-20 棘轮手柄

（4）棘轮手柄

棘轮手柄（见图1-2-20）能够使套筒保持在螺栓或螺母上，只在一个方向上快速转动螺栓或螺母。拨动棘轮锁杆就能使转动方向相反。不要在手柄上使用过大的作用力，否则会损坏棘轮。需要大的作用力时使用旋转手柄。

（5）旋转手柄

套筒和旋转手柄间使用万向节。杆弯成直角

时能提供很大的作用力来松开紧固的螺栓或螺母；螺栓或螺母松动后，拉直手柄或倾斜至合适的角度能够快速转动螺栓或螺母，如图1-2-21所示。

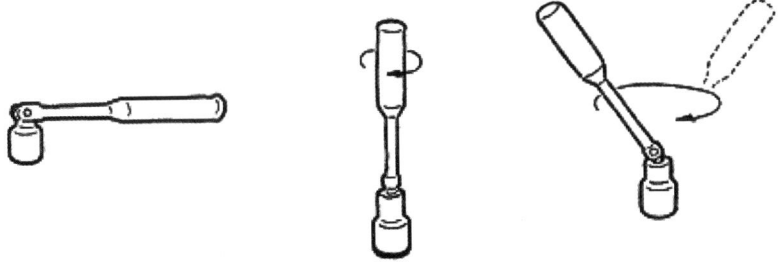

图1-2-21　旋转手柄的使用

（6）火花塞套筒

① 火花塞套筒专为安装和拆卸火花塞而设计。内部磁铁能够牢固吸引住火花塞，从而使工作更轻松，如图1-2-22所示。

② 火花塞套筒加上长度合适的延长杆和棘轮手柄，能够轻松地安装或拆卸难于触及的火花塞。

③ 在火花塞上要直立使用火花塞套筒，倾斜使用将损坏火花塞绝缘体，如图1-2-23所示。

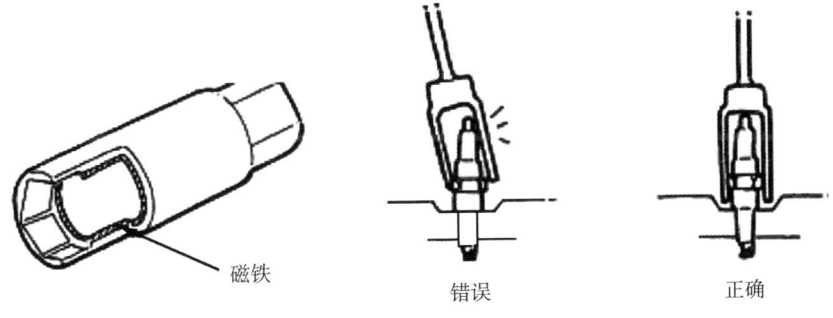

图1-2-22　火花塞套筒　　　　图1-2-23　火花塞套筒的使用

6. 钳子

（1）尖嘴钳

尖嘴钳用于在密封的空间里操作或夹紧小零件。在钳子的颈部还有一组刀口，用于切割细导线或剥掉电线外面的绝缘层。不可在钳子头部施加过大的力，不然会导致钳口变形，如图1-2-24所示。

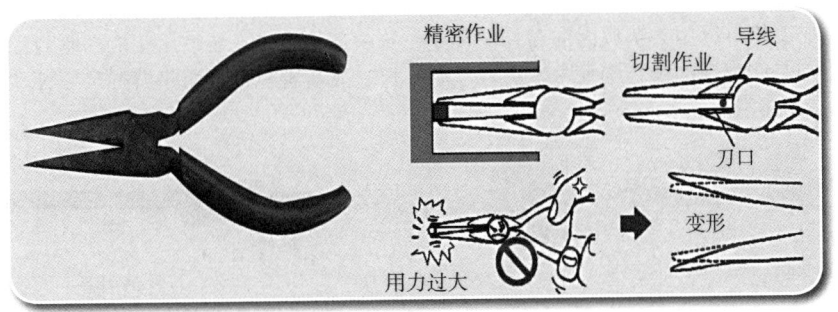

图1-2-24　尖嘴钳

（2）鲤鱼钳

鲤鱼钳主要用于夹零件，如卡箍等，也可利用刀口剪断导线。通过改变支点的位置，可以调节钳口张开的程度，以实现不同的用途。在夹紧易损件时，需要做好防护，如在外面包裹防护布，如图 1-2-25 所示。

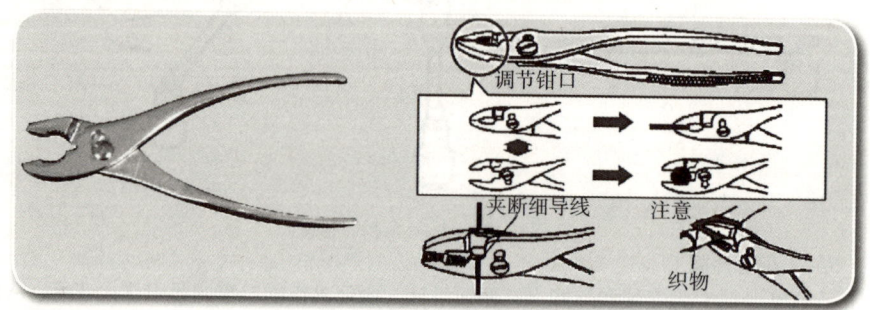

图 1-2-25　鲤鱼钳

二、常用量具

1. 游标卡尺

（1）组成

游标卡尺是精密量具，读数单位为 0.05mm，有的为 0.02mm。游标卡尺主要由一个带固定量爪的刻度尺和一个滑动量爪组成，如图 1-2-26 所示。刻度尺为主尺，滑动量爪带有游标尺。

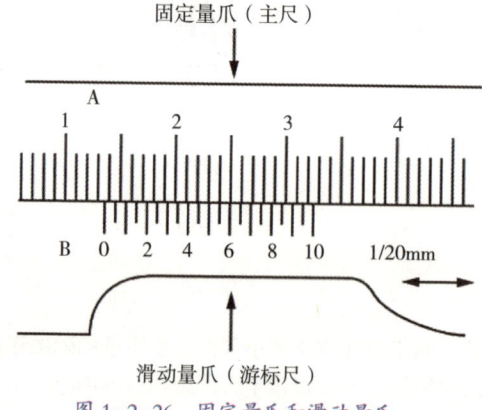

图 1-2-26　固定量爪和滑动量爪

（2）分类

游标卡尺可以用来测取内部和外部尺寸。测内部尺寸时，要使用相应的测内径量爪。汽车修理车间所用的游标卡尺基本有标准游标尺、表盘游标尺和数字游标尺三种型式，如图 1-2-27 所示。

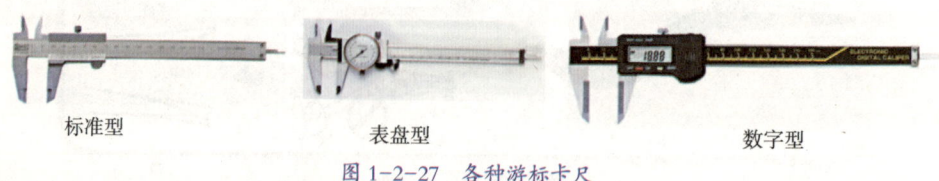

图 1-2-27　各种游标卡尺

（3）识读

测量值的读取，如图1-2-28所示：先读取整数值，即主标尺刻度的数值，其位于游标"0"的左边，如 A 为 45 mm；再读取小数值，即游标上的刻度与主标尺刻度相对齐点的数值，如 B 为 0.25 mm；最终的测量值为 $A+B$=45+0.25=45.25（mm）。

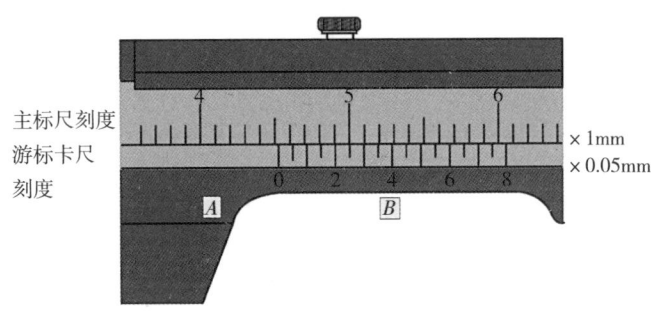

图 1-2-28　游标卡尺的读数

2. 外径千分尺

（1）组成

外径千分尺是一个螺旋式量具，包括一个带测砧的尺架和一个支承测轴的螺纹套。转动活动套的滚花部分，可使测轴相对测砧旋进旋出。

图 1-2-29 所示的外径千分尺装的是一个短测砧，有多种不同尺寸的测砧以适应不同的用途。

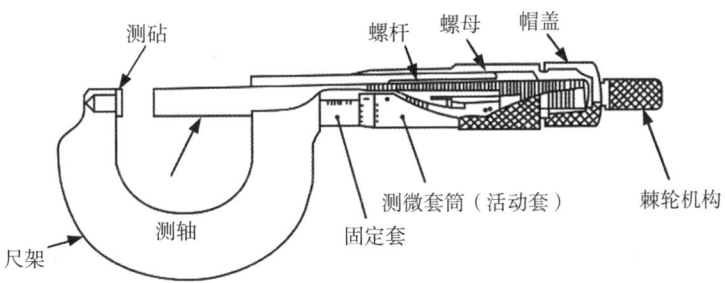

图 1-2-29　外径千分尺的组成

（2）识读

测量前，首先清洁测砧，其次进行校零，如不在零位可用调整扳手进行调整；测量时，先将测砧与被测件接触，再旋转微分筒直到测微螺杆接近被测件，然后旋转测力装置，直到空转几次后进行锁止，再读取测量值。

测量值的读取，如图 1-2-30 所示，先读取 0.5 mm 的整数值，即在固定套管刻度上可以看见的最大值，例如，A=55.5 mm；再读出 0.5 mm 以下的小数值，即微分筒上的刻度与固定套管上的刻度对齐点的数值，需估读至 0.001 mm，例如，B=0.450 mm，最终的测量值为：$A+B$=55.5+ 0.450=55.950（mm）。

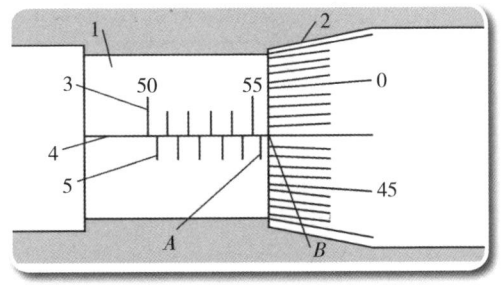

图 1-2-30　千分尺的读数
1—固定套管；2—微分筒；3—1 mm 刻度；
4—套管刻度基线；5—0.5 mm 刻度。

3. 百分表

百分表主要用于测量轴的弯曲和端面圆跳动等，测量精度为 0.01 mm，百分表的结构如图 1-2-31 所示。将百分表与磁性表座相连，可以实现测量弯曲度、端面圆跳动，与内径测量杆相连，可以测量汽缸内径。测量时，要使测量头垂直于被侧面，并设置指针位于量程的中间位置，以提高灵敏度，如图 1-2-32 所示。测量值的读取：读取表盘指针在表盘内偏摆的最大刻度，如左右偏摆 7 个刻度，则偏差为 0.07mm。

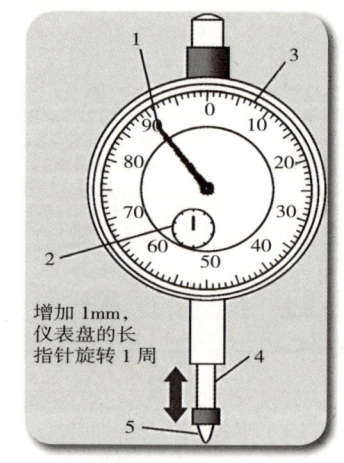

图 1-2-31　百分表

1—指针；2—转数指示盘；3—表盘；
4—测量杆；5—测量头。

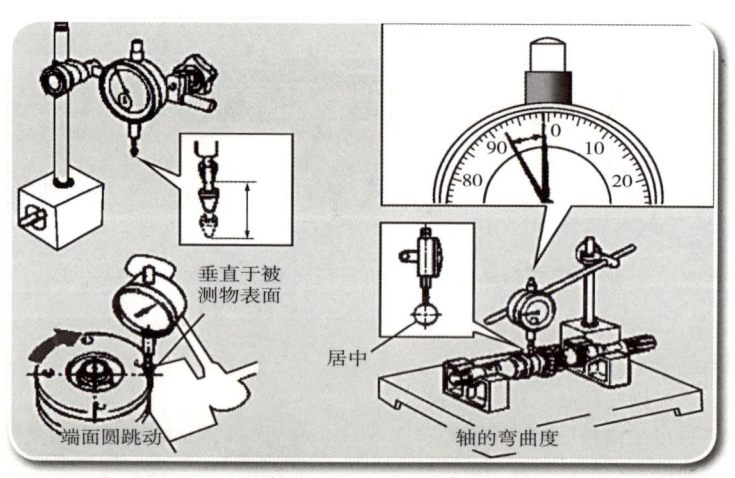

图 1-2-32　百分表的使用

三、举升机

举升机是汽车维修企业必备的设备之一，在车辆作业中发挥着至关重要的作用。无论整车大修，还是小修维护，都离不开举升机，常用的有立柱式和剪式举升机。

1. 立柱式举升机

立柱式举升机结构如图 1-2-33 所示，安装比较方便，地面无须挖槽，但对车间高度有一定要求。汽车维修企业很多重大事故是由举升机操作不当导致，因此，使用举升机一定要遵守操作规范，有以下注意事项。

① 在上升或下降时，都应观察举升机周围状况，在取得同伴同意后才可操作。

② 在上升或下降时，眼睛要注视车辆，观察两侧托臂是否同步，如发现异常，应停止举升或下降，并采取可靠措施，避免车辆意外坠落。

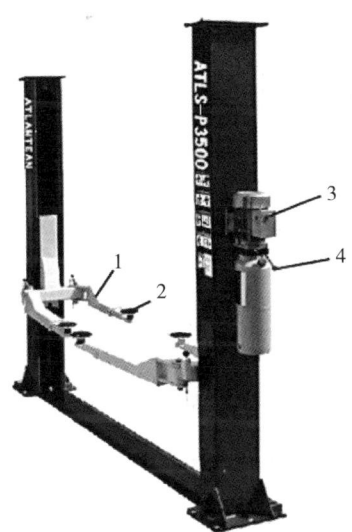

图 1-2-33 立柱式举升机
1—托臂；2—垫块；3—举升操作按钮；
4—下降操作臂。

③ 认真学习和掌握使用说明书中的各项安全注意事项并认真执行，严禁超载使用，并特别注意防止偏载。

④ 严禁使用带故障的举升机。

2. 剪式举升机

剪式举升机的结构如图 1-2-34 所示。

其使用方法与注意事项同立柱式举升机，不同之处是，举升前放置好垫块，在车辆受力后再次检查垫块的放置，在举升至操作位置后，应锁止并关闭控制面板上的电源开关，如图 1-2-35 所示。

图 1-2-34 剪式举升机

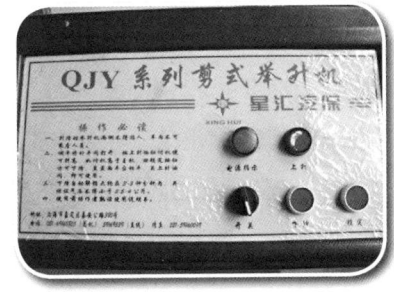

图 1-2-35 控制柜控制面板

举升机在操作过程中需要注意以下几点，如图 1-2-36 所示。

① 在抬升和降下举升器前要先进行安全检查，并向其他人发出举升器即将启动的信号。

② 一旦轮胎稍离地，即要检查车辆支承是否合适。

③ 将所有的行李从车上搬出并提升空车。

④ 检查一下车辆,除支承部件外,没有其他部件在现场。
⑤ 切勿提升超过举升器提升极限的车辆。
⑥ 带有空气悬架的车辆因其结构关系需要特别处理。请参考维修手册说明。
⑦ 在提升车辆时切勿移动车辆。
⑧ 在拆除和更换大部件时要小心,因为汽车重心可能改变。
⑨ 切勿将车门打开提升车辆。
⑩ 如果在一段时间内未完成作业,则要把车放低一些。

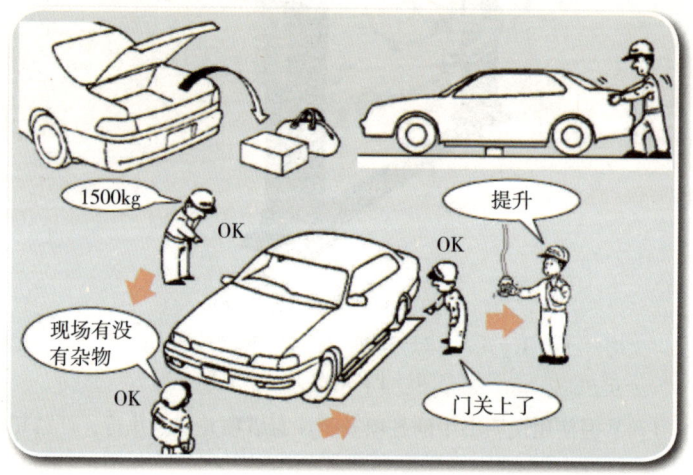

图 1-2-36　举升机操作注意事项

第三节　汽车维修基础流程

一、人员构成

维修部门主要由业务人员、管理员、班组长、维修人员等组成。

二、作业流程

维修作业的一般业务流程如图 1-3-1 所示。

第一章 汽车维护基础知识

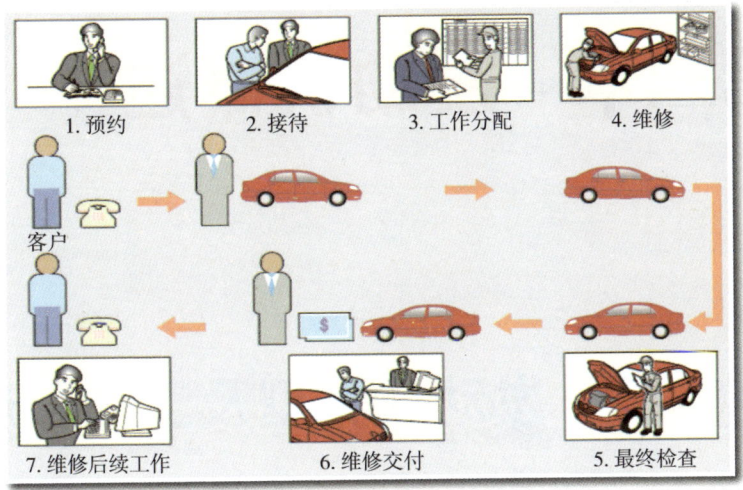

图 1-3-1　维修作业业务流程

1. 预约

主要由业务人员负责。任务：倾听客户的需求并做好记录，如车型、时间、估算等；安排预约并通知管理员与配件部门。

2. 接待

主要由业务人员负责。任务：顾客到达后问候客户；说明维修工作，特别是时间和费用；取得客户对维护工作的批准；填写修理单，记录客户的需求，检查维修记录；进行车辆的全身检查，避免不必要的麻烦；将修理单转交给管理员以安排任务。

3. 工作分配

主要由管理员负责。任务：根据完成任务的时间及技术水平分配任务。

4. 维修

主要由维修人员负责。任务：接受工作任务（修理单）；根据工作任务到仓库领零部件；在允许的时间内完成任务；向班组长确认工作完成。对于难度高的任务，班组长要给维修人员提供技术帮助。如果在维修作业过程中，维修人员发现不能按时完成工作任务或需要其他零部件时，一定要向班组长或管理员及时汇报，并根据指示进行工作或开始另一项工作。

5. 最终检查

主要由班组长负责。任务：进行完工后的检查；向管理员确认工作完成。管理员再向业务人员确认工作完成，准备交付。

6. 维修交付

主要由业务人员负责。任务：检查车辆是否清洁；准备将更换的零部件给客户看；准备为所有费用开出发票；电话通知客户，确认车辆准备交付。在业务人员或客户要求时，管理员提供技术说明。

7. 维修后续工作

主要由业务人员负责。任务：调查客户对所完成工作的满意度。

第二章 发动机概述

第一节 发动机类型及工作原理

一、发动机类型识别

发动机是汽车的动力源。现代汽车发动机主要采用的是往复活塞式内燃机。发动机的作用是通过燃料在汽缸内的燃烧将化学能转化为热能,再把热能通过膨胀转化为机械能并对外输出动力。

1. 按照活塞运动方式分类

汽车发动机按照活塞运动方式的不同,可以分为往复活塞式和旋转活塞式两种。活塞在汽缸内做往复直线运动的发动机称为往复活塞式发动机(见图2-1-1);活塞在汽缸内做旋转运动的发动机称为旋转活塞式发动机,这种发动机又称为三角活塞转子发动机(或转子发动机),还称为米勒循环发动机(见图2-1-2)。

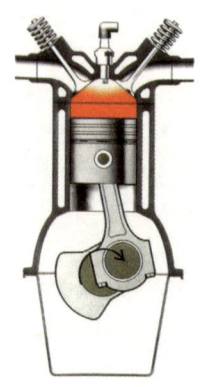

图 2-1-1　往复活塞式发动机　　图 2-1-2　旋转活塞式发动机

2. 按照所用燃料分类

汽车发动机按照所使用燃料的不同可以分为汽油机和柴油机,如图2-1-3、图2-1-4所示。

图 2-1-3　汽油机

图 2-1-4　柴油机

3. 按照行程分类

汽车发动机按照完成一个工作循环所需的冲程数可分为四冲程发动机和二冲程发动机。曲轴转两圈（720°），活塞在汽缸内往复运动 4 个行程，完成一个工作循环的发动机称为四冲程发动机（见图 2-1-5）；曲轴转一圈（360°），活塞在汽缸内往复运动两个行程，完成一个工作循环的发动机称为二冲程发动机（见图 2-1-6）。

4. 按照冷却方式分类

汽车发动机按照冷却方式的不同可以分为水冷发动机和风冷发动机。利用

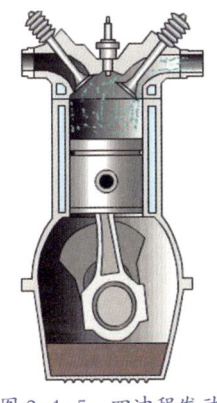
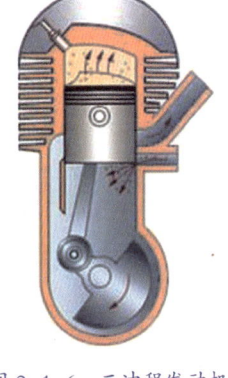

图 2-1-5　四冲程发动机　　图 2-1-6　二冲程发动机

在汽缸体和汽缸盖冷却水套中进行循环的冷却液作为冷却介质进行冷却的发动机称为水冷发动机（见图 2-1-7）；以空气作为冷却介质的发动机称为风冷发动机（见图 2-1-8）。

图 2-1-7　水冷发动机　　　图 2-1-8　风冷发动机

水冷发动机冷却均匀，水路和冷却强度可调节，工作可靠，冷却效果好，广泛地应用于现代车用发动机。

5. 按照汽缸数目分类

汽车发动机按照汽缸数目的不同可以分为单缸发动机和多缸发动机。仅有一个汽缸的发

动机称为单缸发动机（见图 2-1-9）；有两个以上汽缸的发动机称为多缸发动机（见图 2-1-10）。汽车发动机常用缸数有 3 缸、4 缸、5 缸、6 缸、8 缸、10 缸、12 缸、16 缸等。

6. 按照汽缸排列方式分类

汽车发动机按照汽缸排列方式的不同分为 L 形、V 形、H 形和 W 形四种。所有的汽缸均按同一角度排列成一个平面的发动机称为 L 形（直列式）发动机（见图 2-1-11）；所有的汽缸分成两组，呈 V 字形夹角排列在两个平面的发动机称为 V 形发动机（见图 2-1-12）；将 V 形发动机每侧汽缸再进行小角度的错开，从侧面看汽缸呈 W 字形的发动机称为 W 形发动机，W 形发动机是德国大众专属的发动机技术（见图 2-1-13）；左右两列汽缸之间的夹角等于 180°的 V 形发动机又称为 H 形（水平对置式）发动机（见图 2-1-14）。

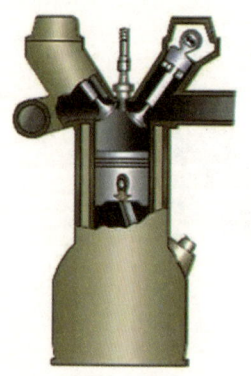

图 2-1-9　单缸发动机　　图 2-1-10　多缸发动机

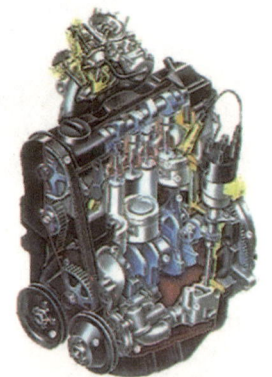
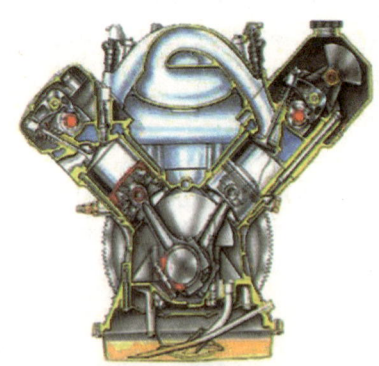

图 2-1-11　L 形发动机　　图 2-1-12　V 形发动机

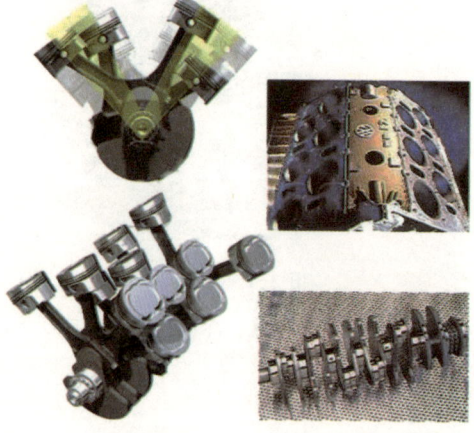
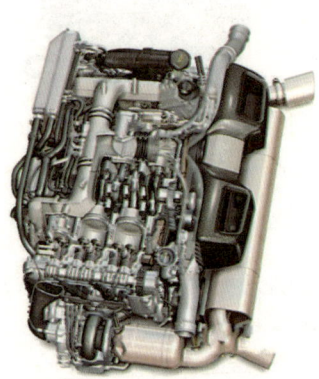

图 2-1-13　W 形发动机　　图 2-1-14　H 形发动机

7. 按照进气系统是否采用增压方式分类

发动机按照进气系统是否采用增压方式可以分为自然吸气（非增压）式发动机和强制进气（增压）式发动机两种。将空气预先压缩后再供入汽缸的发动机称为强制进气（增压）式发动机（见图2-1-15）；空气未经压缩直接供入汽缸内的发动机称为自然吸气（非增压）式发动机（见图2-1-16）。

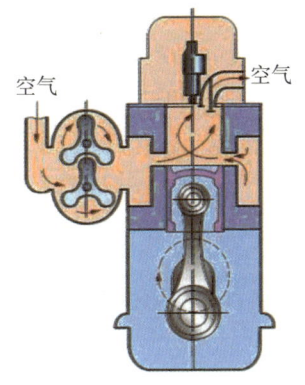
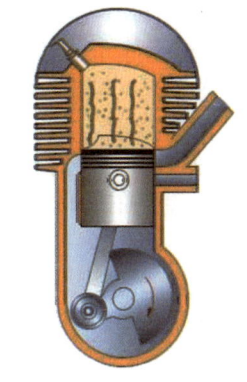

图 2-1-15 增压式发动机　　图 2-1-16 自然吸气式发动机

发动机增压可以分为机械增压、气波增压、废气涡轮增压、复合增压四种，其中废气涡轮增压是利用发动机排出废气的惯性冲力来推动涡轮室内的涡轮，涡轮带动同轴的叶轮压送空气。增压使进入燃烧室内的空气量增多，发动机的功率及扭矩可增大20%～30%。但采用增压技术后对发动机强度、机械加工精度、装配技术等要求更严格。

二、发动机基本术语

1. 上止点

活塞在汽缸内做往复直线运动时，当活塞运动到距离曲轴旋转中心最远时活塞顶所处的位置，称为上止点（见图2-1-17）。

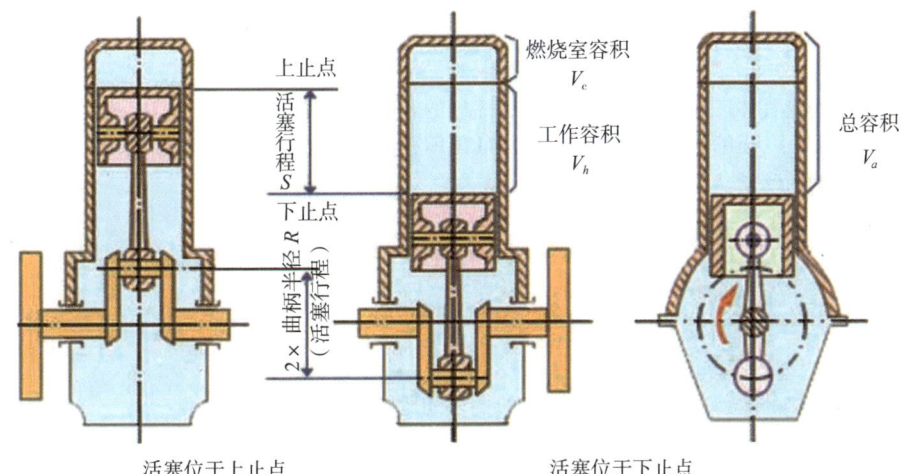

活塞位于上止点　　　　　　　活塞位于下止点

图 2-1-17 发动机的基本术语

2. 下止点

活塞在汽缸内做往复直线运动时，当活塞运动到距离曲轴旋转中心最近时活塞顶所处的位置，称为下止点（见图2-1-17）。

3. 活塞行程

活塞从一个止点到另一个止点所移动的距离,即上、下止点之间的距离称为活塞行程。一般用 S 表示,对应一个活塞行程,曲轴旋转180°(见图2-1-17)。

4. 曲柄半径

曲轴旋转中心到曲柄销(连杆轴颈)中心之间的距离称为曲柄半径,一般用 R 表示。通常活塞行程为曲柄半径的两倍,即 $S=2R$(见图2-1-17)。

5. 汽缸工作容积

活塞从一个止点运动到另一个止点所扫过的容积,称为汽缸工作容积(见图2-1-17)。一般用 V_h 表示。

6. 燃烧室容积

活塞位于上止点时,其顶部与汽缸盖之间的容积称为燃烧室容积(见图2-1-17),一般用 V_c 表示。

7. 汽缸总容积

活塞位于下止点时,其顶部与汽缸盖之间的容积称为汽缸总容积,一般用 V_a 表示(见图2-1-17)。

汽缸总容积就是汽缸工作容积和燃烧室容积之和,即 $V_a = V_c + V_h$。

8. 发动机排量

多缸发动机各汽缸工作容积的总和,称为发动机排量,一般用 V_L 表示。

$$V_L = V_h \times i$$

式中　V_h——汽缸工作容积;

　　　i——汽缸数目。

9. 压缩比

压缩比是指气体压缩前的容积与气体压缩后的容积之比值,即汽缸总容积与燃烧室容积之比称为压缩比。压缩比表示了汽缸内气体的压缩程度,发动机实际的压缩比往往受汽缸密封程度的影响而改变,一般用 ε 表示。

$$\varepsilon = \frac{V_a}{V_c} = \frac{V_h + V_c}{V_c} = 1 + \frac{V_h}{V_c}$$

式中　V_a——汽缸总容积;

　　　V_h——汽缸工作容积;

　　　V_c——燃烧室容积。

通常汽油机的压缩比为6~10,柴油机的压缩比较高,一般为16~22。

10. 工作循环

发动机完成进气、压缩、做功和排气四个过程叫作发动机的一个工作循环。即每一个工作循环都包括进气、压缩、做功和排气过程。

三、发动机工作原理

发动机是一种将燃料燃烧产生的热能转变成机械能的机器。这个能量转换必须经过进气、压缩、做功、排气4个行程,这四个行程叫作发动机的一个工作循环,工作循环不断地重复,就实现了发动机连续运转。

（一）四冲程汽油机的工作原理

1. 进气行程

汽油机随着曲轴的旋转，活塞从上止点向下止点运动，这时进气门打开，排气门关闭（见图2-1-18）。进气过程开始时，汽缸内残存有上一循环未排净的废气，随着活塞下移，汽缸内容积增大，压力减小，当压力低于大气压时，在汽缸内产生真空吸力，可燃混合气或纯空气（缸内直喷汽油机）经空气滤清器、进气管道、进气门等被吸入汽缸。

2. 压缩行程

活塞在旋转曲轴的带动下，从下止点向上止点运动（见图2-1-19），这时进气门和排气门都关闭，汽缸内形成封闭容积，进入汽缸内的可燃混合气受到压缩，当活塞到达上止点时气体压力约为0.6—1.2MPa，温度可达600—700K（约326.85—426.85℃）。

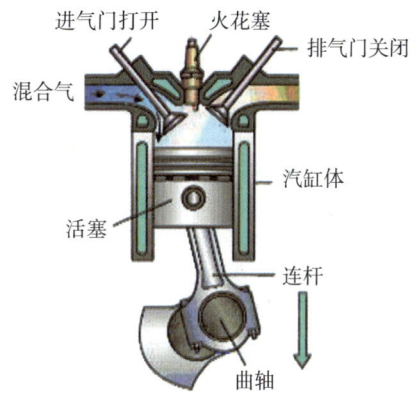

图 2-1-18　进气行程

3. 做功行程

当活塞接近压缩行程至上止点（点火提前角）位置时，火花塞产生电火花点燃混合气并迅速燃烧，这时进气门和排气门保持关闭，汽缸内的气体温度和压力急剧升高，推动活塞从上止点向下止点运动，通过连杆使曲轴旋转并输出机械能（见图2-1-20）。

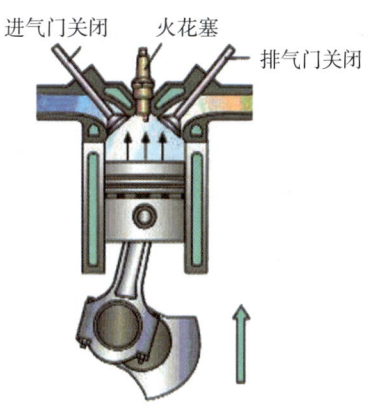

图 2-1-19　压缩行程

4. 排气行程

当做功接近终了时，排气门开启，进气门仍然关闭（见图2-1-21），靠废气的残余压力先进行自由排气，活塞到达下止点再向上止点运动时，继续把废气强制排出到大气中去，活塞越过上止点后，排气门关闭，排气行程结束。

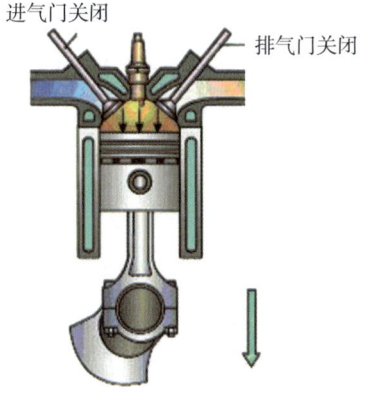

图 2-1-20　做功行程

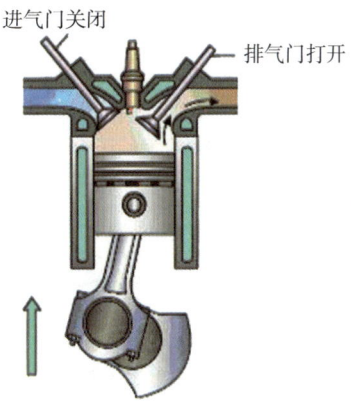

图 2-1-21　排气行程

(二)二冲程发动机的工作原理

二冲程发动机的工作循环也是由进气、压缩、做功、排气4个过程组成,但它是在曲轴旋转一圈(360°),活塞上下往复运动的两个行程内完成的。因此,二冲程发动机与四冲程发动机工作原理不同,结构也不一样。

曲轴箱换气式二冲程汽油机的工作过程:这种二冲程汽油机的汽缸体上开有高度不同的三排孔,利用这三排孔分别在一定时刻被活塞打开或关闭来进行进气、换气和排气。当活塞向上运动到将三排孔都关闭时[见图2-1-22(a)],活塞上部形成了密闭的空间并开始压缩混合气,此时压缩过程开始;活塞继续上行,活塞下方进气孔开始打开,可燃混合气进入曲轴箱,此时进气过程开始[见图2-1-22(b)];活塞接近上止点时,火花塞点燃混合气,气体燃烧膨胀,推动活塞向下运动,此时做功过程开始[见图2-1-22(c)];随后进气孔关闭,曲轴箱内的混合气受到压缩,当活塞接近下止点时,排气孔打开,排出废气,此时排气过程开始;活塞再向下运动,换气孔打开,受到压缩的混合气便从曲轴箱经换气孔流入汽缸内,并扫除废气,此时换气过程开始[见图2-1-22(d)]。

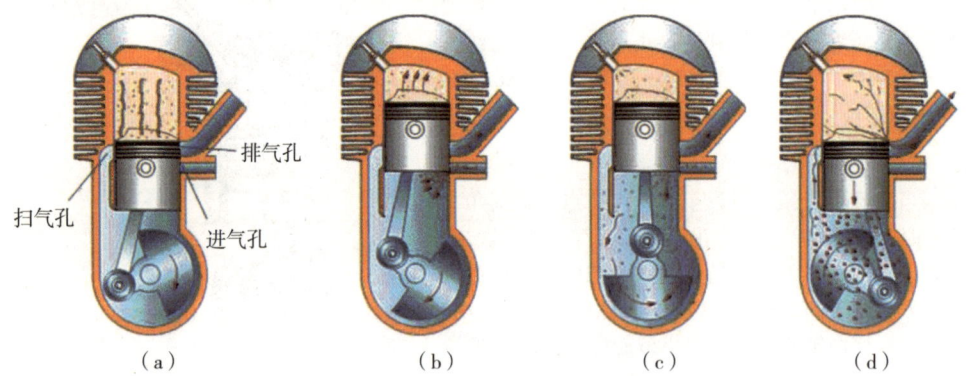

图2-1-22 二冲程发动机工作原理

曲轴继续旋转,开始了下一个新的工作循环。

(三)转子发动机的工作原理

转子发动机是由德国科学家汪克尔发明的,全称为三角活塞转子发动机,是一种特殊的活塞式发动机。转子发动机的活塞形状是一个凸弧边三角形,当转子在近似椭圆的缸体内旋转时,弧边三角形的3个顶点与缸壁保持接触,从而使转子弧面同缸壁之间形成3个相互分隔的工作室。这3个工作室的容积大小随转子的转动而周期性变化,转子每旋转一周,各个工作室都能完成一次进气、压缩、做功、排气四个工作过程(见图2-1-23),这4个步骤同活塞往复式发动机的4个冲程相对应,从而形成完整的工作循环。

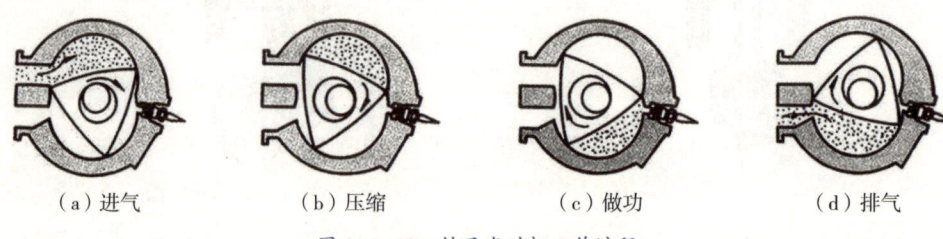

图2-1-23 转子发动机工作过程

第二节　发动机基本结构组成

发动机是一种由许多机构和系统组成的复杂机器。无论是汽油机还是柴油机，要完成能量转换，实现工作循环，保证连续正常工作，都必须具备以下一些机构和系统。

一、曲柄连杆机构

曲柄连杆机构（见图2-2-1）是发动机实现工作循环、完成能量转换的传动机构。在做功行程中，活塞承受燃气压力在汽缸内做直线运动，通过连杆转换成曲轴的旋转运动，并从飞轮对外输出动力。而在进气、压缩和排气行程中，飞轮释放能量又把曲轴的旋转运动转化成活塞的往复直线运动。一般由机体缸盖组、活塞连杆组和曲轴飞轮组等组成。

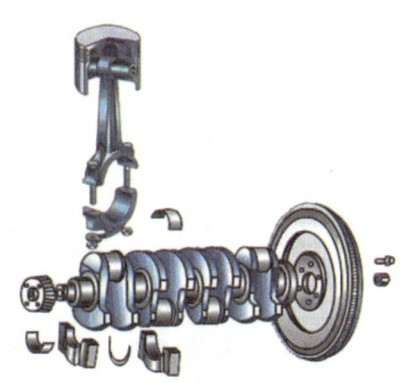

图2-2-1　曲柄连杆机构

1. 机体缸盖组

（1）功用
① 吸收发动机运行过程中产生的各种作用力。
② 对燃烧室起到密封作用。
③ 对机油和冷却液起到密封作用。
④ 固定曲轴连杆机构、配气机构以及其他部件。

（2）组成
机体缸盖组主要由气门室罩盖、汽缸盖、汽缸体、油底壳和密封垫等零件组成，如图2-2-2所示。

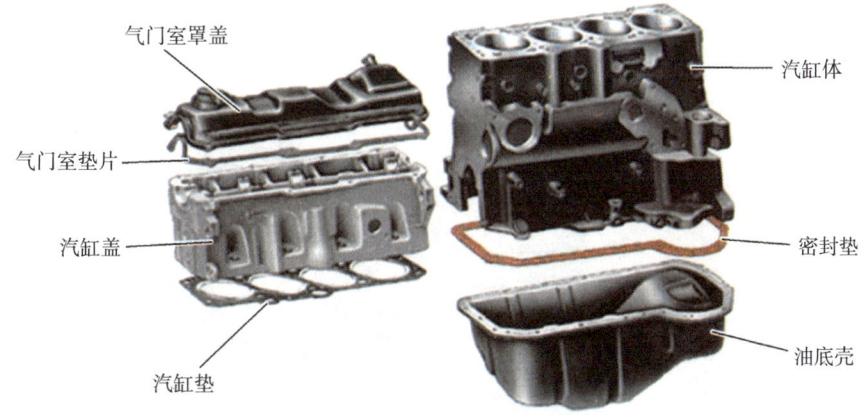

图2-2-2　机体缸盖组

2. 活塞连杆组

（1）功用
活塞连杆组是发动机中的主要运动组件。其功用是将活塞的往复直线运动转变成曲轴的旋转运动以及将作用在活塞顶上的气体压力转变为曲轴转矩。

（2）组成

活塞连杆组主要由活塞、活塞环、活塞销、连杆、连杆轴瓦等组成，如图2-2-3所示。

3. 曲轴飞轮组

（1）功用

曲轴飞轮组的功用是把活塞连杆组传来的气体压力转变为转矩，然后通过飞轮对外输出动力，飞轮将贮存做功行程的部分能量，使曲轴的旋转角速度和输出转矩尽可能均匀。

（2）组成

曲轴飞轮组主要由曲轴、飞轮、轴承、轴承盖、皮带轮和一些附件组成，如图2-2-4所示。

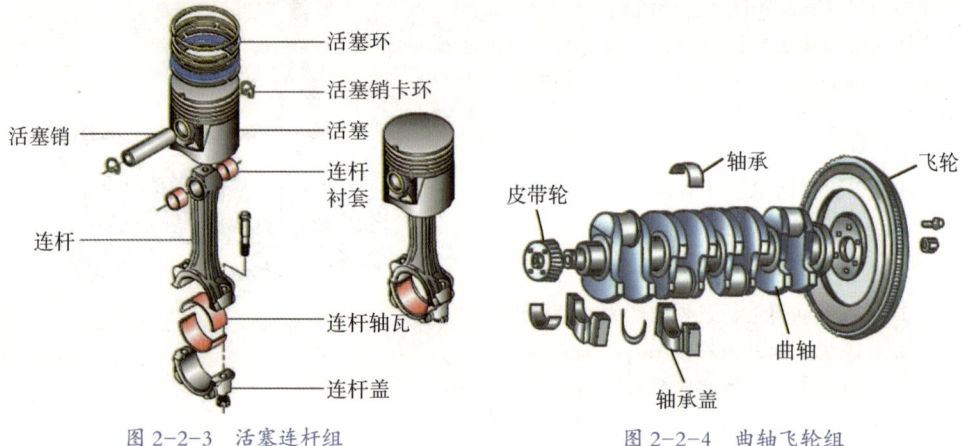

图2-2-3 活塞连杆组　　　图2-2-4 曲轴飞轮组

二、配气机构

配气机构（图2-2-5）的功用是根据发动机的工作顺序和工作过程，定时开启和关闭进气门和排气门，使可燃混合气或空气进入汽缸，并使废气从汽缸内排出，实现换气过程。轿车发动机配气机构大多采用顶置气门式配气机构，一般由气门组和气门传动组等组成。

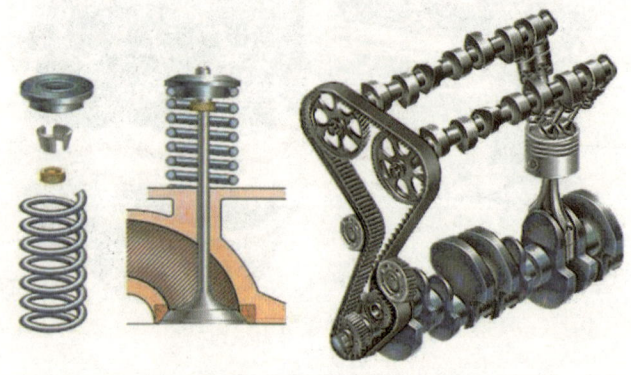

图2-2-5 配气机构

三、燃料供给系统

汽油机燃料供给系统的功用是根据发动机的要求，配制出一定数量和浓度的可燃混合气，供入汽缸，并将燃烧后的废气从汽缸内排出到大气中去；柴油机燃料供给系统的功用是把柴油和空气分别供入汽缸，在燃烧室内形成可燃混合气并燃烧，最后将燃烧后的废气排出。一般由燃油供给装置（见图 2-2-6）、空气供给装置（见图 2-2-7）和废气排除装置（见图 2-2-8）等组成。

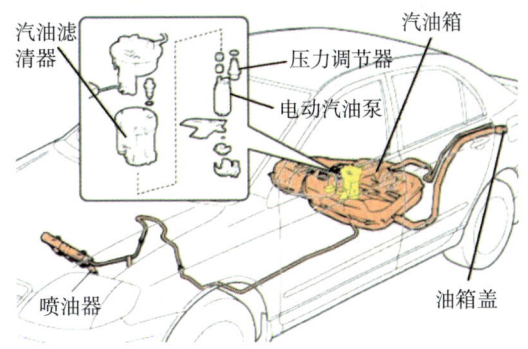

图 2-2-6　燃油供给装置

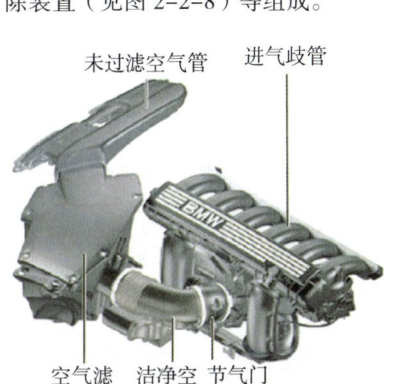

图 2-2-7　空气供给装置

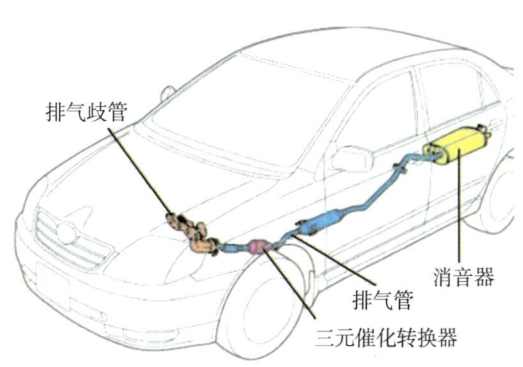

图 2-2-8　废气排除装置

四、润滑系统

润滑系统（见图 2-2-9）的功用是向做相对运动的零件表面输送定量的清洁润滑油，减小摩擦阻力，减轻机件的磨损，并对零件表面进行清洗和冷却。润滑系通常由润滑油道、机油泵、机油滤清器和一些阀门等组成。

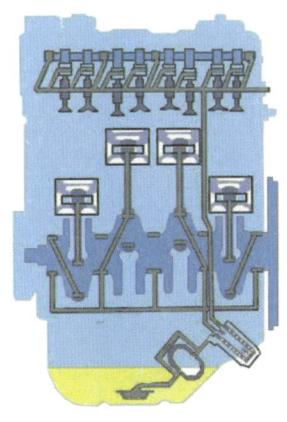

图 2-2-9　润滑系统

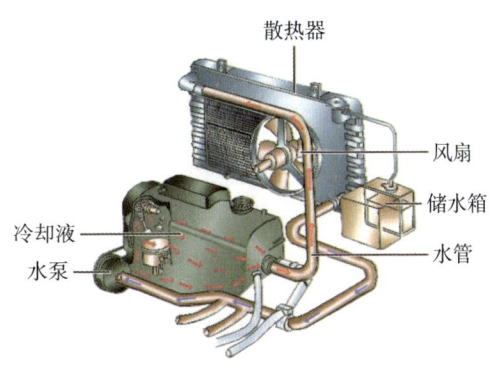

图 2-2-10　冷却系统

五、冷却系统

冷却系统（见图2-2-10）的功用是将发动机受热零部件吸收的多余热量及时散发出去，保证发动机在最适宜的温度状态下工作。水冷发动机的冷却系统通常由冷却水套、水泵、风扇、水箱、节温器等组成。

六、点火系统

点火系统（见图2-2-11）的功用是按照汽油机的工作顺序定时产生足够强度的电火花把混合气点燃。点火系统通常由蓄电池、点火线圈和火花塞等组成。

七、启动系统

要使发动机由静止状态过渡到工作状态，必须先用外力转动发动机的曲轴，发动机才能自行运转。曲轴在外力作用下从开始转动到发动机开始运转的全过程，称为发动机的启动。完成启动过程所需的装置，称为发动机的启动系统（见图2-2-12）。

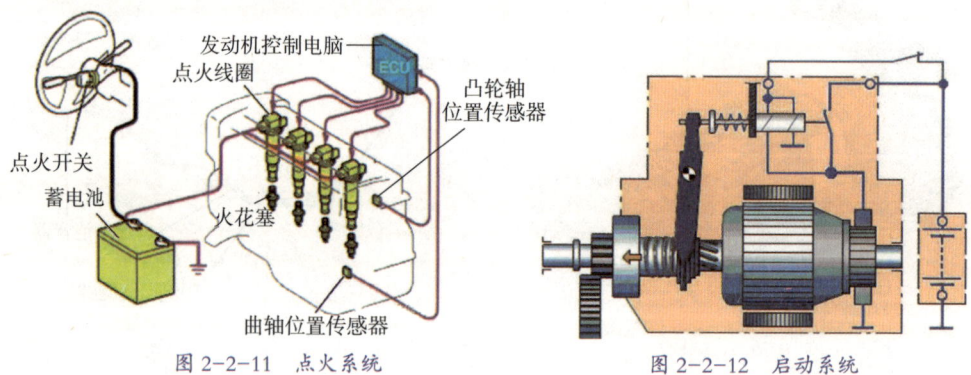

图2-2-11 点火系统　　　　图2-2-12 启动系统

汽油机由曲柄连杆机构、配气机构、燃料供给系统、润滑系统、冷却系统、点火系统和启动系统等两大机构和五大系统组成；柴油机由曲柄连杆机构、配气机构、燃料供给系统、润滑系统、冷却系统、启动系统等两大机构和四大系统组成，柴油机是压燃的，不需要点火系统。

第三节　发动机主要性能指标及编号

一、认识发动机主要性能指标

发动机的性能指标是用来衡量发动机性能好坏的标准。发动机的主要性能指标有：动力性能指标、经济性能指标、排放性能指标、可靠性指标和耐久性指标等。

1. 动力性能指标

动力性能指标指曲轴对外做功能力的指标，包括有效扭矩、有效功率和曲轴转速。

（1）有效扭矩

有效扭矩指发动机通过曲轴或飞轮对外输出的扭矩，通常用 T_e 表示，单位为 N·m。有效扭矩是克服了摩擦、驱动附件等损失之后从曲轴对外输出的净扭矩。

（2）有效功率

有效功率指发动机通过曲轴或飞轮对外输出的功率，通常用 P_e 表示，单位为 kW。有效功率同样是曲轴对外输出的净功率。它等于有效扭矩和曲轴转速的乘积。

（3）转速

转速指发动机曲轴每分钟的转数，单位为 r/min。

发动机产品铭牌上标明的功率及相应转速称为额定功率和额定转速。

2. 经济性能指标

通常用燃油消耗率来评价发动机的经济性能。燃油消耗率是指单位有效功的燃油消耗量，也就是发动机每发出 1kW 有效功率在 1h 内所消耗的燃油质量（以 g 为单位），有效燃油消耗率通常用 ge 表示，其单位为 g/(kW·h)。

有效燃油消耗率越小，其经济性越好。通常发动机铭牌上给出的有效燃油消耗率 ge 是最小值。

3. 排放性能指标

排放性能指标包括排放烟度、有害气体（CO、HC、NOx）排放量、噪声等。

4. 可靠性指标

可靠性指标是指发动机在规定的使用条件下，在规定的时间内，正常持续工作能力的指标。可靠性有较多的评价方法，如首次故障行驶里程、平均故障间隔里程等。

5. 耐久性指标

耐久性指标是指发动机主要零部件磨损到不能继续正常工作的极限时间。

二、发动机名称和型号

为便于发动机的生产管理和使用，国家标准《内燃机产品名称和型号编制规则》（GB/T 725—2008）中对发动机的名称和型号作了统一规定。

1. 发动机型号的排列顺序及符号所代表的意义

发动机型号的排列顺序及符号所代表的意义如图 2-3-1 所示。

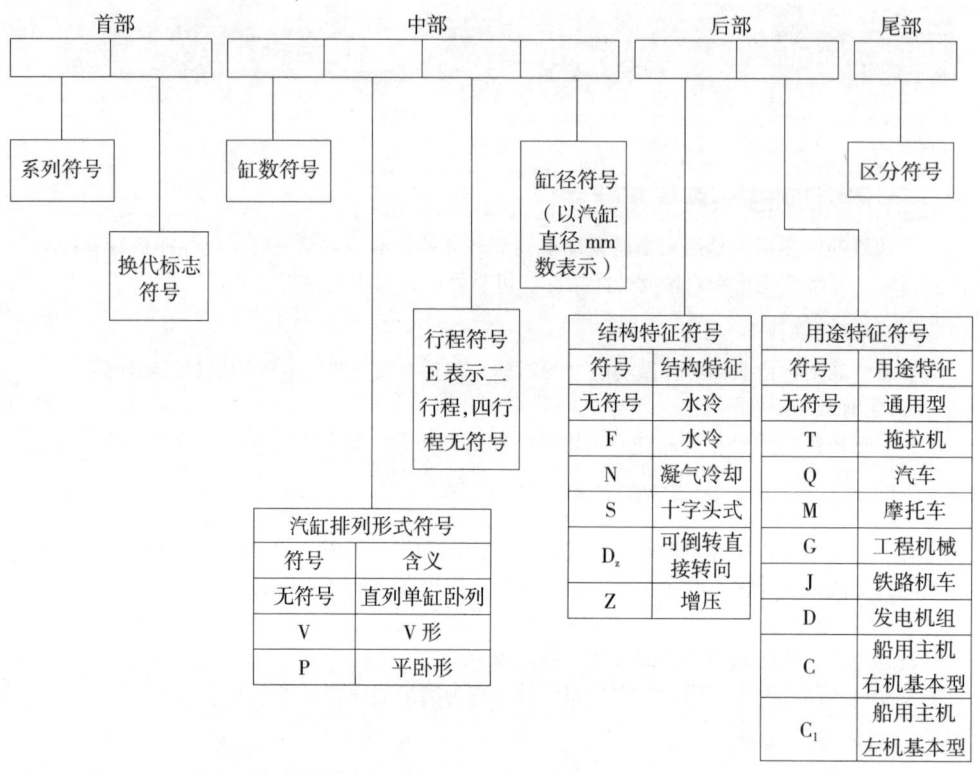

图 2-3-1　发动机型号的排列顺序及符号所代表的意义

2. 发动机的名称和型号

发动机名称均按所使用的主要燃料命名，如汽油机、柴油机、煤气机等。

发动机型号由阿拉伯数字和汉语拼音字母组成。发动机型号由以下四部分组成。

① 首部：为产品系列符号和换代标志符号，由制造厂根据需要自选相应字母表示，但需主管部门核准。

② 中部：由缸数符号、行程符号、汽缸排列形式符号和缸径符号等组成。

③ 后部：结构特征和用途特征符号，以字母表示。

④ 尾部：区分符号。同一系列产品因改进等原因需要区分时，由制造厂选用适当符号表示。

3. 型号编制举例

（1）汽油机

1E65F：表示单缸，二行程，缸径65mm，风冷通用型。

4100Q： 表示四缸，四行程，缸径100mm，水冷车用。

CA6102：表示六缸，四行程，缸径102mm，水冷通用型，CA表示系列符号。

（2）柴油机

195：表示单缸，四行程，缸径95mm，水冷通用型。

165F：表示单缸，四行程，缸径65mm，风冷通用型。

495Q：表示四缸，四行程，缸径95mm，水冷车用型。

X4105：表示四缸，四行程，缸径105mm，水冷通用型，X表示系列代号。

第三章 曲柄连杆机构

第一节 机体缸盖组的构造与检测

发动机的机体缸盖组主要由汽缸体、油底壳、汽缸盖和汽缸垫等零件组成(见图3-1-1)。

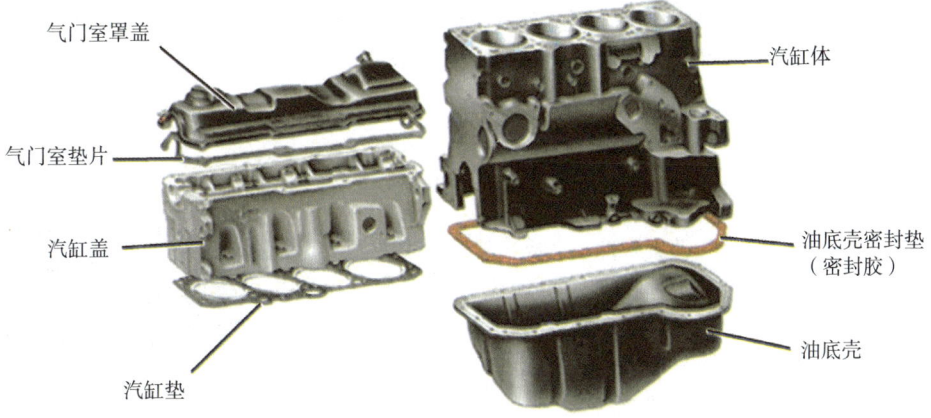

图 3-1-1 机体缸盖组

一、汽缸盖和油底壳

(一) 汽缸盖

汽缸盖安装在汽缸体的上面,从上部密封汽缸并构成燃烧室。它经常与高温高压的燃气相接触,承受很大的热负荷和机械负荷。

汽缸盖一般由灰铸铁或铝合金等铸成。由于铝合金的导热性好,有利于提高压缩比,铝合金汽缸盖近年来被采用得越来越多。

(二) 汽缸垫

汽缸垫(见图3-1-2)装在汽缸盖和汽缸体之间,其功用是保证汽缸盖与汽缸体接触面的密封,防止漏气、漏水和漏油。汽缸垫要求有一定的弹性,能补偿结合面的不平度,以确保密封;要有好的耐热性和耐压性,确保在高温高压下不烧损、不变形。

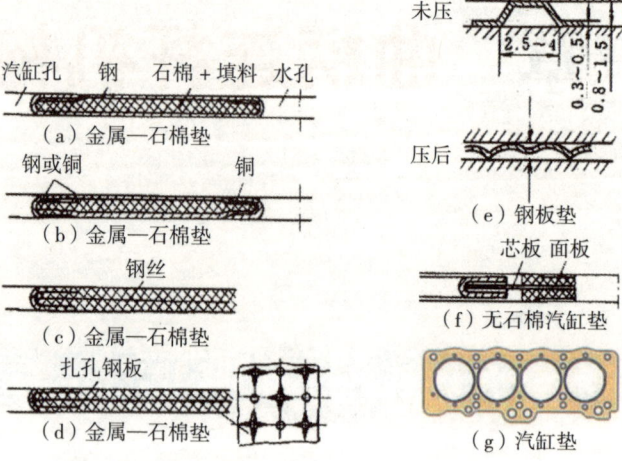

图 3-1-2 汽缸垫

安装汽缸垫时，首先要检查汽缸垫的质量和完好程度，所有汽缸垫上的孔要和汽缸体上的孔对齐；其次要注意汽缸垫的朝向；最后要严格按照技术要求安装汽缸盖螺栓，拧紧汽缸盖螺栓时，必须由中央对称地向四周扩展的顺序分 2～3 次进行，最后一次拧紧到规定的力矩，拆卸汽缸盖螺栓必须先由四周向中央拧松后，再逐个拆下。

(三) 油底壳

汽缸体下部用来安装曲轴的部位称为曲轴箱，曲轴箱分上曲轴箱和下曲轴箱。下曲轴箱用来贮存润滑油，并封闭上曲轴箱，故又称为油底壳，如图 3-1-3 所示。油底壳受力很小，一般用薄钢板冲压而成，其形状取决于发动机的总体布置和机油的容量。油底壳内装有稳油挡板，以防止汽车颠动时油面波动过大。油底壳底部装有放油螺塞，放油螺塞上通常装有永久性磁铁，以吸附润滑油中的金属屑，减少发动机的磨损。在上下曲轴箱接合面之间装有衬垫，防止润滑油泄漏。

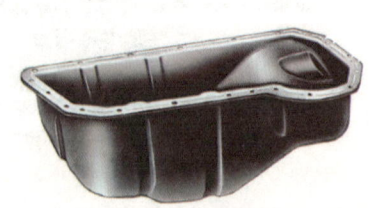

图 3-1-3 油底壳

(四) 汽缸盖和油底壳的拆装与检测操作

步骤1　工具、量具准备
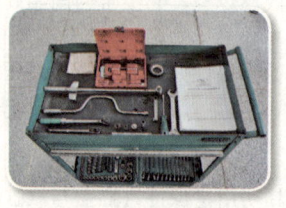 1.工具准备齐全，摆放整齐，场地清洁 2.常用拆装工具、工具柜、工作台、维修手册、抹布若干 3.科鲁兹 LDE（1.6L）发动机翻转台架

续表

步骤2 拆卸汽缸盖	
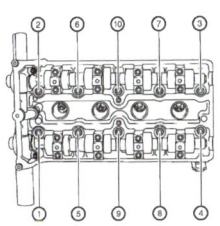 1. 用指针式扭力扳手按照正确的顺序分2～3次松开汽缸盖螺栓	 2. 取下并报废汽缸盖螺栓
 3. 用胶带或布包裹的螺丝刀和橡皮锤松动汽缸盖	 4. 取下汽缸盖,将汽缸盖倒放在垫布木块上
步骤3 拆卸油底壳、清洁汽缸体下平面	
 1. 按次序拆下15个螺栓	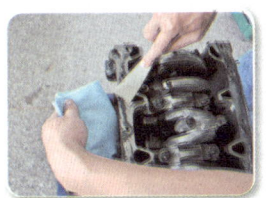 2. 取下油底壳,铲掉汽缸体下平面的密封胶,用抹布清洁
步骤4 清洁汽缸体、汽缸盖	
 1. 用铲刀铲除汽缸盖下平面和汽缸体上平面上的杂物,从两边由内向外铲	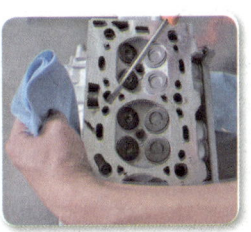 2. 用压缩空气对汽缸盖下平面和汽缸体上平面清洁。汽缸盖先吹燃烧室,再吹螺栓孔和油孔,最后吹整个平面,由中间向两边吹;汽缸体上平面先吹螺栓孔,再由中间向两边吹

续表

步骤5 测量汽缸盖下平面的平面度	
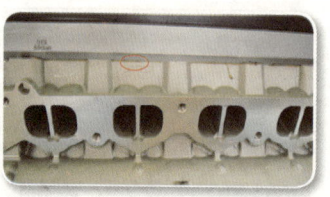 1. 先观察刀口尺和汽缸盖下平面之间的透光度,找出最大间隙处	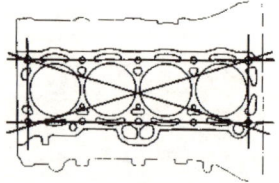 2. 用塞尺和刀口尺在汽缸盖下平面上依次测量横向、纵向及交叉共6个位置,每个位置5个点
步骤6 安装油底壳	
 1. 清洁油底壳和汽缸体的接触面	 2. 在汽缸体下平面上涂上密封胶,将15个油底壳螺栓安到汽缸体上并紧固至10N·m
步骤7 安装汽缸盖	
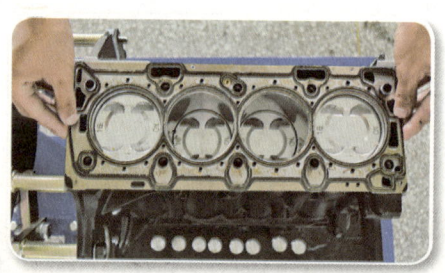 1. 安装新的汽缸垫,注意汽缸垫正面的安装朝向  2. 水平安装汽缸盖,注意定位,一次到位	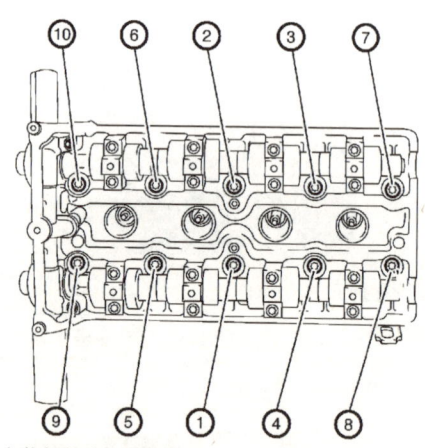 3. 安装新的汽缸盖螺栓 （1）润滑汽缸盖螺栓旋入机体部分的螺纹 （2）首先用手旋入汽缸盖螺栓2～3牙,其次按照图示顺序旋紧,最后将螺栓紧固5遍 ① 第一遍紧固至25N·m ② 第二遍紧固至90° ③ 第三遍紧固至90° ④ 第四遍紧固至90° ⑤ 第五遍紧固至45°

续表

步骤8 作业后整理
1. 所有工量具清洁归位 2. 整理好工作台 3. 分类收集废弃物 4. 用拖把清洁地面

二、汽缸体及其检测

（一）汽缸体

水冷发动机的汽缸体和上曲轴箱常铸成一体，称为汽缸体-曲轴箱，也可简称为汽缸体。汽缸体一般用灰铸铁或铝合金铸成，汽缸体上部的圆柱形空腔称为汽缸，下半部为支承曲轴的曲轴箱，其内腔为曲轴运动的空间。在汽缸体内部铸有许多加强筋、冷却液套和润滑油道等，如图3-1-4所示。

汽缸体要有足够的强度和刚度，根据汽缸体与油底壳安装平面的位置不同，通常把汽缸体分为一般式、龙门式、隧道式三种形式。如图3-1-5所示。

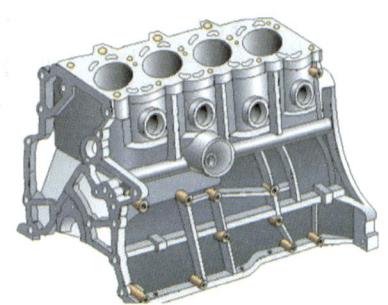

图3-1-4　汽缸体

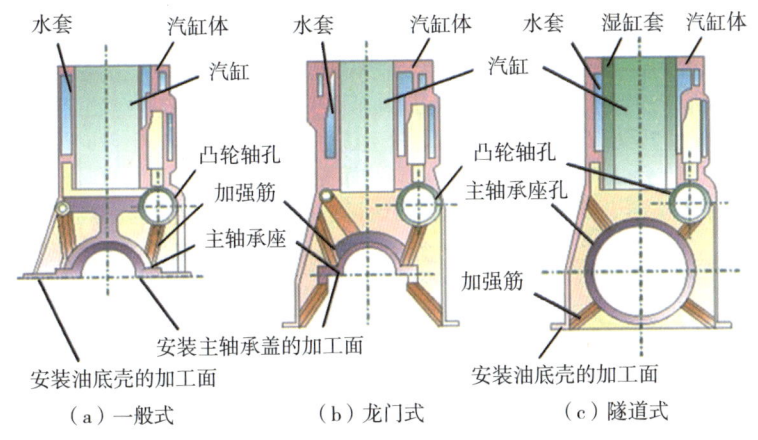

（a）一般式　　（b）龙门式　　（c）隧道式

图3-1-5　汽缸体分类

（二）汽缸和汽缸套

汽缸直接镗在汽缸体上叫作整体式汽缸，整体式汽缸的强度和刚度较好，能承受较大的载荷，但对材料要求高，成本高。用耐磨的优质材料将汽缸制造成单独的圆筒形零件，然后再装到汽缸体内，这种零件叫汽缸套。采用汽缸套后，汽缸体可用价格较低的一般材料制造，降低了发动机的制造成本；同时汽缸套还可以从汽缸体中单独取出，便于修理和更换，大大延长了汽缸体的使用寿命。

汽缸套有干式汽缸套和湿式汽缸套两种，如图3-1-6所示。

① 干式汽缸套的特点是汽缸套装入汽缸体后，其外壁不直接与冷却液接触，而和汽缸

体的壁面直接接触，壁厚较薄，一般为 1～3mm。它具有整体式汽缸体强度和刚度都较好的优点，但由于汽缸套的内、外表面都需要进行精加工，加工比较复杂、制造成本高，拆装不方便，散热不良。

② 湿式汽缸套的特点是汽缸套装入汽缸体后，其外壁直接与冷却液接触，汽缸套仅在上、下各有一圆环带和汽缸体接触，壁厚一般为 5～9mm。它散热良好，冷却均匀，加工容易，通常只需要精加工内表面，而与水接触的外表面不需要加工，拆装方便，但缺点是强度、刚度都不如干式汽缸套好，而且容易产生漏水现象，必须采取一些防漏措施。

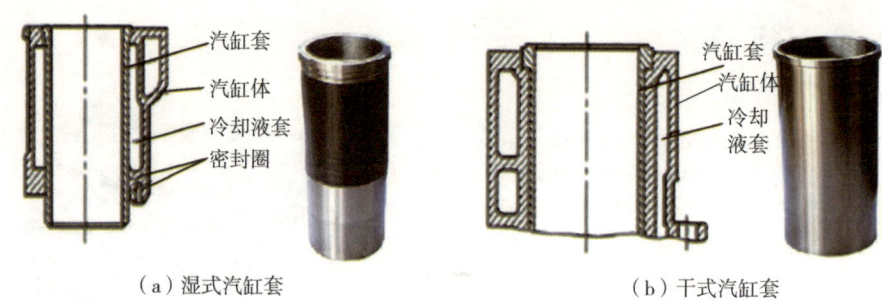

（a）湿式汽缸套　　　　（b）干式汽缸套

图 3-1-6　汽缸套

（三）汽缸的磨损

汽缸在使用磨损后，将失去正确的几何形状，影响发动机的动力性和经济性。所以在汽车修理时，要对汽缸体的磨损进行检测，以此来判断发动机是否需要大修。

汽缸的磨损规律：汽缸内表面在活塞环运动区域内磨损较大且不均匀。汽缸磨损最大的部位一般位于活塞到达上止点时，第一道气环所对应的汽缸壁处，使汽缸在横断面上磨损呈不规则的椭圆形，最大磨损一般发生在汽缸的前后方向或左右方向。在汽缸的纵断面上，磨损使汽缸形成了上大下小的锥形，测量时是取上、中、下 3 个截面，上截面位置是活塞处于上止点时，第一道气环上沿口所处的位置；中截面位置是活塞处于上止点时，活塞裙部所处的位置（活塞最下端向上 5mm 处）；下截面位置是活塞处于下止点时，最下一道气环下沿口所处的位置，并在汽缸的前后和左右两个方向进行测量，测量结果用于计算汽缸的圆柱度或圆柱度误差。

（四）汽缸体的检测操作

步骤1　工具、量具准备	
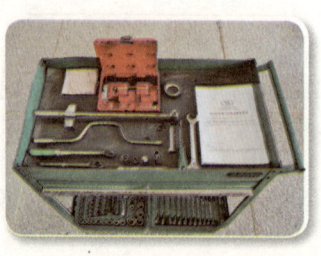	1. 工具准备齐全，摆放整齐，场地清洁 2. 常用拆装工具、工具柜、工作台、维修手册、抹布若干 3. 科鲁兹LDE（1.6L）发动机翻转台架

续表

步骤2　检测汽缸体上平面
1. 清洁汽缸体上平面（方法见任务一） 2. 目测检查刀口尺和汽缸体上平面之间的透光度 3. 用塞尺和刀口尺在汽缸盖上平面上依次测量横向、纵向及交叉共6个位置，每个位置5个点
步骤3　清洁汽缸体
　　1. 检查汽缸内壁有无损坏 　　　　　　　　　2. 用干净柔软的抹布擦拭汽缸内壁
步骤4　使用游标卡尺测量汽缸直径
　 1. 清洁游标卡尺，检查锁止螺母后校零　　2. 测量横向和纵向两个方向的汽缸直径，测量时要来回晃动游标卡尺的游标，以寻找最大的尺寸
步骤5　外径千分尺校零及调整
　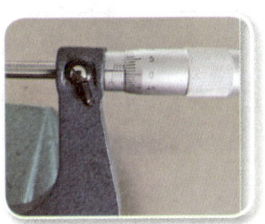 1. 清洁外径千分尺并校零　　2. 将外径千分尺设定成测量的汽缸尺寸

续表

步骤6 组装内径百分表并校零	
 1. 清洁百分表并检查，转动表盘无卡滞，轻按百分表头是否活动自如	 2. 组装内径百分表，并留 1～2mm 的预压缩量
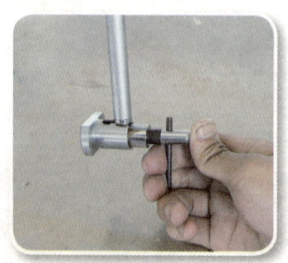 3. 根据测量的汽缸直径选择合适的接杆和调整垫片，清洁并安装后拧紧接杆	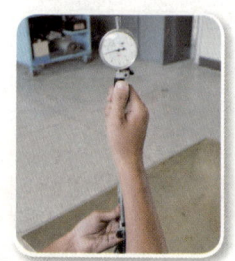 4. 用设定好的外径千分尺校内径百分表
步骤7 测量汽缸直径，记录数据并计算	
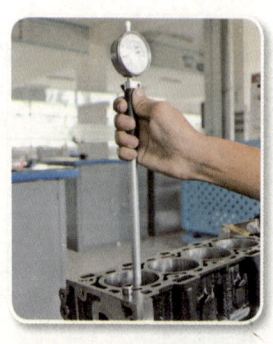	1. 测量位置：上、中、下 3 个平面，每个平面横向和纵向测量两个直径，测量汽缸直径时，要前后摆动量缸表，当指针出现最大的偏转时的计数即为该位置汽缸的直径 2. 计算各缸的圆度误差和圆柱度误差并得出结论
步骤8 作业后整理	
1. 所有工量具清洁归位 2. 整理好工作台 3. 分类收集废弃物 4. 用拖把清洁地面	

第二节　活塞连杆组的构造与检测

活塞连杆组由活塞、活塞环、活塞销、连杆、连杆轴瓦等组成。

一、活塞

活塞的功用是承受气体压力，并通过活塞销传给连杆以驱动曲轴旋转，活塞顶部还是燃烧室的组成部分。

活塞可分为活塞顶部、活塞头部和活塞裙部三部分（见图3-2-1）。

1. 活塞顶部

活塞顶部（见图3-2-2）承受气体压力，也是燃烧室的组成部分，其形状、大小都和燃烧室的具体形式有关。其顶部形状可分为平顶活塞、凸顶活塞、凹顶活塞、成型顶活塞几类。

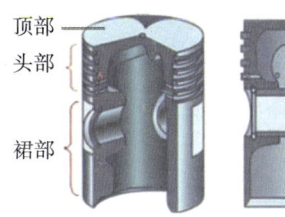

图3-2-1　活塞的构造

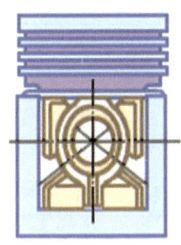
（a）平顶活塞

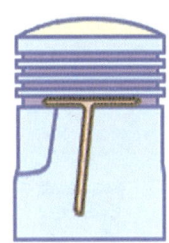
（b）凸顶活塞

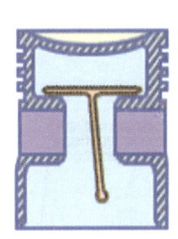
（c）凹顶活塞

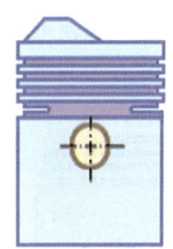
（d）成型顶活塞

图3-2-2　活塞顶部的分类

2. 活塞头部

活塞头部又称为防漏部，是指第一道活塞环槽到活塞销座孔以上的部分。它有数道环槽，用以安装活塞环，起到密封和润滑作用；另外，活塞顶部吸收的热量主要也是由防漏部的活塞环传给汽缸壁，再由冷却液传出去。柴油机压缩比高，一般有四道环槽，上部三道安装气环，下部一道安装油环。汽油机一般有三道环槽，上部两道安装气环，下部一道安装油环。在油环槽底面上钻有许多径向小孔，被油环从汽缸壁上刮下的机油经过这些小孔流回油底壳。

3. 活塞裙部

活塞裙部指活塞销座孔至活塞最下端的部分。活塞裙部对活塞在汽缸内的往复运动起导向作用，并承受侧压力，裙部的长短取决于侧压力的大小和

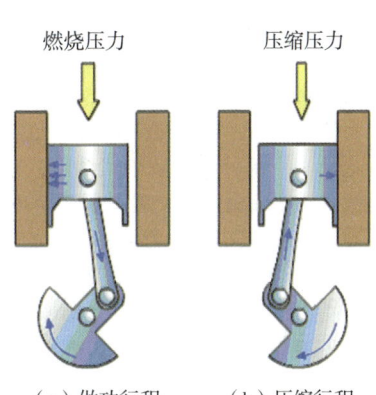

（a）做功行程　　（b）压缩行程

图3-2-3　活塞裙部侧压力

活塞直径，如图3-2-3所示。

4. 活塞的结构特点

① 横截面成椭圆形。由于活塞裙部的厚度很不均匀，活塞销座孔部分的金属厚，受热膨胀量大；另外，裙部承受气体侧压力的作用，导致沿活塞销轴向变形量较垂直活塞销方向大（见图3-2-4），如果活塞冷态时裙部为圆形，那么工作时活塞就会变成一个椭圆，造成活塞在汽缸内卡住，发动机就无法正常工作。因此，在加工时预先把活塞裙部做成椭圆形状。椭圆的长轴方向与销座垂直，短轴方向沿销座方向，这样活塞工作时趋近正圆。

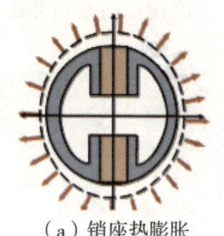   

（a）销座热膨胀　　（b）挤压变形　　（c）弯曲变形　　（d）裙部变形

图3-2-4　活塞形状

② 纵向成阶梯形、锥形。活塞的温度是上部高、下部低，膨胀量也相应的是上部大、下部小。为了使工作时活塞上下直径趋于相等，即为圆柱形，就必须预先把活塞制成上小下大的阶梯形或锥形（见图3-2-5）。

（a）"Π"形槽　　（b）"T"形槽

图3-2-5　阶梯形活塞和锥形活塞　　　图3-2-6　裙部开槽

③ 活塞裙部开槽。为了减小活塞裙部的受热量，通常在裙部开横向的隔热槽；为了补偿裙部受热后的变形量，裙部开有纵向的膨胀槽，槽的形状有"T"形或"Π"形。横槽一般开在最下一道环槽的下面，裙部上边缘销座的两侧（也有开在油环槽之中的），以减小头部热量向裙部传递，故称为隔热槽（见图3-2-6）。

④ 有些活塞为了减轻重量，在裙部开孔或把裙部不受侧压力的两边切去一部分，以减小惯性力，减小销座附近的热变形量，形成拖板式活塞或短活塞（见图3-2-7）。

⑤ 为了减小铝合金活塞裙部的热膨胀量，有些汽油机活塞在活塞裙部或销座内嵌入钢片（见图3-2-8），称为恒范钢片式活塞。

⑥ 有的汽油机上，活塞销座孔中心线是偏离活塞中心线平面的，向做功行程中受主侧压力的一方偏移了1～2mm（见图3-2-9）。这种结构可使活塞在从压缩行程到做功行程中较为柔和地从压向汽缸的一面过渡到压向汽缸的另一面，以减小敲缸的声音。在安装时，

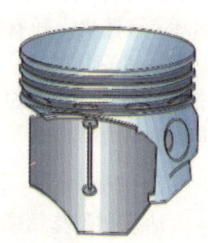

图3-2-7　拖板式活塞

这种活塞销偏置的方向不能装反，否则换向敲击力会增大，使裙部受损。

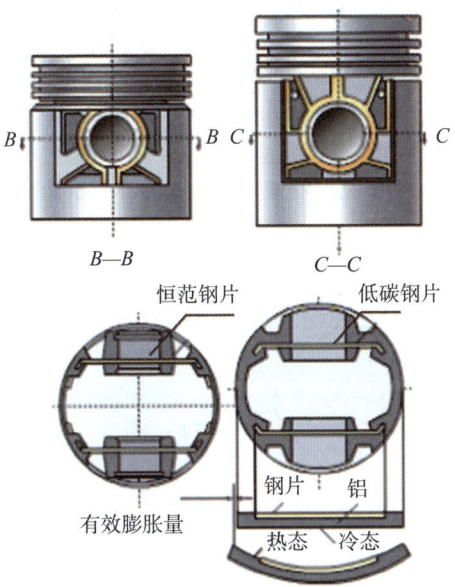

（a）恒范钢片式活塞　（b）自动调节式活塞

图 3-2-8　双金属活塞

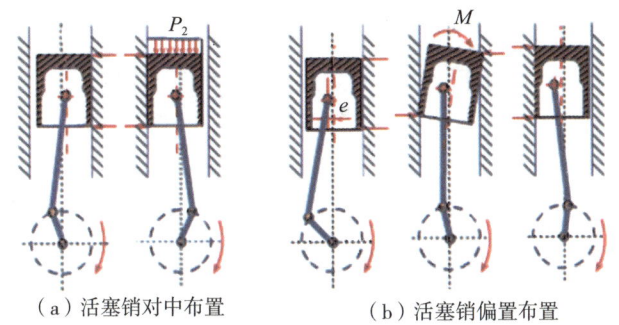

（a）活塞销对中布置　　　　　（b）活塞销偏置布置

图 3-2-9　活塞销布置

二、活塞环

活塞环（见图 3-2-10），是具有弹性的开口圆环，有气环和油环之分。

气环的作用是保证汽缸与活塞间的密封性，防止漏气，并且要把活塞顶部吸收的大部分热量传给汽缸壁，由冷却液带走，其中密封作用是主要的。油环起布油和刮油的作用，下行时刮除汽缸壁上多余的机油，上行时在汽缸壁上铺涂一层均匀的油膜，这样既可以防止机油蹿入燃烧室燃烧掉，又可以减少活塞、活塞环与汽缸壁的摩擦阻力，此外，油环还能起到密封气体的辅助作用。

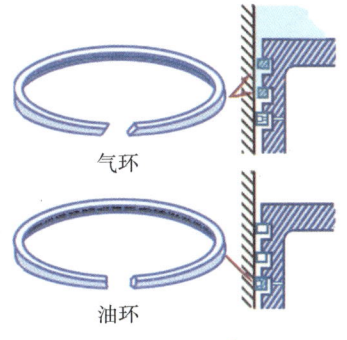

图 3-2-10　活塞环

1. 气环

气环是一个有开口的弹性圆环，在自由状态下外径大于汽缸内径，它与活塞一起装入汽缸后，外圆柱面紧贴在汽缸壁上，形成第一密封面。被封闭的气体不能通过环周与汽缸之间，便进入了环与环槽的空隙，一方面把环压到环槽端面形成第二密封面，另一方面作用在环背的气体压力又大大加强了第一密封面的密封作用（见图3-2-11）。气环密封效果一般与气环数量有关，汽油机一般采用2道气环，柴油机一般多采用3道气环。

气环的断面形状很多，最常见的有矩形环、扭曲环、锥面环、梯形环和桶面环（见图3-2-12）。

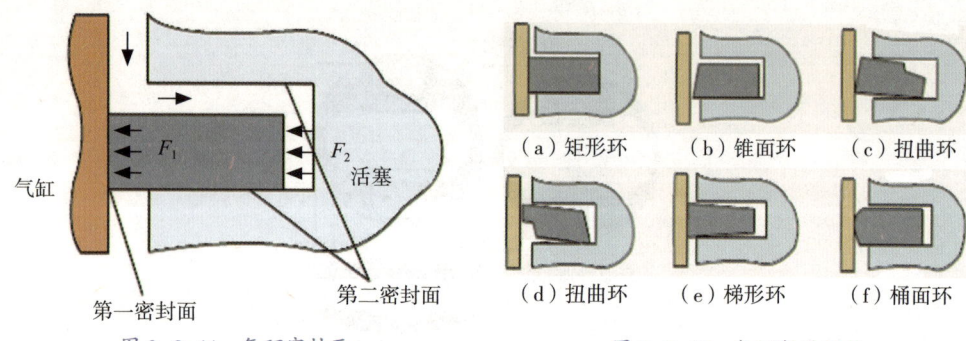

图3-2-11 气环密封面

图3-2-12 气环断面形状

2. 油环

油环有普通油环和组合式油环两种（见图3-2-13）。

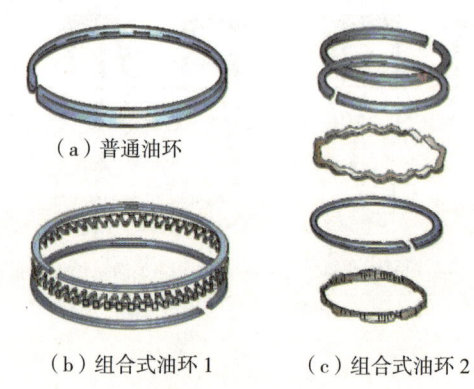

图3-2-13 油环

三、活塞销

活塞销（见图3-2-14）的功用是连接活塞和连杆小头，并把活塞承受的气体压力传给连杆。

活塞销与活塞销座孔及连杆小头衬套孔的连接配合

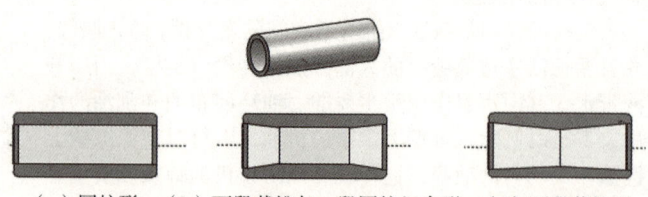

图3-2-14 活塞销

有两种方式（见图3-2-15）：全浮式安装和半浮式安装。

全浮式安装的特点是当发动机工作时，活塞销、连杆小头和活塞销座都有相对运动，这样，活塞销能在连杆衬套和活塞销座中自由摆动，使磨损均匀。为了防止全浮式活塞销轴向窜动刮伤汽缸壁，在活塞销两端装有活塞销卡簧，进行轴向定位。由于铝的热膨胀系数比钢大，而活塞是铝合金，活塞销是低碳合金钢，为保证高温工作时活塞销与活塞销座孔为过渡配合，活塞销与活塞销座孔的配合间隙设计为常温下过盈配合。装配时，要先把铝活塞加热到一定温度，然后再把活塞销装入。

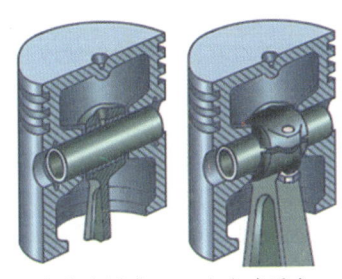

（a）全浮式　　（b）半浮式

图 3-2-15　活塞销的连接配合方式

半浮式安装的特点是活塞销中部与连杆小头采用过盈配合或紧固螺栓连接，活塞销只能在两端销座内做自由摆动，而和连杆小头没有相对运动。活塞销不会做轴向窜动，不需要活塞销卡簧。

四、连杆

连杆的功用是连接活塞与曲轴（见图3-2-16）。连杆小头通过活塞销与活塞相连，连杆大头与曲轴的连杆轴颈相连，并把活塞承受的气体压力传给曲轴，使活塞的往复运动转变成曲轴的旋转运动。

连杆一般采用中碳钢或合金钢经模锻或辊锻而成，然后进行机加工和热处理。

连杆分为连杆小头、连杆杆身和连杆大头（包括连杆盖）三个部分。

（1）连杆小头

对全浮式活塞销，由于工作时小头孔与活塞销之间有相对运动，所以常常在连杆小头孔中压入减摩的青铜衬套。为了润滑活塞销与衬套，在

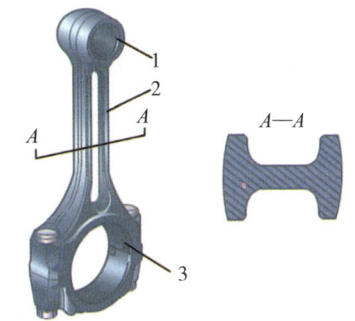

图 3-2-16　连杆

1—连杆小头；2—连杆杆身；3—连杆大头

小头和衬套上铣有油槽或钻有油孔以收集发动机运转时飞溅的润滑油进行润滑。有的发动机在连杆杆身内钻有纵向的压力油通道，用来对连杆小头进行压力润滑。半浮式活塞销与连杆小头是紧配合，连杆小头孔内不需要衬套，也不需要润滑。

（2）连杆杆身

连杆杆身通常做成"Ⅰ"字形断面，抗弯强度好，质量小；采用压力法润滑的连杆，杆身中部都制有连通大、小头的油道。

（3）连杆大头

连杆大头与曲轴的连杆轴颈相连，大头有整体式和分开式两种。一般都采用分开式，分开式又分为平切口式和斜切口式两种（见图3-2-17）。平切口式

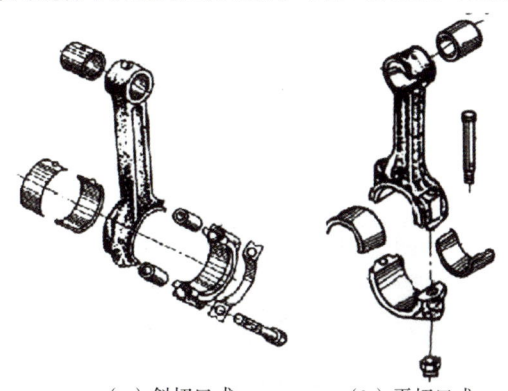

（a）斜切口式　　（b）平切口式

图 3-2-17　连杆大头结构

的分面与连杆杆身轴线垂直，汽油机多采用这种连杆。由于一般汽油机连杆大头的横向尺寸都小于汽缸直径，可以方便地通过汽缸进行拆装，故常采用平切口连杆。斜切口式的分面与连杆杆身轴线成30°～60°夹角，柴油机多采用这种连杆。

① 连杆盖：把连杆大头分开可取下的部分叫连杆盖（见图3-2-18），连杆与连杆盖配对加工，加工后，在它们同一侧打上配对记号，安装时不得互相调换或变更方向。为此，在结构上采取了定位措施。平切口连杆盖与连杆的定位多采用连杆螺栓定位，利用连杆螺栓中部精加工的圆柱凸台或光圆柱部分与经过精加工的螺栓孔来保证。斜切口连杆常用的定位方法有锯齿定位、销套定位和止口定位。

② 连杆螺栓：连杆盖和连杆大头用连杆螺栓连在一起，连杆螺栓在工作中承受很大的冲击力，若折断或松脱，将造成严重事故。为此，连杆螺栓都采用优质合金钢，并通过精加工和热处理特制而成。安装连杆盖拧紧连杆螺栓螺母时，要用扳手分2～3次交替均匀地拧紧到规定的扭矩，拧紧后还应可靠锁紧。连杆螺栓损坏后绝不能用其他螺栓来代替。

（a）止口定位　　　（b）销套定位　　　（c）锯齿定位　　　（d）平切口连杆的定位

图3-2-18　连杆盖的定位

③ 连杆轴瓦（见图3-2-19）：为了减小摩擦阻力和曲轴连杆轴颈的磨损，连杆大头孔内装有瓦片式滑动轴承，简称连杆轴瓦。轴瓦分上、下两个半片，目前多采用薄壁钢背轴瓦，在其内表面浇铸有耐磨合金层。

连杆轴瓦上制有定位凸键，供安装时嵌入连杆大头和连杆盖的定位槽中，以防轴瓦前后移动或转动，有的轴瓦上还制有油孔，安装时应与连杆上相应的油孔对齐。

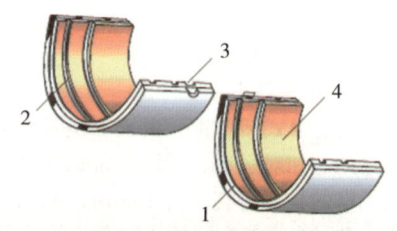

图3-2-19　连杆轴瓦

1—钢背；2—油槽；3—定位凸键；4—减摩合金。

五、活塞连杆组的拆装与检测操作

步骤1　工具、量具准备	
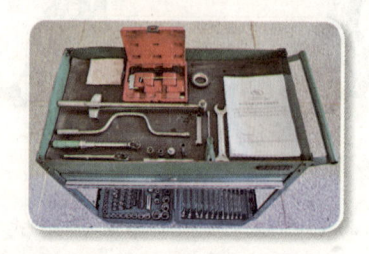	1. 工具准备齐全，摆放整齐，场地清洁 2. 常用拆装工具、工具柜、工作台、维修手册、抹布若干 3. 科鲁兹LDE（1.6L）发动机翻转台架

044

续表

步骤2　将1、4缸活塞设置到上止点位置	
 1. 安装曲轴扭转减振器螺栓	 2. 沿发动机旋转方向将1缸、4缸活塞设置到上止点位置
步骤3　拆卸2、3缸活塞连杆组	
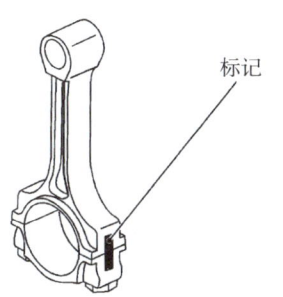 1. 带标记连杆轴承盖的连杆	 2. 拆下汽缸2和汽缸3的连杆轴承盖螺栓 用指针式扭力扳手和E10套筒分2次交叉旋松连杆轴承盖螺栓，手旋并取下螺栓
 3. 取下连杆轴承盖 取下连杆轴承盖并按顺序摆放，连杆和连杆轴承盖的剪切面形成一个独特的配合并且不可更换或损坏，不要平放在剪切面上	 4. 将活塞从汽缸中推出 用橡胶锤将活塞从汽缸中推出并按顺序摆放；旋转曲轴180°，用同样的方法拆下1缸、4缸的活塞连杆组

续表

步骤 4 拆卸、清洁活塞环组件	
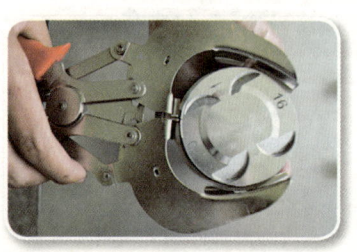 1. 拆卸活塞环 转动活塞环，使每道环的端口朝向一致，使用活塞环拆卸钳拆卸矩形压缩环、锥形压缩环，用手拆卸油环	 2. 清洁活塞环组件 清洁活塞环和活塞环槽
步骤 5 检查活塞	
 1. 用吸油纸清洁活塞顶部和裙部	 2. 目视检查活塞有无异常磨损、刮伤和烧蚀
步骤 6 测量第一道活塞环端隙	
 1. 清洁塞尺和汽缸，确认所检测活塞环对应的汽缸孔，将矩形环的"top"标记朝上，轻轻放入对应的汽缸孔内；用活塞顶部将环均匀推至汽缸上止点第一道气环所对应的位置	 2. 用塞尺从小到大测量矩形压缩环的端隙，记录测量数据；根据测量结果，正确选择维修方案

续表

步骤7　测量第一道活塞环侧隙	
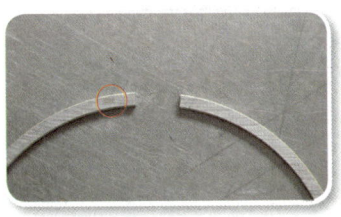	
1. 清洁塞尺和活塞环槽，确认所检测活塞对应的活塞环槽，将矩形环的"top"标记朝上，放入活塞第一道气环槽内	2. 用塞尺由小到大测量侧隙，一周平均测量3个点，记录数据；根据测量结果，正确选择维修方案
步骤8　安装活塞环	
	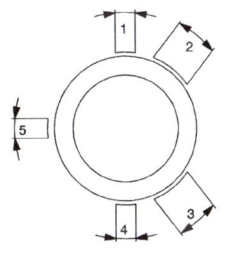
1. 用手安装油环 2. 用活塞环扩张钳安装两道气环	3. 设置活塞环缺口 第一道活塞环缺口在位置1，第二道活塞环缺口在位置2，油环刮片的过渡环在位置3，油环刮片的在位置4或位置5
步骤9　安装活塞连杆组	
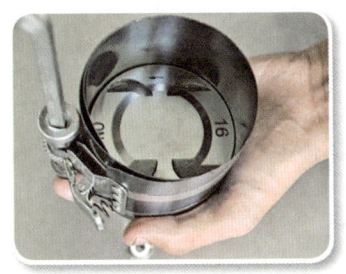	
1. 将活塞连杆组放入活塞安装工具并调整	2. 按照装配记号将活塞连杆组放入汽缸，用橡胶锤轻轻推入

续表

 3. 安装连杆轴承盖	 4. 安装新的连杆螺栓，第一遍紧固至35N·m，第二遍用扭矩角度规将螺栓紧固45°，第三遍用扭矩角度规将螺栓紧固15°。旋转曲轴180°，同样的方法安装另外两缸的活塞连杆组
步骤10 作业后整理	
1. 所有工量具清洁归位 2. 整理好工作台 3. 分类收集废弃物 4. 用拖把清洁地面	

第三节　曲轴飞轮组的构造与检测

曲轴飞轮组（见图3-3-1）主要由曲轴、飞轮和一些附件组成。

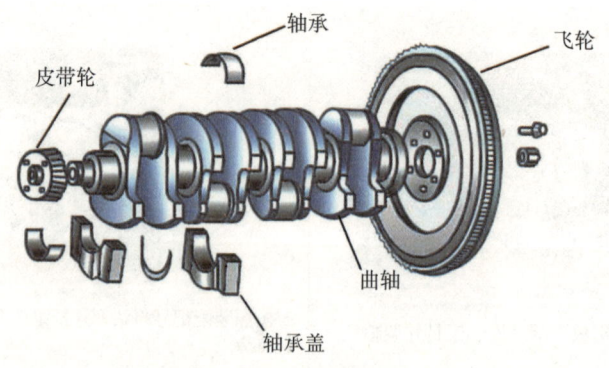

图3-3-1　曲轴飞轮组

一、曲轴

1. 曲轴的功用

曲轴是发动机最重要的机件之一。它与连杆配合将作用在活塞上的气体压力变为旋转的动力，传给底盘的传动机构；同时驱动配气机构和其他辅助装置，如风扇、水泵、发电机等。

2. 曲轴的材料及加工要求

曲轴一般用中碳钢或中碳合金钢模锻而成。为提高耐磨性和耐疲劳强度，轴颈表面经高频淬火或氮化处理，并经精磨加工，以达到较高的表面硬度和表面精度的要求。

3. 曲轴的结构组成

曲轴一般由主轴颈、连杆轴颈、曲柄、平衡块、曲轴前端和曲轴后端等组成。一个主轴颈、一个连杆轴颈和一个曲柄组成了一个曲拐。

（1）主轴颈

主轴颈是曲轴的支承部分，通过主轴承支承在曲轴箱的主轴承座中。曲轴的支承方式一般有两种，一种是全支承曲轴，另一种是非全支承曲轴。

① 全支承曲轴（见图3-3-2）。曲轴的主轴颈数比汽缸数目多一个，即每一个连杆轴颈两边都有一个主轴颈。如六缸发动机全支承曲轴有7个主轴颈。

② 非全支承曲轴（见图3-3-3）。曲轴的主轴颈数比汽缸数目少或与汽缸数目相等。这种支承方式叫非全支承曲轴。

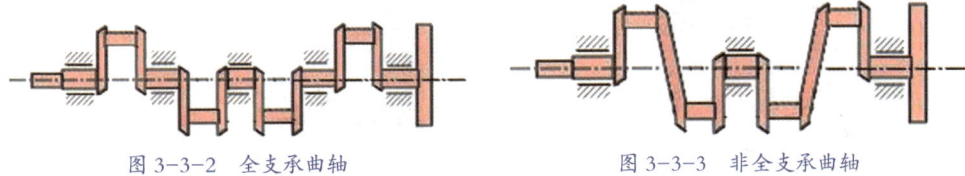

图3-3-2 全支承曲轴　　　　图3-3-3 非全支承曲轴

（2）连杆轴颈

曲轴的连杆轴颈是曲轴与连杆的连接部分，通过曲柄与主轴颈相连，在连接处用圆弧过渡，以减少应力集中。

（3）曲柄及平衡块

曲柄是主轴颈和连杆轴颈的连接部分，断面为椭圆形，为了平衡惯性力，曲柄处铸有（或紧固有）平衡重块。

（4）曲轴前端

曲轴前端装有正时齿轮、驱动风扇和水泵的皮带轮以及启动爪等。为了防止机油沿曲轴轴颈外漏，在曲轴前端装有一个甩油盘，在齿轮室盖上装有油封。

（5）曲轴后端

曲轴后端用来安装飞轮，在后轴颈与飞轮凸缘之间制成挡油凸缘与回油螺纹，以阻止机油向后窜漏。

二、飞轮

飞轮（见图3-3-4）的主要功用是用来贮存做功行程的能量，用于克服进气、压缩和排气行程的阻力和其他阻力，

图3-3-4 飞轮

使曲轴能均匀地旋转。飞轮外缘压有的齿圈与启动电机的驱动齿轮啮合，供启动发动机用；汽车离合器也装在飞轮上，利用飞轮后端面作为驱动件的摩擦面，用来对外传递动力。

在飞轮轮缘上做有记号（刻线或销孔）供找压缩上止点用（四缸发动机为一缸或四缸压缩上止点，六缸发动机为一缸或六缸压缩上止点），当飞轮上的记号与外壳上的记号对正时，正好是一缸的上止点。

飞轮与曲轴在制造时一起进行过动平衡实验，在拆装时为了不破坏它们之间的平衡关系，飞轮与曲轴之间应有严格不变的相对位置。通常用定位销和不对称布置的螺栓来定位。

三、曲轴飞轮组的拆装与检测操作

步骤1　工具、量具准备	
	1. 工具准备齐全，摆放整齐，场地清洁 2. 常用拆装工具、工具柜、工作台、维修手册、抹布若干 3. 科鲁兹LDE（1.6L）发动机翻转台架
步骤2　测量曲轴轴向间隙	
 1. 清洁曲轴测量端面	 2. 清洁并安装百分表，百分表预压1～2mm，校零
	3. 用螺丝刀沿轴向来回撬动曲轴，同时观察百分表，记录百分表左右偏摆值之和（曲轴轴向间隙）
步骤3　拆卸曲轴	
 1. 按顺序松开10个曲轴主轴承盖螺栓	 2. 取下主轴承盖并按顺序摆放

续表

	3. 取下曲轴，清洁并且目视检查曲轴 取下曲轴并放置好，用吸油纸清洁各道轴颈，目视检查各道轴颈有无划痕、点蚀等
步骤4	测量曲轴弯曲度
 1. 将曲轴放到汽缸体上	 2. 清洁并检查百分表
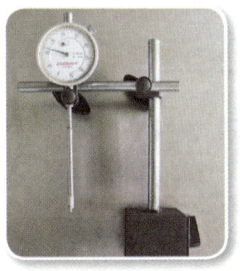 3. 组装百分表和磁性表座	 4. 正确安装组装好的百分表和磁性表座，使表头紧贴第三道主轴颈，并对百分表预压、校零；平稳转动曲轴一周，同时观察百分表的数值，记录百分表左右偏摆值之和
步骤5	测量曲轴主轴承间隙
 1. 截取合适长度的塑料间隙规并放在需测量的曲轴主轴颈上	 2. 正确安装主轴承盖，分三遍紧固螺栓（50N·m+45°+15°）
 3. 使用指针式扭力扳手，分2次交替松下曲轴主轴承盖螺栓，取下曲轴轴承盖	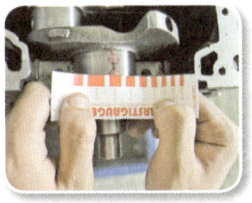 4. 将展平后的塑料间隙规的宽度和量尺对比，填写数据

续表

	5. 完全清除曲轴主轴颈、曲轴主轴承处的塑料间隙规

步骤6　测量曲轴主轴颈直径	
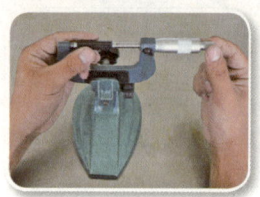 1. 选择合适的外径千分尺，清洁并校零	 2. 测量主轴颈直径并记录数据

步骤7　安装曲轴	
 1. 安装曲轴，润滑轴颈	 2. 安装曲轴主轴承盖 对准轴承凸起和主轴承盖的凹槽，润滑轴承内面，轴承盖标记向前，按顺序摆放，相互位置不得更换
 3. 安装主轴承盖螺栓 在主轴承盖螺栓的螺纹处涂一薄层机油，按顺序几次均匀拧紧10个主轴承螺栓，分3次紧固螺栓（50N·m+45°+15°）	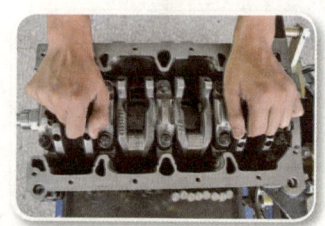 4. 检查曲轴转动是否灵活

步骤8　作业后整理
1. 所有工量具清洁归位 2. 整理好工作台 3. 分类收集废弃物 4. 用拖把清洁地面

第四节　曲柄连杆机构故障的诊断与排除

曲柄连杆机构常见的故障有汽缸压力不足、连杆弯曲、扭曲和双重弯曲、曲轴弯曲和扭转、活塞裙部烧蚀、活塞环槽磨损等。

一、汽缸压力不足

汽缸压力是指活塞到达压缩上止点时，汽缸内压力的大小。汽缸压力不足，就意味着汽缸密封性降低，将会使发动机功率下降，启动困难，若个别汽缸压力不足会使发动机运转不稳定。

1. 故障原因

① 活塞环的侧隙、开口端隙过大，或气环开口的迷宫路线变短，或活塞环的第一密封面磨损后，其密封性变差。

② 活塞与汽缸磨损过大使汽缸间隙增大，活塞在汽缸内运动摇摆，影响活塞环与汽缸的良好贴合密封。

③ 因活塞环结胶、积炭而卡在活塞环槽内，使环的自身弹性不能发挥，失去了气环与汽缸壁的第一密封面。

④ 汽缸拉伤。当汽缸拉伤之后，使活塞环与汽缸的密封被破坏，造成汽缸压力低。

⑤ 装有减压装置的发动机，其减压装置的间隙调整不当，使气门关不严。

2. 故障检修

当前用汽缸压力表检测汽缸压力的方法较多，可用测启动机电流和启动机电压检测汽缸压力；另外，也可用胶管和压缩空气逐缸测量的方法。用汽缸压力表检测汽缸压力时，应使发动机处在正常热态下（冷却液在 85～95℃，润滑油温度在 70～90℃时）进行。另外，用汽缸压力表检测汽缸压力时要拔掉发动机转速传感器。

根据测量的结果采取相应维修措施。

二、连杆弯曲、扭曲和双重弯曲

连杆的弯曲、扭曲和双重弯曲变形将使活塞在汽缸中歪斜，造成活塞与汽缸、连杆轴承与连杆轴颈的偏磨。

1. 故障原因

发动机工作时，汽缸内的气体压力始终作用在活塞顶上。由于气体压力的作用，使活塞与活塞销、活塞销与连杆小头衬套压紧，并通过连杆，使连杆轴承与连杆轴颈、主轴承与主轴颈相互压紧，由于上述各传力机件都有一定的质量，具有保持原有运动状态的趋势，即惯性力的作用，再加上发动机超负荷和爆燃或其他意外事故等原因，使连杆弯曲、扭曲或双重弯曲。

2. 故障检修

① 连杆弯曲、扭曲变形的检验可在连杆检验器上进行（见图 3-4-1）。检验时，如果三点规的 3 个测点都与检验平板接触，说明连杆不弯曲，也不扭曲。如果上测点与平板接触，下面两测点与平板不接触，且与平板的间隙相等，或下面的两测点与平板接触，而上测点与平板不接触，则表明连杆纯弯曲；如果一个下测点与平板接触，上测点与平板间的间隙等于

另一个下测点与平板间隙的一半，说明连杆是纯扭曲；否则是弯扭并存。

② 连杆的弯曲、扭曲变形，通常用连杆校正器的附设工具进行校正（见图3-4-2）。当连杆弯扭并存时，一般先校正扭曲后校正弯曲。连杆经过弯、扭校正后，两端座孔轴心线的距离变化应不大于0.15mm，否则会影响汽缸的压缩比。

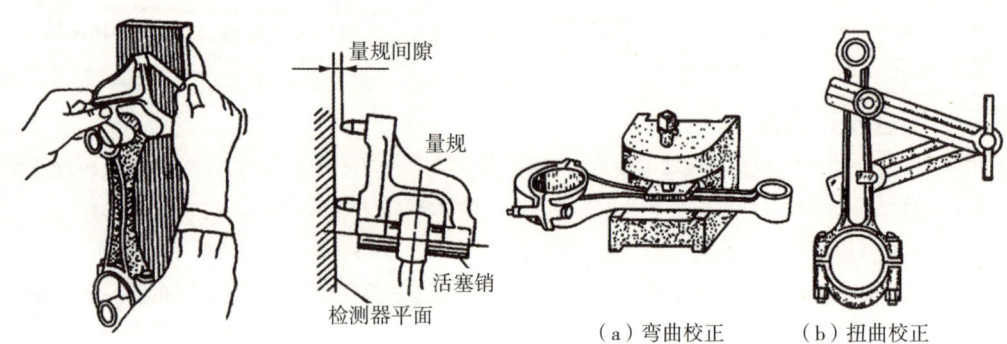

图3-4-1 连杆的检测

图3-4-2 连杆的校正

三、曲轴弯曲和扭转

1. 故障原因

① 曲轴在修磨加工时，装卡定位不当，磨床本身精度不高。
② 发动机超负荷运转，连续"爆燃"，工作不平稳使各轴颈受力不均匀。
③ 曲轴轴承和连杆轴承间隙过大，松紧不一，造成主轴颈中心不重合，运转时受冲击。
④ 发动机发生轴承烧坏和抱住曲轴时，曲轴将出现弯曲和扭转。
⑤ 曲轴轴向窜动过大或活塞连杆组重量不一，相差过大。
⑥ 点火时间过早，或经常有1~2个火花塞工作不良，使发动机运转不平衡，曲轴受力不均匀。
⑦ 曲轴的平衡被破坏，或曲轴连杆组以及飞轮的平衡被破坏；曲轴过多磨损和超细，强度、刚度不足，或由于装配不当而产生弯、扭变形。
⑧ 曲轴材质不佳，或曲轴长期不合理的放置造成变形。
⑨ 汽车起步行驶时，放松离合器踏板动作过快，接合时不柔和；或用冲力启动发动机，使曲轴受到突然扭转。
⑩ 行车中使用紧急制动或在发动机动力不足的情况下，用高挡低速勉强行驶。

2. 故障检修

① 曲轴弯曲变形后，其主轴颈的同轴度偏差增大。检验时（见图3-4-3），一般将曲轴的第一道和最后一道主轴颈搁置在检验平板的V形块上，将百分表头垂直地触及在中间一道主轴颈上（通常此道变形量最大），慢慢转动曲轴一圈。此时百分表指针所示的最大摆差，即为该轴颈对前后两主轴颈轴线的同轴度偏差，其偏差一般应不大于0.15mm，否则应予校正，低于此限可结合磨削轴颈予以修正。

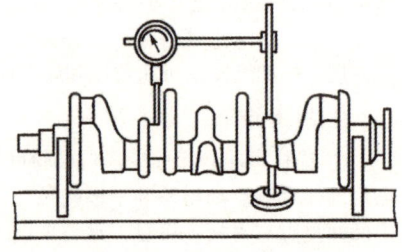

图3-4-3 曲轴弯曲的检测

曲轴弯曲的校正通常采用冷压法和表面敲击法。

② 曲轴扭曲检验时，可将曲轴置于检验平板的 V 形块上，然后将第一、第六缸连杆轴颈转到水平位置，用百分表分别测量第一缸连杆轴颈和第六缸连杆轴颈至平板的距离，求得这同一方位上两个连杆轴颈的高度差。

曲轴轻微的扭转变形，可在曲轴磨床上磨削校正，大的扭转变形可用液压扳杆校正。

四、活塞裙部烧蚀

1. 故障原因

① 冷却液不足或其他原因引起的发动机过热造成活塞过膨胀，缩小了汽缸间隙。

② 活塞与汽缸的装配间隙过小，使油膜不能保存，结果出现干摩擦生热而烧蚀。

③ 润滑油牌号不符或润滑油被汽油稀释，使汽缸壁形成不了油膜，出现干或半干摩擦而生热，造成裙部烧蚀。

④ 活塞质量不佳。裙部无椭圆或椭圆过小，致使活塞受热后，因活塞销座膨胀量大，出现反椭圆（活塞销轴方向加长），使活塞销轴线方向与汽缸无间隙，或因加工、安装不当，使活塞与汽缸的装配间隙过小。

2. 故障预防和检修

① 汽车不能在缺冷却液、高温、大负荷下长期运行。出车前应检查润滑油数量和质量。

② 维修时应保证活塞与汽缸的配缸间隙，选好活塞，活塞的圆度要符合规定。对全浮式活塞销座孔的加工，不能使其与销轴配合过紧。

五、活塞环槽磨损

1. 故障原因

① 活塞环槽磨损比较严重的是第一、第二道气环槽。因为活塞头部的热量是由活塞环传给汽缸壁的，所以第一道气环受热最严重，若第一环槽得不到良好的散热，将使裙部加速磨损。

② 在活塞工作时，环槽的上下侧面与活塞环产生冲击磨损，使配合间隙加大，密封性能变坏。环槽的磨损主要是下平面磨损。

③ 汽缸内壁在磨损成椭圆和锥形或因其他原因变形后，活塞环做往复运动时，形成时胀时缩的现象，加速了环槽的磨损。侧压力使活塞左右摆动，活塞环在槽内产生左右摩擦。

④ 可燃混合气和点火提前角调整不当，均导致燃烧不正常使发动机受热时间长，温度增高，降低了活塞环的机械强度。

⑤ 维修时清洁不够，安装活塞环的工具制作或使用不当，汽缸口台阶未进行修理，活塞顶和环槽内积炭等物未彻底清除等。

⑥ 外界温差变化幅度大而发动机未采取相应的保温或降温措施；在尘土和风沙大的地区对进气系统防尘工作不重视，即对空气滤清器的维护不及时。

⑦ 不遵守发动机使用操作规程，启动后急于提高发动机转速，或工作过程中温度过高时又强制降温等。

⑧ 活塞质量低劣，环槽及环岸都加工粗糙，金相组织不佳。

2. 故障预防和检修

① 提高设计制造质量，增加一些特殊结构，如在活塞环槽部位设环槽护圈。

② 提高维修质量，在选择活塞环的边隙和背隙时，严格按规定选取装配间隙；在专用的发动机装配房间内进行装配工作。

③ 提高驾驶操作技术，按操作规程操作，避免发动机的长时间高速运转，保持发动机的正常温度。

④ 加强燃料系统和点火系统的调整和维护。

第四章　配气机构

第一节　配气机构的构造与拆装

配气机构是进、排气管道的控制机构，它按照汽缸的工作顺序和工作过程要求，准时地开闭进、排气门，向汽缸供给可燃混合气或新鲜空气并及时排出废气；当进、排气门关闭时，保证汽缸密封。

一、配气机构的组成

发动机的配气机构由气门组和气门传动组等组成。气门组的作用是封闭进、排气道；气门传动组的作用是使进、排气门按配气相位规定的时刻开闭，且保证有足够的开度。

1. 气门组

气门组主要包括气门、气门座圈、气门导管、气门油封、气门弹簧、气门弹簧座和气门锁片等（见图4-1-1）。

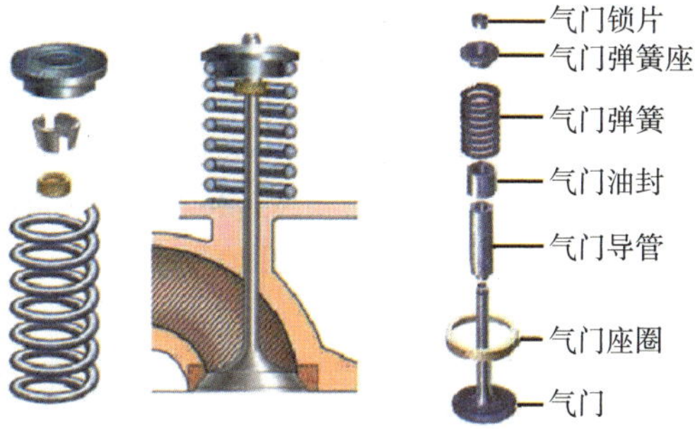

图 4-1-1　气门组

2. 气门传动组

气门传动组主要包括正时齿轮、凸轮轴、挺柱、推杆、气门摇臂、摇臂轴座和摇臂轴等（见图4-1-2）。

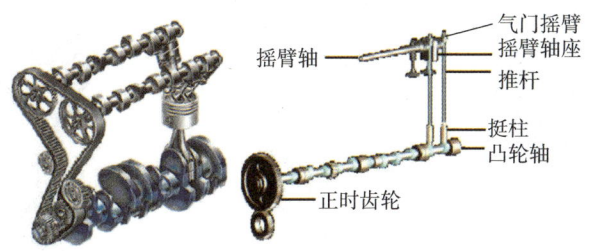

图 4-1-2　气门传动组

二、配气机构的分类

发动机配气机构形式多种多样,其主要区别在于气门布置形式和数量、凸轮轴布置形式和传动方式等。

1. 按气门的布置位置分类

按气门的布置位置不同可以分为气门顶置式和气门侧置式两类(见图 4-1-3)。

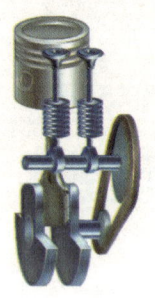    

(a)气门侧置式　　(b)气门顶置式　　(a)凸轮轴下置式　(b)凸轮轴中置式　(c)凸轮轴上置式

图 4-1-3　气门布置形式　　　　　　　图 4-1-4　凸轮轴布置形式

2. 按凸轮轴的位置分类

按凸轮轴的位置不同可分为凸轮轴下置式、凸轮轴中置式和凸轮轴上置式(见图 4-1-4)。

(1)凸轮轴下置式

如图 4-1-4(a)所示,大多数载货汽车和大、中型客车发动机都采用这种方式。

(2)凸轮轴中置式

如图 4-1-4(b)所示,为减小气门传动组零件的往复运动惯性力,某些速度较高的发动机将下置式凸轮轴的位置抬高到缸体的上部,缩短了传动零件的长度,称为凸轮轴中置式配气机构。

(3)凸轮轴上置式

如图 4-1-4(c)所示,配气机构的凸轮轴直接布置在缸盖上。

3. 按凸轮轴传动方式分类

按曲轴和凸轮轴的传动方式,可分为齿轮传动、链条传动和同步齿形带传动(见图 4-1-5)等。

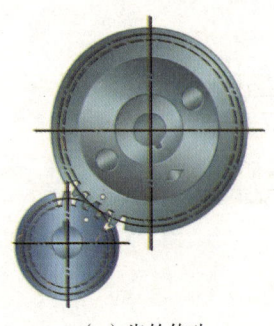  

(a)齿轮传动　　　　　　(b)链条传动　　　　　(c)同步齿形带传动

图 4-1-5　凸轮轴传动方式

（1）齿轮传动

如图4-1-5（a）所示，凸轮轴下置、中置的配气机构大多采用圆柱形正时齿轮传动，从曲轴到凸轮轴的传动只需一对正时齿轮，若齿轮直径过大，可在中间加装一个惰轮。

（2）链条传动

如图4-1-5（b）所示，链条传动适用于凸轮轴上置的配气机构。为使工作时链条有一定的张力而不至脱链，通常装有导链板、涨紧轮装置等。

（3）同步齿形带传动

如图4-1-5（c）所示，近年来，在高速发动机上广泛采用齿形带来代替传动链。这种齿形带用氯丁橡胶制成，中间夹有玻璃纤维和尼龙织物，以增加强度。采用齿形带传动，可以减少噪声和减少结构质量，也可以降低成本。

三、配气机构的拆装操作

步骤1　工具、量具准备	
	1. 工具准备齐全，摆放整齐，场地清洁 2. 常用拆装工具、工具柜、工作台、维修手册、抹布若干 3. 科鲁兹 LDE（1.6L）发动机翻转台架
步骤2　拆卸配气机构	
 1. 拆下汽缸盖罩 拆下汽缸盖罩的紧定螺栓，小心取下汽缸盖罩，按照正确的顺序分 2～3 次拆下固定螺栓	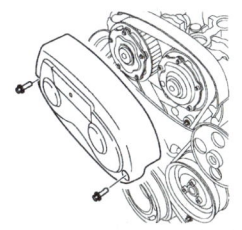 2. 拆下正时皮带上前盖 拆下正时皮带上前盖 2 个紧定螺栓，取下正时皮带上前盖（如果使用螺丝刀撬动时头部应缠胶带）
 3. 拆下正时皮带中前盖 撬动正时皮带中前盖的两侧塑料卡扣，取下正时皮带中前盖	 4. 确认正时记号 旋转曲轴扭转减振器紧固螺栓至 1 缸上止点，确认曲轴扭转减振标记与正时罩盖上标记对准

续表

 5. 确认进、排气凸轮轴位置执行器调节器齿轮正时标记对准	 6. 将专用工具 KM-6625 飞轮固定工具安装至发动机汽缸体,来锁紧飞轮
 7. 拆下曲轴扭转减振器 使用指针式扭力扳手拆下曲轴扭转减振器紧固螺栓	 8. 拆下正时皮带下前盖 拆下正时皮带下前盖4个紧固螺栓,取下曲轴扭转减振器和正时皮带下前盖
 9. 检查曲轴正时皮带传动齿轮和油泵壳体记号	 10. 使用内六角扳手对正时皮带张紧轮顺时针施加张力,安装 EN-6333 锁销,拆下正时皮带,如果重复使用正时皮带,记录皮带的方向
 11. 拆下张紧器、惰轮和曲轴链轮	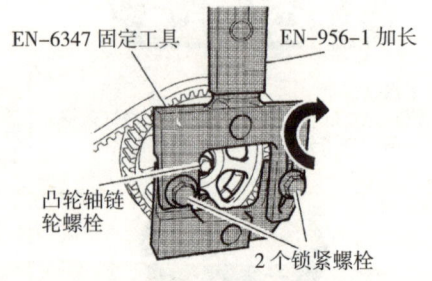 12. 拆下排气和进气凸轮轴链轮 将 EN-6347 固定工具和 EN-956-1 加长件安装至排气凸轮轴链轮,上紧2个锁紧螺栓,用 EN-6347 固定工具固定排气凸轮轴链轮的同时,松开排气凸轮轴链轮螺栓,将 EN-6347 固定工具和 EN-956-1 加长件从排气凸轮轴链轮上拆下。对进气凸轮轴链轮重复同样的步骤拆下

续表

 13. 拆下正时皮带后盖 拆下正时皮带后盖4个紧固螺栓，取下正时皮带后盖	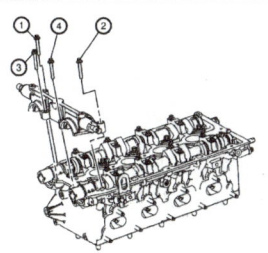 14. 按图示①～④顺序拆下第一凸轮轴承盖紧固螺栓
 15. 用一把塑料锤轻轻敲打以松开第一凸轮轴承盖并取下	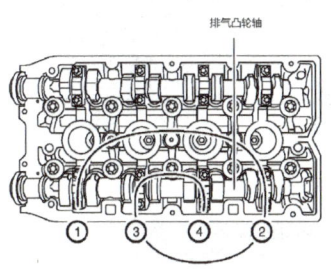 16. 以1/2—1转的增量从外到内螺旋式松开8个排气凸轮轴轴承盖螺栓，拆下8个排气凸轮轴轴承盖螺栓，拆卸凸轮轴轴承盖前，首先检查标记，其次从汽缸盖拆下4个排气凸轮轴轴承盖，最后拆下排气凸轮轴
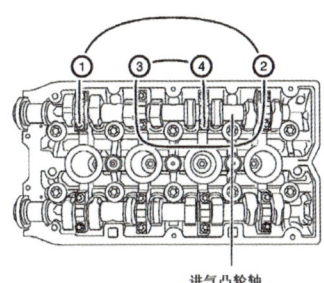 17. 以1/2—1转的增量从外到内螺旋式松开8个进气凸轮轴轴承盖螺栓，拆下8个进气凸轮轴轴承盖螺栓，拆卸凸轮轴轴承盖前，首先检查标记，其次从汽缸盖拆下4个进气凸轮轴轴承盖，最后拆下进气凸轮轴	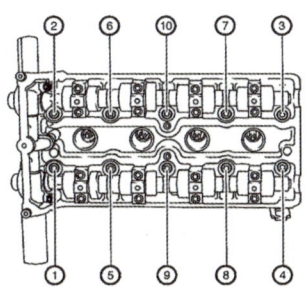 18. 拆下汽缸盖 按图示顺序分三次拆下10个汽缸盖螺栓，第一次按顺序将10个螺栓松开90°，第二次按顺序将10个螺栓松开180°，第三次按顺序全部松开10个螺栓，汽缸盖放在适当的基座上，汽缸盖衬垫水平放置

续表

 19. 拆下气门挺柱 使用磁力吸棒拆下16个气门挺柱，按顺序摆放，安装时需按原位放回	 20. 拆下气门 用专用维修工具，压缩气门弹簧并拆下两个定位锁片，拆下弹簧座圈、气门弹簧和气门，按照顺序摆放零件
	21. 用专用工具拉出气门油封，按顺序摆放

步骤3　安装配气机构

 1. 安装气门油封，给气门杆涂上发动机机油，安装气门、弹簧座圈和气门弹簧，用专用维修工具压缩气门弹簧后安装两个定位锁片，定位锁片锥形端朝向气门	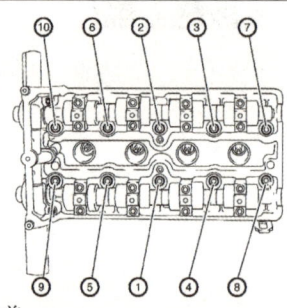 2. 安装汽缸盖 安装新的汽缸盖衬垫，安装汽缸盖，按照图示顺序安装10个新的汽缸盖螺栓，第一遍紧固至25N·m，第二遍紧固至90°，第三遍紧固至90°，第四遍紧固至90°，第五遍紧固至45°，将16个气门挺柱润滑，按原位放回
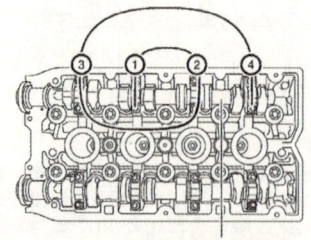 3. 安装进气凸轮轴 安装进气凸轮轴前需要使用机油润滑凸轮轴轴颈，安装进气凸轮轴，安装进气凸轮轴轴承盖（注意识别标记），安装8个进气凸轮轴轴承盖螺栓，并从内到外螺旋式紧固至8N·m，如图所示	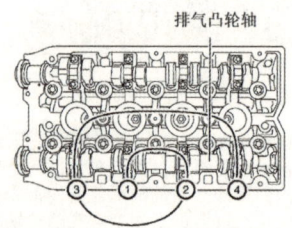 4. 安装排气凸轮轴 安装排气凸轮轴前需要使用机油润滑凸轮轴轴颈，安装排气凸轮轴，安装排气凸轮轴轴承盖（注意识别标记），安装8个排气凸轮轴轴承盖螺栓，并从内到外螺旋式紧固至8N·m，如图所示

续表

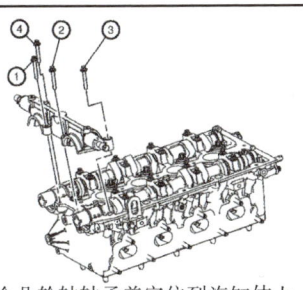 5. 第一个凸轮轴轴承盖定位到汽缸体上，安装第一凸轮轴轴承盖螺栓并分两遍紧固，第一遍紧固至约2N·m，第二遍紧固至8N·m，安装顺序为①~④	 6. 安装正时皮带后盖，安装4个新的正时皮带后盖螺栓，并紧固至6N·m
 7. 使用适当的开口扳手抵住凸轮轴六角头调整凸轮轴，安装EN-6628锁止工具	 8. 安装进、排气凸轮轴链轮，将EN-6340锁止工具安装到凸轮轴链轮中，在螺栓扭矩拧紧程序中，需要用扳手抵住凸轮轴，第一遍紧固至50N·m，第二遍紧固至150°，第三遍紧固至15°，拆下EN-6340锁止工具 9. 安装正时皮带张紧器，分三遍拧紧新正时皮带张紧器螺栓，第一遍紧固至20N·m，第二遍紧固至120°，第三遍紧固至15° 10. 安装正时皮带惰轮，分三遍拧紧新正时皮带张紧器螺栓，第一遍紧固至20N·m，第二遍紧固至120°，第三遍紧固至15°
	11. 安装曲轴链轮，对齐曲轴正时曲轴链轮和油泵壳体记号。安装正时皮带，引导正时皮带通过张紧器并将其放置在曲轴链轮上，将正时皮带放置在排气和进气凸轮轴位置执行器调节器上，使用内六角扳手向箭头指示的方向对正时皮带张紧器施加张力，拆下EN-6333锁销 12. 安装正时皮带下前盖，并将4个螺栓紧固至6N·m。安装曲轴扭转减振器，安装新的曲轴扭转减振器螺栓，分三遍紧固，第一遍紧固至95N·m，第二遍紧固至45°，第三遍紧固至15°，拆下EN-6625锁止工具以解锁曲轴 13. 安装正时皮带中前盖和上前盖，正时皮带上前盖螺栓紧固至6N·m。安装汽缸盖罩，将一个新衬垫插入汽缸盖罩中，安装11个螺栓，并紧固至8N·m
步骤4 作业后整理	
清洁工具、工作台和场地等	

第二节 气门传动组的构造与检测

根据发动机配气机构的形式不同,气门传动组一般由凸轮轴、凸轮轴正时齿轮、挺柱、挺柱导管、推杆、摇臂和摇臂轴等零件组成。气门传动组的主要作用是使进、排气门按照配气相位规定的时间开启与关闭。

一、凸轮轴

凸轮轴是由发动机曲轴驱动而旋转,用来驱动和控制各缸气门的开启和关闭,使其符合发动机的工作顺序、配气相位及气门开度的变化规律等要求。

凸轮轴主要由凸轮、凸轮轴轴颈、偏心轮和螺旋齿轮等组成(见图4-2-1)。

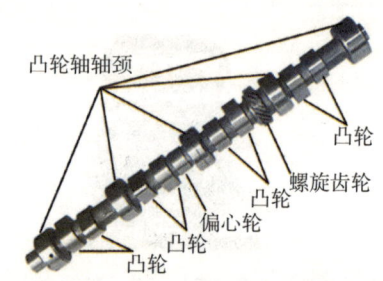

图4-2-1 凸轮轴

上置式凸轮轴的轴承为剖分式结构,各凸轮轴轴颈的直径均相等。下置式凸轮轴轴颈的直径由前端向后端依次减小,目的是便于安装。

中置式和下置式凸轮的轴承一般采用粉末冶金或青铜制成衬套压入整体式轴承座孔内,再加工轴承内孔,使其与凸轮轴轴颈相配合。上置式凸轮轴的轴承多由上下两片轴瓦对合而成,装入剖分式轴承座孔内。轴承材料多与主轴承相同。

为了防止凸轮轴在工作中产生窜动和承受正时斜齿轮产生的轴向力,凸轮轴必须有轴向限制装置。凸轮轴轴向移动量过大,对于由螺旋齿轮传动的凸轮轴,会影响配气正时。凸轮轴轴向定位方式如图4-2-2所示。

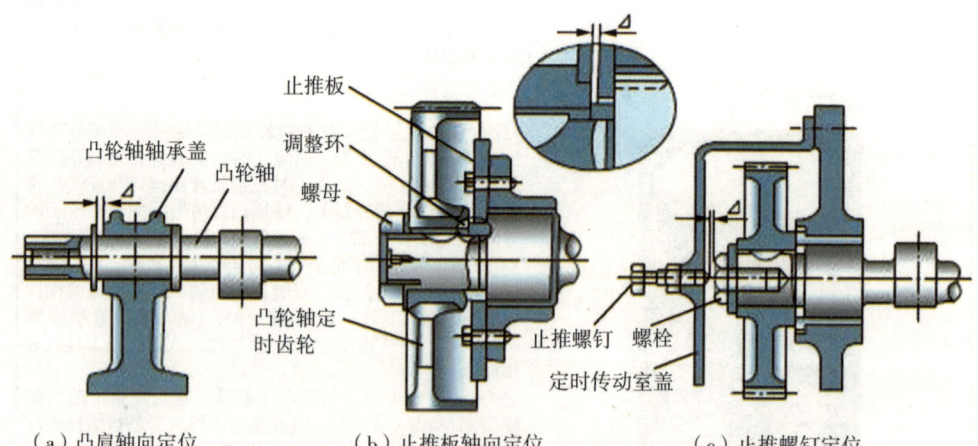

图4-2-2 凸轮轴轴向定位方式

顶置式凸轮轴通常利用凸轮轴承盖的两个端面和凸轮轴轴颈两侧的凸肩进行轴向定位,如图4-2-2(a)所示。其间的间隙Δ就是凸轮轴的最大许用轴向移动量,Δ值一般为0.1～2.2mm。

中置式和下置式凸轮轴的轴向定位通常采用止推板，如图 4-2-2（b）所示。在第一凸轮轴轴颈和凸轮轴正时齿轮之间装有调整环，在调整环外面又套上止推板。止推板用螺栓固定在汽缸体前端面上。调整环、正时齿轮毂与第一凸轮轴轴颈端面紧紧靠在一起。由于调整环比止推板厚 0.08—0.20mm，因此在止推板与凸轮轴正时齿轮毂或止推板与第一凸轮轴轴颈端面之间形成 0.08—0.20mm 的间隙，此间隙即为凸轮轴最大许用轴向移动量。欲改变凸轮轴轴向移动量，只需更换调整环的厚度即可。

第三种轴向定位的方法是止推螺钉定位，如图 4-2-2（c）所示。在正齿轮室盖上与凸轮轴前相对应的位置拧入止推螺钉，使其端部与正时齿轮紧固螺栓的六角头端面相距 $\it{\Delta}$=0.10—0.20mm 时，将止推螺钉拧紧，即可实现凸轮轴的轴向定位。

二、挺柱

挺柱是凸轮的从动件，其作用是将来自凸轮的运动和作用力传给推杆或气门，同时还承受凸轮所施加的侧向力，并将其传给机体或汽缸盖。

挺柱可分为普通挺柱和液力挺柱两大类，每一类中又有平面挺柱和滚子挺柱等多种结构形式。近年来，液力挺柱被广泛地应用。

1. 普通挺柱

配气机构采用的普通挺柱有筒式和滚轮式两种结构形式，如图 4-2-3 所示。大多数采用筒式挺柱，筒式挺柱的下端设有油孔，以便将流到挺柱内的机油引到凸轮上润滑。另外，由于挺柱中间为空心，其质量可减小。大型柴油机采用滚轮式挺柱，可以显著减少摩擦力和侧向力，但结构较复杂，质量较大。

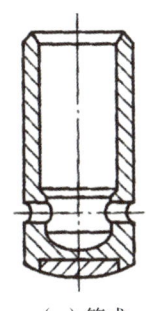

（a）筒式　　（b）滚轮式

图 4-2-3　普通挺柱

2. 液力挺柱

液力挺柱如图 4-2-4 所示。挺柱体由圆桶和上端盖焊接而成。下端封闭的油缸外圆柱面与挺柱导向孔配合，内圆柱面与柱塞配合。球阀被补偿弹簧压靠在柱塞下端面的阀座上。

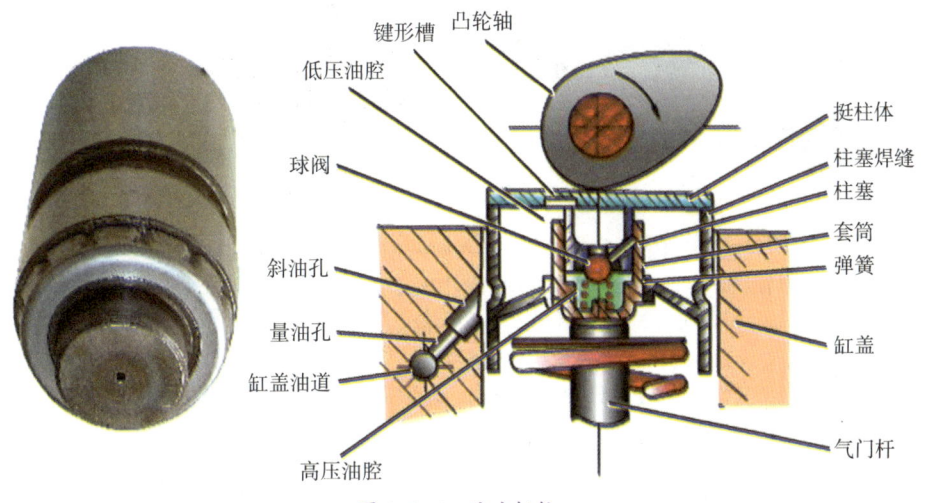

图 4-2-4　液力挺柱

挺柱体内部的低压油腔通过挺柱顶背面的键形槽与柱塞上方的低压油腔相通。当挺柱在运动过程中，挺柱体上的环形糟与缸盖上的斜油孔对齐时，缸盖油道内的润滑油通过量油孔、斜油孔和环形油槽进入低压油腔。柱塞下端油缸内部的空腔，称为高压油腔，当球阀打开时，高压油腔与低压油腔相通。

气门关闭以后，补偿弹簧将柱塞和挺柱体继续向上推动一个微小的行程（补偿由于油液泄漏而造成的柱塞与挺柱体的下降），同时高压油腔油压下降，此时球阀打开，低压油腔的油液进入高压油腔内补充泄漏掉的油液。当气门关闭时，挺柱体上的环形油槽与缸盖上的斜油孔对齐，润滑系统的油液进入挺柱低压油腔内。

气门受热膨胀伸长时，通过柱塞与油缸之间的间隙，高压油腔内的油向低压油腔泄漏一部分，柱塞与油缸产生相对运动，从而使挺柱自动"缩短"，保证气门关闭紧密。同时，通过减少气门关闭后的补油量，也保证了气门的关闭紧密。当气门冷却收缩时，补偿弹簧将柱塞与挺柱体向上推动，球阀打开，低压油腔油液进入高压油腔，挺柱自动"伸长"，可保证无气门间隙。

三、推杆

推杆处于挺柱和摇臂之间，其作用是将挺柱传来的运动和作用力传给摇臂。它是配气机构中最容易弯曲的零件。推杆的外形如图4-2-5所示。

四、摇臂

摇臂是一个双臂杠杆，以中间摇臂轴孔为支点，将推杆传来的力改变方向和大小，传给气门并使气门开启。摇臂两边臂长的比值称为摇臂比。摇臂比为1.2～1.8。短臂端装有调节螺钉而与推杆接触，长臂端用以推动气门杆端，可使气门的升程大于凸轮的升程。摇臂的结构如图4-2-6所示。

图 4-2-5 推杆

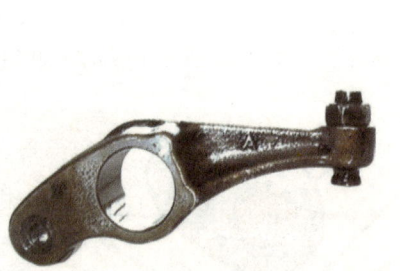

图 4-2-6 摇臂

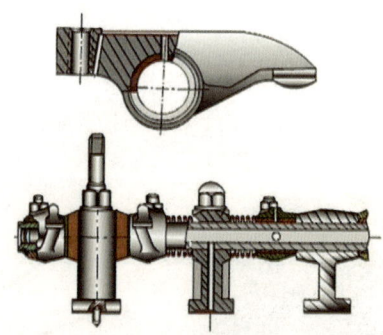

图 4-2-7 摇臂组

摇臂中间摇臂轴轴孔内镶有摇臂轴套和摇臂轴配套。长臂端制成圆弧状，与气门杆尾端接触。短臂端制成螺纹孔，安装有调整螺钉，用来调整气门间隙。摇臂上端面钻有油孔，中间轴孔的润滑油通过该油孔流向摇臂两端进行润滑。

摇臂组如图4-2-7所示，主要由摇臂、摇臂轴、摇臂轴支座和定位弹簧等组成。

摇臂轴为空心轴，支承在摇臂轴支座孔内，支座用螺栓固定于缸盖上。为防止摇臂轴转动，利用摇臂轴紧固螺钉将摇臂轴固定于支座。中间支座有油孔与缸盖油道相通，油道内的润滑油通过摇臂轴上的油孔进入摇臂轴内腔。碗形塞封住摇臂轴两端，防止润滑油漏出。摇臂通过中间轴孔套装在摇臂轴上，摇臂轴内的润滑油通过轴上的油孔进入到摇臂与摇臂衬套的配合间隙中进行润滑。

摇臂在轴上的位置通过定位弹簧来定位,在轴上两摇臂之间装有一个定位弹簧,防止摇臂轴向窜动。

五、气门传动组的拆装与检测操作

步骤1 工具、量具准备	
	1. 工具准备齐全,摆放整齐,场地清洁 2. 常用拆装工具、工具柜、工作台、维修手册、抹布若干 3. 科鲁兹 LDE(1.6L)发动机翻转台架
步骤2 凸轮轴外观检查	
	1. 清洁凸轮轴、轴承盖及螺栓 2. 目视检查凸轮、凸轮轴颈、凸轮轴油孔、凸轮轴末端的凹槽、凸轮轴位置传感器安装位置、凸轮轴轴承盖及螺栓
步骤3 凸轮轴轴向间隙检查	
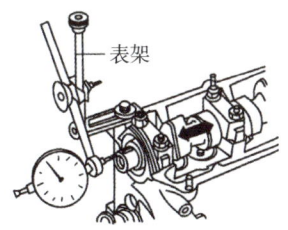	1. 安装凸轮轴、轴承盖及螺栓,按规定扭力拧紧 2. 检查百分表并组装到磁性表座中,将磁性表座安排在汽缸体的合适位置 3. 将百分表表头紧贴凸轮轴端部,并对百分表预压、校零 4. 轴向往复撬动凸轮轴,同时观察指针偏摆量,数值即为轴向间隙
步骤4 凸轮轴弯曲度检查	
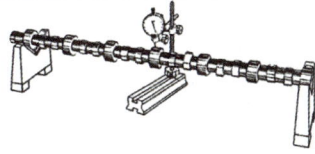	1. 稳妥安放曲轴,安装百分表,使表头紧贴中间轴颈的测量表面上,并对百分表预压、校零 2. 平稳转动凸轮轴,同时观察百分表的数值,记录百分表左右偏摆值之和 3. 正确判断检测结果
步骤5 凸轮轴磨损检查	
	1. 清洁被测量主轴颈、凸轮轴颈表面 2. 用外径千分尺检查凸轮高度或升程 3. 用外径千分尺测量凸轮轴轴颈尺寸,计算圆度和圆柱度误差 4. 检查凸轮轴轴颈及轴承配合间隙 5. 正确判断检测结果

续表

步骤6　凸轮轴油膜间隙检查	
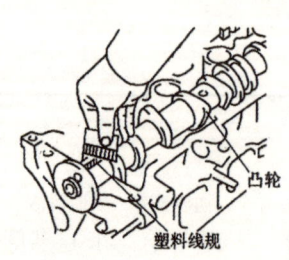	1. 清洁凸轮轴主轴颈和主轴承盖测量表面 2. 安装塑料线间隙规 3. 按照规定力矩安装主轴承盖，按规范松下轴承盖螺栓，取下凸轮轴轴承盖 4. 将展平后的塑料测量条的宽度和量尺对比，填写数据 5. 正确判断检测结果 6. 完全清除凸轮轴轴颈和轴承盖处的塑料间隙规
步骤7　作业后整理	
1. 所有工量具清洁归位 2. 整理好工作台 3. 分类收集废弃物 4. 用拖把清洁地面	

第三节　气门组的构造与检测

一、气门组结构的组成

气门组如图 4-3-1 所示，由气门、气门座、气门导管、气门弹簧、锁片、气门弹簧座等零件组成。

（一）气门

气门分为进气门和排气门两种，其作用是密封进、排气道。气门内部充注金属钠，如图 4-3-2 所示。钠在 97.8℃时为液态，液态钠可将气门头部的热量传给气门杆，冷却效果十分明显。捷达王轿车 EA113 及奥迪 A6 轿车发动机排气门即采用充钠气门。

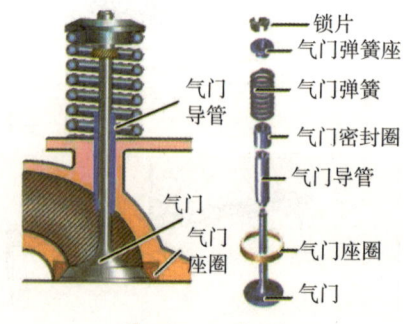

图 4-3-1　气门组

图 4-3-2　充钠排气门

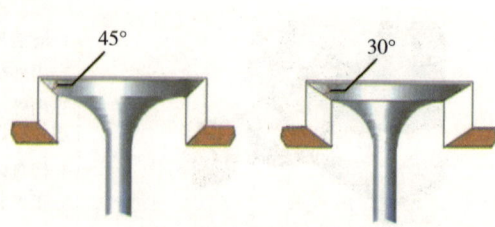

图 4-3-3　气门头部锥角

气门主要由头部、杆身和尾部组成。

气门头部是一个具有圆锥斜面的圆盘，气门锥角一般为45°，也有30°的，气门头边缘应保持一定厚度，一般为1～3mm，以防工作中冲击损坏、变形和被高温烧蚀。气门密封锥面与气门座配对研磨，如图4-3-3所示。

气门头部形状有平顶、球面顶和喇叭形顶等，如图4-3-4所示。

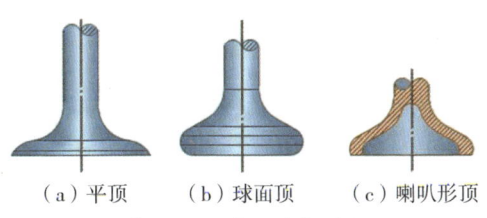

（a）平顶　（b）球面顶　（c）喇叭形顶

图4-3-4　气门头部形状

气门尾端的形状决定于上气门弹簧座的固定方式。采用剖分成两半且外表面为锥面的气门锁夹来固定上气门弹簧座，结构简单，工作可靠，拆装方便，因此得到了广泛的应用。气门锁夹内表面有多种形状，相应地气门尾端也有各种不同形状的气门锁夹槽，如图4-3-5所示。

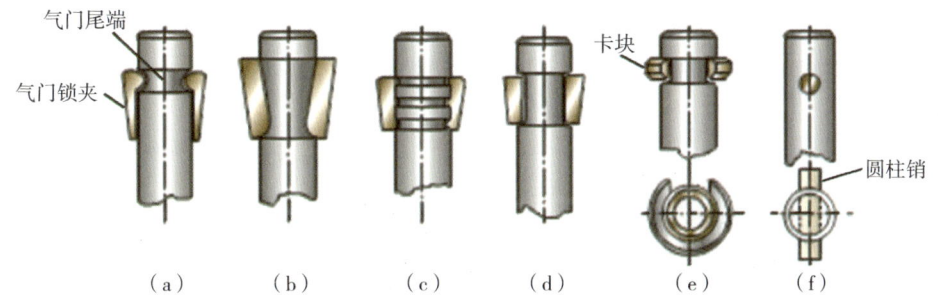

（a）　（b）　（c）　（d）　（e）　（f）

图4-3-5　气门尾端的形状

（二）气门导管

气门导管的功用是对气门的运动进行导向，保证气门做直线往复运动，使气门与气门座或气门座圈能正确贴合。此外，还将气门杆接受的热量部分地传给汽缸盖，如图4-3-6所示。气门导管的工作温度较高，而且润滑条件较差，靠配气机构工作时飞溅起来的机油来润滑气门杆和气门导管孔。气门导管由灰铸铁、球墨铸铁或铁基粉末冶金制造。在以一定的过盈将气门导管压入汽缸盖上的气门导管座孔之后，再精铰气门导管孔，以保证气门导管与气门杆的正确配合间隙。

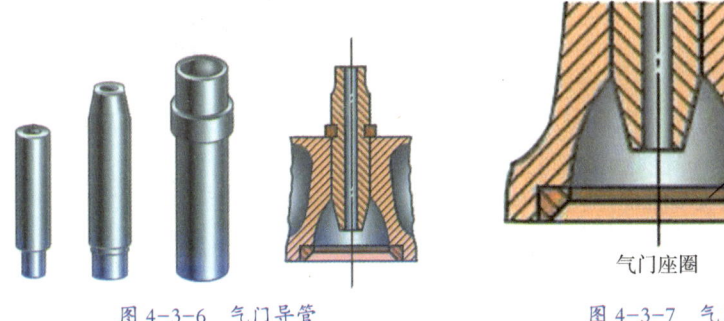

图4-3-6　气门导管　　　　图4-3-7　气门座

（三）气门座

汽缸盖上与气门锥面相贴合的部位称为气门座，如图4-3-7所示。气门座的温度很高，又承受频率极高的冲击载荷，容易磨损。因此，铝汽缸盖和大多数铸铁汽缸盖均镶嵌由合金铸铁或粉末冶金或奥氏体钢制成的气门座圈。在汽缸盖上镶嵌气门座圈可以延长汽缸盖的使用寿命。也有一些铸铁汽缸盖不镶气门座圈，直接在汽缸盖上加工出气门座。

（四）气门弹簧

气门关闭时，气门弹簧能保证气门与气门座圈的紧密贴合，并克服在气门开启时配气机构所产生的惯性力，使传动件始终受凸轮控制而不相互脱离。为保证上述作用的实现，气门弹簧的刚度一般都很大，而且在安装时进行了预紧压缩，预紧力很大，如图4-3-8所示。

气门弹簧一般为等螺距圆柱形螺旋弹簧。

图 4-3-8 气门弹簧

（五）气门旋转机构

当气门工作时，气门旋转机构能使气门产生缓慢的旋转运动。气门旋转机构可使气门头部周向温度分布比较均匀，从而减小气门头部的热变形。同时，气门旋转时，在密封锥面上产生轻微的摩擦力，能够清除锥面上的沉积物，如图4-3-9所示。

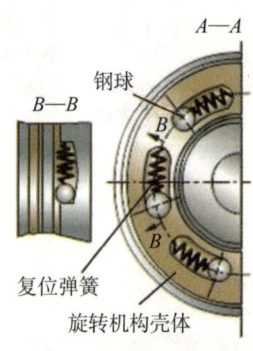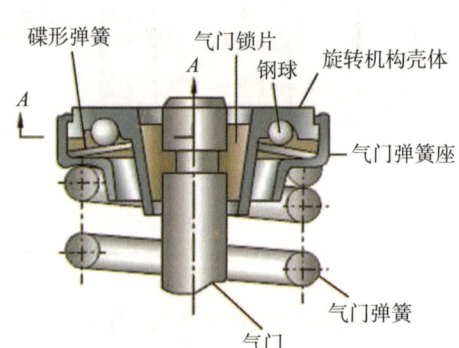

图 4-3-9 气门旋转机构

（六）锁片及卡簧

锁片、卡簧的作用是在气门弹簧力的作用下把弹簧座和气门杆锁住，使弹簧力作用到气门杆上。如图4-3-10所示。

图 4-3-10 锁片

二、配气相位

发动机实际工作中，为使进气充分，排气干净，进气门和排气门均存在早开晚关的情况，进气门和排气门的开启持续时间也大于180°曲轴转角。配气相位是用曲轴转角表示的进、排气门的开启时刻和开启延续时间。配气相位通常用环形图表示，称为配气相位图，如图4-3-11所示。

1. 进气门配气相位

发动机实际工作过程中，进气门是在活塞运行到排气行程上止点之前开始打开的，而在活塞运行到进气行程下止点之后才关闭。从进气门开始开启到活塞运行到上止点，曲轴转过的角度，称为进气门提前角 α，一般为 $10°\sim30°$。从进气行程下止点到进气门完全关闭，曲轴转过的角度，称为进气门的迟闭角 β，一般为 $40°\sim80°$。从进气门开始开启到完全关闭，曲轴转过的角度称为进气门开启持续角，即 $\alpha+180°+\beta$。

2. 排气门配气相位

发动机实际工作工程中，排气门是在活塞运行到做功行程下止点之前开始打开的，而在活塞运行到排气行程上止点之后才关闭。从排气门开始开启到活塞运行到下止点，曲轴转过的角度，称为排气门提前角 γ，一般为 $40°\sim80°$。从排气行程上止点到排气门完全关闭，曲轴转过的角度，称为排气门的迟闭角 δ，一般为 $10°\sim30°$。从排气门开始开启到完全关闭，曲轴转过的角度，称为排气门开启持续角，即 $\gamma+180°+\delta$。

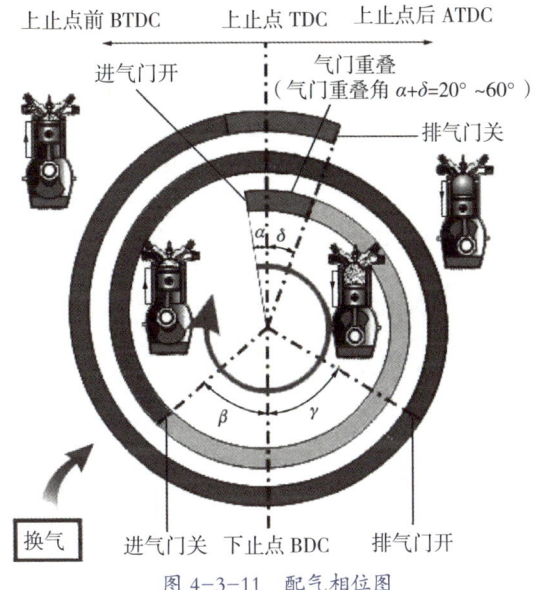

图 4-3-11 配气相位图

3. 气门重叠角

活塞处于排气行程上止点附近时，由于进气门在上止点前即开启，而排气门在上止点后才关闭，这就出现了在一段时间内排气门和进气门同时开启的现象，称为气门叠开。气门叠开过程中，曲轴转过的角度称为气门重叠角，即 $\alpha+\delta$。

如果气门重叠角过大，当汽油机小负荷运转，进气管内压力很低时，就可能出现废气倒流，进气量减少。

三、气门间隙

气门间隙是指发动机处于冷态时，气门完全关闭，在气门杆端面与传动机构间留有适当的间隙，以补偿气门受热后的膨胀量，这一预留间隙称为气门间隙，如图 4-3-12 所示。一般排气门的气门间隙要略大于进气门的气门间隙。

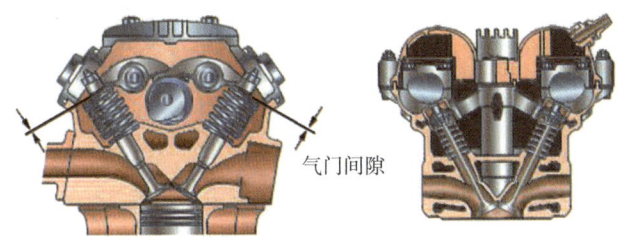

图 4-3-12 气门间隙

不同机型，气门间隙的大小不同，根据实验确定，一般冷态时，排气门间隙大于进气门间隙，进气门间隙为 0.25～0.30mm，排气门间隙为 0.30～0.35mm。

间隙过大就会造成进、排气门开启滞后，缩短了进排气时间，降低了气门的开启高度，改变了正常的配气相位，使发动机因进气不足，排气不净而功率下降，此外，还使配气机构零件的撞击增加，磨损加快；间隙过小将会造成发动机工作后，零件因受热膨胀，将气门推开，使气门关闭不严，造成漏气，功率下降，并使气门的密封表面严重积炭或烧坏，甚至气门撞击活塞。采用液压挺柱的配气机构不需要留气门间隙。

具有固定配气相位发动机的气门正时主要是考虑发动机常用工况下的有效功率、有效转矩尽可能增加，但在发动机急速运行时，很可能产生废气倒流等现象，这容易造成发动机急速不稳、振动过大、功率下降等现象。为了消除这一缺陷，近年来有些汽车发动机采用了可变配气相位控制系统。

发动机上的可变配气相位控制系统可以通过两种形式实现：一是可变气门正时控制机构；二是可变气门升程控制机构。

本田汽车公司20世纪80年代推出的VTEC(Variable Valve Timing & Lift Electronic Control) 可变气门正时和升程电子控制系统，可使发动机在高速状态时，改变气门正时和升程，并由ECM电控组件控制，同时也可改变发动机在高速状态时进排气门开启的"重叠时间"，使发动机在高速范围时输出更大的功率。

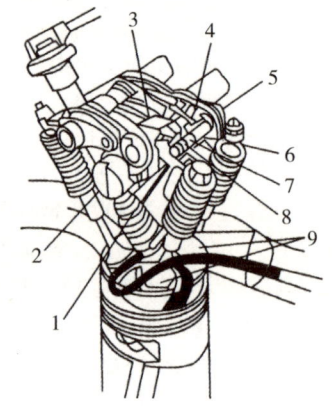

图 4-3-13　本田 ACCORD F22B1
发动机 VTEC 结构

1—主摇臂；2—凸轮轴；3—正时板；
4—中间摇臂；5—次摇臂；
6—同步活塞 B；7—同步活塞 A；
8—正时活塞；9—进气门。

1. VTEC 结构组成

VTEC 机构主要由气门（每缸2进2排）、凸轮、摇臂、同步活塞（A、B）和正时活塞等组成。本田 ACCORD F22B1 发动机 VTEC 结构如图 4-3-13 所示。

2. VTEC 工作原理

VTEC 机构中的凸轮有三个，它们的线型不同。高速凸轮位于中央，叫中间凸轮，它的升程最大；另外两个低速凸轮，凸轮较高的一个叫主凸轮，较低的一个叫次凸轮。与这三个凸轮相对应的摇臂分别为中间摇臂、主摇臂和次摇臂，两个气门分别安排在主、次摇臂上。在三个摇臂内有一个孔道，内装有正时活塞、同步活塞（A、B）和定位活塞。每个汽缸的两个进气门上都装有一套VTEC机构。VTEC 工作过程如图 4-3-14 所示。

VTEC 控制系统的组成，如图 4-3-15 所示，可为分执行系统、传感器和控制系统三部分。

执行系统由 VTEC 机构中的凸轮、摇臂和同步活塞等组成。控制系统由发动机 ECM 电控组件、VTEC 电磁阀、VTEC 压力开关等组成。在发动机运转过程中，各传感器不断地向 ECM 输入转速、负荷、车速以及水温信号。由 ECM 判断何时改变气门正时和升程。

当符合转换条件后,ECM 操纵 VTEC 电磁阀打开油路,使从机油泵输出的压力油推动同步活塞,将三个摇臂连锁起来,实行 VTEC 气门正时和升程变动,以改变进气量,增加发动机功率。如果不符合转换条件,ECM 将 VTEC 电磁阀断电,切断油路,不实行 VTEC 控制。

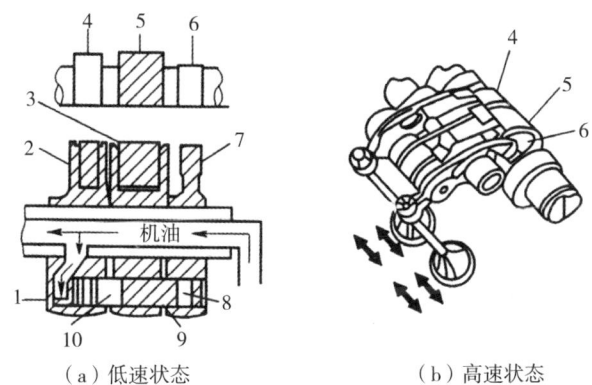

(a) 低速状态　　　　(b) 高速状态

图 4-3-14　VTEC 工作过程

1—正时活塞；2—主摇臂；3—中间摇臂；4—主凸轮；5—中间凸轮；6—次凸轮；
7—次摇臂；8—定位活塞；9—同步活塞 B；10—同步活塞 A。

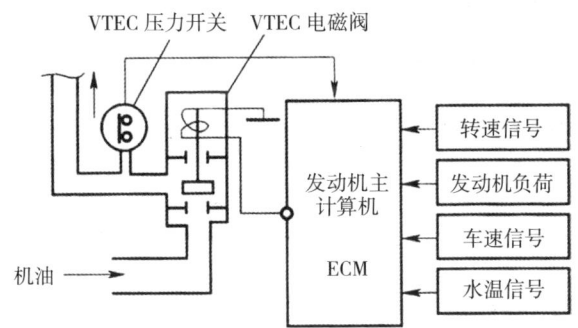

图 4-3-15　VTEC 控制系统

3. VTEC 控制系统的工作过程

（1）低速状态

发动机低速运转时,凸轮轴油道内没有机油压力,活塞在回位弹簧的作用下处于左端,这时,A、B 两个同步活塞正好处于主摇臂和中间摇臂内,三个摇臂各自独立运动,互不干涉。这时的两个进气门分别由主、次凸轮驱动,主摇臂驱动主气门,次摇臂驱动副气门。由于主凸轮升程长,因而气门开度大,次凸轮升程短而使副气门开启很小,导致进入发动机汽缸的混合气也相对少。中间摇臂虽然受中间凸轮驱动,但对气门动作无影响。因此,发动机在低速时,VTEC 不起作用。

（2）高速状态

在图 4-3-14 中,主摇臂上装有一正时板,当正时板卡入正时活塞时,活塞无法移动,随着发动机转速的升高,当达到转换条件时,压力油注入凸轮轴油道内,正时板移出,在气门关闭时使摇臂正时,油压便推动正时活塞移动,也推动 A、B 同步活塞克服回位弹簧弹力逐渐贯穿三个摇臂。当正时板卡入正时活塞的第二道环后，发动机进入 VTEC 工作状态。这时，活塞贯穿三个摇臂使三个摇臂同时运动。由于高速凸轮升程高，所以由高速凸轮驱动的两个进气门的开启时间及升程均增加。VTEC 作用的结果是发动机在高速状态下，延长进、排气同时开启的"气门重叠"时间，使发动机功率和扭矩得到提高。

当发动机转速下降时，油压降低，凸轮轴孔内的机油开始卸荷，正时活塞在回位弹簧作用下回位，三个摇臂又脱离连接而各自独立运动。

四、气门间隙的测量操作

步骤1 工具、量具准备	
	1. 选择需要的工具和量具 2. 查阅维修手册，了解检测步骤
步骤2 拆下汽缸盖罩	
	拆下汽缸盖罩固定螺栓，小心取下汽缸盖罩，按照正确的顺序分 2～3 次拆下固定螺栓
步骤3 拆下正时皮带上前盖	
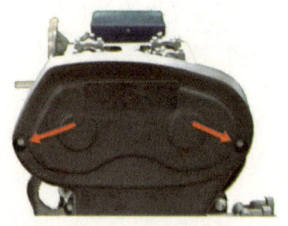	拆下正时皮带上前盖 2 个紧固螺栓，取下正时皮带上前盖（使用螺丝刀撬动时头部应缠胶带）
步骤4 确认正时记号	
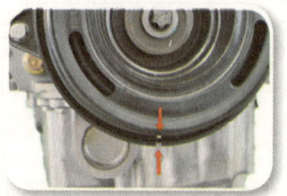	
1. 旋转曲轴扭转减振器紧固螺栓至 1 缸上止点，确认曲轴扭转减振标记与正时罩盖上标记对准	2. 确认进、排气凸轮轴位置执行器调节器齿轮正时标记对准

续表

步骤 5　检测 2 缸进气侧和 3 缸排气侧气门间隙	
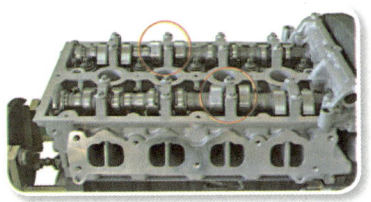	
使用塞尺检测 2 缸进气侧和 3 缸排气侧气门间隙，记录结果	
步骤 6　检测 1 缸进气侧和 4 缸排气侧气门间隙	
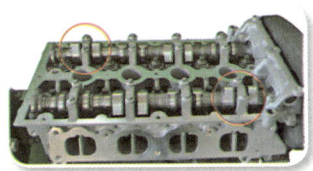	
1. 通过曲轴扭转减振器螺栓将曲轴沿发动机旋转方向转动 180°	2. 使用塞尺检测 1 缸进气侧和 4 缸排气侧气门间隙，记录结果
步骤 7　检测 3 缸进气侧和 2 缸排气侧气门间隙	

1. 通过曲轴扭转减振器螺栓将曲轴沿发动机旋转方向转动 180°	2. 使用塞尺检测 3 缸进气侧和 2 缸排气侧气门间隙，记录结果
步骤 8　检测 4 缸进气侧和 1 缸排气侧气门间隙	

1. 通过曲轴扭转减振器螺栓将曲轴沿发动机旋转方向转动 180°	2. 使用塞尺检测 4 缸进气侧和 1 缸排气侧气门间隙，记录结果
步骤 9　拆卸凸轮轴，将需要调整的气门间隙的气门挺柱拆下（拆卸方法见项目一）	
标准进气门间隙：0.25mm 标准排气门间隙：0.30mm	

续表

步骤10　使用千分尺测量气门挺柱

步骤11　新液力挺柱的选配
使用千分尺检测原挺柱的厚度，根据以下公式计算新挺柱厚度。然后查询正确的配件编号。 新挺柱厚度计算公式： 新挺柱厚度＝测量气门间隙值＋实际厚度值－标准气门间隙

步骤12　作业后整理
1. 所有工量具清洁归位 2. 整理好工作台 3. 分类收集废弃物 4. 用拖把清洁地面

五、气门组的检测操作

步骤1　工具、量具准备	
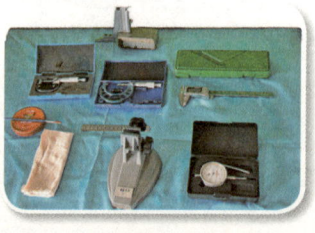	1. 工具准备齐全，摆放整齐，场地清洁 2. 常用拆装工具、工作台、维修手册、抹布若干 3. 科鲁兹LDE（1.6L）发动机翻转台架

步骤2　气门的检测	
 1. 外观检验 检查气门头到气门杆是否有以下情况：气门座部位点蚀、气门余量厚度不足、气门杆弯曲、气门杆点蚀或严重磨损、气门锁片槽磨损、气门杆顶端磨损，如果存在上述任一状况，则更换气门	 2. 气门杆长度的测量 使用高度千分尺在平台上测量气门长度

续表

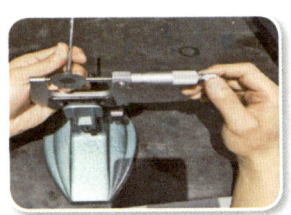 3. 气门头部直径的测量 使用外径千分尺测量气门头部直径	 4. 气门对气门座的同心度检查和气门锥面上的接触面宽度的测量 将红印油均匀地涂抹在气门座上，然后将气门放到气门座上，用手按压左右转动气门，取下气门观察红印油连续性，检查气门对气门座的同心度，用游标卡尺测量气门上红印油的宽度，即为气门锥面上的接触面宽度
	5. 气门余量检查 使用游标卡尺测量气门上红印油距离气门锥面两侧边缘的宽度，即为气门的余量
步骤3　气门座的检修	
	气门座的接触面宽度测量 清洁气门和气门座后，将红印油均匀地涂抹在气门锥面上，然后将气门安放到气门座上，用手按压并左右转动气门，用游标卡尺测量气门座的接触面宽度
步骤4　作业后整理	

1. 所有工量具清洁归位
2. 整理好工作台
3. 分类收集废弃物
4. 用拖把清洁地面

第五章 汽油机电控燃油喷射系统

第一节 空气供给系统的组成与检测

一、进气测量装置的构造与检测

进气测量装置主要包括空气流量传感器或进气压力传感器、进气温度传感器和进气歧管绝对压力传感器等,主要检查进入汽缸的气体的流量、温度、压力。

(一) 空气流量传感器

空气流量传感器也称空气流量计,它的功用是将吸入的空气量转换为电信号传送给发动机电控单元ECM,其信号是ECM确定基本喷油量的重要信号之一。根据结构的不同,空气流量传感器又分为热线式、热膜式、卡门旋涡式及叶片(翼板)式几种类型。目前使用最多的是热线式与热膜式。

热线式与热膜式空气流量传感器在结构上基本相同,不同之处在于:内部的发热体一个是金属铂丝,另一个是金属铂膜片。热膜式空气流量传感器与热线式空气流量传感器相比,其检测电阻不直接承受空气流动所产生的作用力,增加了电热体的强度,提高了传感器的可靠性,因而广泛应用在现代汽车发动机上。

热膜式空气流量传感器的结构,如图5-1-1所示。热膜式空气流量传感器的金属铂膜片在检测流过的空气量时,由于与空气之间的热传递会使其温度有所变化。当空气流量较大时,被带走的热量就较多,为了维持金属铂膜片的温度,就需要增大通过铂膜片的电流。反之,空气流量较小,金属铂膜片被带走的热量就较少,维持自身温度所需的电流就小。热膜式空气流量传感器就是利用这种对应的关系来检测空气流量的。

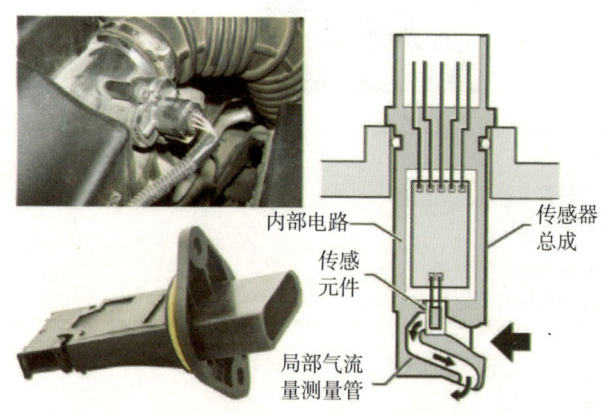

图5-1-1 热膜式空气流量传感器

热线式空气流量传感器的结构，如图 5-1-2 所示。热线式空气流量传感器工作原理与热膜式空气流量传感器相同，但其内部的热线在使用过一段时间后，表面会黏附一些沉积物，这些沉积物会降低其热传导能力，从而影响其检测精度。因此，发动机 ECM 还具有对热线的自清洁功能，在每次的发动机停止运转后，ECM 便会对热线进行通电，使热线温度达到 1000℃ 左右，时间为 1～2s，以清除热线上的沉积物。

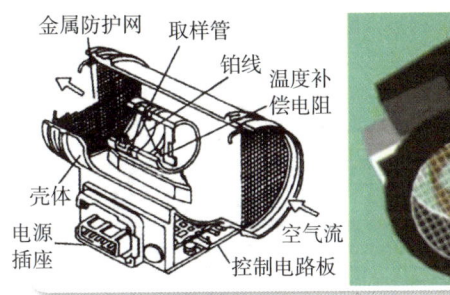

图 5-1-2　热线式空气流量传感器

（二）进气温度传感器

进气温度传感器通常安装在空气滤清器之后的进气软管或空气流量传感器上（如科鲁兹型汽车），也有个别车型将其独立安装在进气管上，用以检测进气温度，它与进气压力传感器联合使用可以间接测量进入汽缸的空气量。发动机电控单元 ECM 根据进气温度传感器检测到的进气温度来修正喷油量，使发动机自动适应外部环境（寒冷、高温、高原、平原）的变化。

进气温度传感器属于热敏电阻型，其结构外形及内部电路如图 5-1-3 所示。它主要由外壳和对温度变化非常敏感的负温度系数的热敏电阻组成。负温度系数的热敏电阻具有外界温度越高而其电阻值越小的特性。

当发动机工作时，进气温度传感器的热敏电阻随进气温度而变化，电控单元 ECM 检测的电压信号也随之改变。进气温度低时（进气密度大），热敏电阻阻值大，ECM 检测的信号电压高，根据此信号，相应增加喷油量；反之，当进气温度高时（进气密度小），热敏电阻阻值小，电控单元 ECM 检测的信号电压低，根据此信号相应减小喷油量。

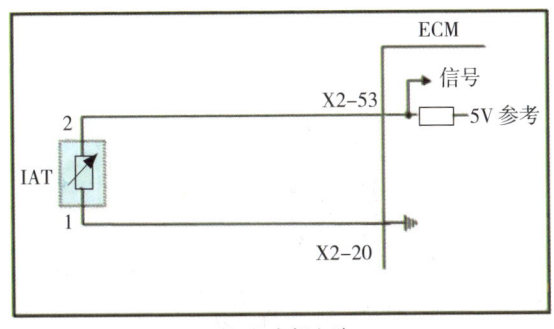

（a）内部电路　　　　　　　　　　（b）外形

图 5-1-3　进气温度传感器

（三）进气歧管绝对压力传感器

进气歧管绝对压力传感器（MAP）也称为进气压力传感器，是一种间接测量发动机进气量的传感器，通常安装在进气歧管上。其功用是通过检测进气歧管内的绝对压力和环境大气压之间的差值，并将其转变为电压信号输送到发动机 ECM。进气压力传感器信号是确定喷油量和点火时间的基本依据，也是检测发动机负荷的重要参数。发动机 ECM 据此和发动机转速信号确定实际进气量。进气歧管绝对压力传感器的种类较多，下面以电子控制燃油喷射系统应用较多的半导体压敏电阻式进气歧管绝对压力传感器为例介绍其结构和工作原理。

半导体压敏电阻式进气歧管绝对压力传感器是利用半导体的压阻效应制造而成的。它的特点是尺寸小、精度较高、成本低、响应性和抗振性较好，因而被广泛采用。如图 5-1-4 所示，主要由压力转换元件、集成电路、滤清器和壳体等组成。

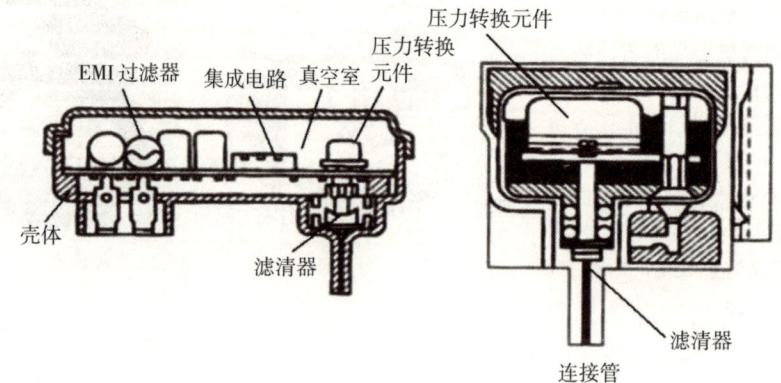

图 5-1-4　半导体压敏电阻式进气歧管绝对压力传感器

（四）进气增压控制技术

发动机汽缸的充气效率 η（η = 实际充气量 / 理论充气量）直接影响发动机的输出功率。为提高发动机的输出功率，现代汽车使用了许多提高发动机充气效率的控制技术，常见的有机械增压控制装置、废气涡轮增压控制装置、进气谐波（长短气道）增压控制系统和可变配气相位控制系统等。

1. 机械增压控制装置

机械增压是由发动机曲轴经齿轮增速器驱动，或由曲轴齿形传动带轮经齿形传动带及电磁离合器驱动，如图 5-1-5 所示。

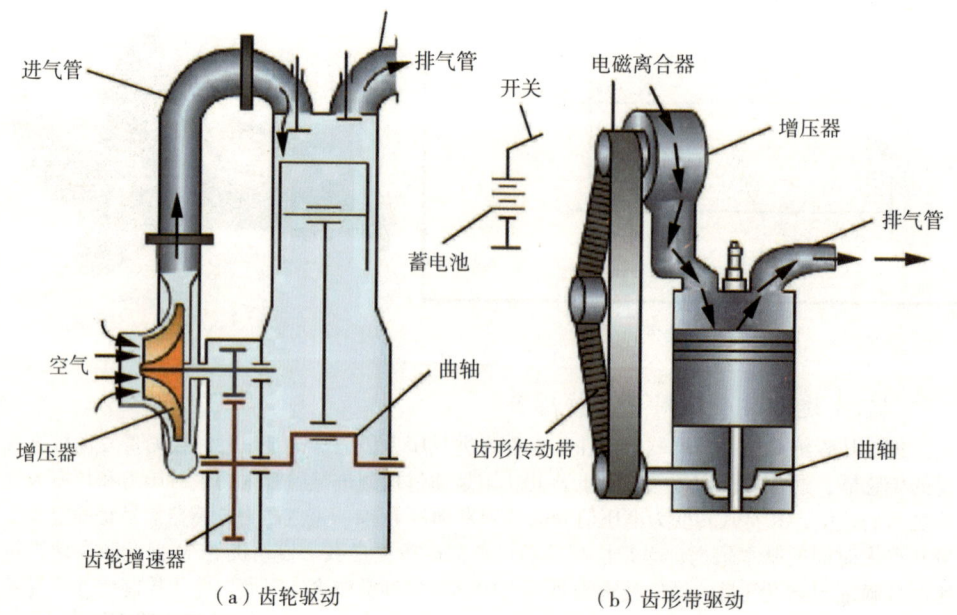

（a）齿轮驱动　　　　　　　　（b）齿形带驱动

图 5-1-5　机械增压示意

机械增压按将空气吸入发动机进气歧管的方式不同分为罗茨式（Roots）、双螺旋式和离心式三种类型。

（1）罗茨式机械增压器

如图 5-1-6 所示，当转子旋转时，空气从压气机入口吸入，在转子叶片的推动下空气被加速，然后从压气机出口压出。出口与进口的压力比可达 1.8。

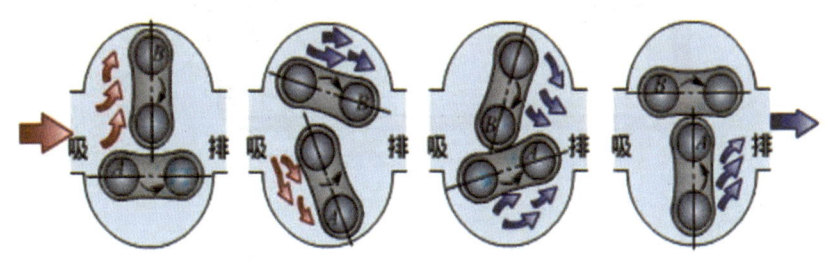

图 5-1-6　罗茨式机械增压器

（2）双螺旋式机械增压器

如图 5-1-7 所示，一组涡轮传动的啮合凸缘转子集中起来吸入空气。转子具有锥度，随着空气从进气口流向排气口，气穴会变小。随着气穴的收缩，空气便被压入更小的空间。

（3）离心式机械增压器

如图 5-1-8 所示，利用叶轮（一种类似转子的装置）提供动力，将空气高速吸入狭小的压缩机壳体。

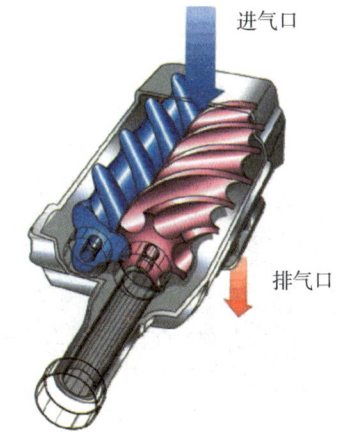

图 5-1-7　双螺旋式机械增压器

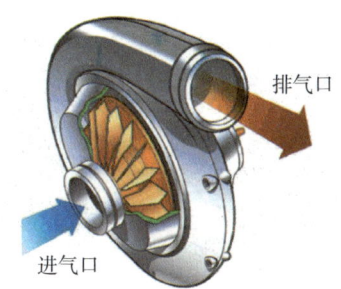

图 5-1-8　离心式机械增压器

2. 废气涡轮增压控制装置

废气涡轮增压器实际上是一种空气压缩机，通过压缩空气来增加进气量。它是利用发动机排出的废气惯性冲力来推动涡轮机内的涡轮，涡轮又带动同轴的叶轮，叶轮压送由空气滤清器管道送来的空气，使之增压进入汽缸。当发动机转速愈快，叶轮就压缩更多的空气进入汽缸，空气的压力和密度增大可以燃烧更多的燃料，相应增加燃料量和调整发动机的转速，就可以增加发动机的输出功率。

大功率柴油机几乎 100% 的使用该技术，在汽油机中的使用也逐年增加，如奥迪、大众 1.8T 系列发动机等。为了防止因进气过增压损坏发动机机械系统，许多发动机电控系统将增压压力作为控制目标之一。涡轮增压器的结构原理如图 5-1-9 所示。

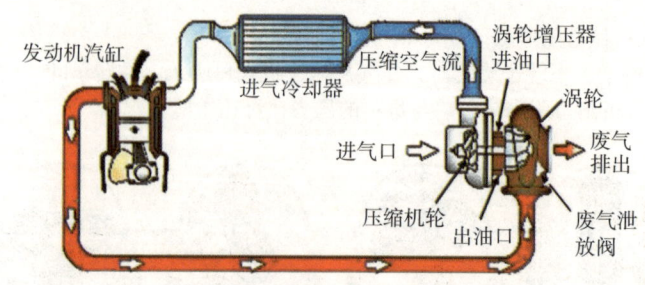

图 5-1-9　涡轮增压器的结构原理

3. 进气谐波（长短气道）增压控制系统

如图 5-1-10 所示，发动机进气管的进气压力的变化频率与发动机的转速成正比，通过改变进气管的有效长度，使进气管与进气压力形成谐振，能提高发动机的充气效率。

由于进气谐波增压控制技术的制造成本较低，增压效果较好，在现代汽油机中得到了广泛的应用。

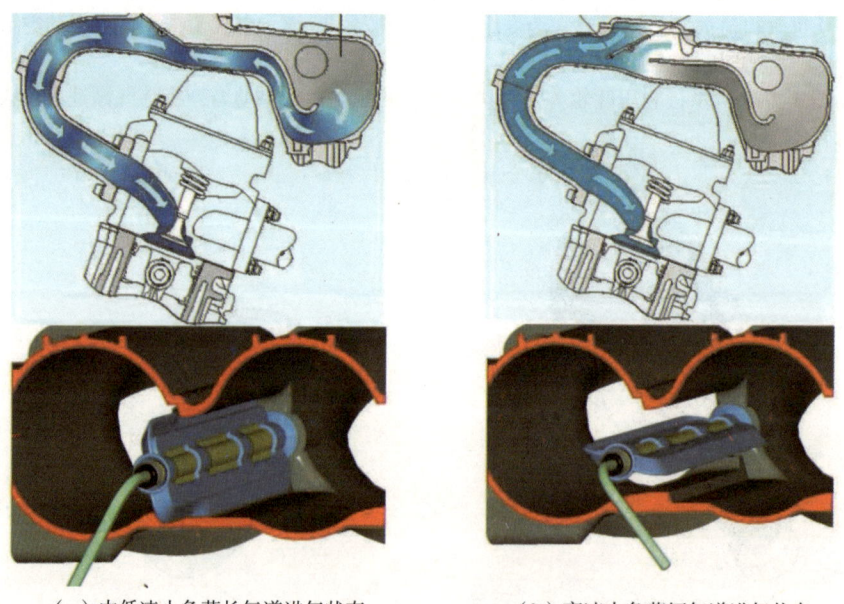

（a）中低速小负荷长气道进气状态　　　　（b）高速大负荷短气道进气状态

图 5-1-10　进气谐波增压控制系统工作原理

4. 可变配气相位控制系统

改变发动机的配气相位，使配气相位与发动机的转速相适应，可以提高发动机的充气效率。而传统发动机的配气相位是固定的，因此可变气门相位控制系统在现代发动机制造中得到引用，如日本本田 VTEC 和丰田 VVT-i 等。

如图 5-1-11 所示，该系统主要由液压式凸轮轴相位调节器、电磁式液压控制阀和凸轮轴位置传感器等组成。发动机 ECM 根据转速、负荷等信号，控制电磁阀的液压油流向凸轮轴两个液压腔的液压油流向,改变凸轮轴的相位,调节进、排气门的配气相位,使发动机进气充分,排气彻底。

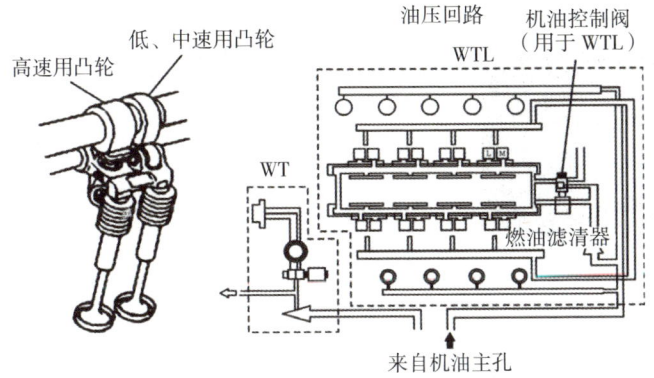

图 5-1-11 可变配气相位控制系统

(五)进气测量装置的检测

步骤1 工具、量具准备	
	1. 要准备的工具:万用表一只,汽车故障诊断仪一台,试灯一只,跨接线若干,抹布若干 2. 工具准备要齐全,摆放要整齐
步骤2 确定空气流量传感器安装位置	
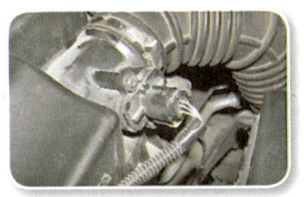	空气流量传感器和进气温度传感器集成一体
步骤3 检测空气流量/进气温度传感器	
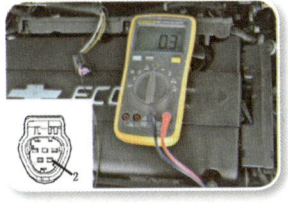	1. 关闭点火开关,断开 B75B 质量空气流量/进气温度传感器的线束连接器 2. 测试搭铁电路端子 2 和搭铁之间的电阻,应小于 10Ω 3. 如果等于或高于 10Ω,关闭点火开关,测试搭铁电路端对端的电阻是否小于 2Ω。如果为 2Ω 或更大,则修理电路中的开路/电阻过大故障;如果小于 2Ω,则修理搭铁连接中的开路/电阻过大故障

续表

步骤4 检测空气流量/进气温度传感器	
	1. 测试低电平参考电压电路端子1和搭铁之间的电阻，应小于5Ω 2. 如果等于或高于5Ω，关闭点火开关，断开K20发动机控制模块的线束连接器。测试低电平参考电压端对端的电阻是否小于2Ω。如果为2Ω或更大，则修理电路中的开路/电阻过大故障；如果小于2Ω，则更换K20发动机控制模块
步骤5 检测空气流量/进气温度传感器	
	1. 打开点火开关 2. 确认点火电压电路端子4和搭铁之间的测试灯点亮 3. 如果测试灯未点亮，关闭点火开关，测试点火电压电路端到对端的电阻是否小于2Ω。如果为2Ω或更大，则修理电路中的开路/电阻过大故障；如果小于2Ω，则确认保险丝未熔断且保险丝处有电压
步骤6 检测空气流量/进气温度传感器	
	1. 测量端子5和搭铁之间的电压，应为4.8～5.5V 2. 如果小于4.8V，关闭点火开关，断开K20发动机控制模块的线束连接器。测试信号电路和搭铁之间的电阻是否为无穷大。如果电阻不为无穷大，则修理电路上的对搭铁短路故障。如果电阻为无穷大，测试信号电路端对端的电阻是否小于2Ω。如果为2Ω或更大，则修理电路中的开路/电阻过大故障；如果小于2Ω，则更换K20发动机控制模块 3. 如果大于5.2V，关闭点火开关，断开K20发动机控制模块的线束连接器，再打开点火开关，测试信号电路和搭铁之间的电压是否低于1V。如果是1V或更高，则修理电路上的对电压短路故障。如果低于1V，则更换K20发动机控制模块
步骤7 检测空气流量/进气温度传感器	
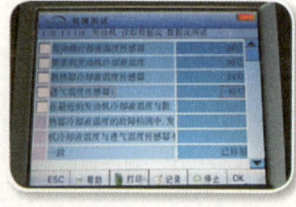	1. 将点火开关置于"ON"（打开）位置。读取数据流，确认故障诊断仪上的"进气温度传感器"参数为-40℃ 2. 如果高于-40℃，关闭点火开关，断开K20发动机控制模块的线束连接器，测试信号电路端子3和搭铁之间的电阻是否为无穷大。如果电阻不为无穷大，则修理电路上的对搭铁短路故障；如果电阻为无穷大，则更换K20发动机控制模块

续表

步骤8	检测空气流量/进气温度传感器
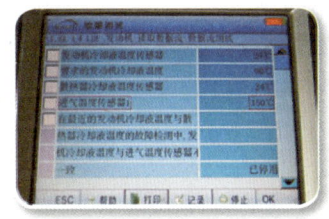	1. 在信号电路端子3和搭铁之间安装一条带3A保险丝的跨接线，此时故障诊断仪上的"进气温度传感器"参数为150℃ 2. 如果低于150℃，关闭点火开关，断开K20发动机控制模块的线束连接器，再打开点火开关。测试信号电路和搭铁之间的电压是否低于1V。如果是1V或更高，则修理电路上的对电压短路故障；如果低于1V，关闭点火开关，测试信号电路端对端的电阻是否小于2Ω。如果为2Ω或更大，则修理电路中的开路/电阻过大故障；如果小于2Ω，则更换K20发动机控制模块
步骤9	作业后整理
	操作完毕，整理车辆，工量具，做到5S管理

二、进气量调节装置的构造与检测

（一）节气门体

节气门体的功用是通过改变节气门开度的大小，来改变进气通道的横截面积，从而改变发动机的进气量，控制发动机的运转工况。节气门体位于空气流量传感器之后的进气管上，如图5-1-12所示，它包括节气门、节气门位置传感器等。还有的车型发动机将怠速控制阀、怠速空气阀等安装在节气门体上。驾驶员通过加速踏板控制节气门的开度，进而控制发动机的进气量。

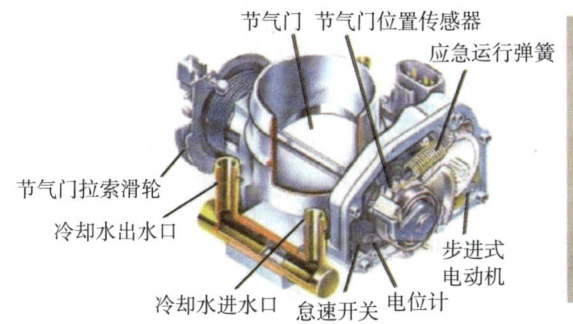

图5-1-12 节气门体

1. 节气门位置传感器

节气门位置传感器的功用是将节气门的开度信号转换成电压信号输送到发动机的 ECM，以便 ECM 控制喷油器喷油量以适应节气门的不同开度。节气门位置传感器的类型有以下几种。

（1）线性式节气门位置传感器

线性式（也称可变电阻式）节气门位置传感器的结构如图 5-1-13 所示，它是一种高灵敏度的电位器，由两个与节气门联动的可动电刷触点、电阻器、急速触点 IDL 等组成。

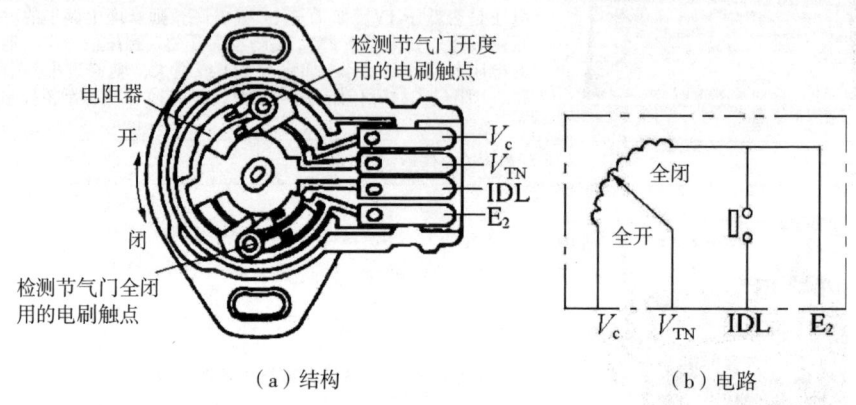

图 5-1-13 线性式节气门位置传感器结构

将点火开关置于"ON"，发动机的 ECM 通过 V_c 端子给传感器输入 5V 的参考电压。当节气门转动时，一个电刷触点可在电阻体上滑动，利用电阻值的变化，测得与节气门开度对应的线性输出电压，如图 5-1-14（a）所示。发动机的 ECM 根据输入的电压值，可知节气门的开度，对喷油量进行控制。

随着节气门开度的增大，节气门位置传感器输出电压线性增大。另一电刷触点在节气门关闭（急速）时与急速触点（IDL）接触，IDL 信号主要给发动机的 ECM 提供急速信号，用于急急速断油控制和点火提前角提前修正。

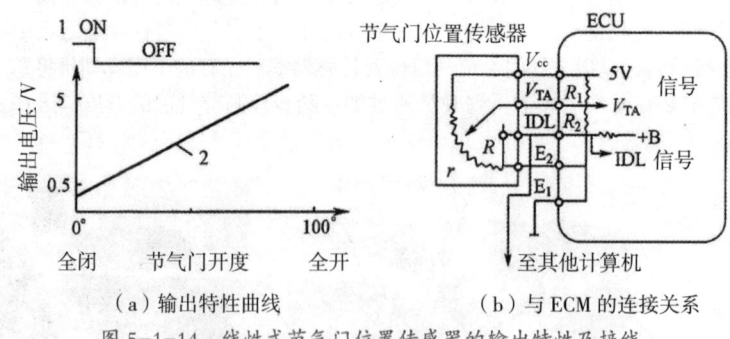

图 5-1-14 线性式节气门位置传感器的输出特性及接线

1—急速触点信号；2—节气门开度信号；V_{cc}—电源；
V_{TA}—节气门开度输出信号；IDL—急速触点；E—地线。

（2）开关式节气门位置传感器

开关式节气门位置传感器的结构如图 5-1-15 所示，它主要由可动触点和两个固定触点（功率触点和急速触点）组成。可动触点可沿导向凸轮沟槽移动，导向凸轮由固定在节气门轴上的控制杆来驱动。

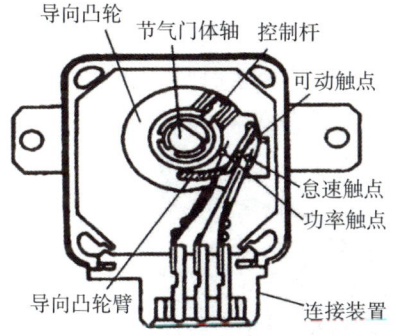
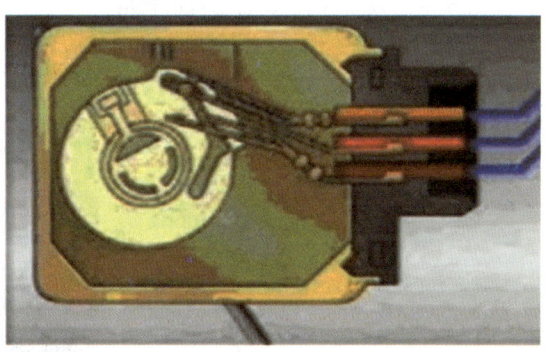

图 5-1-15 开关式节气门位置传感器结构

节气门全关闭时，可动触点与怠速触点相接触，检测节气门的全关闭状态；当节气门开度达到 50° 以上时，可动触点与功率触点相接触，检测节气门大开度状态；在中间开度时，可动触点与任一触点都不接触，无检测信号，如图 5-1-16 所示为其输出特性图。

（3）带 A_{cc} 信号输出的开关量输出型节气门位置传感器

为了检测发动机加速状态，一些发动机在节气门位置传感器中增加了 A_{cc} 信号输出接头，其结构如图 5-1-17 所示。这种传感器除了检测怠速状态的怠速触点和检测大负荷状态的大负荷触点外，还有可检测出加速状态的 A_{cc1} 和 A_{cc2} 输出信号的触点。当发动机处于加速状态时，加速触点与印刷电路板上的加速线路 A_{cc1} 和 A_{cc2} 输出信号的触点交替地闭合/断开，同时加减速检测触点闭合。根据这些信号，电脑能够判定发动机处于急加速状态。如发动机处于减速状态时，加速触点仍与印刷线路板上的加速电路 A_{cc1} 和 A_{cc2} 输出信号的触点交替地闭合/断开，此时加减速检测触点断开，据此电脑会判定发动机处于减速状态。

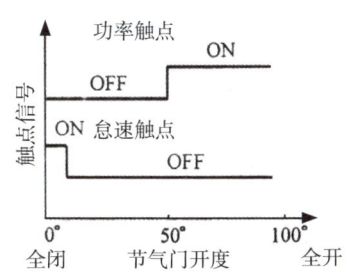

图 5-1-16 开关式节气门位置传感器输出特性

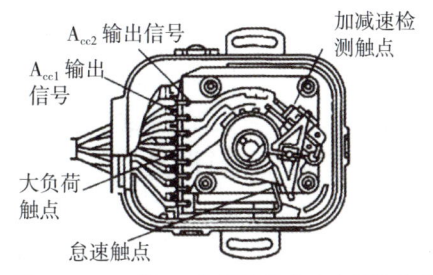

图 5-1-17 带 A_{cc} 信号输出的开关量输出型节气门位置传感器结构

2. 怠速控制阀

怠速控制阀通常安装在节气门体上，它是在发动机 ECM 的控制下利用改变绕过节气门的旁通气道的大小来增加或减少怠速进气量，使发动机保持最佳的怠速。常见的怠速控制阀有步进电机式、电磁式和旋转滑阀式三种。

（1）步进电机式怠速控制阀

步进电机式怠速控制阀安装在旁通空气道上，与步进电机做成一体。它一般由永久磁铁构成的转子、线圈构成的定子、把旋转运动变成直线运动的进给丝杠和阀门等组成，如图 5-1-18 所示。发动机 ECM 对步进电机进行直接控制，使步进电机既可顺时针，也可逆时针方向旋转，通过进给丝杠，使阀门沿轴向移动，改变阀芯与阀座之间的间隙，以调节流过旁通空气道中的空气量。该阀有 125 种不同的开启位置，用以满足发动机不同怠速工况的要求。

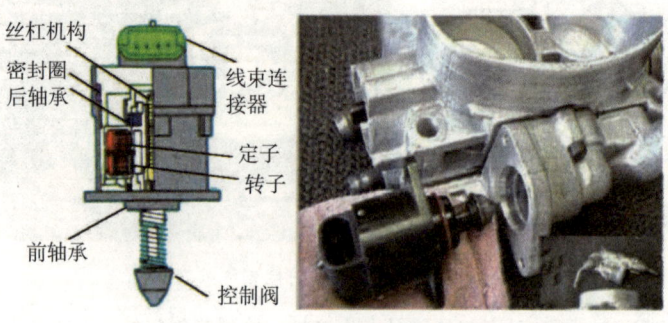

图 5-1-18　步进电机式怠速控制阀

（2）电磁式怠速控制阀

电磁式怠速控制阀主要由电磁线圈、阀芯、阀门、复位弹簧、波纹管等组成，如图 5-1-19 所示。它是利用电磁线圈产生的电磁吸力，使阀芯轴向移动，从而控制阀门的开度大小，调节旁通空气道中的空气流量。当弹簧力与电磁吸力达到平衡时，阀门开度处于稳定状态。电磁吸力的大小取决于发动机 ECM 根据发动机的实际怠速工况输出的驱动电流大小。当驱动电流大时，电磁吸力大，阀门开度则大；反之，阀门开度则小。安装波纹管是为了消除阀门上下压差对阀门开启位置的影响。

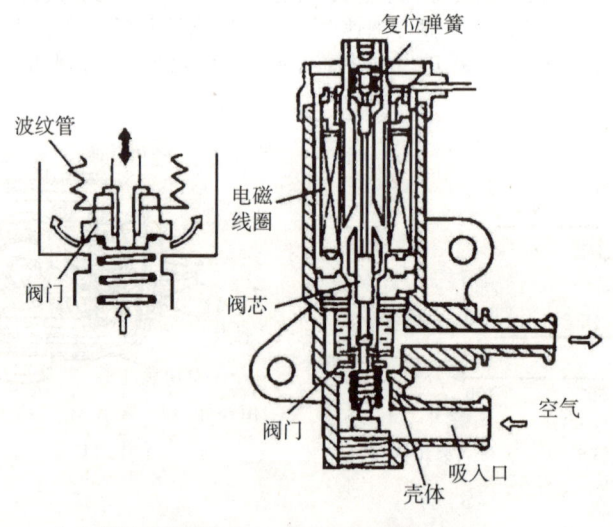

（a）阀门开启状态　　（b）控制阀结构

图 5-1-19　电磁式怠速控制阀

（3）旋转滑阀式怠速控制阀

旋转滑阀式怠速控制阀主要由永久磁铁、电枢、旋转滑阀、螺旋复位弹簧和电刷及引线等组成，如图 5-1-20 所示。旋转滑阀固定在电枢轴上，与电枢轴一起转动，用以控制旁通空气道的截面积。永久磁铁固定在外壳上,其间形成磁场。电枢位于永久磁铁的磁场中,电枢铁芯上绕有绕向相反的电磁线圈 L_1 和 L_2。当线圈 L_1 通电时,电枢带动滑阀顺时针方向旋转,旁通空气道的截面积增大;当线圈 L_2 通电时,电枢带动滑阀逆时针方向旋转,使旁通空气道的截面积减小。而线圈 L_1 和 L_2 是否通电,则由 ECM 控制的三极管 VT_1 和 VT_2 的通电状态决定。

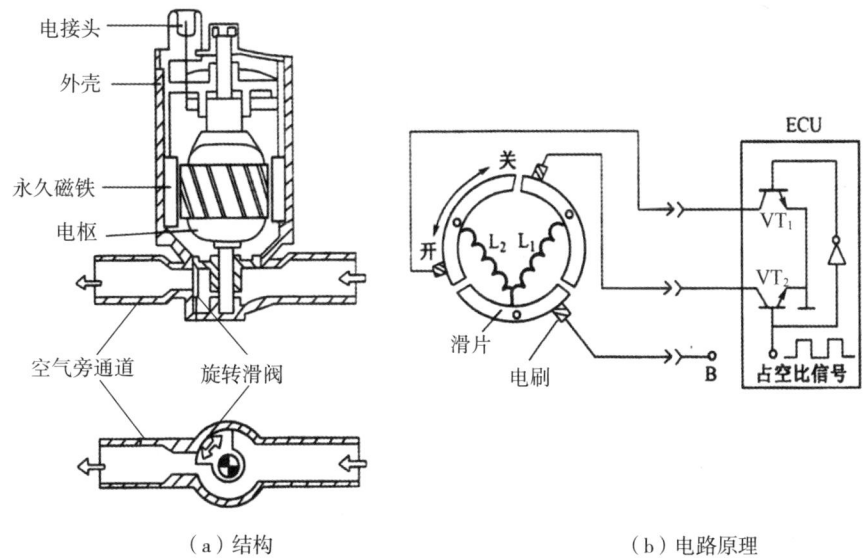

（a）结构　　　　　　　　　（b）电路原理

图 5-1-20　旋转滑阀式怠速控制阀

3. 怠速空气阀

怠速空气阀的功用是在发动机低温启动和运转过程中,增加流经旁通空气道中的空气量,使发动机快怠速运转,缩短暖机时间;在发动机达到正常温度的过程中,逐渐减小旁通空气通道中的空气量,直到完全关闭旁通空气通道。

怠速空气阀一般都安装在绕过节气门的旁通空气道中。常见的怠速空气阀有两种,分别为双金属片式和石蜡式。

（1）双金属片式怠速空气阀

双金属片式怠速空气阀由双金属片和加热线圈组成,是利用绕在双金属片上的加热线圈和发动机机体温度来控制旁通空气道的截面积,因此它一般不安装在节气门体上,而是安装在容易感受发动机机体温度的位置,其安装位置如图 5-1-21 所示。

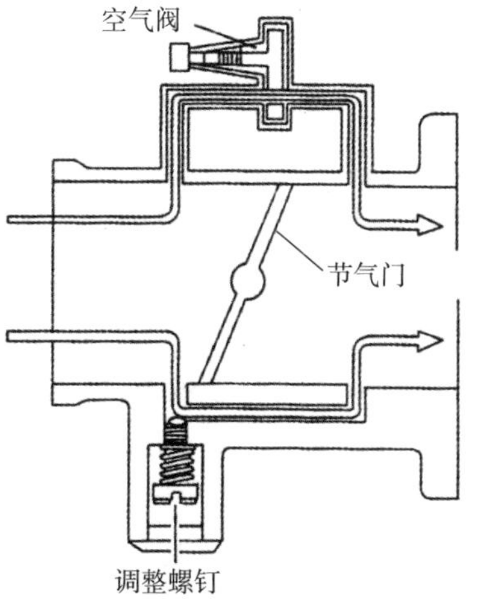

图 5-1-21　双金属片式怠速空气阀安装

发动机冷车启动后,温度较低,此时空气阀为开启状态,空气可经旁通道和空气阀两条路进入进气总管,由于空气量多,发动机处于快怠速运转状态。发动机启动后,加热线圈通电,使双金属片温度逐渐升高,产生变形,转阀阀门逐渐关闭,进气量减小至只能走旁通气道,发动机由快怠速转入正常的低怠速运转状态,如图 5-1-22 所示。

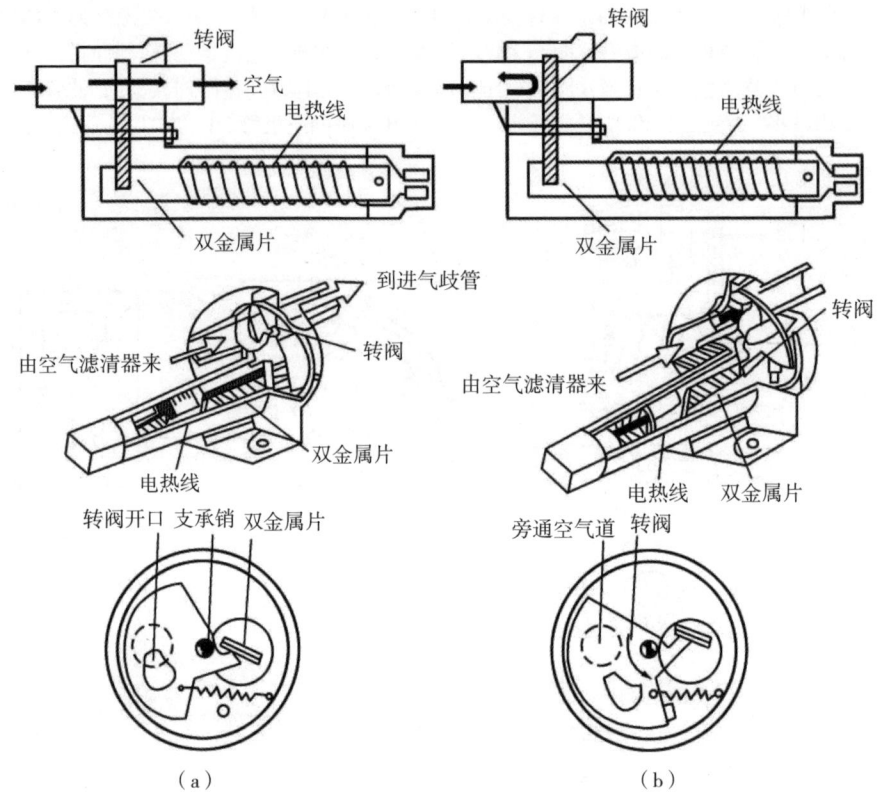

图 5-1-22 双金属片式怠速空气阀的结构及工作原理

发动机达到正常工作温度后,双金属元件同时承受加热线圈和发动机双重加热,使转阀阀门可靠关闭,此时发动机可以在低怠速状态下稳定运转。若发动机在热机启动,则该阀为关闭状态,即发动机此时没有高怠速。

(2) 石蜡式怠速空气阀

石蜡式怠速空气阀由石蜡感温体、阀门、内弹簧和外弹簧等组成,如图 5-1-23 所示。它是利用石蜡的热胀冷缩现象和发动机冷却液温度来控制旁通空气道的截面积。它一般安装在节气门体上,发动机冷却液经管路引入空气阀,石蜡感温体直接感受发动机冷却液的温度。

在发动机冷却液温度较低时,石蜡冷缩,阀门在外弹簧的作用下打开,空气可通过空气阀进入进气总管。随着冷却液温度的升高,石蜡膨胀,和内弹簧共同作用,使阀门逐渐关闭,进入发动机的空气量也逐渐减少,使发动机的转速缓慢地降低到正常的怠速转速。当冷却液温度达到 80℃

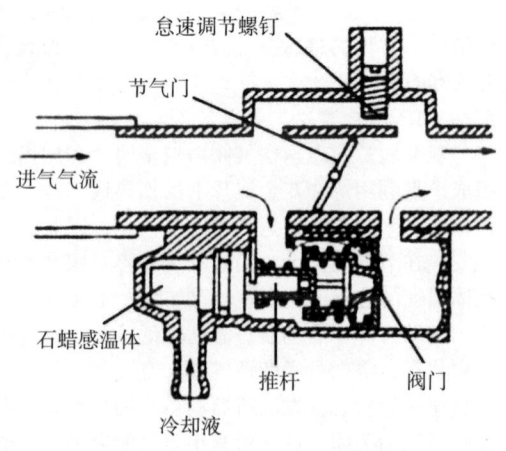

图 5-1-23 石蜡式怠速空气阀

后，阀门处于完全关闭状态。

（二）电子控制节气门

电子控制节气门（Electronic Throttle Control System，ETC）的功用是利用发动机 ECM 来精确地控制节气门开度。该系统主要由加速踏板位置传感器（APP）、ECM、节气门位置传感器和节气门电机等组成。

加速踏板位置传感器在加速 APP 踏板总成的顶部，节气门电机和节气门位置传感器 TPS 位于电子节气门体总成中，如图 5-1-24 所示。APP 将加速踏板位置信息传送给 ECM，ECM 结合当前发动机的工况计算出最佳的节气门开度，并与 TPS 检测的当前节气门位置进行对比，然后向节气门电机发出指令，控制节气门电机工作，将节气门调整到合适的开度。为了保证电子节气门控制系统正常工作，节气门电机和节气门转轴之间有减速机构和负载弹簧，如图 5-1-25 所示。

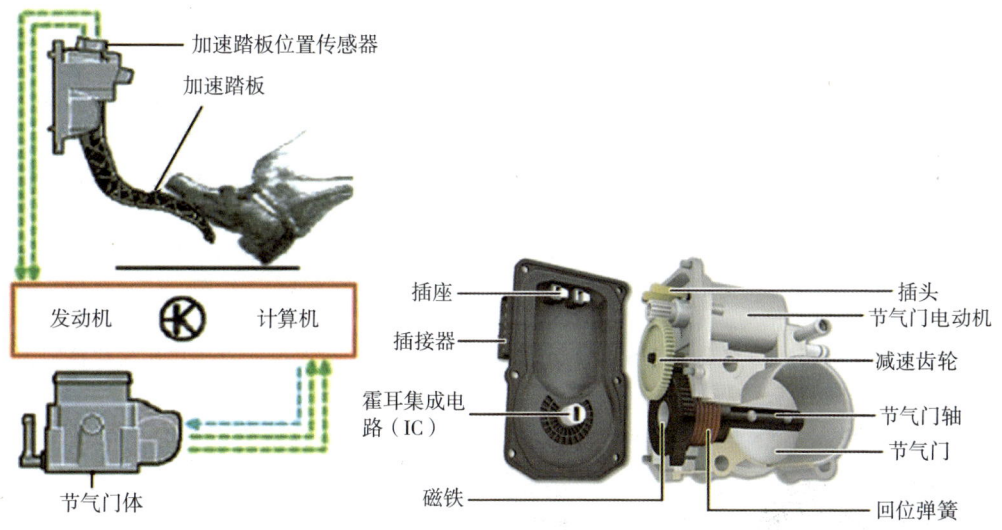

图 5-1-24 电子节气门控制系统   图 5-1-25 双霍耳式节气门位置传感器和节气门体的结构

1. 加速踏板位置传感器 APP

加速踏板位置传感器 APP 是用来检测加速踏板位置，并将其转化为电压信号传送给 ECM，ECM 以此来识别驾驶员的加速操作信息。该信号主要用于电子节气门控制、巡航控制、底盘控制、变速箱控制等。加速踏板位置传感器原理图如图 5-1-26 所示。APP 有电位计式和非接触式两种，都采用冗余设计，即每个 APP 总成中有两个位置传感器。下面以电位计式为例介绍。

电位计式 APP 中有两个线性输出的电位计，分别用 APP1 和 APP2 表示。每个电位计都是由 ECM 提供独立的 5V 参考电压、接地及信号输出电路。随着加速踏板从静止位置移动到全行程位置，加速踏板位置传感器 APP1 信号电压的变化范围是 $0.7 \sim 4.5V$；加速踏板位置传感器 APP2 信号电压的变化范围是 $0.3 \sim 2.2V$。两个传感器的电压关系接近于：$APP1 = 2 \times APP2$。如图 5-1-27 所示。

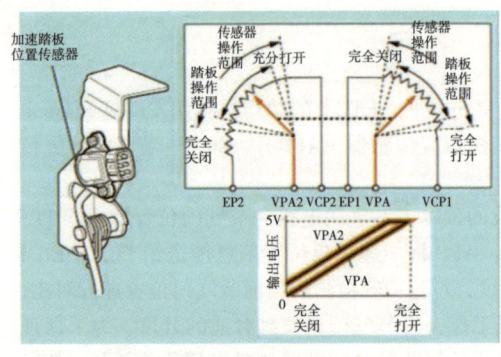
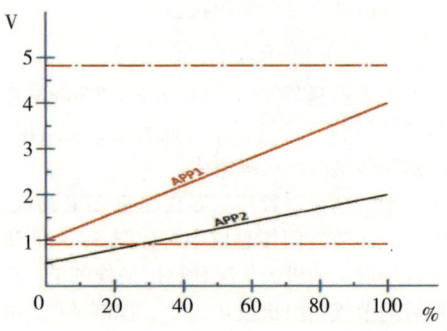

图 5-1-26 加速踏板位置传感器原理　　图 5-1-27 电位计式 APP 输出信号电压特性

2. 节气门位置传感器 TPS

节气门位置传感器 TPS 集成在电子节气门中，与节气门同轴，当节气门翻板转动时，节气门开度发生变化，TPS 的状态也随之变化，并将其转换成电压信号发送给 ECM。ECM 根据 TPS 信号判断发动机的工况，并根据不同工况控制燃油喷射、点火正时、怠速、碳罐清洗流量等，同时其信号也应用于变速箱、底盘控制、巡航控制等。

电子节气门体的 TPS（图 5-1-28）也采用冗余设计，其内部有两个具有线性输出特性的转角电位计。两个电位计共用 5V 参考电压端子和参考接地端子，每个电位计有自己独立的信号端子，分别为 TPS1 和 TPS2。当节气门翻板转动时，电位计滑臂随之转动，从而改变检测电路中的电阻值，输出信号电压也随之改变，且与节气门开度成一定比例。TPS1 的信号电压随节气门开度的增大而上升，TPS2 的信号电压随着节气门开度的增大而减小，且 TPS1 与 TPS2 的电压值相加约为 5V。TPS1 电压的变化范围为 0.7～4.3V；TPS2 的电压变化范围为 4.3～0.7V。如图 5-1-29 所示。

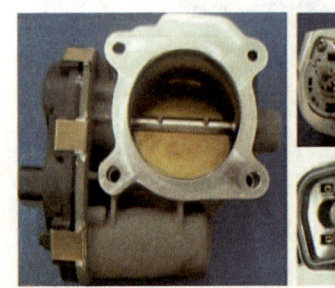

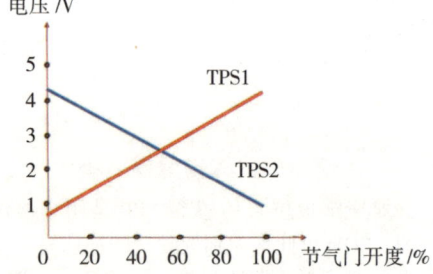

图 5-1-28 电位计式 TPS　　图 5-1-29 电位计式 TPS 输出信号电压特性图

3. 节气门电机

ECM 对于节气门轴驱动的电机进行双向的 PWM 控制，来控制节气门的打开、关闭。ECM 不对节气门进行通电控制时，节气门在其回位弹簧的作用下，处于一个机械位置，默认微开位置。节气门位置传感器反馈其位置信号，形成闭环控制。

在节气门执行器控制系统工作期间，有几种模式或功能被认为是正常的。在正常操作期间可进入以下几种模式。

（1）加速踏板最小值

用钥匙启动时，发动机控制模块更新已读入的加速踏板最小值。

（2）节气门位置最小值

用钥匙启动时，发动机控制模块更新已读入的节气门位置最小值。为了读入节气门位置最小值，将节气门移至关闭位置。

（3）破冰模式

如果节气门叶片不能达到预定的最小节气门位置，则进入破冰模式。在破冰模式期间，发动机控制模块指令向关闭方向的节气门执行器电机施加几次最大的脉宽。

（4）加速踏板最小值

用钥匙启动时，发动机控制模块更新已读入的加速踏板最小值。

（5）蓄电池节电模式

在发动机无转速持续预定时间后，发动机控制模块指令蓄电池节电模式。在"蓄电池节电"模式期间，节气门执行器控制模块卸去电机控制电路上的电压，以消除用于保持怠速位置的电流，并使节气门返回至默认的弹簧负载位置。

（6）故障模式——降低发动机功率模式　发动机控制模块检测到节气门执行器控制系统故障时，发动机控制模块可进入降低发动机功率模式。降低发动机功率可能导致以下一种或多种情况。

① 限制加速。发动机控制模块将继续使用加速踏板控制节气门，但车辆加速受限制。

② 限制节气门模式。发动机控制模块将继续使用加速踏板控制节气门，但节气门最大开度受限制。

③ 节气门默认模式。发动机控制模块将关闭节气门执行器电机，节气门将返回至弹簧负载的默认位置。

④ 强制怠速模式。发动机控制模块将执行以下操作：

a. 通过定位节气门位置将发动机转速限制在怠速，或者在节气门关闭时控制燃油和点火使发动机怠速；

b. 忽略加速踏板的输入。

⑤ 发动机关闭模式。发动机控制模块将停供燃油并使节气门执行器断电。

（三）进气管

进气管包括进气总管和进气歧管。进气总管具有稳压的功能，可减小由于汽缸进气而产生的空气脉动；进气歧管一般采用一缸一根式，但为了增加进气气流速度，一缸二根进气歧管的使用也相当广泛（多气门发动机），一根进气歧管常进气，而另一根进气歧管的进气与否根据发动机的负荷利用真空膜片阀控制。为了保证各缸配气均匀，对进气总管、进气歧管在形状、长短、容积等方面都提出了严格的设计要求。进气总管与进气歧管有的制成整体形，有的分开制造再以螺栓连接，如图 5-1-30 所示。

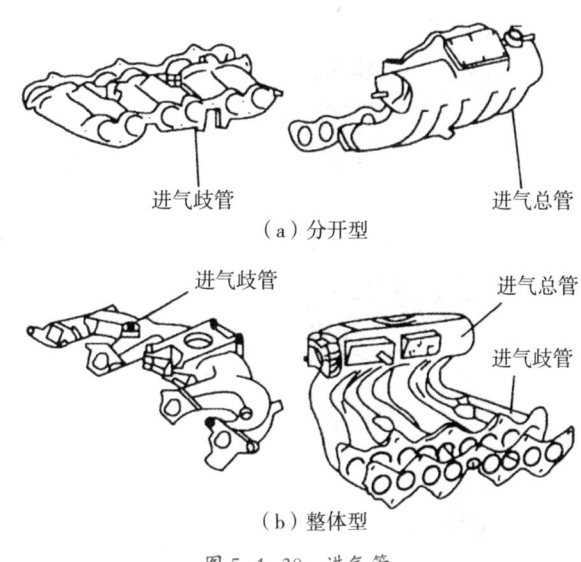

图 5-1-30　进气管

三、进气量调节装置的检测

步骤1　工具准备
 1. 准备工具：组合套筒1套、开口扳手、梅花扳手各1套；鲤鱼钳、尖嘴钳、一字起子、十字起子各1把；万用表一只、塞尺1只；化油器清洗剂1瓶；抹布若干；跨接线若干 2. 工具准备要齐全，摆放要整齐
步骤2　清洁节气门
 本程序不应在行驶里程低于80450公里（50000英里）的车辆上进行	1. 拆下空气滤清器出气管 2. 检查节气门体孔和节气门阀片是否有沉积物。必须打开节气门才能检查所有表面 警告：将手指插入节气孔前，将点火开关置于"OFF"（关闭）位置。节气门意外移动会导致人身伤害 告诫：切勿将任何工具插入节气门体孔内以避免损坏节气阀片 3. 使用一块干净抹布和合适的清洁剂，清洁节气门体孔和节气门阀片 4. 安装空气滤清器出气管 5. 执行节气门/怠速读入程序
步骤3　检测节气门位置传感器
 1. 关闭点火开关，断开Q38节气门体处的线束连接器 2. 测试低电平参考电压电路端子C和搭铁之间的电阻，应该小于5Ω。如果等于或高于5Ω，关闭点火开关，断开K20发动机控制模块的线束连接器。测试低电平参考电压端对端的电阻是否小于2Ω。如果为2Ω或更大，则修理电路中的开路/电阻过大故障；如果小于2Ω，则更换K20发动机控制模块
步骤4　检测节气门位置传感器
 1. 打开点火开关，测试5V参考电压电路端子E和搭铁之间的电压是否为4.8～5.2V 2. 如果小于4.8V，关闭点火开关，断开K20发动机控制模块的线束连接器。测试5V参考电压电路端子和搭铁之间的电阻是否为无穷大。如果电阻不为无穷大，则修理电路上的对搭铁短路故障；如果电阻为无穷大，测试5V参考电压电路端对端的电阻是否小于2Ω。如果为2Ω或更大，则修理电路中的开路/电阻过大故障；如果小于2Ω，则更换K20发动机控制模块 3. 如果大于5.2V，关闭点火开关，断开K20发动机控制模块的线束连接器，再打开点火开关，测试5V参考电压电路和搭铁之间的电压是否低于1V。如果是1V或更高，则修理电路上的对电压短路故障；如果低于1V，则更换K20发动机控制模块

续表

步骤 5　检测节气门位置传感器

1. 打开点火开关，测试节气门位置传感器 1 信号电路端子 D 和搭铁之间的电压是否低于 1V
2. 如果等于或高于 1V，关闭点火开关，断开 K20 发动机控制模块的线束连接器，再打开点火开关，测试信号电路和搭铁之间的电压是否低于 1V。如果是 1V 或更高，则修理电路上的对电压短路故障；如果低于 1V，则更换 K20 发动机控制模块

步骤 6　检测节气门位置传感器

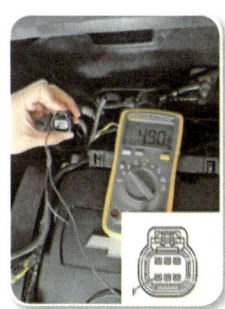

1. 打开点火开关，测试节气门位置传感器 2 信号电路端子 F 和搭铁之间的电压是否为 4.8～5.2V
2. 如果小于 4.8V，关闭点火开关，断开 K20 发动机控制模块的线束连接器，测试信号电路和搭铁之间的电阻是否为无穷大。如果电阻不为无穷大，则修理电路上的对搭铁短路故障；如果电阻为无穷大，测试信号电路端对端的电阻是否小于 2Ω。如果为 2Ω 或更大，则修理电路中的开路/电阻过大故障；如果小于 2Ω，则更换 K20 发动机控制模块
3. 如果大于 5.2V，关闭点火开关，断开 K20 发动机控制模块的线束连接器，再打开点火开关，测试信号电路和搭铁之间的电压是否低于 1V。如果是 1V 或更高，则修理电路上的对电压短路故障；如果低于 1V，则更换 K20 发动机控制模块

步骤 7　作业后整理

操作完毕，整理车辆，工量具，做到 5S 管理

四、废气排放装置的构造与检测

随着汽车保有量的迅速增长，汽车尾气对人类的危害和对环境的污染也日益严重。汽油机尾气含有多种不同的化合物，其有害成分包括 HC、NO_x、CO、SO_2、H_2S 等；柴油机尾气中的有害物质除了 HC、NO_x、CO、SO_2 外，还有大量的碳烟和可溶性有机物。

为了满足各国日趋严格的排放法规标准，现代汽车发动机都采取了有效的排放控制技术，并加装了许多处理尾气中有害物质的装置。废气再循环（EGR）系统能有效控制氮氧化合物的生成，三元催化装置在处理汽油机尾气方面起着关键性作用。

（一）发动机废气再循环 EGR 系统

发动机在高温和富氧的条件下，其废气排放中容易生成 NO_x 化合物；由于废气主要是惰性气体，所以具有较好的吸热性。因此，在发动机工作过程中，如果适时、适量地将部分废气再次引入到汽缸内，废气可将燃烧产生的部分热量吸收，从而降低汽缸燃烧的最高温度，也就抑制了 NO_x 化合物的生成量。

控制废气适时、适量地再次引入汽缸的系统，称为废气再循环系统，EGR 阀就是废气再循环系统中最主要的执行器。

EGR 阀主要由膜片、复位弹簧、阀门和阀座等组成，如图 5-1-31 所示。EGR 阀膜片的上方为真空室，阀门与膜片联动。它安装在进气歧管和排气歧管之间，因此控制 EGR 阀真空气室中的真空度，就可控制阀门与阀座之间的开度，从而控制再循环废气量。

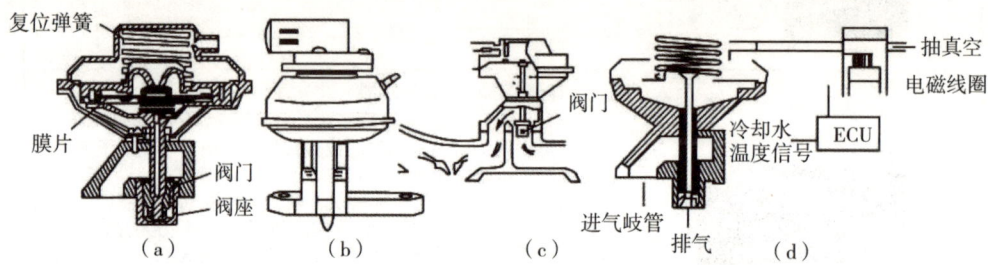

图 5-1-31　废气再循环控制阀（EGR 阀）

如图 5-1-32 所示，这种废气再循环系统主要包括发动机控制模块（ECM）、传感器和执行器。与 EGR 系统相关的传感器包括发动机冷却液温度传感器、节气门位置传感器和曲轴位置传感器等，有的 EGR 系统还带有 EGR 阀位置传感器。这些传感器向 ECM 提供发动机工况，ECM 根据这些信息来决定执行器的控制指令。执行器主要是各种电磁阀。

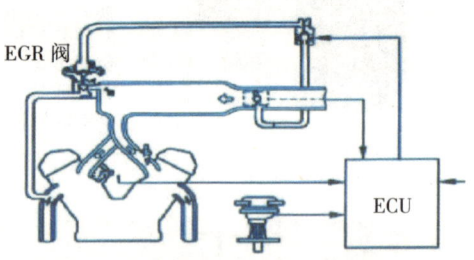

图 5-1-32　废气再循环控制系统

ECM 通过启动信号、节气门位置、发动机转速及冷却液温度等信号来判断发动机是否处于中小负荷工况。如果发动机处于中小负荷工况，ECM 控制真空电磁阀打开，真空负压施加在 EGR 阀膜片上部空间，EGR 阀打开废气通道，废气进入进气歧管。进入燃烧室的废气量占进气总量的 6%～10%。

EGR 系统通过降低燃烧室的温度来减少 NO_x 化合物的生成量，同时也会降低发动机的输出功率。为了不影响发动机正常运转和大负荷的要求，EGR 系统一般会在怠速、冷机以及节气门全开时停止工作。

如图 5-1-33 所示，这是装有背压修正阀的废气再循环系统。背压修正阀安装在 EGR 真空电磁阀和 EGR 阀之间的真空管路中，它的功用是根据排气管中的背压，附加控制废气再循环。

背压修正阀的工作原理为：排气歧管的背压通过管路作用在背压修正阀的背压气室下方。当发动机小负荷而排气背压低时，在阀门弹簧的作用下气室膜片向下移动，使背压修正阀关闭真空通道，此时 EGR 阀在其阀门弹簧作用下保持关闭，因而不进行废气再循环。当发动机负荷增大时，排气歧管排气背压升高，背压修正阀膜片下方的背压升高，使膜片克服弹簧力向上移动，将背压修正阀打开，由 EGR 真空电磁阀控制的真空通过背压修正阀而进入 EGR 阀上方真空气室，将 EGR 阀阀门吸开，打开废气再循环通道，废气进行再循环。而 EGR 真空电磁阀同样受发动机 ECM 的控制。

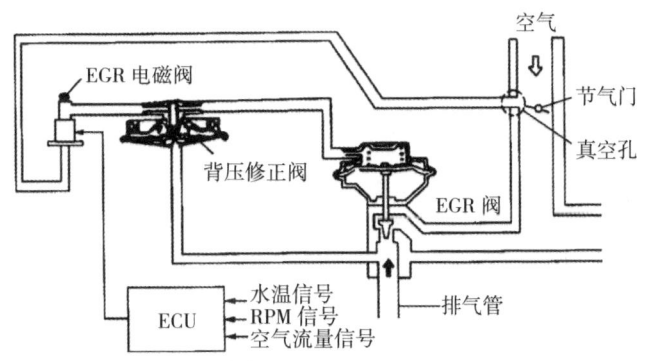

图 5-1-33 装有背压修正阀的废气再循环系统

（二）三元催化装置

三元催化器结构如图 5-1-34 所示，是安装在汽车排气系统中最重要的机外净化装置，它可将汽车尾气排出的 CO、HC 和 NO_x 等有害气体通过氧化和还原作用转变为无害的 CO_2、H_2O 和 N_2。随着环境保护要求的日益严格，越来越多的汽车安装了废气催化转化器以及氧传感器装置。

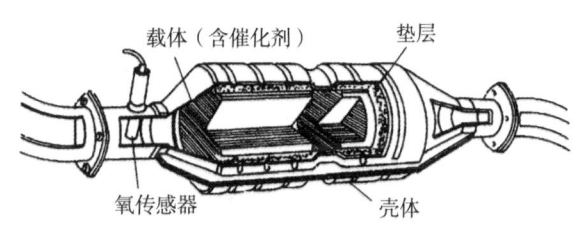

图 5-1-34 三元催化器结构

三元催化器的工作原理如图 5-1-35 所示，当高温的汽车尾气通过净化装置时，三元催化器中的净化剂将增强 CO、HC 和 NO_x 三种气体的活性，促使其进行一定的氧化 - 还原化学反应，其中 CO 在高温下氧化成为无色、无毒的 CO_2；HC 化合物在高温下氧化成 H_2O 和 CO_2；NO_x 还原成 N_2 和 O_2。三种有害气体变成无害气体，使汽车尾气得以净化。

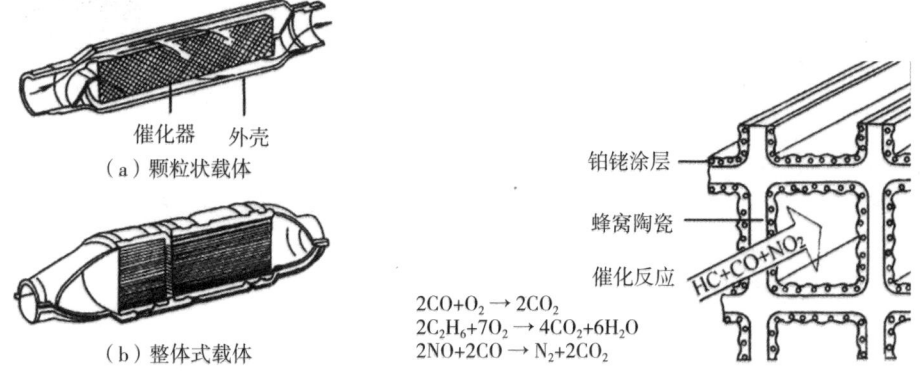

$$2CO+O_2 \rightarrow 2CO_2$$
$$2C_2H_6+7O_2 \rightarrow 4CO_2+6H_2O$$
$$2NO+2CO \rightarrow N_2+2CO_2$$

图 5-1-35 三元催化器的工作原理

在使用三元催化器时候要注意：

避免未燃烧的混合气进入催化器，因为催化器的最佳工作温度为400℃～800℃，由正常汽车尾气CO、HC产生的热量来维持并且处在这一范围内，如果有未燃烧的混合气进入，会使催化器温度高于上限，使得催化器损坏。

（三）汽油蒸气排放（EVAP）控制系统

1. EVAP 控制系统的组成

如图5-1-36所示，EVAP控制系统主要由单向阀、炭罐控制电磁阀、活性炭罐等组成。

（1）活性炭罐

活性炭罐一般位于发动机舱下部或靠近燃油箱，其内部填充活性炭，它的作用就是收集油箱等部位的燃油蒸气，当发动机工作时，又将这些蒸气送入进气歧管。如图5-1-37所示，炭罐有三条管道，分别连接燃油蒸气管（通向燃油箱）、蒸发排放吹洗管（通向进气歧管）和通风管（通向大气）。

（2）排放控制阀

用来控制从活性炭罐吸入进气歧管的气体流量（含空气和汽油蒸气），它受炭罐控制电磁阀控制。当发动机怠速时，从活性炭罐吸入进气歧管的气体流量应少些，否则会使混合气过稀而造成怠速不稳；当发动机转速升高，负荷增大时，吸入的气体流量可大些，以使炭罐内的燃油蒸气能被及时净化。

（3）炭罐控制电磁阀

用来控制通向排放控制阀的真空度，受发动机ECM控制。

（4）真空泄放阀

它安装在油箱加油口盖上，用来保持油箱内的气压。当油箱内因燃油减少，真空度增大到一极限值时，该阀打开，使油箱内保持正常大气压力，保证供油稳定。

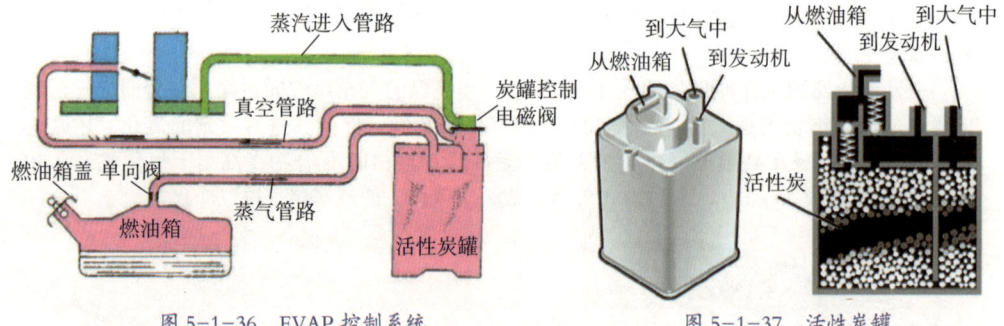

图 5-1-36　EVAP 控制系统　　　　　图 5-1-37　活性炭罐

（5）燃油箱盖

蒸发排放控制系统使用的燃油箱盖上有一个压力和真空阀。当燃油箱内的压力或真空超过一定值时，阀门打开，释放压力或真空；当压力或真空释放平衡后阀门关闭。

2. 电控 EVAP 控制系统工作过程

电控EVAP控制系统工作过程如图5-1-38所示。

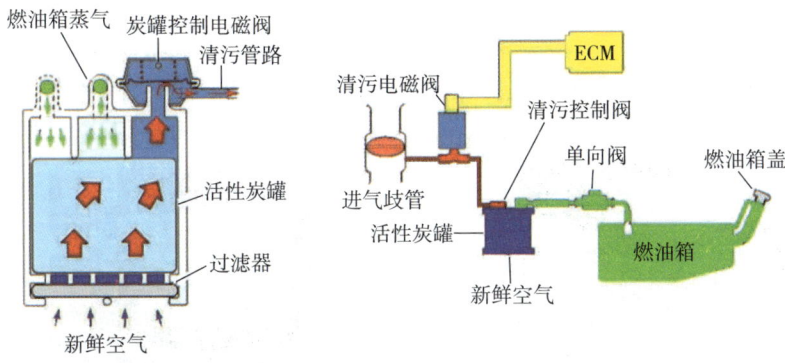

图 5-1-38　电控 EVAP 控制系统工作过程

① ECM→清污电磁阀→真空→炭罐控制电磁阀→进气歧管吸入燃油蒸气。

② ECM→清污电磁阀→进气歧管吸入燃油蒸气。

五、废气排放装置的检测

步骤 1　工具准备	
	1. 要准备的工具：丰田卡罗拉（COLLORA）1.6AT 轿车、工作台、220V 交流电源、南华 NHA500 尾气分析仪、车轮挡块、地板垫、方向盘套、座椅套等 2. 前期安全准备：外围防护，车辆内部防护，确认自动变速器操纵手柄位于 P 位，拉起驻车制动操纵手柄
步骤 2　尾气分析仪连接	步骤 3　预热，按提示操作
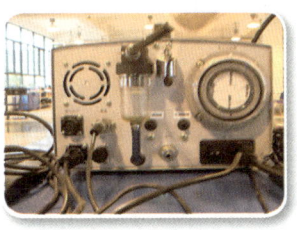	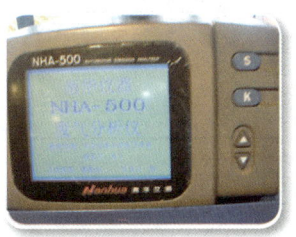
步骤 4　将发动机润滑油测温头插入机油尺套管	步骤 5　将转速夹夹在点火线圈的线束上

续表

步骤6 启动发动机至正常工作温度，按照显示屏提示操作，插入尾气测试探头 	步骤7 踩下加速踏板，让发动机转速提高到2500r/min（计时30 s） 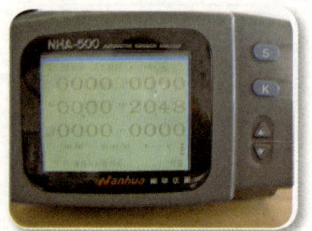
步骤8 在发动机处于怠速运转状态下，测量尾气（计时30 s） 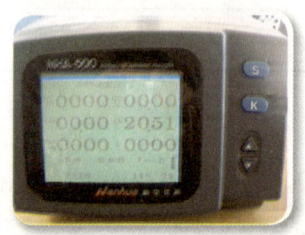	步骤9 记录排放数据（可以打印） 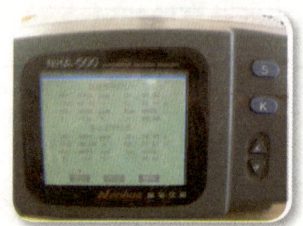
步骤10 作业后整理	
	测量结束，将尾气分析仪关闭，并将尾气分析仪所有部件按照原样收回放好并清洁。车辆熄火，收拾防护工具并清洁车辆和场地

第二节 燃油供给系统构造与维修

一、燃油供给系统的基本组成

1. 燃油供给系统的功用和分类

如图 5-2-1 所示,电控汽油机燃油供给系统的功用是提供发动机工作时所需要的汽油。电动燃油泵将汽油自油箱内吸出,经过滤清器过滤后,由压力调节器调压,经过油管输送给喷油器,喷油器根据 ECM 指令向进气管喷油;燃油泵供给的多余汽油经回油管流回油箱。

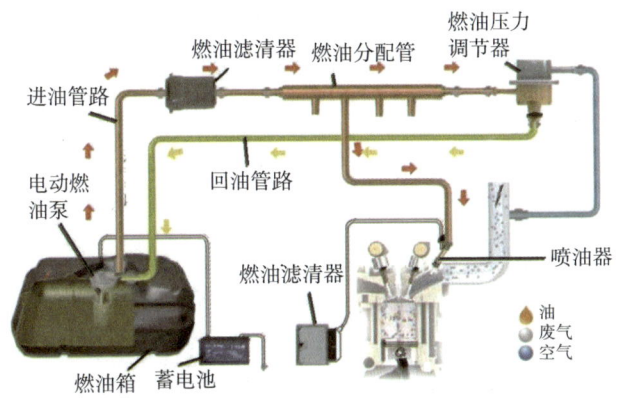

图 5-2-1 燃油供给系统

多点燃油供给系统 在每个汽缸的进气歧管与汽缸盖连接处分别设置一个喷油器,每个喷油器向所属汽缸独立喷油,形成可燃混合气。

2. 燃油供给系统的组成及工作原理

(1) 燃油供给系统的组成

主要由燃油箱、电动燃油泵、燃油滤清器、燃油总管(油轨)、燃油压力调节器、电磁喷油器和进油回油管路等组成,如图 5-2-2 所示。

燃油箱用来存储汽油,通常由防腐金属或聚乙烯制成。燃油箱一般安装在底盘后部靠近后桥的位置。当发生交通事故时,车架纵梁和车身能够有效地保护燃油箱。

油箱内部通常会有隔板,使回油区与泵的吸油区隔开,增大油液循环的路径,降低油液的循环速度,有利于降温散热、气泡析出和杂质沉淀。

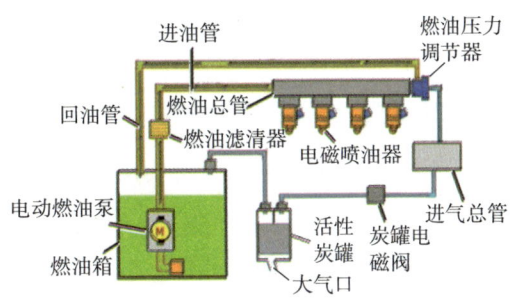

图 5-2-2 典型燃油供给系统组成

燃油滤清器的功用是滤除燃油中的氧化铁、粉尘等固体夹杂物,防止燃料系统的堵塞,减小系统的机械磨损,确保发动机稳定运转,提高工作的可靠性。燃油滤清器通常安装在燃油泵之后的油路中。

燃油滤清器主要由壳体和滤芯等组成,壳体通常用金属或塑料制造,滤芯一般是纸质滤芯,大多数燃油滤清器可以过滤 10～20μm 或更大尺寸的颗粒杂质。其结构如图 5-2-3 所示。

燃油滤清器是一次性产品,当滤芯堵塞时,将使管路中的燃油压力下降,造成发动机启动困难,发动机功率降低,因此应按规定定期更换燃油滤清器。

(2)燃油供给系统的工作原理

电动燃油泵吸进油箱中的燃油并形成一定的压力,经燃油滤清器过滤杂质送至燃油总管(油轨),电子控制单元 ECM 根据发动机的工况需要,控制安装在燃油总管上的电磁喷油器的开启时间(ms),将燃油喷入进气管雾化与新鲜空气混合形成空燃比可控的可燃混合气,实现对喷油量的控制。燃油压力调节器根据进气管中进气压力的变化自动控制燃油总管中的油压,使燃油总管中的燃油压力 P_y 与进气管中的空气压力 P_q 之差 P_y-P_q 保持不变,以保证喷油器单位时间内喷油量的精确恒定。

为了进一步提高燃油供给系统的安全性,简化油路,降低油箱燃油蒸气的生成量,近年许多轿车(如丰田系列、本田系列)采用无回油燃油系统设计,取消回油管,将燃油压力调节器、燃油滤清器和电动燃油泵集中在一起作为一个总成件安装在燃油箱中,其结构示意图如图 5-2-4 所示。

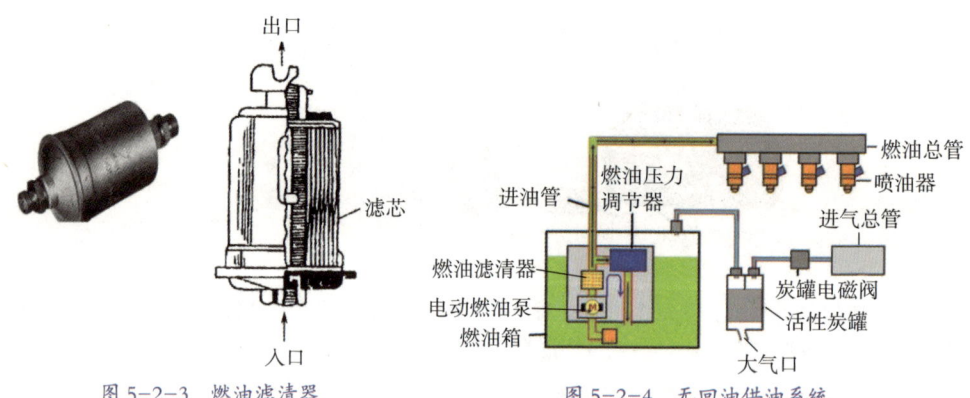

图 5-2-3 燃油滤清器　　图 5-2-4 无回油供油系统

目前,现代汽油机电控系统都设置了油箱燃油蒸气活性炭罐吸收系统(EVAP),将油箱中产生的燃油蒸气引入发动机燃烧,以减少燃油蒸气对环境的污染,同时降低发动机的耗油率,改善发动机经济性。

二、电动燃油泵构造与检测

(一)电动燃油泵的结构原理

1. 电动燃油泵的功用

电动燃油泵是将油箱中的燃油加压后,通过燃油管道存入燃油总管及喷油器入口形成具有一定压力和流量的压力燃油,供电磁喷油器喷油用。

2. 电动燃油泵的分类

① 根据安装位置不同,可分为油箱内装式和外装式两种。由于内装式燃油泵具有工作噪声低、散热好和安全性好等优点,目前主要使用内装式燃油泵。

② 根据结构的不同,可分为滚柱式(含叶片式)、涡轮式和变排量式。目前大多数车辆使用滚柱式或涡轮式燃油泵,少部分车辆选用变排量式燃油泵。涡轮式燃油泵与滚柱式燃油

泵相比，其工作转速更高，噪声更小。

3. 电动燃油泵的组成

电动燃油泵主要由直流电动机、机械泵、集滤器、单向阀和限压阀等组成。电动燃油泵的结构如图 5-2-5 所示。

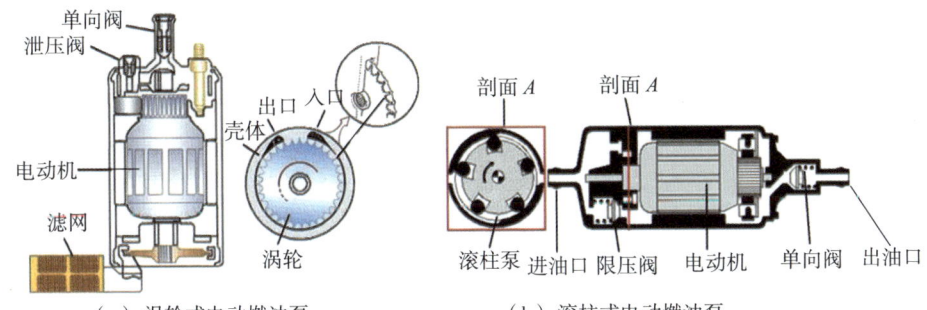

（a）涡轮式电动燃油泵　　　　　（b）滚柱式电动燃油泵

图 5-2-5　电动燃油泵的分类与组成

4. 电动燃油泵的工作原理

当机械液压泵在直流电动机的驱动下旋转时，油箱中的燃油经集滤器滤除杂质被吸入油泵后加压，流过直流电动机，经单向阀将燃油压入燃油管路，流过的燃油同时对电动机散热。出油口单向阀的作用是在发动机熄火、燃油泵停止工作时，使燃油管路能保持一定的残余压力，以利于发动机的重新启动。当燃油管路出现堵塞等故障，引起燃油泵出口压力过高时，位于燃油泵中的限压阀自动开启泄压，防止电动机因过载而损坏。

早期生产的汽车电动燃油泵控制方式较多，功能单一。目前，汽车电动燃油泵都采用发动机电子控制单元 ECM 经燃油泵继电器进行控制。科鲁兹电动燃油泵控制电路原理如图 5-2-6 所示。

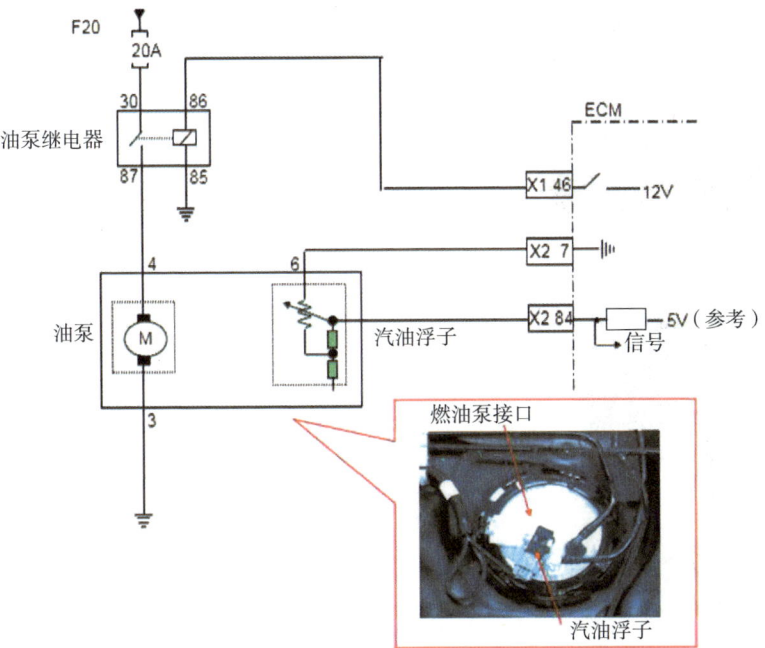

图 5-2-6　科鲁兹电动燃油泵控制电路原理

电控单元ECM利用燃油泵继电器控制燃油泵的工作。在通用车系中,点火开关转至"ON"位置,ECM将控制燃油泵继电器吸合,燃油泵开始工作,燃油管路开始建立压力。如果在2s后,ECM没有接收到发动机的转速信号,将会控制燃油泵继电器断开,燃油泵停止工作。如果ECM持续检测到发动机转速信号,将会保持燃油泵继电器吸合,使燃油泵保持运转。在有些车辆中,发动机机油压力作为燃油泵继电器控制的一个备用信号,当机油压力达到28kPa时,ECM将控制燃油泵继电器吸合,燃油泵开始工作。

当汽车发生碰撞事故时,为了防止汽车发生次生火灾,减少事故损失,许多汽车燃油供给系统都设计了燃油泵强制切断控制功能。早期的汽车一般是在燃油泵供电电路中串联了一个机械惯性开关,当汽车发生强烈碰撞事故时,惯性开关自动切断燃油泵供电电源,如早期美国福特系列轿车和国产神龙富康、爱丽舍轿车等即采用这种控制方式。近年生产的安装了安全气囊和CANBUS数据总线的新式轿车则采用数字程序控制方式,当汽车发生强烈碰撞事故,在安全气囊弹出的同时,发动机ECM通过CANBUS数据总线接收这个碰撞信号,执行燃油泵断电功能,如奥迪、大众、本田、通用系列轿车等都采用这种控制方式。

(二)电动燃油泵的检测

	步骤1　工具准备
	1. 要准备的工量具:常用工具1套、万用表1只、跨接线若干、抹布若干 2. 工具准备要齐全,摆放要整齐

	步骤2　查找燃油泵继电器
	关闭点火开关并关闭所有车辆系统,断开KR23A燃油泵继电器

	步骤3　查找搭铁端子
	1. 测试搭铁电路端子86和搭铁之间的电阻是否小于10Ω 2. 如果等于或大于10Ω,测试搭铁电路端对端的电阻是否小于2Ω。如果为2Ω或更大,则修理电路中的开路/电阻过大故障;如果小于2Ω,则修理搭铁连接中的开路/电阻过大故障

续表

步骤4　检测燃油泵继电器连接线路
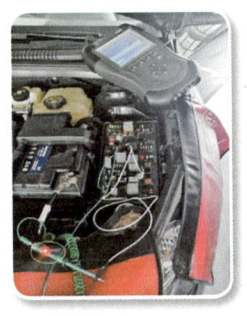  1. 打开点火开关，在控制电路端子85和搭铁电路端子86之间连接一盏测试灯，用故障诊断仪指令燃油泵继电器通电和断电时，确认测试灯点亮和熄灭 2. 如果测试灯始终熄灭，关闭点火开关，断开K20发动机控制模块的线束连接器。测试控制电路和搭铁之间的电阻是否为无穷大。如果电阻不为无穷大，则修理电路上的对搭铁短路故障；如果电阻为无穷大，测试控制电路端对端的电阻是否小于2Ω。如果为2Ω或更大，则修理电路中的开路/电阻过大故障；如果小于2Ω，则更换K20发动机控制模块 3. 如果测试灯始终点亮，关闭点火开关，断开K20发动机控制模块的线束连接器，再打开点火开关，测试控制电路和搭铁之间的电压是否低于1V。如果是1V或更高，则修理电路上的对电压短路故障；如果低于1V，则更换K20发动机控制模块
步骤5　检测继电器
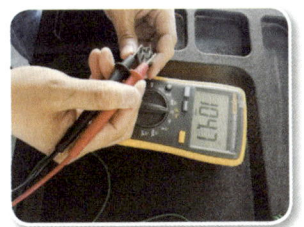 1. 关闭点火开关，断开KR23A燃油泵继电器 2. 测试端子85和端子86之间的电阻是否为70～110Ω。如果小于70Ω或大于110Ω，更换继电器
 3. 测试以下端子之间的电阻是否为无穷大：端子30和端子86、端子30和端子87、端子30和端子85、端子85和端子87。如果电阻小于无穷大，更换继电器
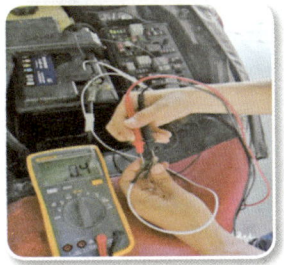 4. 在继电器端子85和12V电压之间安装一根带3A保险丝的跨接线。在继电器端子86和搭铁之间安装一根跨接线。测试端子30和端子87之间的电阻是否小于5Ω。如果等于或大于5Ω，更换继电器；如果小于5Ω，全部正常

续表

步骤6 作业后整理
 操作完毕，整理车辆，工量具，做到5S管理

三、喷油器构造与检测

（一）喷油器

单点喷射和多点喷射系统使用的喷油器在结构上存在一些差异，由于单点喷射系统已几近淘汰，在此只介绍多点喷射系统使用的喷油器。

1. 喷油器的分类

① 根据结构分：轴针式、球阀式和片阀式三种。

② 根据电磁线圈阻值分为两种。a. 高阻型喷油器（$13\sim16\Omega$），也称为电压控制型喷油器。工作时，ECM通过大功率三极管在电磁线圈两端直接接蓄电池电压控制喷油器的持续开启时间，控制电路和控制方式都较为简单，是使用最广泛的形式。b. 低阻型喷油器（$2\sim5\Omega$），也称为电流控制型喷油器。工作时，ECM通过大功率三极管控制流过电磁线圈中的电流大小（一般使用开启电流和维持开启电流二阶段电流控制方式）控制喷油器的持续开启时间。若使用电压控制方式，须使用串联电阻限制流过电磁线圈的电流，如本田雅阁轿车即使用这种喷油器。

2. 喷油器的结构

喷油器安装在燃油分配总管和进气歧管之间，其结构如图5-2-7所示。

3. 喷油器的工作原理

当电磁线圈在ECM的控制下流过电流时，线圈产生的电磁吸力使衔铁及针阀阀体克服复位弹簧的弹力，阀体与针阀上升，阀门打开，压力燃油从喷孔喷入进气歧管，雾化后与新鲜空气混合，形成可燃混合气。当线圈电流切断时，电磁力消失，针阀与阀体在弹簧的弹力作用下回位，阀门关闭，喷油停止。

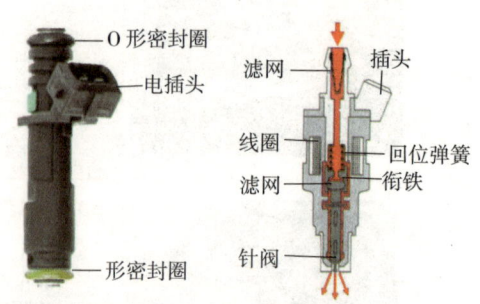

（a）喷油器实物外形　（b）轴针式电磁喷油器结构

图5-2-7　喷油器结构

如图5-2-8所示，以科鲁兹为例，说明ECM在各种工况下的喷油量控制。

第五章 汽油机电控燃油喷射系统

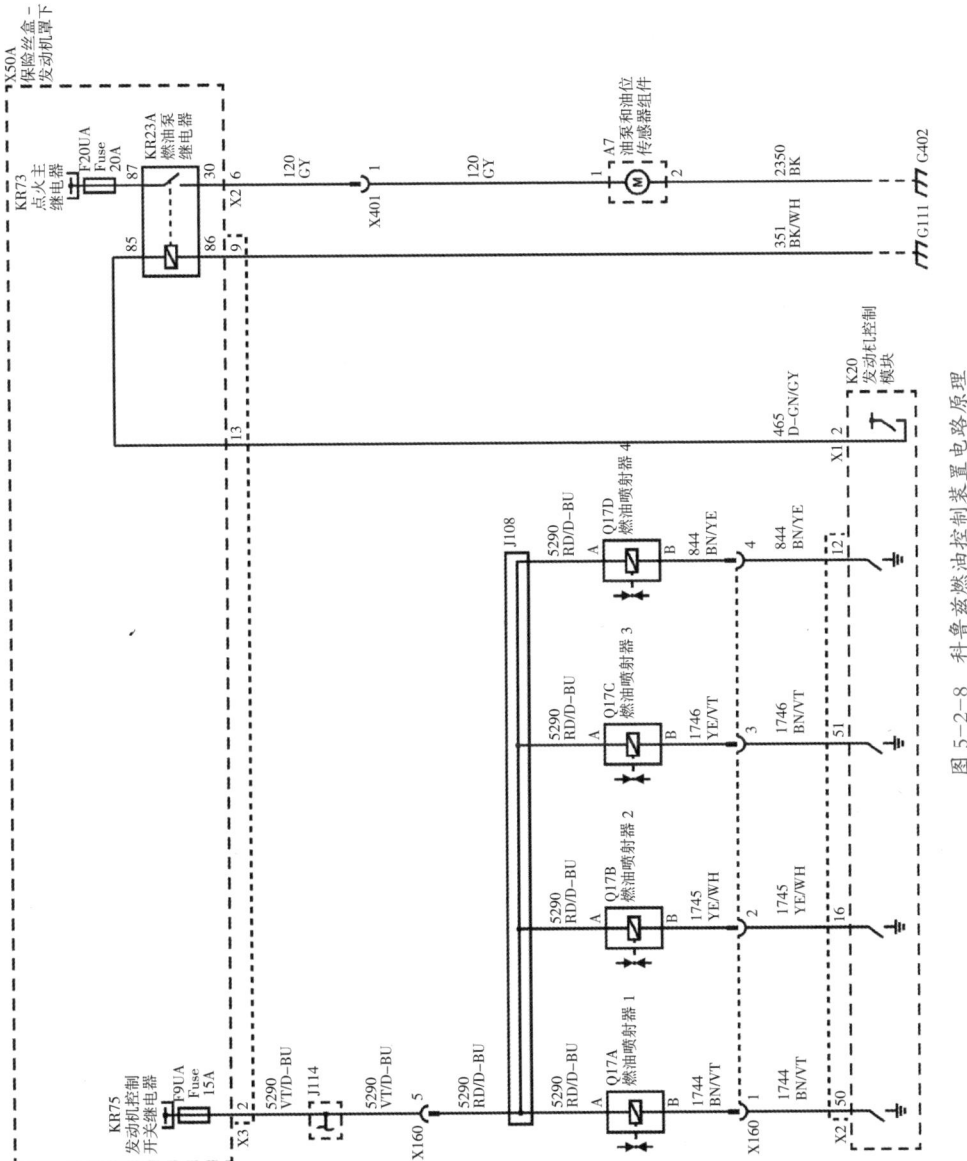

图 5-2-8 科鲁兹燃油控制装置电路原理

喷油器的供电电源由燃油泵继电器提供,ECM 控制喷油器的负极搭铁回路,控制电磁线圈电流的导通时间(ms)实现对喷油量的实时控制。ECM 根据发动机工况不同,执行相应的喷油量控制程序。

(1)启动工况喷油控制

当 ECM 收到点火开关启动 STA 信号,或收到电源信号且曲轴位置传感器发出的转速信号低于 300r/min 时,ECM 判定发动机处于启动工况。ECM 主要根据发动机冷却液传感器、进气温度传感器和发动机转速传感器的信号执行启动工况喷油量控制程序,采用较浓混合气使发动机顺利启动。

107

（2）正常运转喷油控制

发动机运转时，为了适应发动机暖机、加速、减速和其他工况对混合气浓度的需要，ECM将喷油量分成基本喷油量、修正喷油量和增量喷油量三个部分分别计算，并叠加在一起形成总喷油量，控制喷油器喷油。

$$总喷油量 = 基本喷油量 + 修正喷油量 + 增量喷油量$$

① 基本喷油量：ECM根据发动机转速和循环进气量，按理论空燃比（A/F=14.7或λ=1）计算得出的喷油量。

② 修正喷油量：ECM根据蓄电池电源电压、冷却液温度、进气温度等信号，对基本喷油量进行修正，以使发动机在不同运转条件下都能获得最佳浓度的混合气。

③ 增量喷油量：发动机在低温启动后的暖机工况、加速工况和大负荷工况时，需要较浓的混合气，处于这几种工况时，ECM在基本喷油量的基础上进行增量控制，产生较浓的混合气，适应发动机的工况需要。

（3）喷油量反馈控制

在发动机处于稳定工况正常工作时，ECM内设的混合气空燃比控制目标是理论空燃比（A/F=14.7）。为了实时控制混合气的空燃比，安装在发动机排气管上的氧传感器时刻监测发动机废气中O_2含量，对混合气的空燃比进行反馈，将空燃比控制在A/F=14.7。

ECM实时接收氧传感器发出的反馈电压信号，对喷油量进行增加或减少的循环反馈控制，将混合气的空燃比控制在理论空燃比14.7附近很窄的范围内，减少废气中有害气体HC、CO和NO_x的排放量。

（4）断油控制

① 减速断油控制：当发动机高速旋转时突然减速（节气门关闭）时，ECM自动中断喷油器的燃油喷射，当发动机的转速降至设定的低转速时，再恢复喷油。减速断油的功用是有利于发动机减速；减少发动机减速时的有害气体排放量；降低发动机的耗油率。

当发动机冷却液温度正常，节气门全关，发动机转速高于某一数值时，执行减速断油控制。

② 超速断油控制：当发动机转速超过设计的最高转速时（一般四缸发动机为6000r/min），ECM控制喷油器停止喷油，低于规定转速100r/min时恢复喷油，防止发动机因超速而损坏。

③ 减扭矩断油：为了改善自动变速器AT的换挡平顺性，发动机ECM收到AT换挡信号时，在换挡过程中执行减扭矩断油。

（5）火花塞溢油清除

当由于某种原因导致发动机反复多次启动不能点火着车时，过浓的混合气积聚在火花塞跳火间隙之间，形成火花塞溢油，使火花塞不能正常跳火（俗称"淹缸"），使发动机更加难以启动。而对于采用电控技术控制的汽油机，则可用ECM内存的火花塞溢油清除功能进行处理，当节气门全开，点火开关置于启动位置，发动机转速低于500r/min时，执行火花塞溢油清除功能。

当ECM执行火花塞溢油清除功能时，启动机带动发动机旋转，但喷油器不喷油，火花塞不跳火，利用进入汽缸的高速新鲜空气流稀释掉火花塞的液体燃油。

（二）燃油压力调节器

如图5-2-9所示，汽油机EFI系统中，电磁喷油器将燃油喷入进气歧管中与新鲜空气混合形成可燃混合气，当喷油器的结构参数一定时，燃油压力调节器的作用是保证燃油总管中的系统油压$P_{油}$随进气歧管气压$P_{气}$的变化而变化，使$P_{油}$与$P_{气}$气压之差保持不变，即$P_{油}-P_{气}=P$（恒值），保证喷油器在ECM控制下每单位时间T喷出的燃油质量M都是相等的。

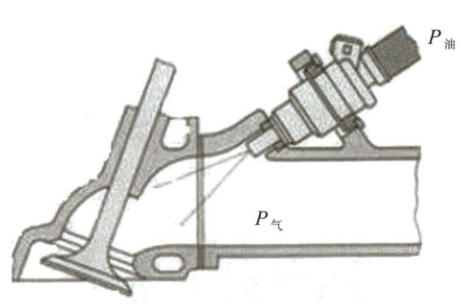 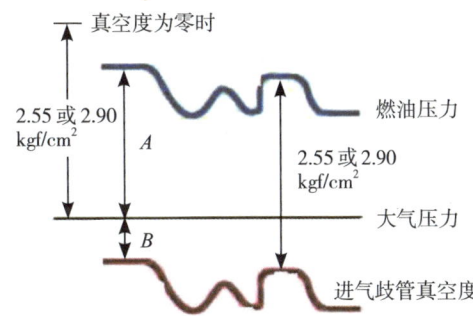

图 5-2-9 燃油压力调节器作用原理

燃油压力调节器主要由膜片、控制阀、真空室和油压室等组成。其结构原理如图 5-2-10 所示。

当发动机负荷较小——节气门开度较小时，进气歧管中的真空度较大，绝对压力 $P_气$ 较小，处于膜片下方的油压 $P_油$ 大于真空室绝对压力 $P_气$ 和弹簧力之和，膜片上移，控制阀打开，燃油总管及下油室的燃油压力经回油管泄压而降低。反之，当发动机负荷较大——节气门开度较大时，控制阀的开度较小，燃油压力调节器使系统油压 $P_油$ 随绝对压力 $P_气$ 增大而增大，使喷油器进出油口的压力之差保持恒定。

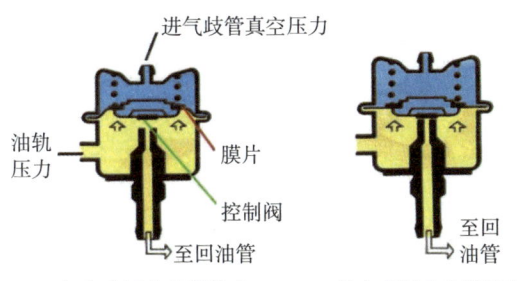

图 5-2-10 燃油压力调节器

（三）燃油分配管

燃油分配管的功用是将燃油均匀、等压地输配给各个喷油器，同时还具有储油蓄压的作用。其容积油量相对于发动机的循环喷油量要大很多，因而可以防止燃油压力的波动，可供给各喷油器以等量的燃油。此外，燃油分配管上一般安装有燃油压力测试口，用来检测燃油系统的压力，以便维修人员快速诊断燃油系统的故障，如图 5-2-11 所示。

图 5-2-11 燃油总管、喷油器及检测口组合件

四、喷油器的检测

步骤 1　车辆工具准备	
	1. 要准备的工量具：常用工具 1 套；万用表 1 只；跨接线若干；抹布若干 2. 工具准备要齐全，摆放要整齐

续表

步骤2 喷油器与ECM连接电路	步骤3 发动机运转时，用手指接触喷油器，正常时应可感觉到喷油器喷油时的脉动
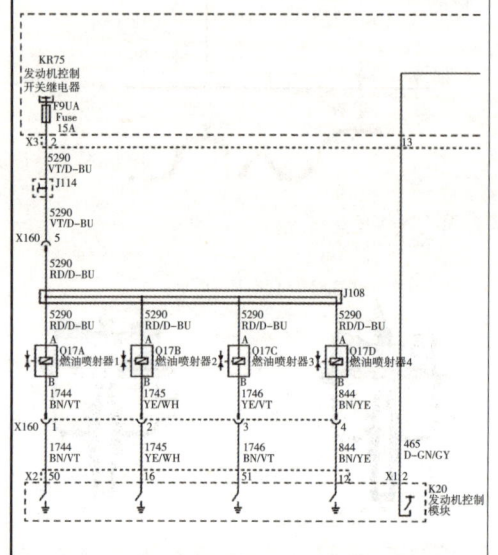	

步骤4 检查喷油器电阻

	关闭点火开关，拔下喷油器插头，测量喷油器插脚间的电阻值。冷态阻值应为 12～18Ω（发动机热态时，电阻会增加 4～6Ω）。否则喷油器有故障，应更换

步骤5 检查电源

	关闭点火开关，拔下喷油器插头，在插头的1脚和搭铁之间接入电压表。原地启动发动机，电压表的读数应为电源电压。如果没有电压，应检查喷油器线路

续表

步骤6　检查燃油分配管	
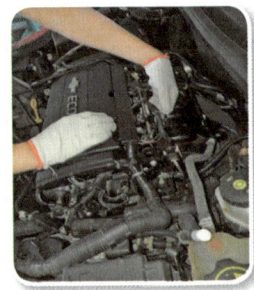	检查燃油分配管是否有泄漏、滴油现象
步骤7　作业后整理	
	操作完毕，整理车辆、工量具，做到5S管理

第三节　电子控制系统构造与检测

一、传感器的构造与检测

在发动机控制系统中，传感器的作用是将汽车各部件运行的状态参数（各种非电量信号）转换成电信号并输送到控制器，用以监测各部件运行情况和环境条件。主要有空气流量传感器、进气压力传感器、节气门位置传感器、曲轴位置传感器、凸轮轴位置传感器、冷却液温度传感器、进气温度传感器、氧传感器、爆震传感器等。科鲁兹发动机电控系统

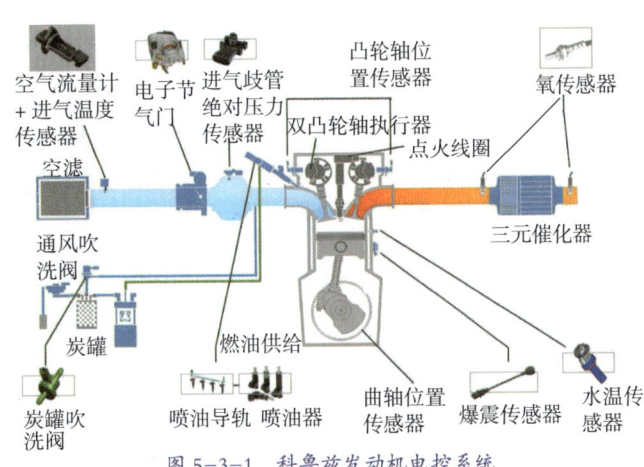

图5-3-1　科鲁兹发动机电控系统

如图 5-3-1 所示。

（一）曲轴位置传感器

曲轴位置传感器也称为曲轴转速传感器，其作用是采集曲轴转动角度或发动机转速信号，并输送至 ECM，作为点火控制和喷油控制的主要参数之一。ECM 还可以检测曲轴位置传感器信号波动大小来判断发动机是否出现失火。曲轴位置传感器一般安装于曲轴前端、中部或变速器壳体靠近飞轮的位置。按照工作原理的不同，曲轴位置传感器可分为磁电式、霍耳式和光电式。

1. 磁电式曲轴位置传感器

磁电式曲轴位置传感器主要由导磁材料制成的信号齿圈（或变磁阻环）、永久磁铁、软铁芯、线圈等组成，如图 5-3-2 所示。

当曲轴转动时，齿圈也随之转动，齿圈不断地靠近——远离曲轴位置传感器内部的软铁芯，从而在线圈中感应交流电动势。

当信号齿圈凸齿靠近传感器时，软铁芯与齿间隙逐渐缩小，软铁芯中的磁场便开始出现集中现象，磁场强度增大，线圈的磁通量逐渐增大，且磁通量变化率也逐渐增大，因此产生

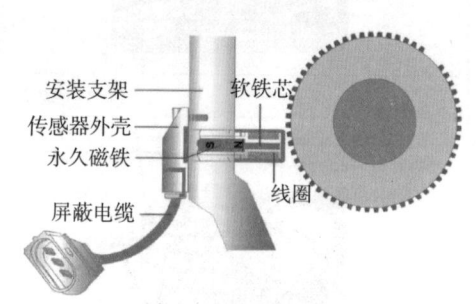

图 5-3-2 磁电式曲轴位置传感器

一个逐渐增大的正的感应电动势，磁通量变化越大，则感应出的电压也越高。当凸齿继续靠近软铁芯时，线圈的磁通量仍在增大，但磁通量的变化率则在减小，因此产生一个正的、逐渐减小的感应电动势。当信号齿圈凸齿与铁芯对齐成一条直线时，软铁芯与凸齿间隙最小，磁场强度最强，线圈的磁通量最大，但在该点磁场强度没有变化，磁通量变化率为零，所以感应电压为 0V。当信号齿圈继续转动，凸齿逐渐离开软铁芯时，两者之间间隙逐渐变大，软铁芯中的磁场减弱，线圈的磁通量逐渐减小，但磁通量的变化率逐渐增大，所以产生一个负的、绝对值逐渐增大的感应电动势。当凸齿继续转动离开软铁芯时，线圈的磁通量继续减小，磁通量的变化率也逐渐减小，因此产生一个负的、绝对值逐渐减小直至为零的感应电动势。

如果信号齿圈有 58 个凸齿，每个凸齿按 6° 间隔分布，2 个缺齿的磁极被用作基准标记。当每个凸齿转过曲轴位置传感器时，曲轴位置传感器就会产生一个交流信号，曲轴每转一圈会输出 58 个脉冲，当齿圈基准标记转过曲轴位置传感器时，交流信号的周期会增大，如图 5-3-3 所示。ECM 根据曲轴位置传感器的信号计算发动机的转速，并根据基准标记对应的交流信号计算曲轴位置，然后确定最佳的点火和喷油时刻。

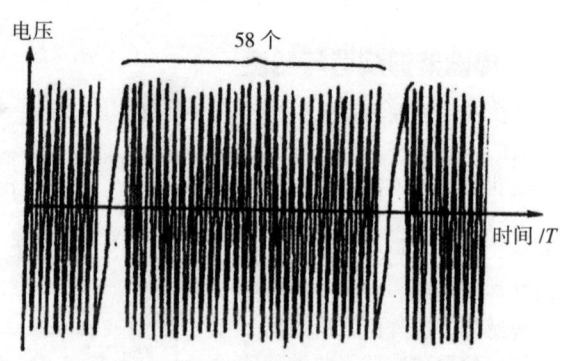

图 5-3-3 磁电式曲轴位置传感器信号波形

2. 霍耳式曲轴位置传感器

霍耳式曲轴位置传感器利用霍耳效应检测曲轴位置和发动机转速。霍耳效应工作原理如图 5-3-4 所示，当电流 I 垂直于外磁场通过霍耳元件时，电荷在洛伦兹力作用下向一侧偏移，

在垂直于电流和磁场的霍耳元件的横向侧面产生一个电压，称为霍耳电压 U_H，U_H 与电流 I 和磁场强度 B 成正比。

霍耳式曲轴位置传感由信号齿圈、霍耳元件、永久磁铁和电子线路等组成。在曲轴带动信号齿圈转动时，霍耳元件所处的磁场强度出现强弱交替变化，霍耳元件将输出一个毫伏级的正弦波信号，电子线路就将这个信号转化为频率与曲轴转速相对应的脉冲电压，以方波的形式输出给ECM。信号的频率随发动机转速的增大而增大。与磁电式曲轴位置传感器一样，信号齿圈通常有两个缺齿作为基准标记。霍耳式曲轴位置传感器工作原理如图 5-3-5 所示。

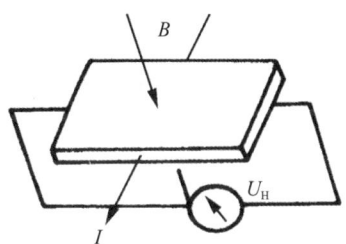

图 5-3-4 霍耳效应原理

I—电流；B—磁场；U_H—霍耳电压

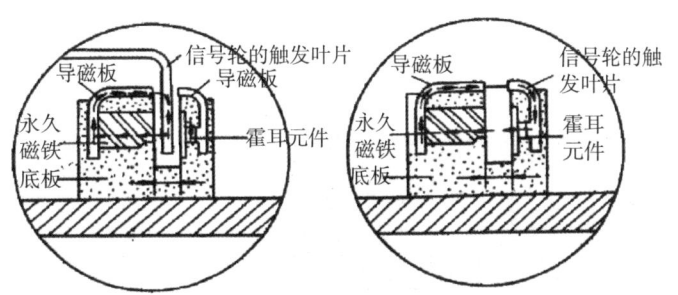

（a）触发叶片进入空气隙中，霍耳元件中的磁场被旁路　　（b）触发叶片离开空气隙，霍耳元件被磁场饱和

图 5-3-5 霍耳式曲轴位置传感器工作原理

3. 光电式曲轴位置传感器

光电式曲轴位置传感器主要由发光元件、光敏元件、遮光盘和控制电路等组成，如图 5-3-6 所示。

发光元件与光敏元件相对安装，发光元件发出的光线照射到光敏元件上，遮光盘置于发光元件与光敏元件之间，当遮光盘挡住光线时，光敏元件截止，控制电路输出低电平。当缝隙对准发光元件和光敏元件时，光线照射到光敏元件上，控制电路输出高电平。

遮光盘固定在分电器轴上，与分电器轴一起转动。遮光盘边缘分别刻有 360 条光缝，每转过一条光缝对应凸轮轴 1° 转角。遮光盘边缘还刻有与缸数相同的，并对应各缸上止点位置的光孔，如图 5-3-7 所示。每转过一个光孔对应某缸上止点位置信号。

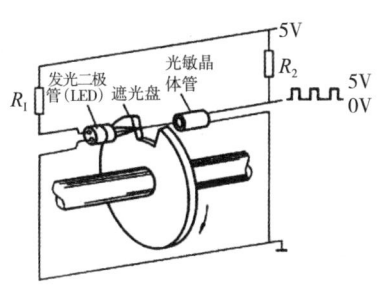

图 5-3-6 光电式曲轴位置传感器

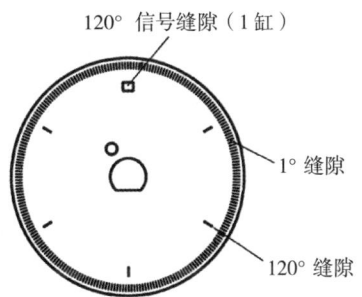

图 5-3-7 六缸发动机用遮光盘

(二)凸轮轴位置传感器

凸轮轴位置传感器的作用主要是检测凸轮轴位置和转角,从而确定第一缸活塞压缩上止点的位置。在启动发动机时,ECM 根据凸轮轴位置传感器和曲轴位置传感器提供的信号,识别出各个汽缸活塞的位置和行程,精确控制燃油喷射顺序和喷射时刻、点火顺序和点火时刻。随着可变气门正时(VVT)技术的出现和发展,凸轮轴位置传感器除了用于判定各缸压缩上止点外,还要监控 VVT 系统的进气或排气凸轮是否达到预定位置。双可变气门正时(DVVT)系统的进、排气凸轮轴各有一个凸轮轴位置传感器。

凸轮轴位置传感器的工作原理与曲轴位置传感器的工作原理相似。对于现代汽车发动机控制系统,当曲轴位置传感器或凸轮轴位置传感器发生故障时,其信号有时可以互相替换。例如,当曲轴位置传感器信号丢失时,ECM 可以利用凸轮轴位置传感器信号推算出曲轴位置和发动机转速;当凸轮轴位置传感器信号丢失时,ECM 可以利用曲轴位置传感器信号判断 1 缸压缩上止点和各缸活塞位置。曲轴位置传感器和凸轮轴位置传感器中任何一个正常工作,发动机都可以启动,但 ECM 会进入故障模式,限制发动机的某些功能。科鲁兹 1.6LDE 发动机凸轮轴位置传感器如图 5-3-8 所示。

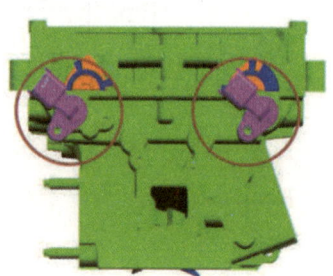

图 5-3-8 科鲁兹 1.6LDE 发动机凸轮轴位置传感器

(三)冷却液温度传感器

冷却液温度发生变化会直接影响到发动机的工作性能,而安装在冷却系统中的冷却液温度传感器可以实时反映冷却液温度的变化情况,并将其转换为电压信号传送给 ECM。冷却液温度传感器的信号输入可以实现以下功能。

① 修正喷油量:发动机低温运转时增加喷油量,形成较浓的混合气。

② 修正点火提前角:发动机低温运转时,增大点火提前角(提前点火);高温运转时,为了防止发生爆震,减小点火提前角(推迟点火)。

③ 冷启动时决定喷油量:冷启动时,ECM 根据冷却液温度信号决定冷启动喷油量。温度越低喷油量越大,从而形成可燃的混合气体,以利于发动机顺利启动。

④ 影响怠速控制阀动作:低温时,为了使发动机温度尽快达到正常值,ECM 根据冷却液温度传感器信号控制怠速控制阀的动作,提高怠速运转。

⑤ 影响减速断油:汽车急减速滑行时,若 ECM 检测到冷却液温度正常,就控制喷油器在短时间内停止喷油,直到发动机转速下降到设定的低转速时再恢复供油。

⑥ 影响废气再循环:冷却液温度较低时,由于燃烧不稳定,缸内温度较低,发动机运转不稳定。此时,ECM 输出信号停止废气再循环系统的工作,随着温度的升高,控制废气再循环系统开始工作。

冷却液温度传感器通常安装在节温器壳体上。使用电子节温器的发动机一般安装两个冷却液温度传感器，一个位于节温器壳体上，另一个位于散热器出口处，如图 5-3-9 所示。

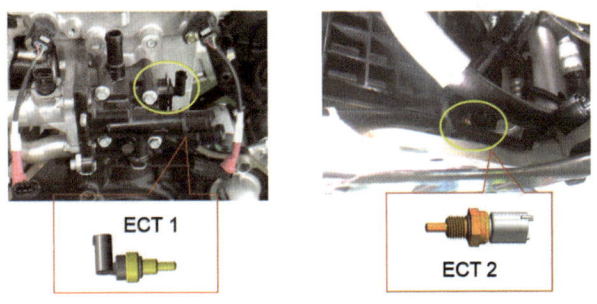

图 5-3-9　科鲁兹 1.6LDE 发动机冷却液温度传感器

冷却液温度传感器工作原理与进气温度传感器相似，也是采用负温度系数的热敏电阻型，如图 5-3-10 所示。

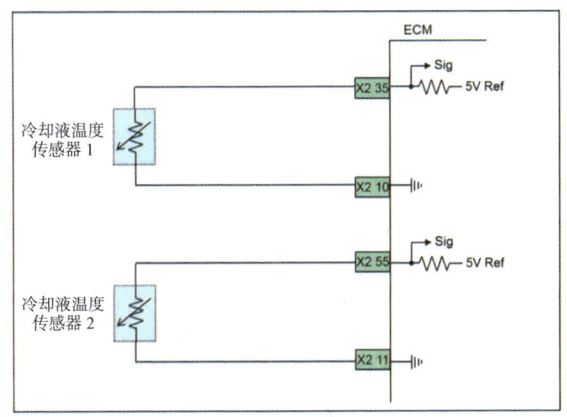

图 5-3-10　科鲁兹 1.6LDE 发动机冷却液温度传感器原理

（四）氧传感器

氧传感器是电子控制燃油喷射系统进行反馈控制的传感器，一般安装在排气管上。它的功用是用来检测排气中的氧气含量，以确定实际空燃比是比理论空燃比大还是小，并向发动机 ECM 反馈相应的电压信号。发动机 ECM 根据氧传感器反馈的混合气浓稀信号，在上次喷油量的基础上对本次喷油量进行减小或增加的修正。目前实际应用的氧传感器主要有氧化锆式和氧化钛式两种。

1. 氧化锆式氧传感器

氧化锆式氧传感器的基本结构如图 5-3-11 所示，其基本元件是氧化锆固体电解质。氧化锆制成试管状，也称作锆管。锆管固定在带有安装螺钉的固定套中，其内表面与大气相通，外侧与排气直接接触。锆管内外表面都覆盖着一层多孔性的铂膜作为电极，外表面加装一个带有槽口的防护套。

当传感器内侧大气中含氧量与传感器外侧的含氧量不同时，在氧化锆内、外两侧的电极间就产生一个电压。当混合气稀时，排气中氧的含量高，传感器元件内外侧氧浓度差别小，氧化锆元件产生的电压低（接近于零）；当混合气浓时，在排气中几乎没有氧，氧化锆元件内外侧氧浓度差别大，内外侧电极间产生高电压（约为1V），其阻值变化与输出电压变化的关系如图5-3-12所示。因此，氧传感器发出的信号间搭铁反映了混合气空燃比的高低。发动机ECM按氧传感器的反馈信号，对喷油量的计算结果进行修正，使混合气的空燃比更接近于理论空燃比。

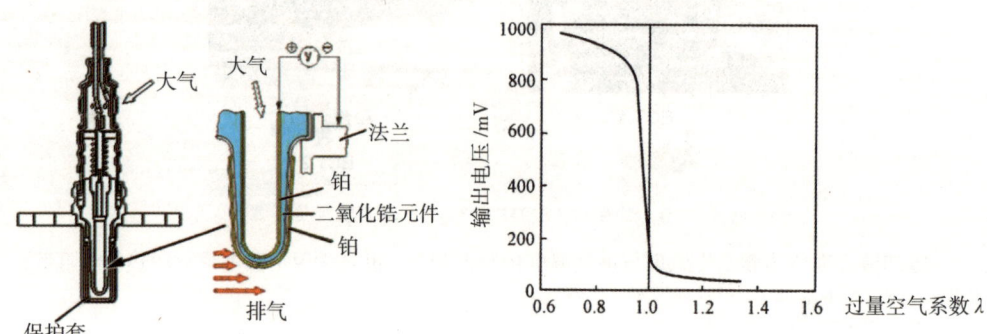

图5-3-11 氧化锆式氧传感器结构图　　　　图5-3-12 氧化锆式氧传感器输出特性

由于氧化锆式氧传感器只有在400℃以上的温度时才能正常工作，为了保证传感器在发动机进气量小、排气温度低时也能工作，氧传感器中装有加热元件，加热元件受发动机ECM的控制。在有氧传感器参与工作的闭环控制过程中，当发动机ECM接收到氧传感器输给的低电压信号时，ECM立即控制增加喷油量；当ECM接收到氧传感器输给的高电压信号时，ECM立即控制减少喷油量；如此反复，将实际空燃比精确地控制在理论空燃比14.7∶1附近，使三元催化转换器处于最佳工作状态。

2. 氧化钛式氧传感器

氧化钛式氧传感器的工作原理与氧化锆式氧传感器有很大不同，它是利用半导体氧化钛的电阻值随周围含氧量的变化而变化的原理制成的，其阻值变化与输出电压变化的关系如图5-3-13所示。由于阻值的变化还将受到温度的影响，因此要将氧化钛式氧传感器在300℃～900℃的排气温度环境中使用，必须对其进行温度补偿，即安装加热器，以保证此种氧传感器检测特性比较稳定。

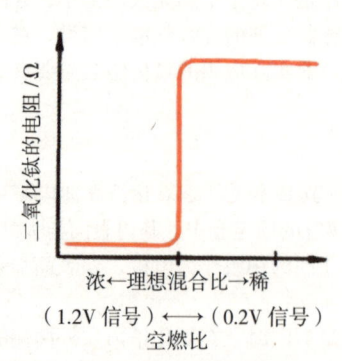
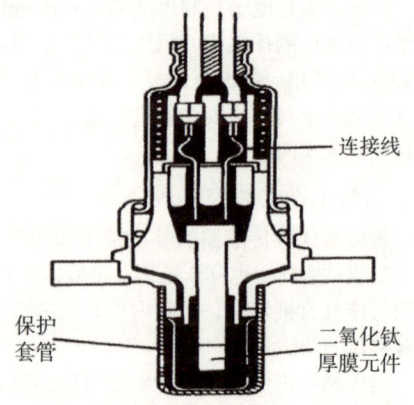

图5-3-13 氧化钛式氧传感器输出特性　　　　图5-3-14 氧化钛式氧传感器结构

氧化钛式氧传感器的结构如图5-3-14所示，它具有两个二氧化钛元件。一个具有多孔性，是用来检测排气中含氧量的二氧化钛元件；另一个则是实心二氧化钛元件，用作加热器调节温度，补偿温度的误差。传感器的外端是用具有孔槽的金属管制成的保护管，既可以让废气进出，能防止内部的二氧化钛元件受外物的撞击，接线端用橡胶作为密封材料，以防止外界空气渗入。

氧传感器通常与三元催化转换器一同使用。三元催化转换器安装在排气管中段，它能同时净化排气中 CO、HC 和 NO_x 三种主要的有害气体，但只有在混合气的空燃比处于接近理论空燃比的一个窄小范围内，三元催化转换器才能有效地起到净化作用。因此，应用氧传感器进行反馈控制的目的也在于保证三元催化转化器的排气净化效果，以解决功率、油耗和排气污染之间的矛盾。

氧传感器信号反馈控制的闭环控制，能使实际混合气的空燃比接近理论空燃比。但对特殊工况如启动、暖机、怠速、加速、满负荷等需加浓混合气的情况，仍需要开环控制（发动机 ECM 暂不采用氧传感器反馈回的信号，而是按实际运行工况进行喷油控制），以充分发挥发动机的动力性能。所以目前普遍采用开环和闭环相结合的控制方式，而开环和闭环控制之间的转换由发动机 ECM 来完成。

（五）传感器的检测

步骤 1	车辆工具准备
	1. 车辆摆放整齐，场地清洁 2. 万用表、工作台、维修手册、跨接线、抹布若干 3. 打开发动机舱盖，并准备好维修手册
步骤 2	查看维修手册，找到凸轮位置传感器电路图
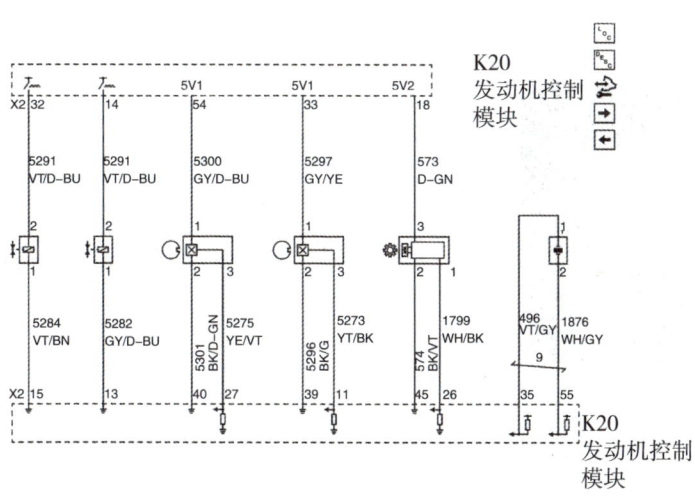	

续表

步骤3　参照维修手册，找到凸轮轴位置传感器
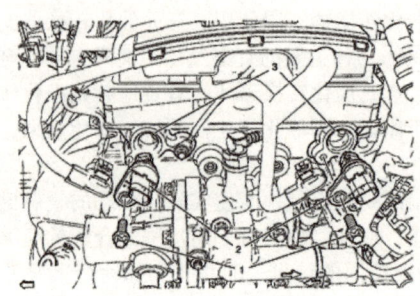

步骤4　检测凸轮轴位置传感器连接线
 1. 关闭点火开关并关闭所有车辆系统，断开相应的B23凸轮轴位置传感器的线束连接器 2. 测试低电平参考电压电路端子2和搭铁之间的电阻是否小于5Ω。如果等于或高于5Ω，将点火开关置于"OFF"（关闭）位置，断开K20发动机控制模块的线束连接器X2。测试低电平参考电压端对端的电阻是否小于2Ω。如果为2Ω或更大，则修理电路中的开路、电阻过大故障；如果等于或小于2Ω，则更换K20发动机控制模块

步骤5　检测凸轮轴位置传感器连接线（一）
 1. 打开点火开关，测试5V参考电压电路端子1和搭铁之间的电压是否为4.8～5.2V 2. 如果小于4.8V，关闭点火开关，断开K20发动机控制模块的线束连接器X2。测试5V参考电压电路端和搭铁之间的电阻是否为无穷大。如果电阻不为无穷大，则修理电路上的对搭铁短路故障；如果电阻为无穷大，测试5V参考电压电路端对端的电阻是否小于2Ω。如果为2Ω或更大，则修理电路中的开路/电阻过大故障；如果小于2Ω，则更换K20发动机控制模块 3. 如果大于5.2V，关闭点火开关，断开K20发动机控制模块的线束连接器X2，再打开点火开关，测试5V参考电压电路和搭铁之间的电压是否低于1V。如果是1V或更高，则修理电路上的对电压短路故障；如果低于1V，则更换K20发动机控制模块

续表

步骤6 检测凸轮轴位置传感器连接线（二）	
	1. 测试信号电路端子3和搭铁之间的电压是否为4.8～5.2V 2. 如果小于4.8V，关闭点火开关，断开K20发动机控制模块的线束连接器X2。测试信号电路和搭铁之间的电阻是否为无穷大。如果电阻不为无穷大，则修理电路上的对搭铁短路故障；如果电阻为无穷大，测试信号电路端对端的电阻是否小于2Ω。如果为2Ω或更大，则修理电路中的开路/电阻过大故障；如果小于2Ω，则更换K20发动机控制模块 3. 如果大于5.2V，关闭点火开关，断开K20发动机控制模块的线束连接器X2，再打开点火开关，测试信号电路和搭铁之间的电压是否低于1V。如果是1V或更高，则修理电路上的对电压短路故障；如果低于1V，则更换K20发动机控制模块
步骤7 检测前氧传感器	
	1. 关闭点火开关，所有车辆系统关闭，断开相应的B52加热型氧传感器的线束连接器 2. 测试低电平参考电压电路端子3和搭铁之间的电阻是否小于5Ω 3. 如果等于或高于5Ω，关闭点火开关，断开K20发动机控制模块的线束连接器X2。测试低电平参考电压端对端的电阻是否小于2Ω。如果为2Ω或更大，则修理电路中的开路/电阻过大故障；如果小于2Ω，则更换K20发动机控制模块
步骤8 检测前氧传感器	
	1. 打开点火开关，测试高速信号电路端子4和搭铁之间的电压是否为1.5～2.5V 2. 如果小于1.5V，关闭点火开关，断开K20发动机控制模块的线束连接器。测试信号电路和搭铁之间的电阻是否为无穷大。如果电阻不为无穷大，则修理电路上的对搭铁短路故障；如果电阻为无穷大，则更换K20发动机控制模块 3. 如果大于2.5V，关闭点火开关，断开K20发动机控制模块的线束连接器，再打开点火开关，测试信号电路和搭铁之间的电压是否低于1V。如果是1V或更高，则修理电路上的对电压短路故障；如果低于1V，关闭点火开关，测试信号电路端对端的电阻是否小于2Ω。如果为2Ω或更大，则修理电路中的开路/电阻过大故障；如果小于2Ω，则更换K20发动机控制模块
步骤9 作业后整理	
	操作完毕，整理车辆、工量具，做到5S管理

二、ECM 的构造与控制功能

（一）发动机电子控制系统（ECM）的组成和工作过程

在整个系统中，电子控制系统（ECM）是核心部分，具有强大的数学运算、逻辑判断、数据处理及数据管理等功能。其作用主要体现在以下几个方面。

① 接收传感器等其他装置输入的信息，给传感器提供参考电压（2V、5V、9V 或 12V）。
② 处理、存储、计算和分析信息数据及故障信息。
③ 根据输入的有关信息求出输出值（指令信号），并且将它与标准值对比，进行故障判断。
④ 把弱信号（指令信号）变为强信号（控制信号）。
⑤ 当电控系统出现故障时，输出故障信息。
⑥ 实行学习控制（自我修正输出值）。

1. 基本组成

ECM 是以微型计算机为核心组成的电子控制装置，并在内存中存储事先编制的程序或控制软件，即 ECM 由硬件和软件两部分组成。

（1）硬件
ECM 的硬件按照功能可分为输入电路、微型计算机和输出电路三个部分，如图 5-3-15 所示。从传感器输送过来的信号，首先进入输入电路进行预处理，一般是在去除杂波和把正弦波变为矩形波后转换成输入电平。对于 CPU 不能直接处理的模拟信号，A/D 转换将其转换为数字信号后再输入。其次，输出电路将 CPU 发出的指令转变成控制信号来驱动执行器工作，一般有控制信号的生成和放大等功能。

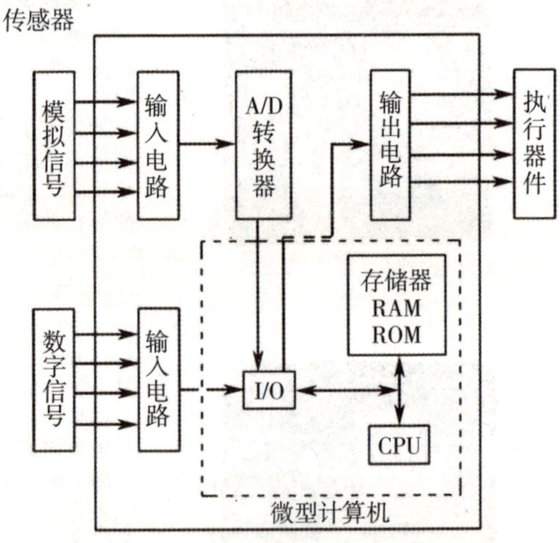

图 5-3-15 ECM 硬件组成

（2）软件
ECM 的软件包括控制程序和数据两部分，最主要的是主控程序。主控程序的主要任务是实现整个系统初始化、协调系统工作时序、设定控制模式，包括常用工况及其他工况下喷油信号和点火信号的输出程序，软件中还有转速和负荷的处理程序、中断处理程序等。

2. 工作过程

发动机启动时，ECU 进入工作状态，某些运行程序或操作指令从存储器（ROM）中调入中央处理单元（CPU）。这些程序可以控制燃油喷射、点火时刻、怠速转速等。在 CPU 的控制下，一个个指令按照预先编制的程序有条不紊地进行循环。在程序运行过程中所需要的发动机工况信息由各种传感器提供。

当脉冲信号、模拟信号等输入 ECM 后，首先通过输入回路进行信号处理。如果是数字信号，就根据 CPU 的安排经缓冲器和 I/O 接口电路直接进入 CPU；如果是模拟信号，则首先经过模/数（A/D）转换器转换成数字信号，以便数字式单片机处理，其次才能经 I/O 接口电路输入 CPU。大多数信息暂时存储在 RAM 中，根据控制指令再从 RAM 传送到 CPU。

ECM将预先存储在ROM中的最佳试验数据引入CPU,再将传感器输入的信息与其进行比较。CPU将来自传感器的各种信息依次取样,与最佳试验数据进行逻辑运算,通过比较作出判定结果并发出指令信号,经I/O接口电路、输出回路控制执行器动作。

如果是喷油器驱动信号,就控制喷油开始时刻、喷油持续时间,完成控制喷油功能。

如果是点火器驱动信号,就控制点火导通角和点火时刻,完成控制点火功能。

如果执行器需要线性电流量驱动,单片机就控制占空比来控制输出回路导通与截止,使流过执行器电磁线圈的平均电流线性增大或减小。

发动机工作时,计算机运行速度相当快,如点火时刻控制,每秒可以修正上百次,因此控制精度很高,点火时刻十分准确。

（二）发动机电子控制系统的控制功能

汽车发动机控制系统是一个综合控制系统,具有多种控制功能。燃油喷射控制和点火控制是发动机控制系统的主要功能,进气控制、排放控制、故障自诊断与失效保护等均为辅助控制功能。

1. 燃油喷射控制

燃油喷射控制主要包括喷油量控制、喷油正时控制,还包括断油控制和燃油泵控制等。

（1）喷油量控制

发动机控制系统根据空气流量传感器提供的进气量信号确定基本喷油量,再根据其他传感器信号对喷油量进行修正,能有效控制混合气空燃比,使发动机在各种工况下均能获得最佳浓度的混合气,从而实现提高功率、降低油耗、减少排气污染等功效。

（2）喷油正时控制

当发动机采用顺序独立喷射方式时,发动机控制系统还要根据各缸的点火顺序,将燃油喷射时间控制在最佳时刻。

（3）断油控制

断油控制是发动机控制系统在某些特殊工况下暂时中断燃油喷射,以满足发动机运行时的特殊需要,包括发动机超速断油控制、减速断油控制和清除溢流控制、减转矩断油控制等。

（4）燃油泵控制

燃油泵控制是指当点火开关打开后,发动机控制系统将控制燃油泵工作2～3s以建立必需的油压,此时若不启动发动机,电子控制系统将切断燃油泵控制电路,使燃油泵停止工作。在发动机启动和运转过程中,电子控制系统控制燃油泵保持正常运转。

2. 点火控制

（1）提前角控制

发动机控制系统可使发动机在不同转速、不同负荷条件下,根据各相关传感器信号,判断发动机的运行工况和运行条件,选择最理想的点火提前角点燃可燃混合气。

（2）闭合角控制

为保证点火线圈初级电路有足够大的断开电流以产生足够高的次级电压,同时防止通电时间过长使点火线圈过热而损坏,发动机控制系统根据蓄电池电压及转速等信号控制点火线圈初级线圈的通电时间,以满足对点火系统击穿电压和点火能量上的要求,改善点火性能,同时避免初级线圈过热和电能的无效损耗。

（3）爆燃控制

在发动机控制系统中,当点火时刻采用闭环控制时,就能把点火提前角控制在接近临界爆燃点或使发动机有轻微的爆燃，以最大限度地发挥发动机的潜能，提高动力性。

3. 进气控制

发动机控制系统根据转速和负荷的变化，对发动机的进气进行控制，以提高发动机的充气效率，从而改善动力性。进气系统控制主要包括发动机怠速控制系统、可变进气道控制系统、废气涡轮增压控制系统、可变气门正时控制系统等。

4. 排放控制

排放控制主要对发动机排放控制装置的工作进行电子控制，排放控制系统主要包括燃油蒸发排放控制系统、废气再循环控制系统、三元催化转化与空燃比反馈控制等。

5. 自诊断控制

发动机工作时，故障自诊断系统对电子控制系统各部分的工作情况进行监测，当传感器或传感器线路发生故障时，立即点亮仪表板上的故障指示灯，并将故障信息以设定的故障码形式存储在存储器中，以帮助维修人员确定故障类型和范围。同时，故障自诊断系统启动故障运行程序，发挥失效保护功能，使发动机以基本功能运转，保证可以将汽车开回家或开到附近的修理厂进行维修，以防车辆停泊在路上。

（三）发动机电子控制系统的控制方式

在发动机工作过程中，ECM 根据发动机控制系统的各传感器输送过来的信号，判断发动机当前所处的运行工况和运行条件，并从 ROM 中查取相应的控制参数数据，经 CPU 的计算和必要的修正处理后，输出相应的控制信号，控制发动机运转。发动机控制系统的控制方式主要有开环控制和闭环控制，开环控制已被淘汰。

在开环系统中，对控制对象控制的精确程度受到发动机技术状况和控制程序及数据的限制，所以很难做到精确控制。

闭环控制实质上就是反馈控制。在开环控制的基础上，控制系统根据实际检测到的控制结果的反馈信号来决定增减输出控制量的大小。闭环控制的特点是在控制器与被控对象之间，不仅存在着正向作用，而且存在着反馈作用，即系统的控制结果对控制量有直接影响。

如图 5-3-16 所示，喷油量控制由 ECM 根据氧传感器输出的氧浓度信号来判断进入汽缸中的可燃混合气的浓度是否合适，从而修正燃油供给量，实现空燃比的闭环控制，使混合气空燃比保持在理想状态下。当氧传感器检测到排气中的含氧量太低，表示混合气浓度太浓（空燃比太小），需减少喷油量；反之应增加喷油量。

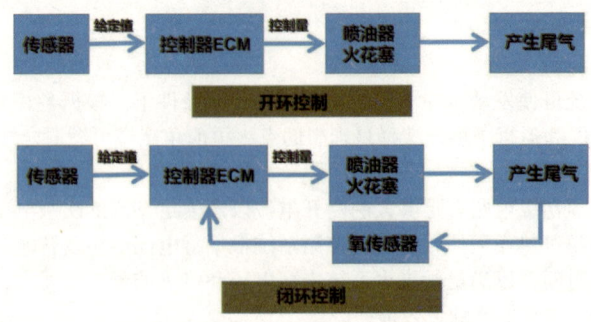

图 5-3-16 开环控制和闭环控制

第四节 电控燃油喷射系统常见故障的诊断与排除

一、电控发动机不能启动故障诊断与排除

发动机不能启动故障现象：启动发动机时，发动机不转动，或能转动但不能启动。其故障诊断程序如图 5-4-1 所示。

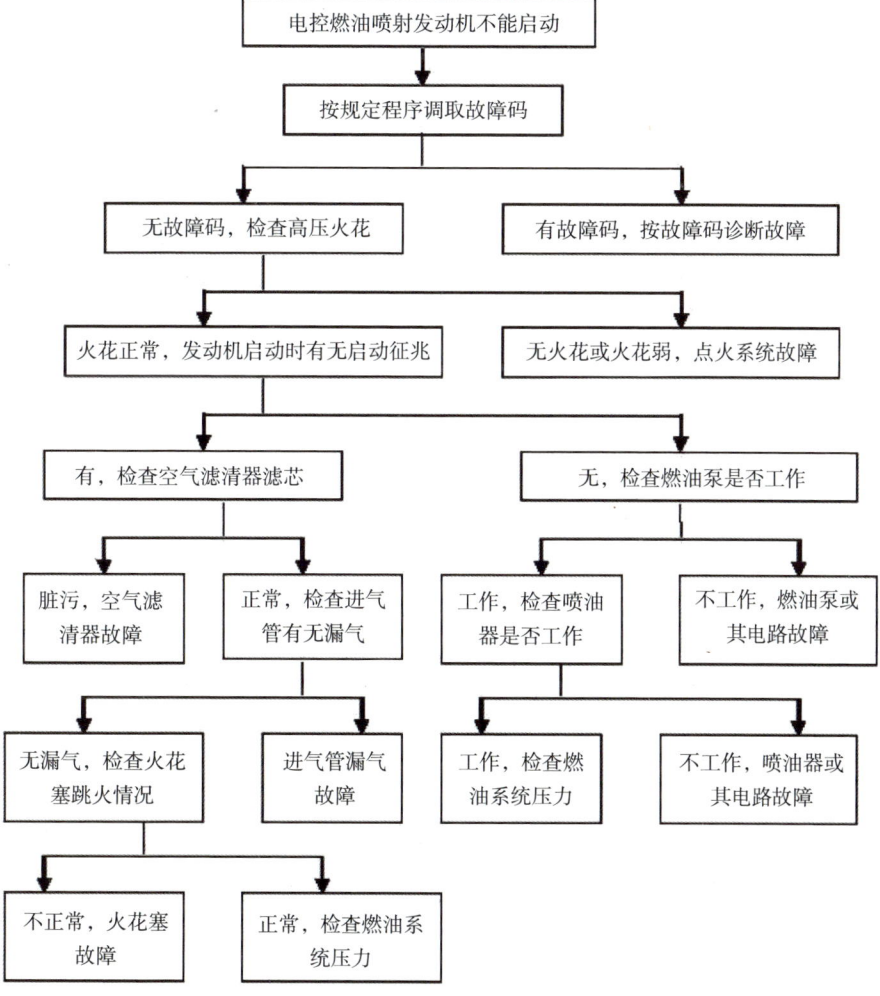

图 5-4-1 发动机不能启动故障诊断与排除

二、电控发动机启动困难故障诊断与排除

发动机启动困难故障现象：发动机不易启动，启动后很快又熄火。
其故障诊断程序如图 5-4-2 所示。

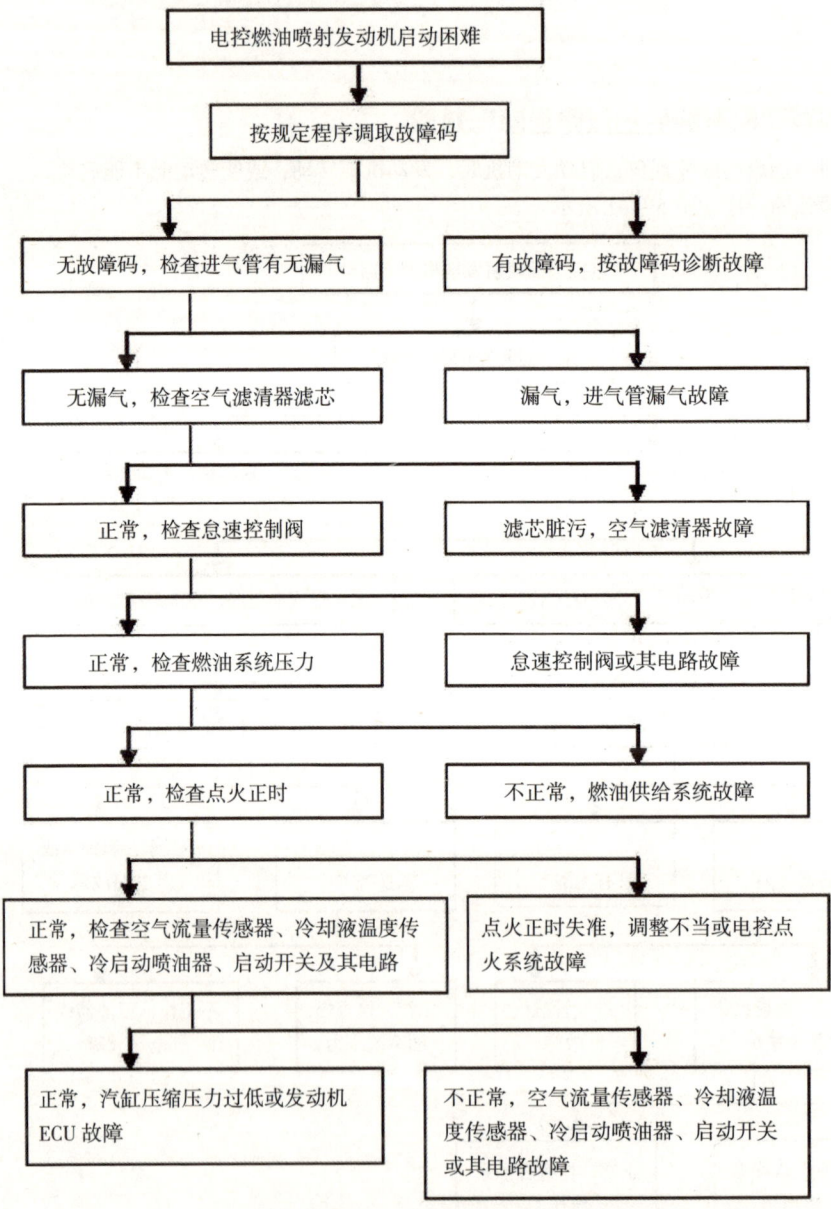

图 5-4-2　发动机启动困难故障诊断与排除

三、电控发动机怠速常见故障诊断与排除

（1）怠速过高故障现象

发动机在怠速工况下，其转速明显高于标准。

其故障诊断程序如图 5-4-3 所示。

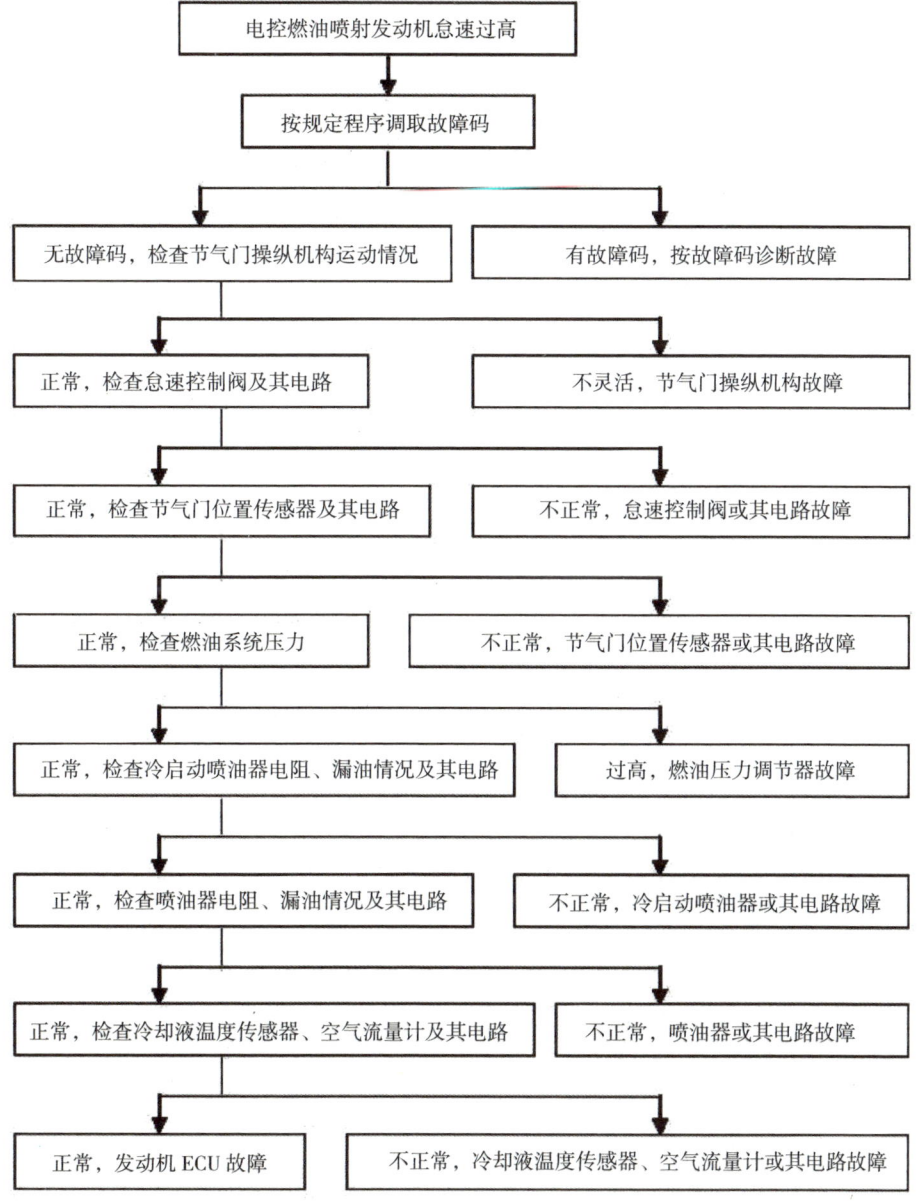

图 5-4-3　发动机怠速过高故障诊断与排除

（2）怠速不稳定、易熄火故障现象

怠速转速过低，且不稳定、经常熄火。

其故障诊断程序如图 5-4-4 所示。

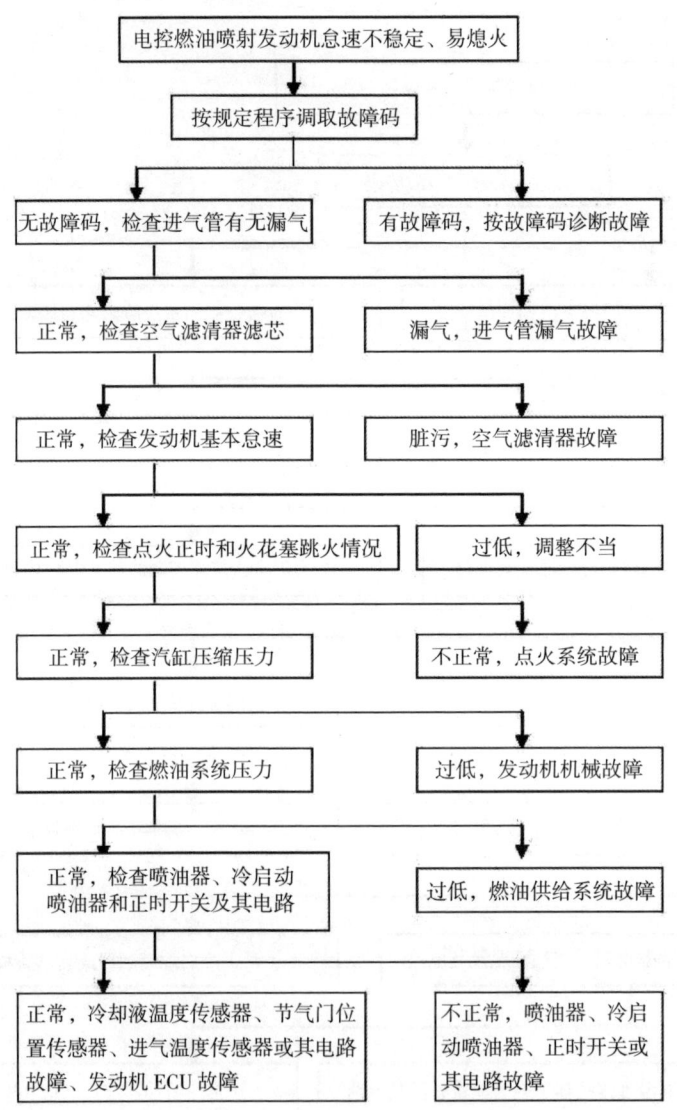

图 5-4-4　发动机怠速不稳、易熄火故障诊断与排除

第六章 润滑系统

第一节 润滑系统的构造与检修

一、润滑系统的功用与类型

为了确保发动机正常工作，必须对相对运动零件的表面加以润滑，润滑工作是由润滑系统来完成的。

1. 润滑系统的功用

（1）润滑作用

机油对运动零件表面润滑，减小摩擦阻力和磨损，减少发动机的功率消耗。

（2）冷却作用

机油在润滑系统内循环，带走摩擦产生的部分热量，起到冷却作用。

（3）清洗作用

机油在润滑系统内不断循环，清洗摩擦表面，带走磨屑和其他杂质。

（4）密封作用

机油在运动零件之间形成油膜，提高它们的密封性，有利于防止漏气或漏油。

（5）防锈蚀作用

机油在零件表面形成油膜，阻隔零件与大气中的水、燃烧时产生的酸性气体等接触，对零件表面起保护作用。

（6）减振缓冲作用

机油在运动零件表面形成油膜，吸收冲击能量，起到缓冲、减振的作用。

（7）液压控制作用

机油可用作液压油，起液压控制作用，如液压挺柱和奥迪的可变配气相位控制等。

2. 润滑系统的类型

发动机按润滑油的供给方式不同分为压力润滑、飞溅润滑、综合润滑等。

润滑油在机油泵的作用下以一定的压力，通过专设的油道输送到摩擦表面叫压力润滑。这种方式润滑可靠，并有较强的冷却和清洗作用，适用于相对速度较高、负荷较重的摩擦表面，如曲轴主轴承、连杆轴轴承、凸轮轴轴承、摇臂轴承等。靠运动零件击溅起来的润滑油油滴或油雾，直接落在摩擦表面或经集油孔收集后流到摩擦表面进行润滑的叫飞溅润滑。这种方式适用于速度较低、负荷较小的零件以及不易实现压力润滑零件的润滑，如汽缸壁、连杆小头衬套、活塞销座、配气凸轮及挺柱、正时齿轮等部位。汽车发动机同时采用压力和飞溅分别对不同部位零件的摩擦表面润滑。这种润滑系统称为综合式润滑系统。

二、润滑系统的结构组成

润滑系统主要由油底壳、机油泵、机油滤清器、限压阀、旁通阀、机油压力表、机油标尺和散热装置等组成，如图 6-1-1 所示。

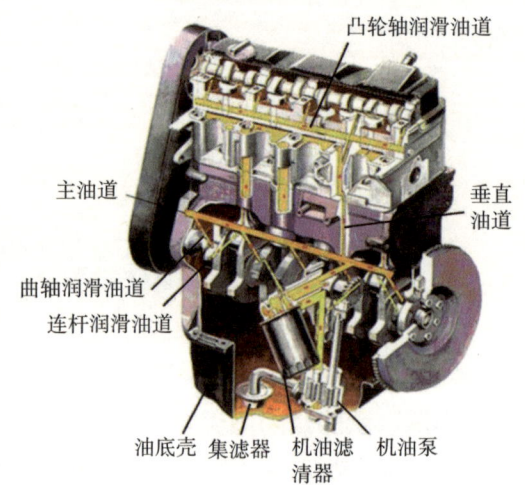

图 6-1-1 润滑系统的组成

1. 油底壳

油底壳主要用来储存润滑油，并封闭上曲轴箱，一般用薄钢板冲压而成，油底壳底部装有放油螺塞，放油螺塞上通常装有永久性磁铁，以吸附润滑油中的金属屑，减少发动机的磨损。

2. 机油泵

机油泵的功用是提高机油压力并保证一定的流量，向各摩擦表面强制供油，使发动机需要润滑的部位得到可靠的润滑。

机油泵一般有齿轮式和转子式两种，齿轮式又分为外齿轮泵和内齿轮泵，内齿轮泵由于内外齿轮之间有月牙隔墙，内齿轮泵又称为月牙泵，如图 6-1-2 所示。

（a）外齿轮泵　　　　　（b）内齿轮泵　　　　　（c）转子泵

图 6-1-2 机油泵的分类

（1）齿轮式机油泵

齿轮式机油泵具有工作可靠、泵油压力高、结构简单、使用寿命长等优点，被广泛用于各种发动机。外齿轮式机油泵的工作原理如图 6-1-3 所示，在油泵壳体内装有主动齿轮和从动齿轮，齿轮与壳体内壁之间的间隙很小，壳体上有进、出油口。油泵工作时，齿轮按图中所示箭头方向旋转，吸油腔的容积由于齿轮脱离啮合而增大，腔内产生一定的真空度，机油便从进油口被吸入。随着主、从动齿轮的旋转，机油被带到压油腔内。在压油腔一侧齿轮进入啮合，压油腔容积减小，油压升高，机油经出油口被送到出油管中。

齿轮式机油泵的工作性能，主要取决于油泵齿轮与壳体间的配合间隙（端面间隙和径向间隙）。当间隙过大时，机油泄漏严重，机油压力降低，油量减少，甚至使油泵不能供油；间隙过小时，使齿轮与泵体接触，产生严重磨损。因此，对上述端面间隙和径向间隙都有严格的要求。泵盖与泵体间装有很薄的密封垫，既可以防止漏油，又可用来调整泵盖与主、从动齿轮间的间隙。

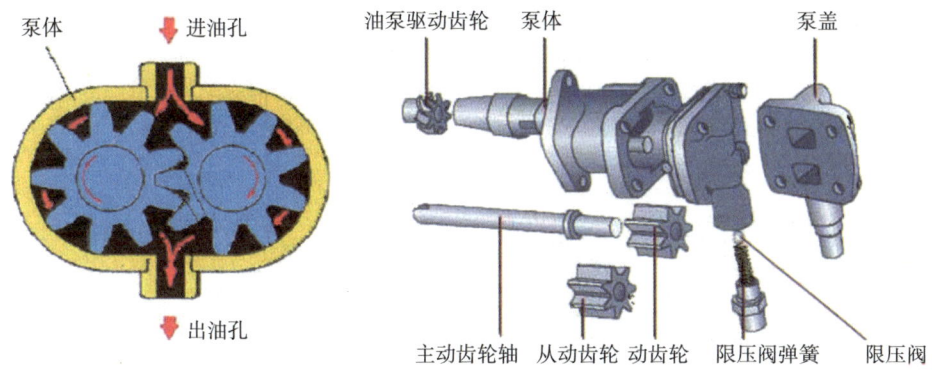

图 6-1-3 齿轮式机油泵的构造及工作原理

（2）转子式机油泵

转子式机油泵采用内啮合方式，具有结构紧凑，吸油真空度高，泵油量大，供油均匀，噪声小等优点。转子式机油泵的构造和工作原理如图 6-1-4 所示。转子式机油泵主要由外转子、内转子、泵体和泵轴组成。泵体的端面处加工有两个相互隔开的配油槽，分别与进油道和出油道相通。内转子固定在泵轴上，外转子空套在泵体内。内转子有四个凸齿，外转子有五个凹齿，它们相互啮合，可以看作一对只相差一个齿的偏心内啮合齿轮传动，其转速比为 5∶4。油泵工作时，

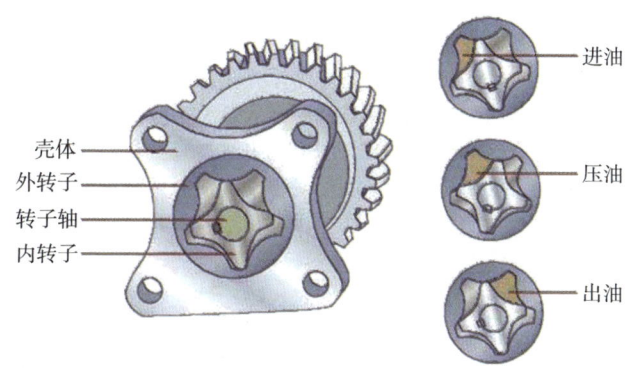

图 6-1-4 转子式机油泵的构造及工作原理

内外转子之间被分隔成四个容积不断变化的空腔。在进油道一侧的配油槽处，内外转子脱开啮合，容积逐渐增大，产生真空度，机油被吸入空腔内。转子继续旋转，机油被带到出油道一侧的配油槽处，内外转子进入啮合，油腔容积逐渐减小，机油压力逐渐升高并从配油槽处送出。转子式机油泵的工作性能，主要取决于内外转子与壳体间的端面间隙，为此，在盖板与壳体之间装有很薄的耐油纸调整垫片。

3. 机油滤清器

发动机工作时，机油因受热氧化等会产生胶状沉淀物，同时金属磨屑和灰尘也不可避免会进入机油，机油中的这些杂质，会加速零件磨损，阻塞油道，使活塞环、气门等零件发生胶结，并使机油的使用期缩短。机油滤清器的功用是及时清除机油中的机械杂质和胶状沉淀物，延长机油的使用期。机油滤清器根据功能分为集滤器、粗滤器和细滤器三类，根据过滤原理分为过滤式和离心式两种。

（1）润滑油的滤清方式

润滑油的滤清方式通常有三种形式：全流过滤式、分流过滤式、并联过滤式，如图 6-1-5 所示。全流过滤式滤清即滤清器与主油道串联，送往各摩擦表面的机油均通过它被滤清后才

进入主油道，这种滤清方式使油道中的机油得到较好清洁，但若滤清器被堵塞，就会出现润滑不良，必须并联一个旁通阀，当滤清器被堵塞的情况下，可越过滤清器向各摩擦部位供油；分流过滤式滤清即滤清器与主油道并联，从机油泵压送出的机油部分经过滤清后再流回油底壳，其余部分直接进入主油道的滤清方式；并联过滤式滤清即将全流式与分流式合起来使用。

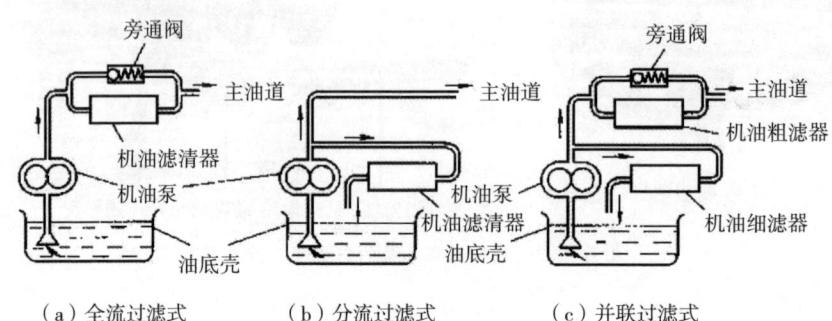

图 6-1-5　润滑油的滤清方式

（2）集滤器

集滤器装在机油泵之前的吸油口端，用来防止较大的机械杂质进入机油泵，一般采用滤网式。汽车发动机的集滤器分为浮式集滤器和固定式集滤器两种，如图 6-1-6 所示。浮式集滤器飘浮于机油表面，保证油泵吸入最上层较清洁的机油，但油面上的泡沫易被吸入，使机油压力降低，润滑欠可靠。固定式集滤器淹没在油面之下，滤网相对油底壳位置不变，吸入中下层润滑油，机油清洁度稍逊于浮式，但可防止泡沫吸入，润滑可靠，结构简单，故基本取代了浮式集滤器。

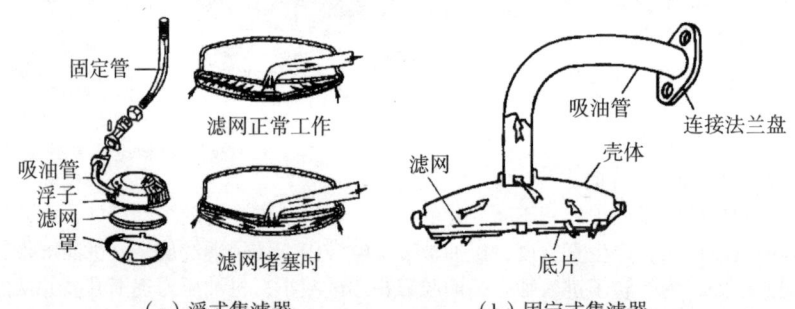

图 6-1-6　集滤器

（3）机油滤清器

机油滤清器分为粗滤器和细滤器。粗滤器用以滤去较大的杂质，对机油的流动阻力较小，常串联于机油泵与主油道之间，属于全流式滤清器；细滤器用来清除细小杂质，对机油的流动阻力较大，常与主油道并联，只允许少量的机油通过细滤器，属于分流式滤清器。

① 金属片缝隙式滤清器。金属片缝隙式滤清器是一种粗滤器，如图 6-1-7 所示，滤清器壳体由上盖和外壳组成。滤芯由滤清片

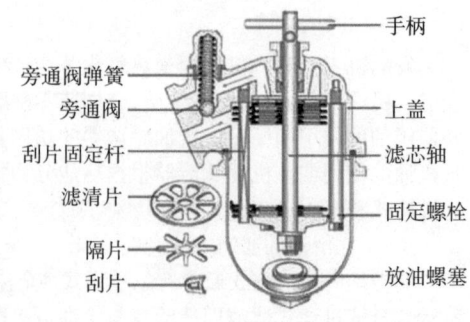

图 6-1-7　金属片缝隙式滤清器

（0.1～0.2mm）和隔片（0.06～0.08mm）交错叠放地套装在矩形断面的滤芯轴上，并用上下盖板及螺母压紧，由于滤清片之间有隔片，形成了宽0.08mm的缝隙，机油从滤芯周围通过此缝隙流进滤芯中部的空腔内，并由此油道流出。滤清器设有旁通阀，当滤芯被堵塞，机油压力增大时，旁通阀打开，机油绕过滤芯直达中心油腔，可防止发动机缺油。

② 纸质滤芯式粗（细）滤清器。纸质滤芯式粗（细）滤清器如图6-1-8（a）所示，滤清器壳体由滤清器座和外壳组成，滤芯是用特殊滤纸制成，为了增大过滤面积，将滤纸折叠成扇形和波纹筒形。机油经滤清器的进油口进入滤清器滤芯外部，经滤芯过滤后进入芯筒内，然后经出油口进入机体主油道。为防止滤芯堵塞后发动机因润滑不良造成事故，滤座中设有旁通阀。纸质滤清器具有体积小、质量轻、结构简单、滤清效果好、过滤阻力小、成本低和保养方便等优点，因此在汽车上得到广泛应用。

③ 锯末滤芯粗滤器。锯末滤芯粗滤器如图6-1-8（b）所示，滤芯为酚醛树脂粘结的锯末滤芯，具有阻力小，滤清效果好，使用寿命长等优点。除锯末滤芯式和纸质滤芯式外，还有一种塑料滤芯粗滤器，塑料滤芯是用一种耐热耐腐蚀的工程塑料制成。

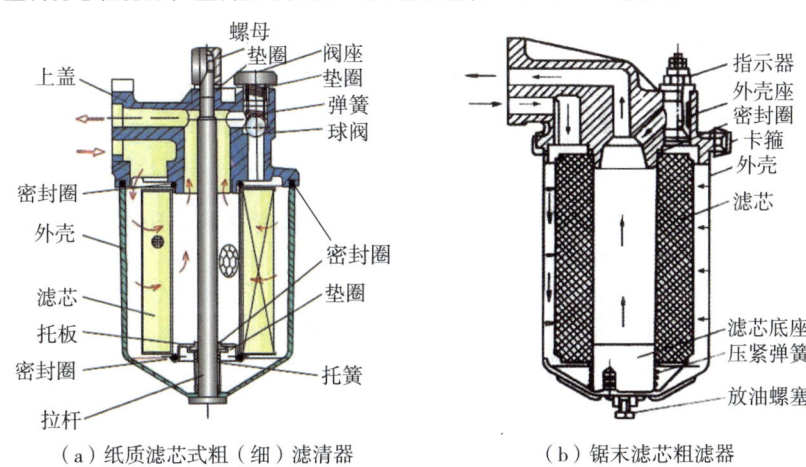

图 6-1-8 可换滤芯式滤清器

④ 旋装式滤清器。如图6-1-9所示。旋装式滤清器工作原理与可换滤芯式一样，但维护保养最为简便，用手或工具拧下一个旧的再用手拧上一个新的便完成滤清器的更换，没有其他需拆装的零件，即使是对机油滤清器结构很不熟悉的人也能更换滤清器。

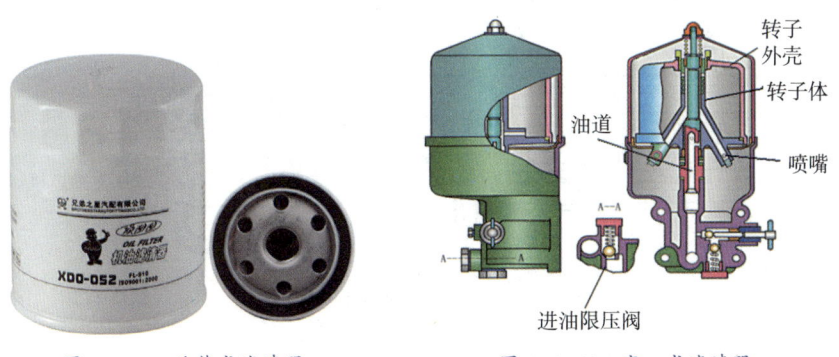

图 6-1-9 旋装式滤清器　　　　图 6-1-10 离心式滤清器

⑤ 离心式滤清器。如图6-1-10所示，离心式滤清器是利用离心力将比重较大的杂质从机油中分离出去。

在滤清器和滤清器罩内装有转子总成，转子总成由转子体和转子盖组成，转子体安装在转子轴上。转子内设有上、下两个导流罩，上导流罩使转子轴出油孔与转子内腔相通，下导流罩使转子内腔与转子下端两个水平喷孔相通，两个喷孔纸质滤芯式方向相反。在滤清器底座进油口处装有进油限压阀。发动机工作时，当主油道机油压力高于147～196kPa，进油限压阀开启，从机油泵来的部分机油进入转子轴中心油道又从出油孔流出后经上导流罩进入转子内腔。再经下导流罩从喷孔高速喷出。由于高速喷出的机油对转子的反作用力，使转子高速旋转。当转子内机油压力为294～343kPa时，转速可达6000r/min以上。转子内腔机油中的杂质在离心力的作用下被甩向四周，并沉积在转子内壁上。过滤后的机油通过底座中的回油通道流回油底壳。离心式机油滤清器的滤清能力强，通过能力好，转子中沉积的杂质不影响其通过能力和滤清效果，不需要更换滤芯，几乎可以同发动机等寿命，只要定期清洗即可，但其对胶状物质的滤清效果较差。

4. 机油冷却装置

热负荷较大的发动机，为了使机油保持最有利的工作温度，除了靠油底壳和其他零件的自然散热外，还设有专门的机油散热装置，这些装置分为风冷式（又叫机油散热器）和水冷式（又叫机油冷却器）两种形式。

（1）机油散热器

机油散热器和冷却液散热器结构基本相同，布置在冷却液散热器前面，利用风扇风力使机油冷却，如图6-1-11（a）所示。机油散热器油路与主油道并联，在气温低的季节或润滑油压力低时不使用机油散热器，故在机油散热器前面常串联有手动开关和限压阀。

（2）机油冷却器

如图6-1-11（b）所示，机油冷却器主要由芯子和壳体组成。机油冷却器装在发动机冷却液管路中，冷却器油路与主油道串联，当油温较高时靠冷却液降温，而启动期间油温较低时，则从冷却液吸热迅速提高机油温度。由于冷却液温度能自动控制，所以润滑油温度也能得到一定的控制。

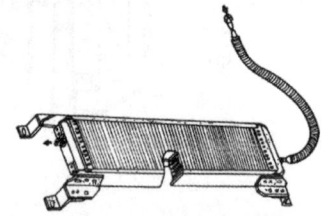

(a) 机油散热器

图6-1-11 机油冷却装置

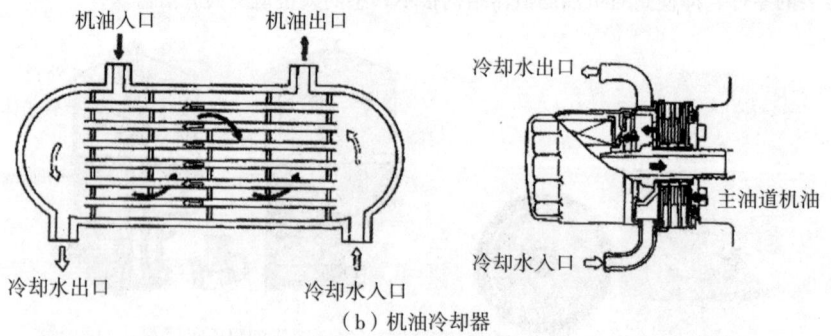

(b) 机油冷却器

图6-1-11 机油冷却装置

5. 其他辅助装置

（1）油尺和机油压力表

油尺如图 6-1-12 所示，是用来检查油底壳内油量和油面高低的。它是一片金属杆，下端制成扁平，并有刻线。机油油面必须处于油尺上下刻线之间。

机油压力表是用来检测润滑系统主油道压力的一种专用量具。

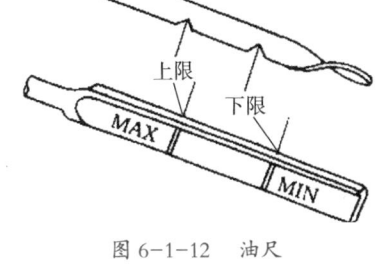

图 6-1-12　油尺

（2）阀类

在润滑系统中都设有几种阀，以确保润滑系统正常工作，根据功用分为限压阀、旁通阀。

① 限压阀。限压阀用以限制润滑系统中机油的最高压力。

② 旁通阀。旁通阀用以保证润滑系统内油路畅通。当机油滤清器堵塞时，机油通过并联在其上的旁通阀直接进入润滑系统的主油道，防止主油道断油。旁通阀与限压阀的结构基本相同，只是其安装位置、控制压力、溢流方向不同，通常旁通阀弹簧刚度要比限压阀弹簧刚度小得多。

6. 润滑剂

汽车发动机常用的润滑剂有机油和润滑脂，机油又分为柴油机油和汽油机油；润滑脂又称黄油，分为钙基润滑脂、钠基润滑脂、锂基润滑脂、钙钠基润滑脂、复合钙基润滑脂等。

（1）机油牌号及选用

我国机油产品的牌号与国际通用标准一致，其等级分类沿用美国 API 质量分级和 SAE 黏度分级标准这两种标准。

机油的选用：

① 优先选用国产机油，同类产品的价格只有进口的 50% ～ 60%；

② 优先选用黏度等级较低的机油；

③ 质量等级要适当；

④ 汽油机机油和柴油机机油一般不能互相代用，特别是柴油机不能使用汽油机机油；

⑤ 不同的机油不能混用；

⑥ 优先选用多级油。

（2）润滑脂牌号及选用

① 钙基润滑脂分为 1、2、3、4 四个稠度牌号。具有抗水性好，耐热性差（-10℃ ～ 60℃）的特点。主要用于潮湿环境或与水接触的部位等。

② 钠基润滑脂分为 2、3 两个稠度牌号。具有承压抗磨性好，耐热性好（120℃），抗水性差的特点。主要用于温度较高而不遇水的部位如发电机轴承等。

③ 锂基润滑脂分为 1、2、3 三个稠度牌号。具有抗水性、防锈性和氧化安定性好、温度适应范围广（-20℃ ～ 120℃）的特点。适用于大多数润滑部位。

④ 钙钠基润滑脂分为 1、2 两个稠度牌号。耐热性和耐水性介于钙基和钠基之间，最高使用温度分别为 80℃、100℃，但最低工作温度都是 0℃。

⑤ 复合钙基润滑脂分为 1、2、3 三个稠度牌号。具有良好的抗水性、机械和胶体安定性好、温度适应范围广（-10℃ ～ 150℃）的特点。适用于轮毂和水泵轴承。

润滑脂的稠度要适宜，我国南方一般选用 2 号；量不宜太多，1/3 ～ 1/2 为宜；严禁加热熔化注入。

7. 曲轴箱通风

发动机工作中，汽缸内的可燃混合气和燃烧以后的废气有一部分会经活塞、活塞环与缸壁之间的间隙窜到曲轴箱内。这些气体中含有的未燃烧燃油会将机油稀释；废气中的水蒸气凝结后，会使机油中的含水量和泡沫增加，影响润滑；废气中的酸性物质，使机油的酸质增加，导致发动机零件腐蚀；同时，进入曲轴箱的气体还会使曲轴箱内压力和温度升高，高温导致机油老化，高压造成接合面、油封等处漏油。曲轴箱通风装置就是将外界空气经过滤后送入曲轴箱内，再将曲轴箱内的气体排出，以保证润滑系统工作正常，延长机油使用寿命，保证发动机机件不腐蚀和防止泄漏发生。曲轴箱通风方式有两种：自然通风和强制通风。

（1）自然通风

将曲轴箱内的气体直接导入到大气中，称为自然通风。自然通风如图6-1-13（a）所示。

（2）强制通风

将曲轴箱内的气体抽出导入进气管内，这种方式称为强制通风。这样可将窜入曲轴箱内的混合气回收使用，有利于提高经济性和减轻污染，现代汽车发动机普遍采用。

如图6-1-13（b）为MINI车N18发动机曲轴箱强制通风系统，为适应增压进气方式，设计了特制的气门室盖，利用气门室盖内的调压阀和2个单向阀向汽缸输送曲轴箱内的泄漏气体。

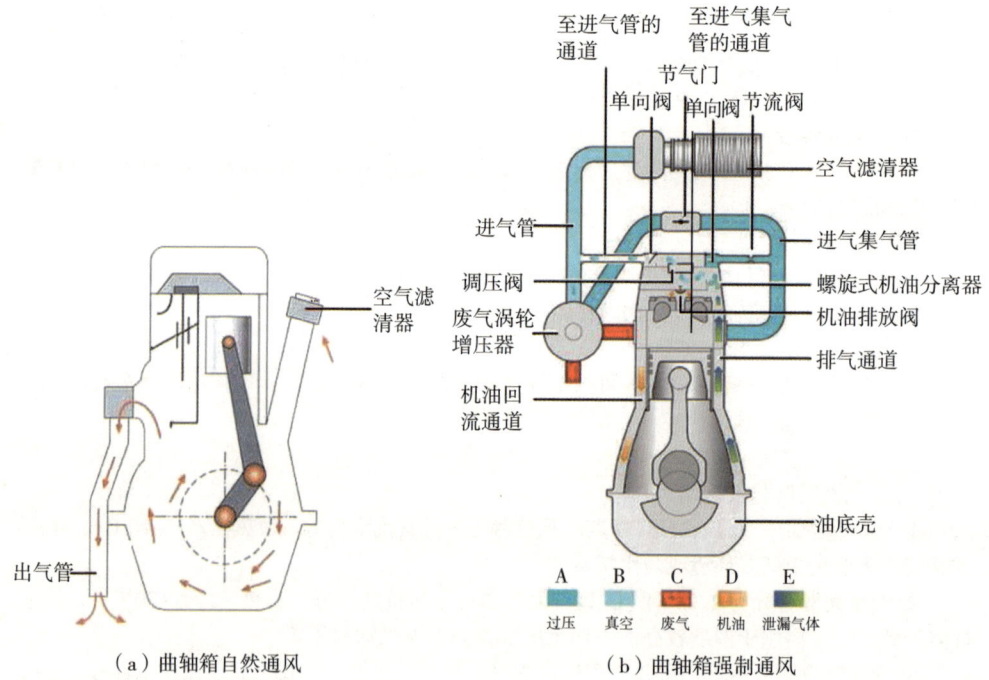

图6-1-13 曲轴箱通风

8. 润滑油路

现代汽车发动机润滑系统油路布置方案大致相似，只是由于润滑系统的工作条件和某些具体结构的不同而稍有差别。

（1）轿车用汽油机的润滑油路

轿车用汽油机采用复合式的润滑油路，如图6-1-14所示。

轿车用汽油发动机装有两个报警开关：低压油压开关和高压油压开关，均装在滤清器支架上，发动机在机油温度为353K，转速为800r/min时，机油压力应大于或等于0.03MPa；在2000r/min时，机油压力应大于或等于0.20MPa。

打开点火开关，仪表板上的机油压力警告灯开始闪烁。发动机启动后，当机油压力大于0.03MPa时，限压阀打开，警报灯熄灭；发动机低速运转时，机油压力低于0.03MPa，则低油压开关触电闭合，机油压力警告灯闪烁。当发动机转速超过2150r/min时，机油压力未达到0.18MPa，高压油压开关的触电断开，机油压力警告灯闪烁，报警蜂鸣器也同时报警。

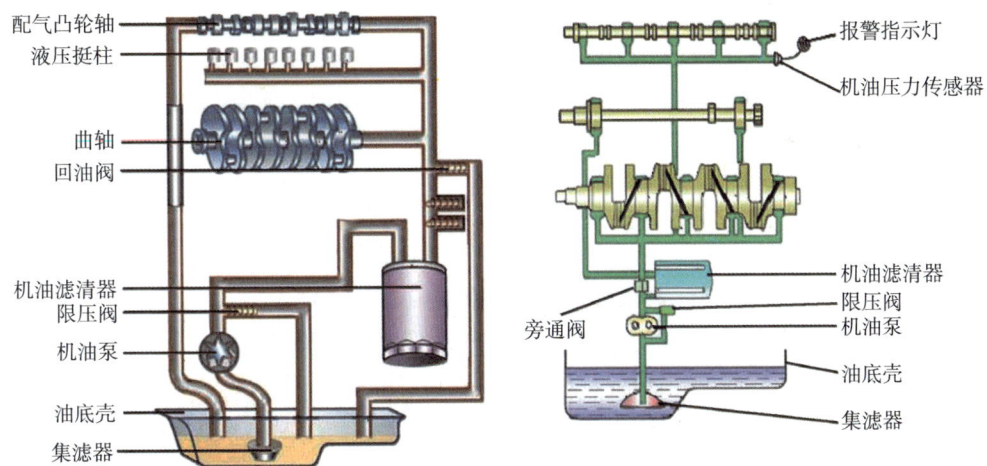

图 6-1-14 轿车用汽油机的润滑油路

（2）中型汽油机的润滑油路

中型汽油机采用复合式的润滑油路，如图 6-1-15 所示。发动机工作时，机油经固定式集滤器初步过滤后进入机油泵，由机油泵输出的油分为两路：大部分（90%）的机油经粗滤器后进入纵向主油道，并由此流向各运动零件的工作表面；另一小部分机油经进油限压阀流入细滤器，滤去细小杂质后流回油底壳。

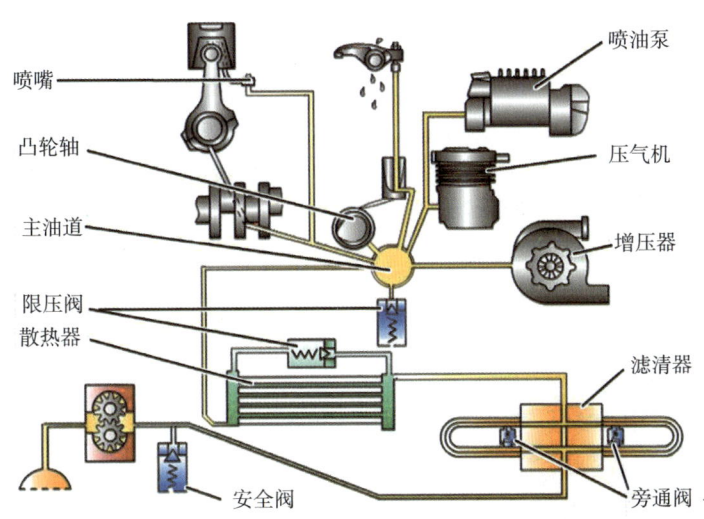

图 6-1-15 中型汽油机的润滑油路

当油压超过正常工作范围时，机油限压阀打开，部分机油在泵内泄回进油端而不输出，保持润滑油路内油压正常；当润滑油路中油压低于100kPa时，进油限压阀不开启，机油细滤器停止工作，保证主油道内的油压足够；当气温高于293K（20℃）时，驾驶员打开机油散热器的开关，使部分机油流经机油散热器冷却，以保持机油的散热性能，另外为防止机油散热器损坏，当油压高于400kPa时，机油散热器的安全阀会自动开启，使部分机油经此阀泄入油底壳；当主油道内的油压低于100kPa时，主油道上的机油压力表传感器的触点接通使警告灯发亮。

（3）中型柴油机的润滑油路

中型柴油机的润滑油路如图6-1-16所示。油底壳中的机油经集滤器、机油泵、滤清器、散热器进入主油道。主油道中的机油通过各支油道分别流向增压器（若柴油机为自然吸气式则无增压器）、压气机、喷油泵，经推杆到摇臂轴、凸轮轴轴颈、曲轴主轴颈和连杆轴颈等处进行压力润滑。为了保证活塞的冷却，对应各缸处有机油喷嘴，来自主油道的机油直接喷到活塞内腔。

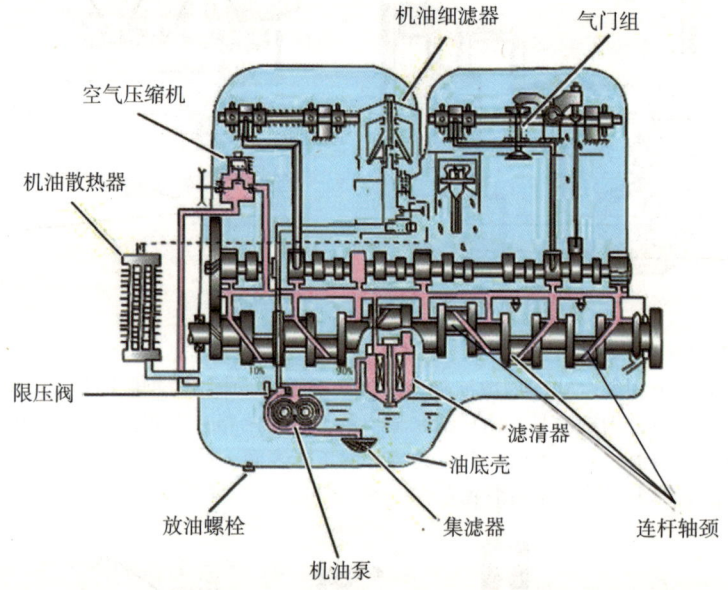

图6-1-16 中型柴油机的润滑油路

当油压超过正常工作范围（1550kPa±150kPa）时，机油限压阀打开保持润滑油路内油压正常；当油压过高时，机油散热器限压阀开启，机油直接由此阀进入主油道，避免机油散热器损坏；润滑系统主油道中装有机油压力过低传感器，能自动报警。

三、润滑系统的检修

	步骤1 工具准备
	1.准备实操所需工具 2.工具要齐全，摆放要整齐

续表

	步骤2　车辆防护	
		1. 装车轮挡块，接排气烟道 2. 安装车内防护 3. 拉起驻车制动杆，降下驾驶员侧车窗玻璃，拉发动机舱盖释放杆 4. 打开发动机舱盖，安装翼子板布和前格栅布
	步骤3　检查机油液位	
		1. 取出机油刻度尺，用抹布擦拭干净 2. 将机油刻度尺插入原位 3. 再拔出刻度尺，查看机油的液位 注意：机油刻度尺应装复到位
	步骤4　拆下机油加注口盖	
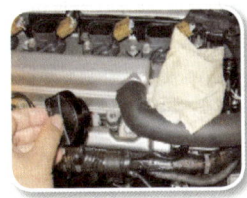		拆下机油加注口盖，并用干净的布遮住
	步骤5　准备机油回收罐	
		1. 将车辆举升至适当高度 2. 机油回收罐放在油底壳下方 注意：确认机油回收罐阀在机油排放状态
	步骤6　排放机油	
		1. 用套筒松开机油排放塞 2. 用手小心旋下，排放机油 注意：最好带橡胶手套，避免被高温机油烫伤

步骤7		拆卸并更换机油滤清器
		1. 用专用工具拆卸机油滤清器 2. 在新机油滤清器的密封圈上涂一层新机油 3. 用手将新机油滤清器拧紧到位 4. 用专用工具将机油滤清器按规定扭矩拧紧，或拧紧 3/4 圈
步骤8		安装机油排放塞
		1. 等旧机油放尽后，更换放油螺栓垫片 2. 用手将排放塞拧紧到位 3. 再将其按规定扭矩拧紧
步骤9		加注机油
		1. 降下车辆 2. 加注适量的新机油 3. 通过机油尺检查机油液位，加注至规定刻度范围内 4. 拧紧机油加注口盖
步骤10		复查机油位
	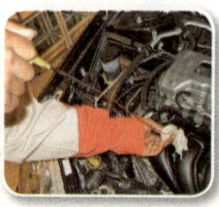	1. 接排气烟道 2. 启动发动机，运行几分钟 3. 熄火后复检机油液位 4. 检查机油滤清器及排放塞是否有渗漏
步骤11		车辆、工具复位
		1. 发动机熄火，取下排气烟道 2. 取下车内、外防护用品 3. 车辆复位，清洁车身 4. 清洁并整理工具 注意：在操作过程中要体现"5S"

第二节　润滑系统常见故障诊断与排除

一、机油油量的检查

1. 机油油量的检查

检查机油油量时，将车停在平坦位置。启动发动机暖机至正常工作温度（水温不低于60℃），熄火后10min左右，让发动机润滑油路中的机油全部流回到油底壳，拔出机油尺并将其擦净（拔出时在其端部放一块布，防止将机油滴到车辆的部件上）；重新将擦净的油尺插回油尺管（注意要插到位），再次拔出机油尺，左手在油尺下端放一块干净的布，右手垂直提起油尺至与视线水平位置察看油迹在油尺上的位置，正确的油面高度应在油尺的两条刻度线之间，上刻度线处标有H、F或MAX，下刻度线处标有L或MIN，若油位低于或稍微高于低油位线时应及时添加同型号同品牌的机油。同时要注意机油不可添加过多，加入机油量过多，会造成发动机烧机油，机油消耗量明显增大，尾气排放时冒蓝烟，发动机内部积炭增多，严重损害发动机；机油量过少，会造成机油散热困难，温度升高，油质变差，同时发动机的一些部件得不到足够的润滑，造成部件磨损。当油位达到正确范围后，要注意安装加油盖，并用手拧紧。

2. 机油消耗过多的原因及故障排除

如果机油消耗量超过规定值称为机油消耗过多，机油消耗过多主要是由泄漏和烧机油造成的。原因主要有活塞环方向装反，活塞环抱死，或其开口转到一起，活塞环磨损，活塞环端隙、边隙或背隙过大，其弹力不足，气门杆油封损坏（尤其是进气门杆油封），进气门导管磨损，活塞与缸壁间隙过大等造成烧机油过甚；曲轴箱通风不良导致油底壳或气门室盖漏油。

机油消耗过多应首先检查有无机油漏油部位，如无漏油部位，可进行发动机急加速试验，如急加速试验时排出大量蓝烟，说明发动机烧机油严重，拆检发动机，检查气门油封、活塞、活塞环与汽缸密封情况，查找分析烧机油原因。

二、机油质量的检查

1. 机油质量的检查

变质的机油起不到润滑作用，反而致使运动件磨损加剧造成机件早期损坏，机油质量的鉴别是更换机油的依据。机油质量检查应在发动机停机后机油还未沉淀时进行，因为机油沉淀后，浮在上面的往往是好的机油，而变质机油或杂质存留在油底壳的底部，从而可能造成误检。常用的鉴别方法如下。

（1）外观及气味检查

国产正牌机油多为浅蓝色，具有明亮的光泽，流动均匀。进口机油的颜色为金黄略带蓝色，晶莹透明，如图6-2-1所示。若机油呈褐色或呈乳白色，并伴有泡沫说明机油中混入了水；合格的机油无特别的气味，只略带芳香，若机油对嗅觉刺激大且有异味，说明机油变质或质量低劣。

（2）搓捻鉴别

取出油底壳中的少许机油，放在手指上搓捻。搓捻时，如有黏稠感觉，并有拉丝现象，且没有细颗粒搓手的感觉，说明机油未变质且干净，仍可继续使用，否则应更换，如图6-2-2所示。

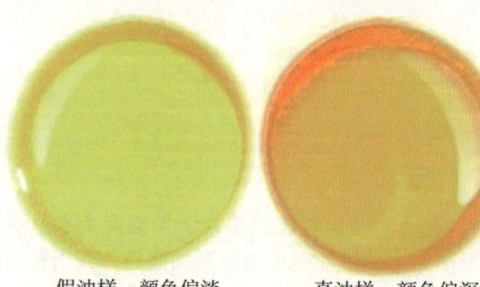

假油样，颜色偏淡　　　真油样，颜色偏深
无明显气味　　　　　有淡淡的清香味

图6-2-1　外观及气味检查　　　　　图6-2-2　搓捻鉴别

（3）油尺鉴别

抽出机油标尺对着光亮处观察刻度线是否清晰，当透过油尺上的机油看不清刻线时，则说明机油过脏，需立即更换，如图6-2-3所示。

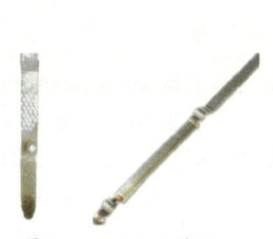

图6-2-3　油尺鉴别　　　　　图6-2-4　倾倒鉴别

（4）倾倒鉴别

取油底壳中的少量机油注入一容器内，然后从容器中慢慢倒出，观察油流的光泽和黏度。若油流能保持细长且均匀，说明机油内没有胶质及杂质，还可使用一段时间，否则应更换，如图6-2-4所示。

（5）油滴斑点的检查

取7～12cm的硬纸板一式两片，中间挖成直径5cm的圆孔，取直径7cm或9cm的定性快速滤纸放在硬纸板中压平。将油滴入滤纸中心，等待1～3h后，即出现一个油斑痕迹，观察斑点扩散形态，与标准图谱对比分析作出判断，如图6-2-5所示。

2. 机油质量恶化的原因

机油在使用过程中，质量不断变化，性能逐渐变坏。其原因有机油受热氧化，产生胶质和炭渣；发动机工作时，一部分机油燃烧生成的产物与汽缸内冷凝水结合而生成酸性物质混入润滑油内；空气中的灰沙，机件磨损下来的金属屑和燃烧后的炭渣等机械杂质混入润滑油内；由于燃油供给系统工作不良，燃油雾化性不好，混合气燃烧不完全，会使燃油或大量的过浓燃油混合气窜入曲轴箱与机油混合，将机油稀释。一些采用强制润滑的喷油泵或输油泵漏油也会使机油被燃油稀释；汽缸垫密封不良，冷却水流入曲轴箱内与润滑油

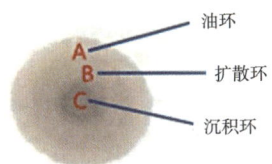
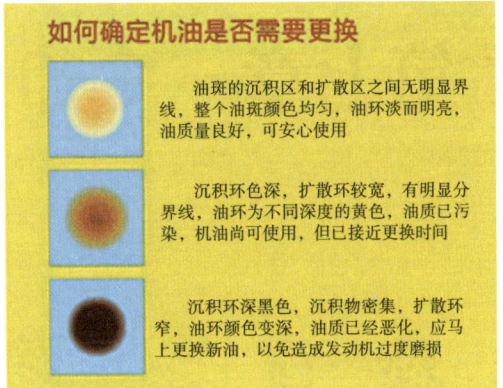

在一张专用滤纸上滴一滴正在使用的内燃机油，1—2h后，观察油斑扩散情况

- A 油环
- B 扩散环
- C 沉积环

1. A、B、C 三环界线越模糊越好
2. 沉积环颜色越深油品中杂质含量越高
3. 扩散环越宽，剩余寿命越长

图 6-2-5 油滴斑点的检查

混合，致使机油的使用性能下降，在一定条件下会使机油中的部分添加剂使用性能降低甚至失效，破坏机油的黏度，使机油无法在运动配合摩擦副上形成良好的润滑油膜。

三、机油压力的检查

机油压力常见的异常现象主要有机油压力过低或过高。机油压力过低会造成发动机润滑不足，加剧发动机零部件的磨损，影响发动机的寿命；机油压力过高会造成油封油管损坏，消耗过多的发动机动力，机油压力过高或过低往往是润滑系的综合性故障。

1. 机油压力过低

发动机在正常工作温度和转速下，机油压力表读数低于规定值或油压报警器报警可判定为发生机油压力过低。产生此故障的原因有机油集滤器滤网或机油滤清器堵塞；细滤器限压阀开启压力过小；油底壳内机油油面过低；机油黏度降低，牌号不对；机油限压阀弹簧过软、折断、杂质卡住，维修时漏装弹簧或钢球等使其开启压力变低或长开；润滑油油管接头漏油或进入空气；润滑油道堵塞；机油泵性能不良；曲轴主轴承、连杆轴承或凸轮轴轴承间隙过大；机油压力表或其传感器工作不良。

2. 机油压力过高

发动机在正常工作温度和转速下，机油压力表读数高于规定值可判定为发生机油压力过高。产生此故障的原因有机油黏度过大；机油限压阀弹簧过硬，弹簧压力调整过大，脏物使阀门不能打开；曲轴主轴承、连杆轴承或凸轮轴轴承间隙过小；机油压力表或其传感器工作不良。

第七章 冷却系统

第一节 冷却系统的构造与检修

一、冷却系统的基本功用

冷却系统的功用是把受热零件吸收的部分热量及时散发出去，保证发动机在最适宜的温度状态下工作。冷却系统按照冷却介质不同可以分为风冷和水冷。把发动机中高温零件的热量直接散入大气而进行冷却的装置称为风冷式；而把这些热量先传给冷却液，然后再散入大气而进行冷却的装置称为水冷式。由于水冷式冷却均匀、效果好，而且发动机运转噪声小，目前汽车发动机上广泛采用的是水冷式。

如图7-1-1所示，目前冷却系统的工作过程主要有小循环（水泵→汽缸体→汽缸盖→出水总管→节温器→水泵）和大循环（水泵→汽缸体→汽缸盖→出水总管→节温器→散热器→水泵）。

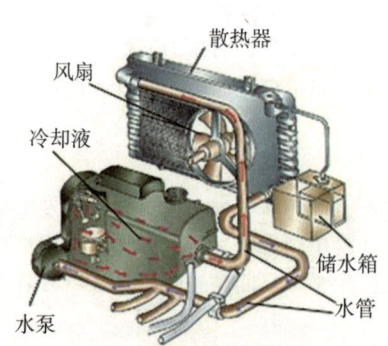

图7-1-1 水冷系统

图7-1-2 风冷系统

如图7-1-2是以空气为冷却介质的风冷系统，其结构简单，工作可靠，使用和维修方便，但存在冷却强度不可靠，消耗功率大和噪声大等缺点，一般用于小型发动机和军用车辆。它利用高速流动的空气直接吹过汽缸盖和汽缸体表面，把热量散发到大气中去，保证发动机在适宜的温度范围内工作。

二、水冷系统的结构组成

如图7-1-3所示的水冷系统主要由水泵、水套、分水管、散热器、冷却液补偿装置、冷却强度调节装置、监控装置及冷却介质等组成。

1. 水泵

水泵的功用是对冷却液加压，使其在冷却系统中加速循环流动，保证冷却可靠。汽车用发动机上多采用离心式水泵，离心式水泵具有结构简单、尺寸小、排水量大、维修方便等优点。

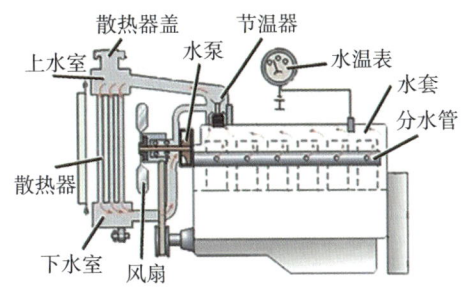

图 7-1-3　水冷系统的组成

如图 7-1-4 所示，离心式水泵主要由泵体、叶轮和水泵轴组成，叶轮一般是径向或向后弯曲的，其数目一般为 6～9 个，固定在水泵轴上，叶轮由铸铁或塑料制造，叶轮上通常有 6～8 片径向直叶片或后弯叶片。水泵壳由铸铁或铝铸制，装在发动机缸体上。进、出水管与水泵壳体铸成一体。

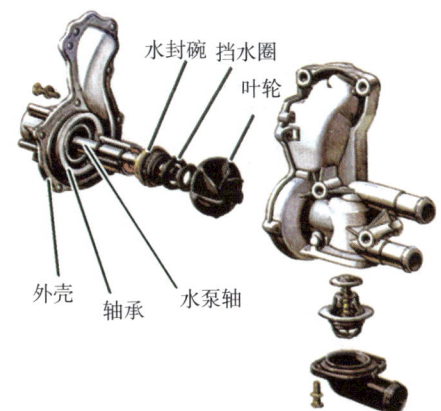

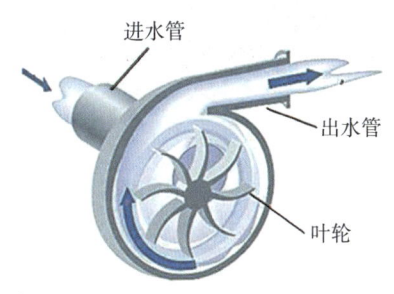

图 7-1-4　水泵的典型构造　　　　图 7-1-5　离心式水泵工作原理

离心式水泵的工作原理，如图 7-1-5 所示。当水泵叶轮旋转时，水泵中的冷却液被叶轮带动一起旋转，并在离心力的作用下被甩向水泵壳体的边缘，同时产生一定的压力，然后从出水管流出。在叶轮的中心处由于冷却液被甩出而压力下降，散热器中的冷却液在水泵进口与叶轮中心的压差作用下经进水管流入叶轮中心。

水泵一般由曲轴通过 V 带驱动。传动带环绕在曲轴带轮和水泵带轮之间，因此水泵转速与发动机转速成正比例。有些发动机的水泵由凸轮轴直接驱动。

2. 水套和分水管

水套是汽缸体和汽缸盖双层壁之间所形成的空间，内有分水管和喷水管，如图 7-1-6 所示。分水管可以使冷却液均匀流到各缸；喷水管可以强烈地冷却排气门。

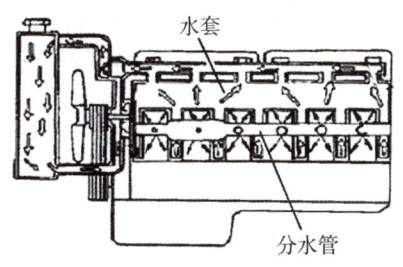
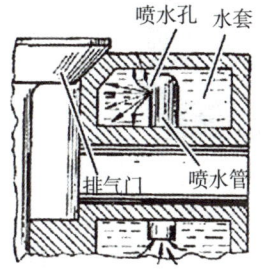

图 7-1-6　水套内的分水管结构及喷水管结构

143

3. 散热器

散热器又称水箱，它把从发动机流出来的热水分成许多小股并将其热量散给周围的空气，增大了散热面积，加速了冷却液的冷却。冷却液在散热器芯内流动，空气在散热器芯外通过，热的冷却液由于向空气散热而变冷，冷空气则因为吸收冷却液散出的热量而升温，所以散热器是一个热交换器。

如图 7-1-7 所示为纵流式散热器，它由上水室、散热器芯和下水室等组成。纵流式散热器芯为竖直布置，冷却液由上水室自上而下流过散热器芯，进入下水室。

如图 7-1-8 所示为横流式散热器，它由进水室、散热器芯和出水室等组成。横流式散热器芯为横向布置，冷却液由进水室横向流过散热器，进入出水室。大多数新型轿车采用横流式散热器，其优点是可以使发动机罩的外廓较低，有利于改善车身前端的空气动力性。

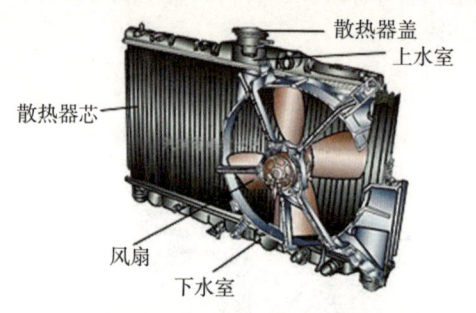

图 7-1-7　纵流式散热器

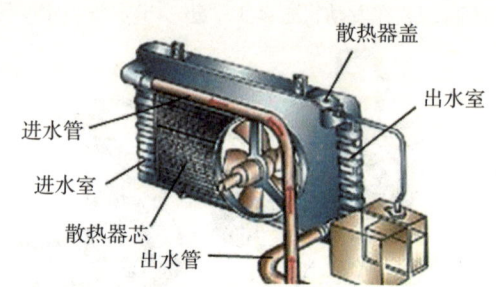

图 7-1-8　横流式散热器

4. 冷却液补偿装置

冷却液补偿装置包含补偿水箱和膨胀水箱。

（1）补偿水箱

补偿水箱由塑料制造，用软管与散热器加冷却液口上的溢流管相连，如图 7-1-9 所示。在补偿水箱的外表面上刻有两条标记线："低"线和"高"线，补偿水箱内的液面应位于两条标记线之间。若液面低于"低"线时，应向桶内补充冷却液。在向桶内添加冷却液时，液面不应超过"高"线。

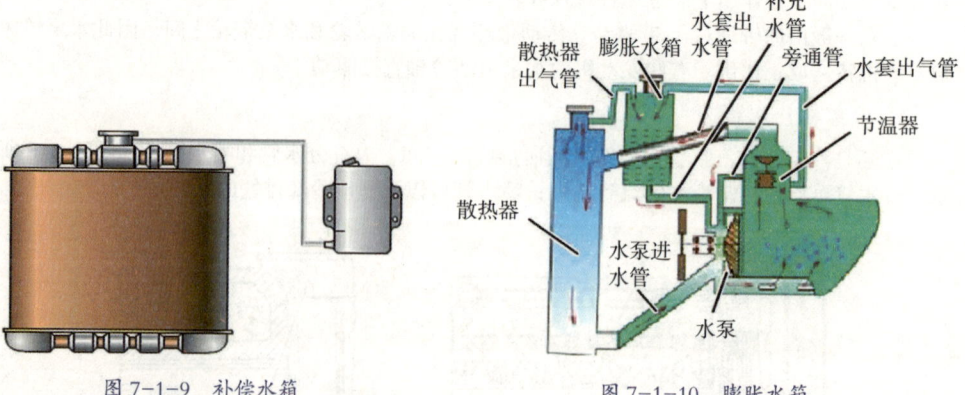

图 7-1-9　补偿水箱　　　　　　图 7-1-10　膨胀水箱

（2）膨胀水箱

如图 7-1-10 所示，膨胀水箱多用半透明材料制成。透过箱体可直接方便地观察到液面高度，无须打开散热器盖。膨胀水箱上部用水套出气管和散热器出气管分别与汽缸盖水套及水箱上储水室相通；下部用补充水管与水泵的旁通管相通，位置略高于散热器。

膨胀水箱的功用是为了防止冷却液损失，在水箱受热膨胀时，将多余冷却液进行回收，并当降温时重新将冷却液补偿回水箱，同时还能及时将冷却系统内的水、气分离，避免产生"穴蚀"现象。

5. 冷却强度调节装置

冷却强度调节装置的作用是依据发动机不同的工况和使用条件，调节冷却系统的散热能力，以保证发动机在适当的温度范围内工作。冷却强度调节装置改变冷却强度，通常有两种调节方式，一是改变通过散热器的空气流量；二是改变冷却液的循环流量和循环范围，它包含百叶窗、风扇和节温器等。

（1）百叶窗

百叶窗的功用是通过改变吹过散热器的空气流量来调节发动机的冷却强度。如有些货车和大客车在散热器前面装有百叶窗，在发动机冷启动或暖车期间，冷却液的温度较低，这时将百叶窗部分或完全关闭，以减少吹过散热器的空气流量，使冷却液的温度迅速升高。百叶窗可由驾驶人通过驾驶室内的手柄来操纵其开闭，也可用感温器自动控制。

（2）风扇

如图 7-1-11 所示，冷却风扇置于散热器后面。水冷系统发动机上常用螺旋桨式风扇，它的功用是当风扇旋转时吸进空气使其通过散热器，以增强散热器的散热能力，加快冷却液的冷却速度。汽车发动机冷却系统多采用低压头、大风量、高效率的轴流式风扇，即风扇旋转时，空气沿着风扇旋转轴的轴线方向流动。

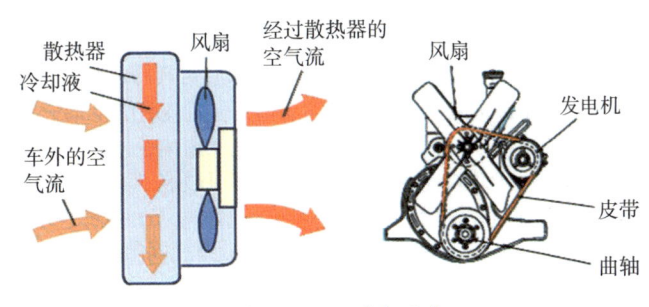

图 7-1-11 冷却风扇

风扇根据驱动形式，分为发动机驱动风扇（含直接驱动式和硅油离合器式）和电动机驱动风扇。

① 直接驱动风扇。如图 7-1-12 所示，风扇直接固定在水泵上，动力由曲轴经皮带直接传动。发动机转速越快，风扇的转速也越快，不能根据发动机的需要改变转速，存在耗油、噪声大等缺点，为早期发动机冷却系统所采用。

② 电动机驱动风扇。如图 7-1-13 所示，电动风扇由一个独立电动机进行驱动，并由发动机管理系统进行控制。风扇转速与发动机转速无关，通过发动机管理系统控制电动风扇可使发动机的热量管理系统得到优化，风扇挡位还会受到车辆暖风和空调系统的影响，根据车辆、功率输出、地区（热带或寒带）以及配置情况，使用功率值不同的相应电风扇。

在有些电控系统中，电动风扇由电脑控制，冷却液温度传感器将与冷却液温度相关的信号传输给电脑。当冷却液温度达到规定值时，电脑使风扇继电器搭铁，继电器触点闭合并向风扇电动机供电，风扇开始工作。电动风扇的优点是结构简单，布置方便。此外，采用电动风扇不需要检查、调整或更换风扇传动带，因而减少了维修的工作量。

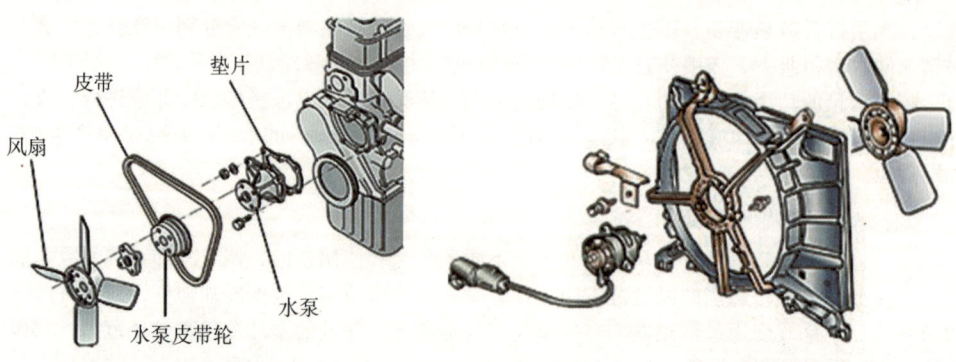

图 7-1-12　直接驱动风扇　　　　图 7-1-13　电动机驱动风扇

现代轿车多采用温控电动风扇，风扇用电动机驱动，电动机开关由散热器的水温开关控制。温控开关有高低速两个挡位，在沸点内（95℃）使用低速挡，风扇电动机以低速转动；在沸点外（105℃）使用高速挡，风扇电动机以高速转动。

③ 硅油离合器风扇。汽车在行驶过程中，周围环境条件和自身运行工况的变化，发动机的热状况也随之改变，因此，必须随时调节发动机的冷却强度。如在炎热的夏季，发动机在低速大负荷下工作，冷却液的温度很高，风扇应该高速旋转以增加冷却风量，增强散热器的散热能力。又如在寒冷的冬天，冷却液的温度较低时，或在汽车高速行驶有强劲的迎面风吹过散热器时，风扇继续工作就变得毫无意义了，这不但白白消耗发动机功率，还会产生很大的噪声。因此，根据发动机的热状况随时对其冷却强度加以调节就显得必要了，在风扇带轮与冷却风扇之间装置硅油风扇离合器是实现这种调节的方法之一。

如图 7-1-14（a）所示为感温型硅油风扇离合器结构，它的主动轴固定在风扇带轮上，由曲轴驱动，主动板随主动轴一起旋转。从动板、前盖、壳体、风扇连成一体，前盖与从动板间空腔为储油腔，储有高黏度硅油，壳体与从动板间空腔为工作腔，从动板上有进油孔、回油孔、泄油孔，进油孔由感温器根据水温高低控制封闭或打开。

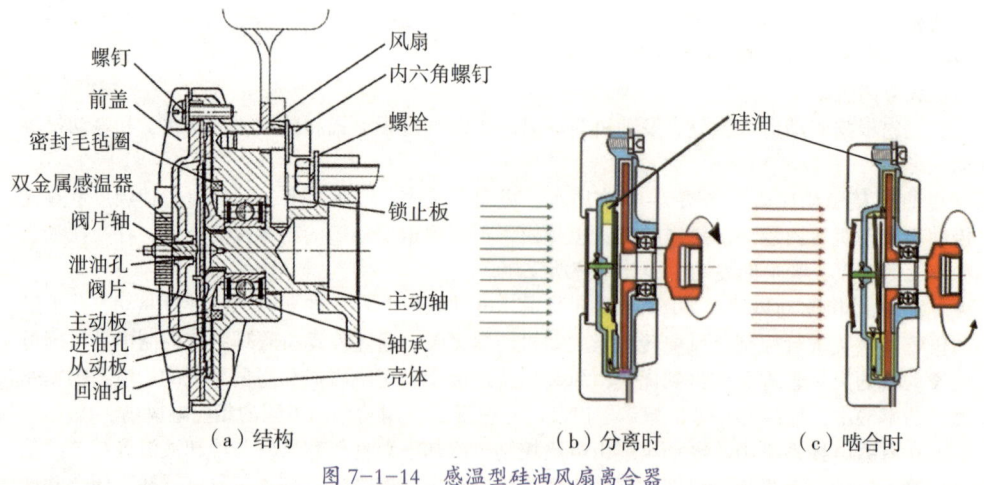

图 7-1-14　感温型硅油风扇离合器

如图 7-1-14（b）所示，当发动机冷启动或小负荷下工作时，工作腔内无硅油，离合器处于分离状态。主动轴转动时，仅仅由于密封毛毡圈和轴承的摩擦，使风扇随同壳体在主动轴上空转打滑，转速极低。当发动机负荷增加时，如图 7-1-14（c）所示，进油孔被打开，硅油从储油腔进入工作腔。主动板即利用硅油的黏性带动壳体和风扇转动。风扇离合器处于接合状态，风扇转速迅速提高。当发动机负荷减小，工作腔中的硅油从回油孔流回储油腔，直至甩空为止，风扇离合器又回到分离状态。所以，风扇离合器可以根据发动机的热状况随时对其冷却强度加以调节。

（3）节温器

节温器是控制冷却液流动路径的阀门。蜡式节温器因其对冷却系统中的工作压力不敏感，而且结构简单，坚固耐用，制造方便，容易大量生产，成本不高，故蜡式节温目前被广泛应用。

如图 7-1-15 所示，当发动机冷启动时，冷却液的温度较低，这时节温器将冷却液流向散热器的通道关闭，使冷却液经水泵入口直接流入机体或汽缸盖水套，以便使冷却液能够迅速升温，这就是小循环。当发动机正常运行时，冷却液温度较高，节温器将冷却液流向散热器的通道打开，冷却液经散热器散热后流向机体或汽缸盖水套，使冷却液保持在发动机适宜工作的温度，这就是大循环。

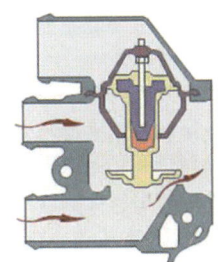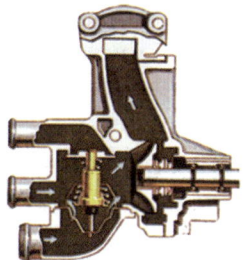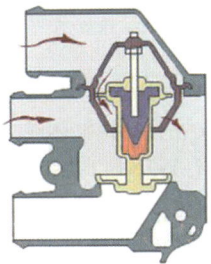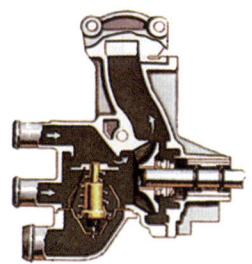

（a）关闭状态（小循环）　　　　　　　（b）打开状态（大循环）

图 7-1-15　不同状态下的节温器和冷却液流向

如果不装节温器，让温度较低的冷却液一直全部经过散热器冷却后返回发动机，则冷却液的温度将长时间不能升高，发动机也将长时间在低温下运转。同时，车厢内的暖风系统以及用冷却液加热的进气管都在长时间内不能发挥作用。

如图 7-1-16 所示，电子节温器是在感温的石蜡中，加装一个加热电阻，阻值约为 12Ω。感温石蜡除了能感受冷却液温度外，也能感受因电阻通电产生的热。

电子节温器的控制原理：一是机械开启功能，当电子节温器周围的冷却液温度达到 103℃时，电子节温器内部的石蜡膨胀，石蜡将电子节温器的阀门顶开；

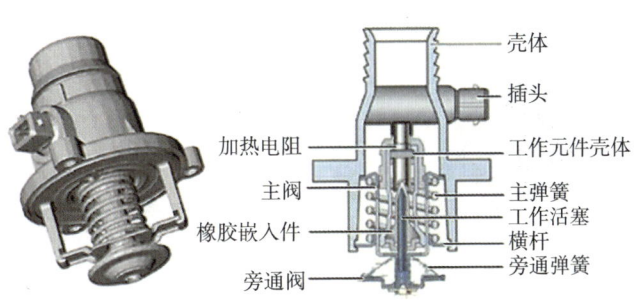

图 7-1-16　电子节温器的结构

二是电控开启功能，发动机控制模块对发动机负荷、发动机转速、车速、进气温度、冷却液温度等信号进行分析处理，然后向电子节温器加热元件提供一定的工作电压，电子节温器周围的冷却液温度升高，使电子节温器的开启时间发生变化。即使在冷车工况下，电子节温器也能够打开，冷却液温度的控制范围为 80℃～103℃。如果发动机控制模块判断冷却液温度超过113℃,那么将不再考虑0其0他参数0,0000000一直向电子节温器加热元件提供一定的工作电压。电子节温器加热元件与发动机控制模块之间的线路连接如图7-1-17所示。

电子节温器和蜡式节温器的结构和工作原理的区别在于：蜡式节温器是通过石蜡在高低温的状态变形推动中心杆进而控制阀门的开闭实现大小循环的切换，电子节温器是控制单元根据传感器信号得出的计算值对温度调节单元加载电压，接通大循环电阻根据特性图加热石蜡，使石蜡膨胀发生位移，温度调节单元通过此位移进行机械调节。

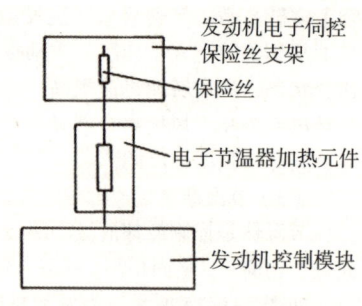

图7-1-17 电子节温器加热元件与发动机控制模块之间的线路连接

6.冷却液监控装置

冷却液监控装置，由冷却液温度传感器、液位传感器和指示报警装置等组成。发动机冷却液的温度和液位这些信息，通过传感器转变为电信号，经过处理后，由指示报警装置显示在仪表盘上。

（1）冷却液温度传感器

冷却液温度传感器安装在发动机缸体或缸盖的水套上，直接与冷却液接触，用来检测发动机的冷却液温度。如图7-1-18所示，图（a）为冷却液温度传感器和剖面，图（b）为传感器的电阻与温度的关系。冷却液温度传感器的内部是一个具有负温度系数的半导体热敏电阻，冷却液温度传感器的两根导线中的一根为地线，另一根的对地电压随温度的变化而变化。当发动机冷却液温度逐渐升高时，热敏电阻的阻值将逐渐下降，相反则增大，即发动机冷却液温度发生变化时传感器的输出电压也相应变化。ECU接收冷却液温度传感器传来的信号后，对发动机的喷油时间和点火时间进行修正。

（2）冷却液温度报警灯

当汽车因负载过大、缺水、点火时间不对、风扇不转等故障，造成冷却液温度过高，驾驶员可以通过冷却液温度表和冷却液温度报警灯及时直观地看到发动机冷却液的情况，并根据情况及时做出相应处理。

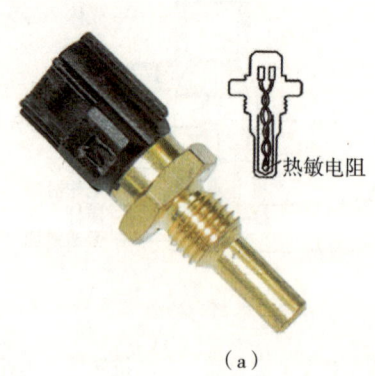

(a)

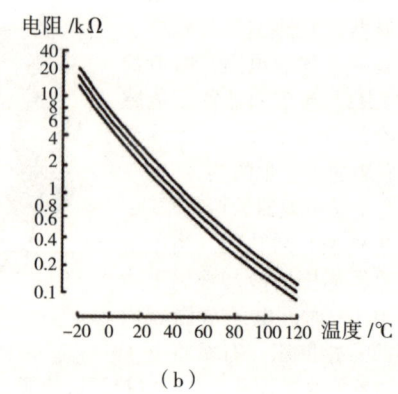

(b)

图7-1-18 冷却液传感器

7.冷却液

冷却液是发动机冷却系统中重要的工作介质，汽车常用的有水冷却液和加有防冻剂的防冻冷却液。

如图 7-1-19 所示，专用冷却液一般添加着色剂，呈深绿色或深红色，以便识别，有一定的毒性，使用时应注意。

许多发动机都使用颜色为蓝色或绿色含硅酸盐的冷却液，还有一些发动机使用颜色为粉红色含氨基酸的冷却液。冷却液在部件表面形成一层保护层，从而对部件起到保护的作用。

如将含硅酸盐的冷却液和含氨基酸的冷却液混合使用，混合液就会失去防腐特性并变为棕色。如果车上的冷却液变为棕色，那么需要对冷却循环回路进行多次彻底冲洗以冲出剩余污物，随后添加规定冷却液。在更换冷却液泵、节温器、汽缸盖密封垫等部件时通常也需要更新冷却液。

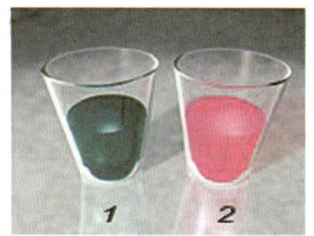

图 7-1-19　专用冷却液
1—含硅酸盐的冷却液；
2—含氨基酸的冷却液。

三、冷却系统的检修

步骤 1　实训设备和工具的准备
1. 工具准备齐全，摆放整齐，场地清洁 2. 知晓车间实训的规章制度和要求 3. 掌握冷却系统的相关知识和车辆维护的相关知识 4. 查阅本次实训所使用车辆的维修手册上关于冷却系统的知识
步骤 2　人员的防护
1. 戴工作帽，穿结实、合身、清洁的工作服，尽量减少裸露皮肤 2. 系不带扣的腰带，不要将皮带、纽扣、手表等坚硬物体暴露在外，清除口袋里的碎布和杂物 3. 穿安全鞋 4. 根据作业内容，决定戴不戴手套和护目镜
步骤 3　车辆的防护
1. 车辆停放安全，拉起手刹，变速器置于空挡，安放车轮挡块和排气烟道 2. 安装座椅垫、转向盘套、换挡杆套、铺地板垫 3. 降下驾驶员侧车窗玻璃；打开发动机盖 4. 安装前格栅布、翼子板布
步骤 4　观察冷却系统
	1. 观察冷却系统主要零部件的安装位置、外形构造和连接 2. 掌握冷却系统的大、小循环路线及控制 3. 掌握冷却液温度调节方式

续表

步骤5	散热器盖的检查
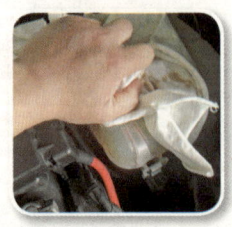	
1. 发动机必须处于熄火状态，观察冷却液的温度 2. 用一湿抹布盖住散热器盖，先旋松45°，进行泄压后，再缓慢旋下散热器盖 3. 拆下散热器盖后，检查其橡胶密封垫是否有裂纹及损坏 4. 用手指轻轻拉动空气阀的阀芯，检查其工作是否良好 5. 旋上散热器盖 注意：防止冷却液喷出而造成烫伤	
步骤6	发动机舱内冷却管路检查
	1. 启动发动机，暖机 2. 检查橡胶软管是否有裂纹、凸起以及老化等现象 3. 检查各冷却管路是否松动，有无泄漏等现象 4. 检查卡箍安装是否松动
步骤7	车辆底部冷却管路检查
	1. 将发动机熄火，取下排气烟道 2. 用举升机将车辆举升至适当高度，确认安全可靠，并确认车下作业安全 3. 检查冷却管路连接是否松动，是否泄漏 4. 车辆复位到准备工作，清洁车身 5. 清洁并整理工具
步骤8	冷却系统泄漏测试
	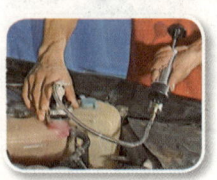

续表

1. 打开冷却液膨胀水箱盖，检查膨胀水箱的液位是否在规定的范围内［注意：若液位偏低，则需要添加冷却液至"COLD"（冷态）标志处］ 2. 朝蓄电池方向，将冷却液膨胀箱从托架上拉出 3. 将冷却液系统测试仪连接至冷却液膨胀箱 4. 向冷却液系统施加适当的压力，根据压力下降情况判断冷却系统是否泄漏 5. 卸下压力，拆下冷却液系统测试仪 6. 关闭冷却液膨胀水箱盖 7. 将冷却液膨胀箱安放在托架上

步骤9　冷却液冰点检查

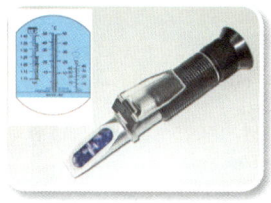

1. 清洁冰点检测仪，用蒸馏水进行校零
2. 打开膨胀水箱盖，用清洁的塑料吸管取出少量冷却液
3. 用冰点检测仪测量冷却液冰点，读出数值并记录下来
4. 清洗吸管和冰点检测仪

步骤10　冷却液更换

1. 驻车规范，挡位处于空挡位置
2. 启动发动机并保持怠速运转3min左右，检查冷却系统有无泄漏
3. 打开膨胀水箱盖，旋松出水管

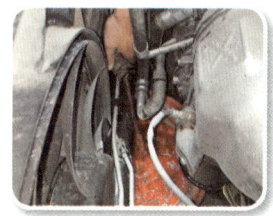

4. 将废液回收盆放置在散热器下方，正对出水接口处
5. 拆下出水管，进行冷却液排放
注意：
① 冷却液对环境有一定的污染，必须回收并统一处理
② 排放冷却液时要防止烫伤

6. 清洁出水接口，均匀涂上密封胶
7. 安装出水管

8. 用真空式冷却液更换加注器抽空冷却系统里的空气
9. 抽成真空后，停止抽气，保压1min，观察密封效果

续表

	10. 加注冷却液，当感到冷却系统内的冷却液量不足，而膨胀箱中的液面下降缓慢或停止下降时，用手反复捏压散热器的上下水管，液面下降后，继续加注，反复进行，直到膨胀箱内的液面位于上下刻度线的中间位置不再变化为止 11. 启动发动机，然后立即添加冷却液至所要求的位置，然后关闭发动机
步骤 11	散热器的清理
	1. 清洁空调冷凝器散热片 2. 清洁空调冷凝器和散热器之间的部分 3. 清洁散热器散热片 注意：最好使用温水和中性清洗剂进行清洁
步骤 12	散热风扇的更换

1. 车辆处于熄火状态，观察风扇和风扇离合器 2. 断开蓄电池负极电缆；打开膨胀水箱盖 3. 将车辆举升至头顶高度，确保安全可靠，并确认车下作业安全 4. 排空冷却系统中的冷却液 5. 拆下散热器进出口软管	6. 拆下变速器油冷却器进出口管 7. 断开发动机冷却风扇电阻线束连接器并拆下搭铁电缆螺母 8. 拆下风扇防护罩 9. 拆下风扇 10. 安装产品质量合格的电风扇 11. 安装风扇防护罩 12. 按拆卸相反的顺序把有关部件装复
步骤 13	节温器的更换
	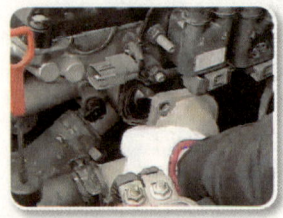
1. 排空冷却液 2. 拆下增压空气冷却器出气软管 3. 松开散热器进口软管卡箍，将散热器进口软管从冷却液节温器上取出 4. 注意观察节温器盖的安装方向，为防止装错，也可以在节温器盖上做上记号	5. 拆下发动机冷却液节温器螺栓 6. 拆下发动机冷却液节温器总成 7. 拆下发动机冷却液密封件 8. 清洁节温器座上的腐蚀物、胶质和节温器盖上的胶质等，保持节温器及盖的接触面清洁、平整

续表

 9. 更换新的节温器 10. 安装发动机冷却液密封件 11. 安装发动机冷却液节温器总成 12. 安装发动机冷却液节温器螺栓，并用力矩扳手紧固至产品所需要的力矩	 13. 用散热器进口软管卡箍将散热器进口软管安装至发动机冷却液节温器上 14. 安装增压空气冷却器出气软管 15. 加注冷却液

第二节　冷却系统故障诊断与排除

发动机冷却系统的技术参数状况，对发动机动力性、经济性和可靠性的影响很大。实验资料表明：当冷却液温度低于或高于80～90℃时，耗油量增加，功率降低，所以发动机工作时，应该使发动机冷却液温度保持在80～90℃最为适宜。

冷却系统常见故障有冷却系统温度过低、冷却液充足但冷却系统温度过高、冷却液消耗异常引起冷却系统温度过高、发动机突然过热等。

一、冷却系统温度过低

1. 故障现象

水温表指示值低于正常工作温度；发动机运转过程中温升低于正常温升速度。

2. 故障原因

造成冷却系统温度过低的主要原因如下。
① 百叶窗不能关闭。
② 有水温表及线路故障，水温传感器损坏。
③ 节温器阀门常开。
④ 冷却风扇一直在运转。

3. 故障诊断及排除方法

① 若周围气温低，则启动发动机，检查百叶窗是否处于关闭状态，若处于打开状态，说明感温器等控制百叶窗开关的线路有故障，同时检查电风扇是否处于不转动状态，若此时电动风扇运转，说明温控开关失灵，应予以更换。

② 冷车启动，使发动机加速，用手触试散热器入水口，水温很快提升时，说明节温器常开或未装节温器，应更换或加装节温器。

③ 若水温表指示温度偏低，而用温度计测量水温却正常，说明水温传感器或水温表有故障，应更换。

④ 冷车启动发动机，硅油离合器风扇应低速运转，若高速旋转，说明硅油离合器有故障，应予以更换。

二、冷却液充足但冷却系统温度过高

1. 故障现象

发动机冷却液充足，但在运行中冷却系统温度过高，水温警示标志报警。

2. 故障原因

造成这个故障现象的原因主要有两个：一是冷却系统的散热能力下降，二是发动机产生的热量增加。

冷却系统本身的原因如下。

① 百叶窗关闭或开度不足。

② 风扇皮带太松或因油污打滑，风扇电机不转，风扇离合器损坏使风扇转速过低。

③ 水温表或报警标志损坏。

④ 散热器出水管老化、损坏或堵塞，冷却系统水道中有水垢或其他杂物堵塞。

⑤ 节温器失灵，使冷却液大循环受阻。

⑥ 水泵损坏。

其他系统的原因如下。

① 汽缸垫冲坏或缸体、缸盖出现裂纹，使高温气体进入冷却系统。

② 点火时间过迟。

③ 发动机燃烧室积炭过多。

④ 混合气太浓或过稀等。

⑤ 机油油量不足或黏度太大。

⑥ 汽车使用环境的影响。

3. 故障诊断及排除方法

对冷却系统温度过高的故障应按照由外至内，由简单到复杂逐步查找。

① 先检查百叶窗是否关闭或开度不足；再检查风扇的转动情况，即皮带轮是否过松、打滑或断裂，如有故障，应及时维修或更换。

② 检查硅油风扇离合器，使用硅油离合器的风扇，热机后将发动机熄火，用手转动风扇叶片，若无阻力或阻力很小，说明硅油离合器有故障，应进行检修或更换。冷却液温度高于规定数值时风扇不转，应检查熔断丝是否良好，若熔断丝正常，拔下热敏开关插头，将两插片直接接通，若风扇仍不转，表明风扇电动机损坏或者风扇到温控开关的电路有故障。若风扇转动，表明温控开关有故障。

③ 从外观检查水温传感器的连接导线是否松脱（用手摸发动机和水箱温度也可初步确定故障的部位）。将水温传感器线拆除后，用此导线搭铁（接通点火开关），此时如水温表指针由100℃缓缓向40℃移动，说明水温表良好，故障可能在水温传感器；若搭铁时水温表指针仍不动，证明水温表有故障，可能是从点火开关至水温表的火线松脱或接触不良，应分别给予修复。

④ 用手轻触散热器和发动机的温度，如果散热器温度低而发动机温度高，说明冷却液循环不良，应检查散热器出水管是否老化、损坏或堵塞，以及冷却系统水道中是否有水垢或其他杂物堵塞。散热器各部如果冷热不均，说明散热器有堵塞。

⑤ 如散热器出水良好，则检查散热器进水是否良好，如果不是，则说明节温器或水泵有问题。拆下节温器，若此时，散热器的进水管排水良好，故障就是节温器损坏，如仍不排水，则说明水泵有故障。

⑥ 如果冷却液温度过高，发动机动力明显不足，并从散热器的注水口涌出高温气体或从排气管处排出水蒸气，则可能因为汽缸垫冲坏或缸体、缸盖出现了裂纹，使高温气体进入冷却系统。

⑦ 此外，还应检查是否由其他系统的原因引起的过热现象。

三、冷却液消耗异常引起冷却系统温度过高

1. 故障现象

发动机冷却系统容纳不了发动机规定的冷却液量，或冷却液消耗异常，使发动机过热。

2. 故障原因

① 水管破裂或接头密封不良而泄漏，水泵水封磨损过甚或损坏而泄漏，散热器损坏泄漏，散热器盖进、排气阀失灵使冷却液泄漏，膨胀水箱盖泄漏。

② 汽缸垫渗漏，汽缸体或汽缸盖有裂纹。

3. 故障诊断及排除方法

① 启动发动机，直观检查机体、水泵、散热器及各水管连接处等部位有无冷却液渗出。

② 若发动机外部不漏水，则检查发动机内部是否漏水。启动发动机，若排气管排出水蒸气、机油尺只发现机油中有冷却液，则为水套破裂或汽缸垫水道孔破损。

四、发动机突然过热

1. 故障现象

发动机冷车启动时冷却液温度迅速升高，或汽车在行驶时发动机突然过热。

2. 故障原因

① 冷却系统严重漏水。

② 百叶窗冷却风扇不工作。

③ 节温器损坏，不能进行大循环。

④ 高温气体进入冷却系统。

3. 故障诊断及排除方法

① 首先检查百叶窗和冷却风扇是否工作。若不工作，则先检查风扇皮带是否断裂，再检查风扇离合器、温度开关、风扇电动机、电路是否损坏。

② 其次检查冷却液量是否充足，若不足则发动机不立即熄火，急速散热几分钟，再补加冷却液。

③ 如果以上正常，应用手轻触散热器和发动机温度，如果发动机温度高而散热器温度低，则说明水泵或节温器损坏。

④ 如果发动机启动后，水箱口向外溢水并排出大量气泡，则说明高温气体进入冷却系统。

第八章 点火系统

第一节 点火系统的组成与检修

一、点火系统的基本功用

点火系统的作用是将汽车电源供给的低压电转变为高压电,并按照发动机的工作顺序与点火时间的要求,适时地配送给各缸火花塞,在其间隙处产生电火花,点燃汽缸内的可燃混合气。

二、点火系统的组成原理

（一）点火系统的基本组成

微机控制的点火系统分为有分电器微机控制点火系统和无分电器微机控制点火系统两类。

有分电器微机控制点火系统由电源、点火开关、微机控制单元（ECU）、点火控制器、点火线圈、分电器、火花塞、高压线和各种传感器等组成。如图8-1-1所示为有分电器微机控制点火系统的组成。

当前大部分汽车采用的是无分电器微机控制点火系统,无分电器微机控制点火系统由电源、点火开关、微机控制单元（ECU）、点火控制器、点火线圈、火花塞、高压线和各种传感器（如曲轴位置传感器、凸轮轴位置传感器、爆震传感器等）等组成,如图8-1-2所示。有的无分电器点火系统还将点火线圈直接安装在火花塞上方,取消或隐藏了高压线。

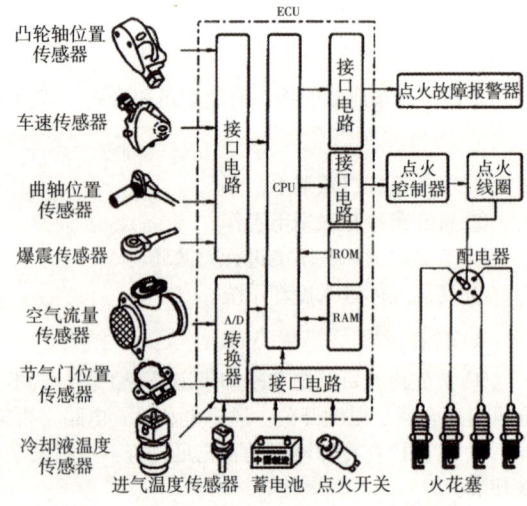

图8-1-1 有分电器微机控制点火系统的组成

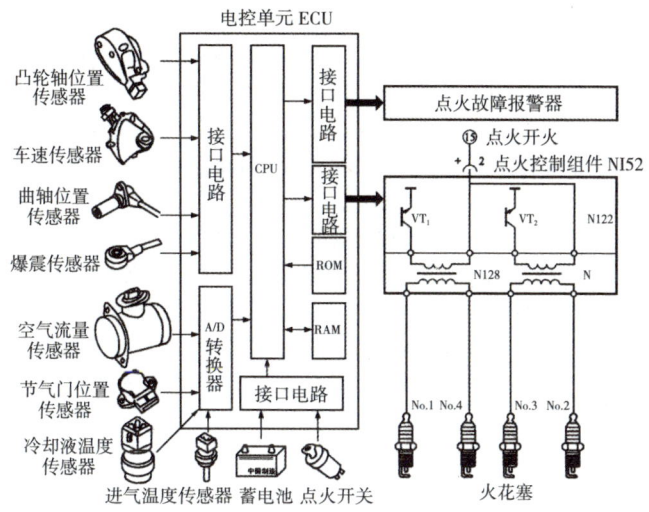

图 8-1-2 无分电器微机控制点火系统的组成

（二）点火系统的基本工作原理

点火系统是利用点火线圈的自感和互感原理工作的，点火系统基本工作原理如图 8-1-3

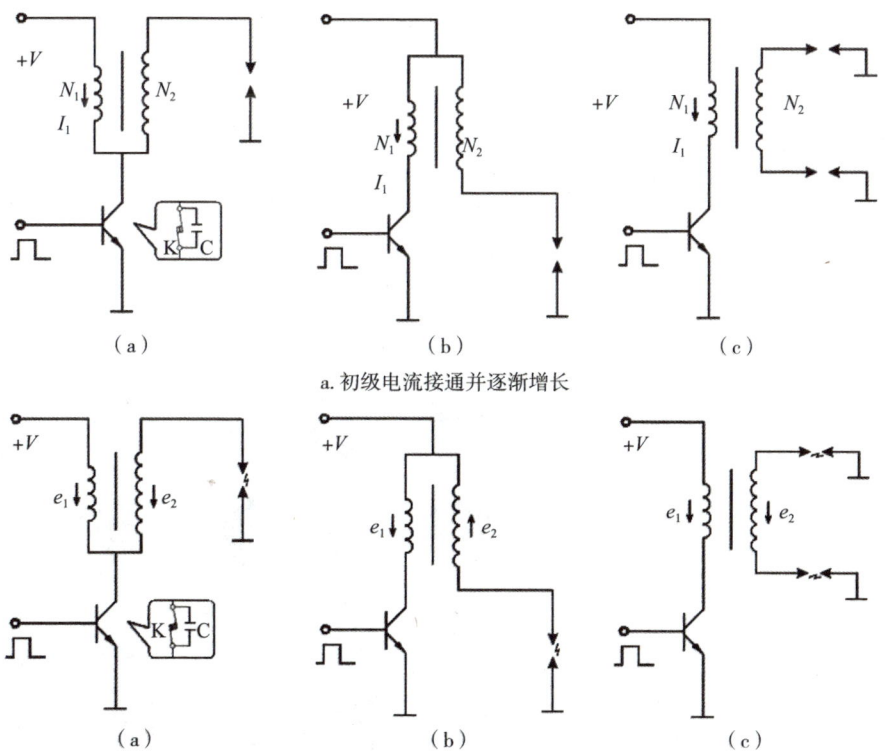

a. 初级电流接通并逐渐增长

b. 初级电流切断，次级产生高压，火花塞点火

图 8-1-3 点火系统基本工作原理示意

所示。传统点火系统采用（a）、（b）接线方式；有触点电子点火系统、无触点电子点火系统、有分电器微机控制点火系统、无分电器微机控制点火系统、独立点火方式采用（b）接线方式，无分电器微机控制点火系统同时点火方式采用（c）接线方式。

接通点火开关"ON"挡，当发动机转动时，点火信号使点火模块末级三极管交替地导通和截止（或断电器凸轮旋转使断电器触点交替地闭合和断开）。当三极管导通（断电器触点闭合）时，点火线圈初级绕组 N_1 通过低压电流并逐渐增长，铁芯储存了磁场能。当三极管截止（断电器触点断开）时，初级电流和磁场的骤然下降，使得初级绕组感应出 300～400V 自感电动势（e_1），次级绕组 N_2 由于绕组匝数较多，约为初级绕组的 80～100 倍，感应出了电压可高达 15000～25000V 互感电动势（e_2）。次级电压由配电器或直接按照点火顺序传送至各汽缸火花塞，击穿火花塞放电间隙，产生电火花点燃汽缸内的可燃混合气。发动机工作时，这个过程周而复始地进行。若要发动机停止工作，只要点火开关由"ON"挡转到"OFF"挡，切断初级电路即可。

三、点火系统主要部件

（一）点火线圈

点火线圈按其磁路结构形式的不同，一般可分为开磁路式（已淘汰）和闭磁路式两种。

闭磁路点火线圈

闭磁路点火线圈和传统的开磁路点火线圈相比，其铁芯不是条形而是"日"字形或"口"字形。铁芯磁化后，其磁力线经铁芯构成闭合磁路，如图 8-1-4 所示。由于闭磁路点火线圈漏磁场小，磁阻小，能量损失小，所以能量转换率高可达 75%，而开磁路点火线圈的能量转换率只有 60%。另外由于闭磁路铁芯导磁能力强，可在较小的磁动势（安匝数）下产生较强的磁场，因而可有效地减小线圈匝数，使点火线圈小型化。

闭磁路点火线圈，一般采用环氧树脂或耐高压塑料封装，带有支架，如图 8-1-5 所示，有的带附加电阻（1.2～2.6Ω），有的内部接有高压二极管。点火线圈与电路连接采用插接件，次级电压输出端用高压线接分电器盖中央插孔。

独立点火系统是每一个汽缸分配一个点火线圈，点火线圈直接安装在火花塞的顶上，取消了高压线。这种点火系统通过凸轮轴传感器或通过监测汽缸压缩来实现精确点火，适用于任何缸数的发动机。如图 8-1-6 所示。

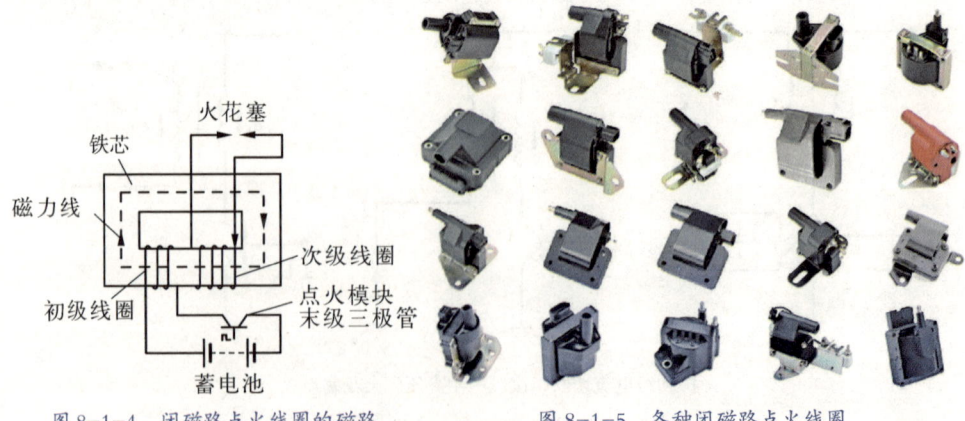

图 8-1-4　闭磁路点火线圈的磁路　　　　图 8-1-5　各种闭磁路点火线圈

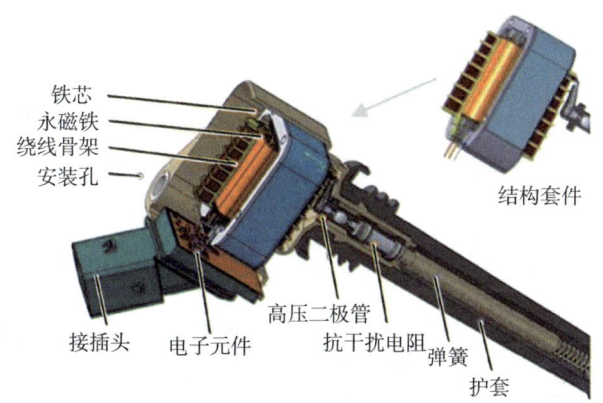

图 8-1-6 独立点火系统的电子点火线圈构造

（二）点火控制器

点火控制器也称为点火模块，是发动机点火控制系统的执行器，其基本电路包括整形电路、开关信号放大电路、功率输出电路等。点火控制器的作用是根据微机发出的指令信号，通过内部大功率三极管的导通与截止来控制点火线圈初级绕组电路的通断，使点火线圈产生高压电。

（三）高压线

高压线用来传送高电压，其工作电压一般在 15kV 以上，但通过电流强度较小，因此高压导线的绝缘包层很厚，耐压性能好，但线芯截面积很小。高压线有铜芯线和阻尼线两种，为了衰减火花塞产生的电磁波干扰，目前广泛使用高压阻尼点火线。

高压阻尼点火线常用的有金属阻丝式和塑料芯导线式。金属阻丝式又分为金属阻丝线芯式和金属阻丝线绕电阻式两种。不同车型采用的阻尼高压线的阻值不相同，在检修或更换高压线时要注意测量。

（四）火花塞

1. 火花塞的结构

火花塞的结构如图 8-1-7 所示，在钢质壳体内部固定着高氧化铝陶瓷绝缘体，绝缘体中心孔内装有中心电极，中心电极上端有接线螺母，用来连接高压导线。壳体的下端面固定有弯曲的侧电极。壳体的上端有便于拆装的六角柱面，它与绝缘体之间装有紫铜垫片，主要起导热和密封作用。

火花塞的电极间隙一般为 0.7～0.9mm，近年来为适应发动机排气净化的要求，采用稀混合气燃烧，火花塞电极间隙有增大的趋势，有的已增大至 1.0～1.2mm。

2. 火花塞的热特性

为保证火花塞的正常工作，其下部绝缘体——裙部工作

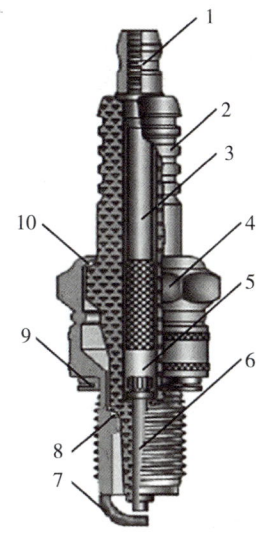

图 8-1-7 火花塞的结构
1—接线帽；2—陶瓷体；
3—中心螺杆；4—壳体；
5—导电玻璃；6—中心电极；
7—侧电极；8，10—密封垫圈
9—软金属垫圈

时的温度维持在500～700℃，这样才能使落在绝缘体上的油滴立即烧掉，不致形成积炭，通常称这个温度为火花塞的"自净温度"。如果温度过低，火花塞会形成积炭；温度过高，又易导致炽热点火，使发动机遭到损坏。

火花塞裙部绝缘体的工作温度，取决于其受热情况和散热条件。影响火花塞裙部温度的主要因素是裙部的长度，裙部较长的火花塞，在燃烧室内吸热面积大，传热距离长，散热困难，因而裙部温度高，称为"热型"火花塞，如图8-1-8（a）所示；而裙部较短的火花塞，吸热面积小，传热距离短，散热容易，因而裙部温度较低，称为"冷型"火花塞，如图8-1-8（c）；各项条件居中的称为"中型"火花塞，如图8-1-8（b）所示。

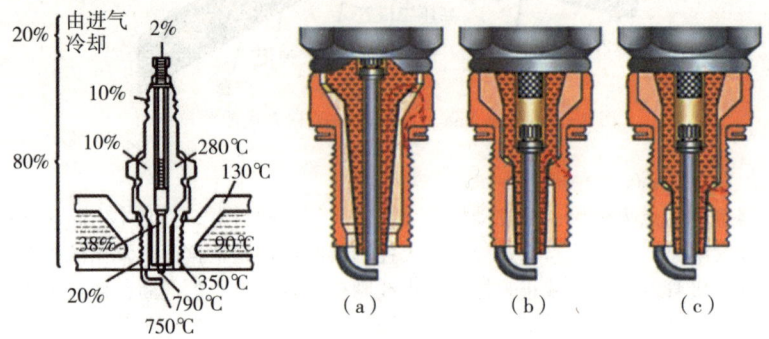

图8-1-8 火花塞的热特性

发动机技术性能不同，汽缸内工作温度也不相同。大功率，高转速，高压缩比的发动机汽缸温度高。为使火花塞不致产生炽热点火，应选用"冷型"火花塞；相反，对功率小，转速和压缩比低的发动机来说，为了不致形成积炭，应采用"热型"火花塞。

目前各国对火花塞热特性的表示方法不完全相同，一般常用"热值"表示。所谓"热值"，是指火花塞散掉所吸热量的程度。它是一个相对概念，国产火花塞分别用1、2、3、4、5、6、7、8、9、10……阿拉伯数字表示。热值数值高，表示散热性能越好，因而小数字为热型火花塞，大数字为冷型火花塞。热值数字越大，越趋向于冷型火花塞。

3. 常用火花塞的类型

常用火花塞的结构类型如图8-1-9所示。

（1）标准型火花塞

其绝缘体裙部略缩入壳体端面，侧电极在壳体端面以外。

（2）突出型火花塞

绝缘体裙部较长，突出于壳体端面之外。它吸热量大，抗污能力好，且能直接受到进气的冷却而降低温度，不易引起炽热点火，热适应范围宽，是使用最广泛的火花塞。

（3）细电极型火花塞

其电极很细，特点是火花强烈，点火能力好，在严寒季节也能保证发动机迅速可靠地启动，热范围较宽，能满足多种用途。

（a）标准型　（b）突出型　（c）细电极型

（d）沿面跳火型　（e）多极型

图8-1-9 常用火花塞的结构类型

（4）沿面跳火型火花塞

沿面跳火型火花塞即沿面间隙型火花塞，其中心电极与壳体端面之间的间隙是同心的，是一种最冷型火花塞。

(5) 多极型火花塞

其侧电极一般为两个或两个以上。优点是点火可靠，间隙不需经常调整。故在电极容易烧蚀和火花间隙不能经常调节的一些汽油机上被采用。

4. 火花塞的型号规格

根据 ZBT 37003—89 标准规定，火花塞产品型号由以下三部分组成。

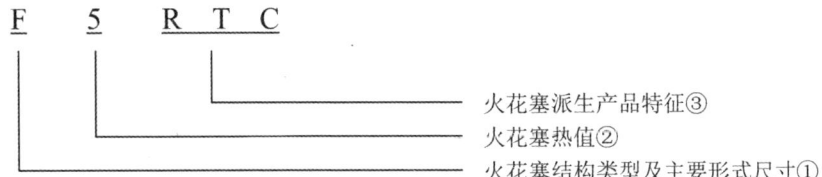

① 第一部分为汉语拼音字母，表示火花塞结构类型及主要形式尺寸，各字母含义可以查看有关标准。

② 第二部分为阿拉伯数字，表示火花塞热值。

③ 第三部分为汉语拼音字母，表示火花塞派生产品结构特征、发火端特征、材料特性及特殊技术要求，无字母者为普通型火花塞，该部分如需用两个以上汉语拼音字母时，则应按表中所示的先后顺序排列。

例：F5RTC 型火花塞即为螺纹旋合长度为 19mm，壳体六角对边为 20.8mm，热值为 5 的 M14×1.25 带电阻及镍铜复合电极的绝缘体突出型平座火花塞。

(五) 爆震传感器

汽油机从火花塞跳火到汽缸内的可燃混合气完全燃烧需要一定时间，由于发动机的转速很高，短时间内曲轴就可以转过很大的角度。若恰好在活塞到达上止点时点火，混合气开始燃烧时，活塞已经开始向下运动，导致发动机的功率下降。因此需要通过提前点火来保证可燃混合气燃烧产生的热能能够有效利用，提高发动机的输出功率。点燃燃烧室内的可燃混合气。从火花塞开始点火时刻起，到汽油机活塞到达压缩上止点止，这段时间内曲轴转过的角度称为点火提前角。能使发动机获得最佳动力性、经济性和最佳排放时的点火提前角称为最佳点火提前角。

点火过早，会造成爆震，爆震是指汽缸内的可燃混合气在火焰前锋尚未到达之前，自行燃烧导致缸内压力急剧上升而引起的缸体振动现象。"爆震"是一种不正常燃烧，不但会产生尖锐的敲缸声，还会使发动机的活塞、连杆、曲轴等机件受到过度的冲击载荷，大大缩短发动机的工作寿命，不过，轻微的爆震对发动机没有太大影响。快速有效地抑制爆震的方法是延后点火提前角，但点火过迟又会导致气体做功困难，油耗大，效率低，排气声大。

爆震传感器安装在发动机机体的上半部，把缸体的振动转换成电信号输入 ECU，ECU 根据缸体振动信号判定有无爆震以及爆震的强弱。爆震过强则在原点火提前角的基础上减小点火提前角，直到爆震消失为止；爆震消失后，一段时间内维持当前的点火提前角；如果一直没有爆震发生，ECU 会逐步增加点火提前角直到爆震再次发生，爆震出现后 ECU 又会减小点火提前角。如此反复，从而实现点火提前角的闭环控制。

爆震传感器按结构原理的不同可分为压电式和电感（磁致伸缩）式两种，按检测方式的不同可分为共振型、非共振型两种。

1. 电感（磁致伸缩）式爆震传感器

电感式爆震传感器如图 8-1-10 所示，主要是由绕组、铁芯、永久磁铁及外壳等几部分组成。电感式爆震传感器是利用电磁感应原理检测发动机爆震。当发动机发生爆震时，铁芯受到振动而使绕组内的磁通量发生变化，产生感应电动势，传感器输出电压信号，信号的大小与发动机的振动频率有关。当传感器的固有振动频率与发动机爆震时的振动频率相同时，传感器输出的信号电压最大。

电感式爆震传感器是一种共振型爆震传感器，共振型爆震传感器的特点是传感器的固有振动频率与发动机爆震时的振动频率相同。

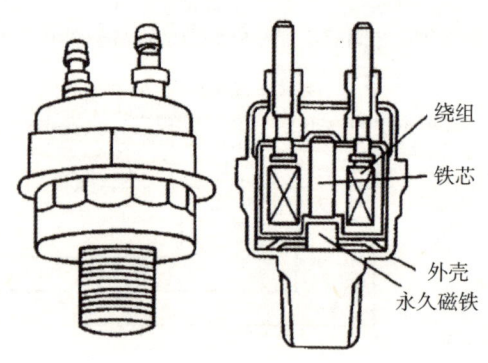

图 8-1-10　电感式爆震传感器

2. 压电式共振型爆震传感器

压电式共振型爆震传感器如图 8-1-11(a)所示，主要是由压电元件、振荡片（振子）、基座、外壳、线束插头等组成。当发动机发生爆燃时，振荡片（振子）与发动机共振，振荡片（振子）将共振时产生的压力作用于压电元件，压电元件则将此压力转变成电信号输送给ECU。

（a）压电式共振型爆震传感器

图 8-1-11　压电式爆震传感器

3. 压电式非共振型爆震传感器

压电式非共振型爆震传感器如图 8-11(b)所示，主要是由套筒底座、绝缘垫圈、压电元件、惯性配重块、塑料壳体、固定螺栓、线束插头等组成。与压电式共振型爆震传感器相比，非共振式内部无震荡片（振子），但设一个配重块，以一定的预紧压力压紧在压电元件上。当发动机发生爆燃时，惯性配重块以正比于振动加速度的交变力施加在压电元件上，压电元件则将此压力信号转变成电信号输送给ECU。

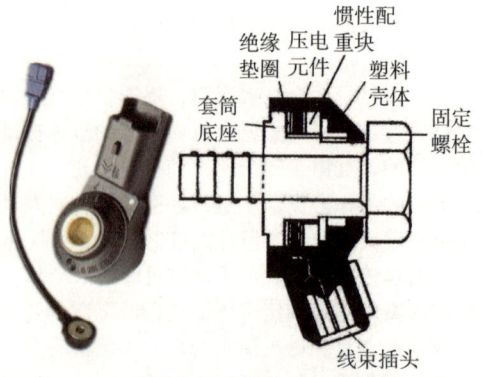

（b）压电式非共振型爆震传感器

图 8-1-11　压电式爆震传感器

四、点火系统的检修

步骤 1　车辆、工具准备	
	1. 车辆摆放整齐，场地清洁 2. 常用拆装工具、工具柜、工作台、维修手册、抹布若干
步骤 2　拆装火花塞	
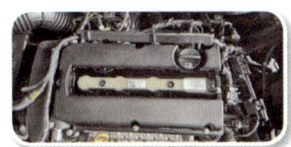 1. 找到标识盖板，并取下	 EN-6009 83 96 335 2. 观察点火线圈固定螺丝的型号与规格，从工具箱中匹配好相应的工具
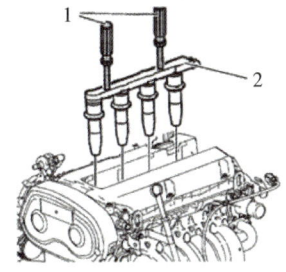 3. 拔出点火线圈，注意水平方向用力均匀	 4. 使用火花塞专用套筒配上万向转接头、短接杆和棘轮扳手，取下火花塞
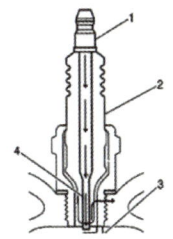 5. 检查图示几点 （1）接线帽有无损坏 （2）绝缘体是否有裂缝 （3）端子间隙是否符合标准（标准值为 0.8～0.9 mm，0.031～0.035 in） （4）表面是否脏污	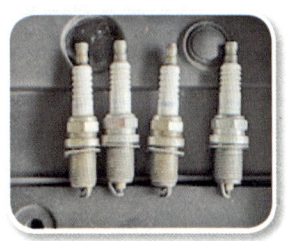 6. 目视检查，检查火花塞头部的颜色及积炭情况，并讨论分析积炭原因

续表

 7. 更换一组新的火花塞。注意型号与规格，如不清楚，可与原装进行比对。使用火花塞专用套筒将新火花塞放入缸体，上紧至规定扭矩。火花塞扭矩标准值为：25N·m	 8. 复原，做好 6S 工作管理规定

步骤 3　曲轴位置传感器的拆装

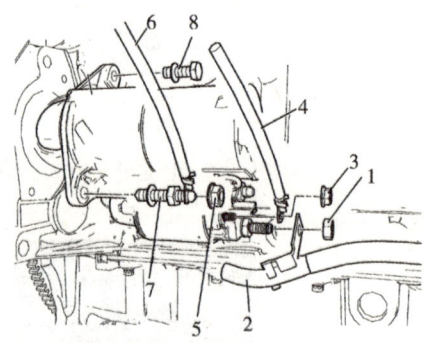 1. 按图所示，拆下启动机固定螺丝，按照维修手册规定记录好启动机螺栓标准扭矩 （1）启动机正极电缆螺母 12.5 N·m （2）启动机搭铁电缆螺母 20 N·m （3）启动机双头螺栓 25 N·m	 2. 找到曲轴位置传感器
 3. 拆装曲轴位置传感器，标准扭矩为 4.5 N·m	 4. 拆装示意图

续表

步骤4 凸轮轴位置传感器的拆装	
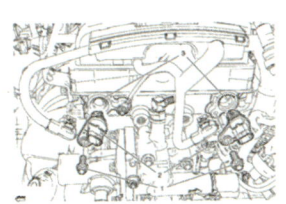 1. 查看维修手册，找到凸轮轴位置传感器	 2. 在实车上找到传感器的位置
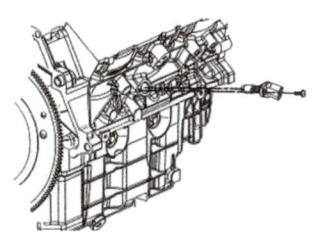 3. 按维修手册图示，熟悉拆装方法	 4. 断开线束，拆装凸轮轴位置传感器

步骤5 爆震传感器的拆装	
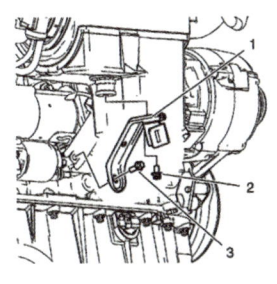	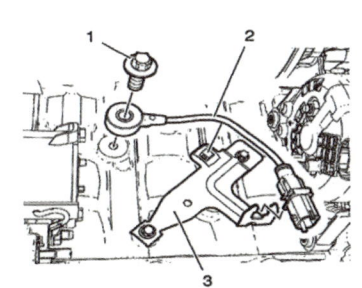

步骤6 爆震传感器电阻的检测	
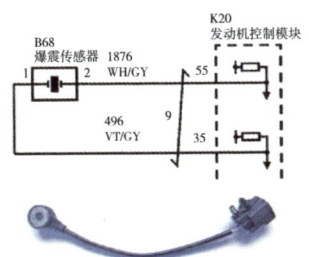	科鲁兹发动机的爆震传感器为压电式爆震传感器，检测时可用万用表检测接线端子1和端子2、端子1和外壳、端子2和外壳间的电阻，都应为无穷大（不导通）。 磁致伸缩式爆震传感器，可用万用表检测接线端子1和端子2间的电阻，其阻值应符合规定值（具体数据见具体车型维修手册）

续表

步骤7 爆震传感器信号的检测	
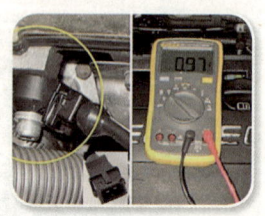	拔开爆震传感器的连接插头,在发动机怠速时用万用表电压挡检查爆震传感器两接线端子间的电压,应有脉冲电压输出
步骤8 拆装检测完毕,要做好6S清洁整理工作	

第二节 点火系统典型故障的诊断与排除

电控点火系统可靠性很高,一般不需要进行维修。如果汽油机出现怠速抖动厉害、加速无力、尾气汽油味重、不能启动或启动困难等现象,怀疑是电控点火系统出现问题时,可对点火线圈、点火控制器、高压线、火花塞和传感器等逐一进行检查并排除故障,也可利用汽车专用解码器读取故障码,缩小故障范围再进行针对性地检查和排除故障。

一、点火线圈的检修

点火线圈的主要故障有一次或二次绕组断路、短路或搭铁,绝缘破损漏电等。检查和试验方法如下。

1. 外观检查

仔细观察点火线圈的外表,若发现外壳裂损、填充物外溢、接线柱松动、螺纹滑牙、壳体变形、温度过高,应及时更换点火线圈。

2. 电阻测量

用万用表测量点火线圈的初级绕组、次级绕组的电阻值,与维修手册列出的数据比较。初级绕组阻值应符合原厂规定值,阻值偏小或偏大,应检查型号是否匹配;电阻为无穷大,说明初级绕组断路;次级绕组阻值也应符合原厂规定值。

3. 绝缘性能检查

点火线圈初、次级绕组与外壳应绝缘,检查时,可用兆欧表检查接线柱与外壳的绝缘电阻。当采用500V兆欧表测量时,阻值不得小于200MΩ。

4. 比较法检验点火线圈的发火强度

点火线圈发火强度采用比较法进行检验时,将需要检验的点火线圈与标准点火线圈分别安装到点火系统内做跳火试验,比较两者火花强度,从而鉴别出点火线圈的性能好坏。

二、点火控制器的检修

点火控制器的检查一般包括对点火控制器的外观检查、输入端的电阻检查、输入端初级电流测量等。

1. 外观检查

仔细检查点火控制器的外表是否存在外壳裂损、接线柱松动、壳体变形、温度过高等故障现象。

2. 点火控制器输入端的电阻检查

用万用表测量点火控制器输入端（如接到传感器的端子等）的电阻值，其输入阻值因控制器电路不同有所差异，检测结果与维修手册列出的数据比较。输入端阻值应符合原厂规定值，检测时若发现阻值过大，应检查各插接件的焊点是否良好；若阻值过小，应仔细检查电路各个部分有无搭铁、元件击穿造成的短路。

3. 点火控制器输入端初级电流测量

在点火控制器输入端初级回路中串入电流表，检查电流值是否在规定范围内。

4. 替换法检查点火控制器

用相同规格的点火控制器替换怀疑有故障的点火控制器，如果故障现象消失，则表明点火控制器已损坏。

三、火花塞的检修

1. 火花塞的表面状态检测

① 正常火花塞：选型正确、使用正常的火花塞，瓷芯表面应洁净，表面有微薄的黄褐色粉末状积炭；电极可能略有烧蚀，如图8-12(a)所示。其余均为火花塞不正常状态，如图8-2-1所示。

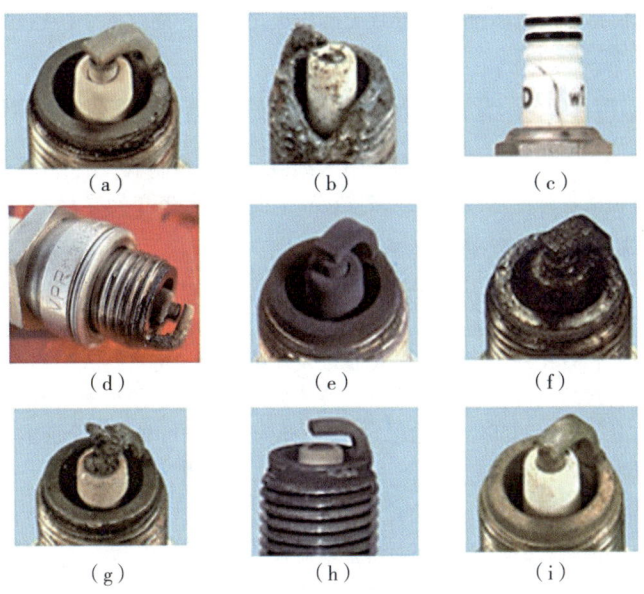

图 8-2-1 火花塞的表面状态

② 火花塞积炭：如果个别缸火花塞积炭，则火花塞间隙可能过小；该缸高压线可能漏电；气门或汽缸间隙可能有泄漏等。如果各缸火花塞均出现积炭，则混合气可能过浓；点火线圈质量欠佳或火花塞选型不当等。

③ 火花塞过热：瓷芯表面呈瓷体原色或淡灰色，中心电极烧蚀严重，甚至有熔化现象，个别瓷芯上还会有小疹泡等。在正常使用情况下，如果多数火花塞出现过热现象，说明所选用的火花塞型号不对，火花塞的热值偏低，应换用高热值火花塞。

④ 火花塞油污：如果火花塞暴露在燃烧室内的表面内有湿润油渣状质硬黑色的积炭，说明汽油机有窜油故障，应清洁火花塞、检修汽油机。

⑤ 火花塞漏气：火花塞暴露在燃烧室内的瓷芯，有时会出现碎裂现象，轻者在突出的前端产生小块崩裂，出现缺口，重者会裂成几块脱落。由于瓷芯硬度高，当裂块落入汽缸可能会引起拉缸，因此，火花塞出现瓷体碎裂现象不论轻重均应更换新件。

2. 火花塞间隙的调整

火花塞间隙一般为 0.7～0.9mm，测量时应用钢丝式专用量规，不得使用普通厚薄规，如图 8-2-2（a）所示。火花塞间隙不符合规定数值时，可用专用工具弯曲侧电极进行调整，如图 8-2-2（b）所示。

（a）　　　　　　　（b）

图 8-2-2　火花塞间隙测量与调整

四、高压线的检测

检查高压线的外表绝缘层是否破损，若破损严重应更换新品。检查高压线是否有折叠，在折叠处有时会折断而使电阻增大使火花变弱。

五、传感器的检测

由于汽油机的电控点火部分具有失效保护功能，因此除曲轴位置传感器、凸轮轴位置传感器之外，其他传感器的故障都不会导致无高压火花故障，而这两个传感器的检测在汽油机电控燃油喷射系统已经讲过。

六、汽油机电控点火系统高压无火花的故障诊断流程及故障排除

汽油机电控点火系统的故障原因除了点火线圈、点火控制器、配电器、高压线、火花塞发生故障外，还包括各种传感器及其线路连接异常或微机控制单元异常。

1. 利用汽车专用解码器进行诊断

怀疑是点火系统故障时，应首先利用发动机 ECU 的自诊断功能进行诊断和检查，其次必要时进行人工诊断，最后通过人工检查明确故障部位和原因。维修人员利用汽车专用解码器读出故障代码后，查出故障的含义、类别以及故障范围，再进行人工检查，明确故障的具体原因和部位，将故障排除。一般情况下，故障代码只代表了故障类型及大致的范围，不能具体指明故障的全部原因和部位，因此，必须以此为依据进行具体、全面的人工分析和检查，确诊故障，予以排除。

2. 人工诊断

当怀疑电控点火系统有故障或自诊断系统显示点火系统有故障，需要人工诊断时，对于有分电器微机控制点火系统一般从中央高压线的跳火试验开始。从分电器盖上取下中央高压

线，使其端部距离汽缸体 6～10mm，转动曲轴，根据中央高压线和汽缸体之间的跳火是否正常，按图 8-2-3 所示步骤进行检查和维修，图中 IG_f 是点火控制器给 ECU 的点火反馈信号，IG 是点火线圈的控制信号。

对于无分电器点火系统由于高压配电方式和有分电器微机控制点火系统不同，个别汽缸工作不良(或不工作)故障的原因和诊断方法也存在一些差异。如果是火花塞缺火导致的个别汽缸工作不良，主要原因除了火花塞、高压线的故障外，还可能是相应的点火信号控制电路连接不良或点火线圈、点火控制器、微机控制单元的相应部分等发生故障。可以从分缸高压线的跳火情况开始，参照图 8-2-3 所示进行检查。

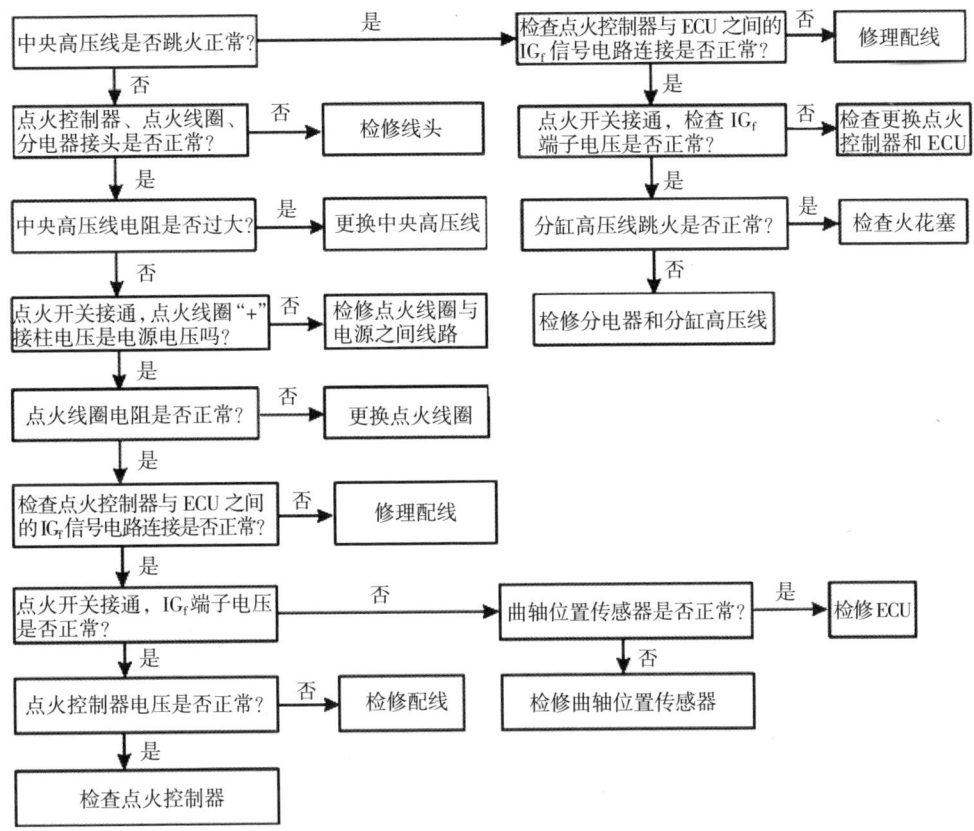

图 8-2-3　故障诊断流程

第九章 汽车传动系统

第一节 离合器

一、离合器结构认知

（一）离合器的功用、要求及分类

离合器是汽车传动系统的重要组成部分，安装在发动机与变速器之间，是发动机与汽车传动系统之间切断和传递动力的部件。

1. 离合器的功用

① 使发动机与传动系统逐渐接合，保证汽车平稳起步。
② 暂时切断发动机的动力传递，保证变速器平顺换挡。
③ 限制所传递的转矩，防止传动系统过载。

2. 对离合器的要求

根据离合器的功用，它应满足下列主要要求。
① 既保证可靠地传递发动机的最大转矩又能防止传动系统过载。
② 接合时应平顺柔和，保证汽车平稳起步，减少冲击。
③ 分离时应迅速彻底，保证变速器换挡平顺。
④ 旋转部分的平衡性好，且从动部分的转动惯量小。
⑤ 具有良好的通风散热能力，防止离合器温度过高。
⑥ 操纵轻便，以减轻驾驶员的劳动强度。

3. 离合器的分类

离合器的主要类型有摩擦式、液力式、电磁式等。在汽车上，与手动变速器配套的是摩擦式离合器；液力式（液力变矩器）通常与自动变速器配套使用；本项目中的"离合器"专指"摩擦式离合器"。摩擦式离合器根据从动盘的数目、压紧弹簧的形式不同，又可进行如下分类。

① 根据压紧弹簧的形式及布置位置不同，分为周布螺旋弹簧离合器（图9-1-1）、中央弹簧离合器、斜置弹簧离合器和膜片弹簧离合器（图9-1-2）等，其中膜片弹簧离合器在轿车、轻型车和中型车上应用较多。

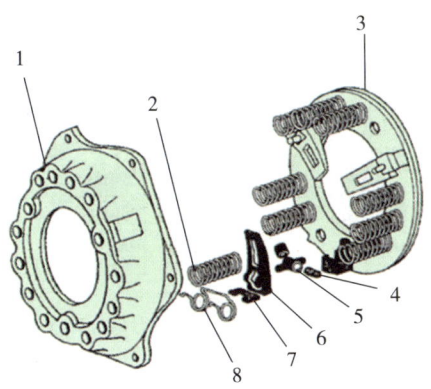
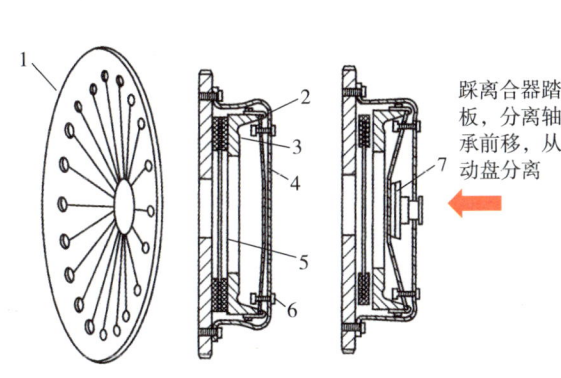

图 9-1-1　周布螺旋弹簧离合器

1—离合器盖；2—压紧弹簧；3—压盘；
4—浮动销；5—调整螺栓；6—分离杠杆；
7—摆动片；8—分离杠杆弹簧。

图 9-1-2　膜片弹簧离合器

1—膜片弹簧；2—支承环；3—压盘；4—离合器盖；
5—从动盘；6—支承环定位铆钉；7—分离轴承。

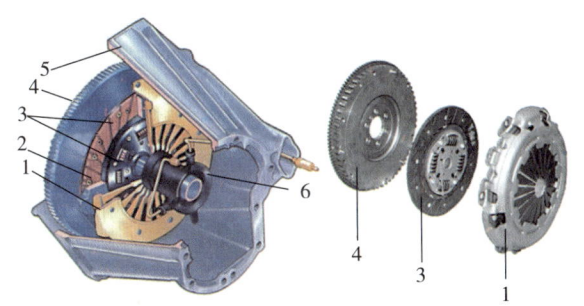

图 9-1-3　单片离合器

1—离合器盖；2—压盘；3—从动盘总成；
4—飞轮；5—离合器壳；6—分离轴承。

图 9-1-4　双片离合器

1—离合器盖；2—压盘；3—从动盘总成；
4—飞轮；5—中间压盘。

（2）根据从动盘的数目不同，分为单片离合器（图 9-1-3）和双片离合器。单片干式离合器对应一般车辆已经足够了，但是对于动力更强的载货车或者轨道车辆，还需要双片干式离合器，它多了一套离合器摩擦片，扭矩容量也更大，如图 9-1-4 所示。

（二）离合器的工作原理

如图 9-1-5 所示为摩擦式离合器的工作原理。当离合器压盘 3 固定到飞轮 1 上之后，从动盘 2 和压盘 3 迫使膜片弹簧 4 以外侧支承环为支点发生弹性变形，这时，膜片弹簧的反弹力使其外缘对压盘和从动盘产生压紧力，此时离合器处于结合状态。分离时，分离轴承推动膜片弹簧内缘前移，膜片弹簧便以内侧支承环为质点，其外缘通过分离钩将压盘向后拉动，使离合器分离。如图 9-1-6 所示为摩擦式离合器工作原理。

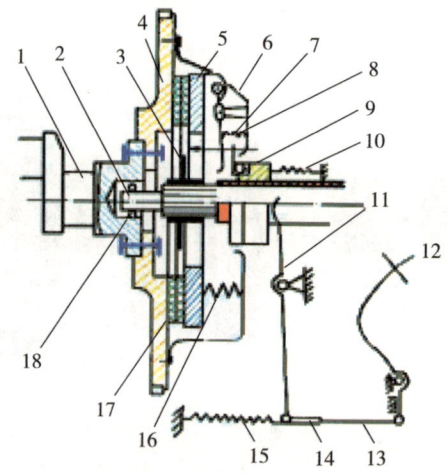

图9-1-5 摩擦式离合器工作原理
1—飞轮；2—从动盘；3—压盘；4—膜片弹簧。

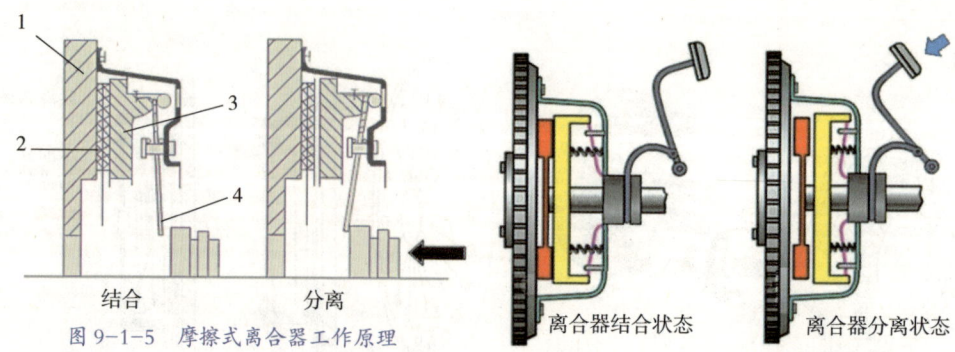

图9-1-6 摩擦式离合器工作原理

（三）离合器的结构组成

离合器主要由主动部分、从动部分、压紧机构和操纵机构四部分组成，如图9-1-7所示。

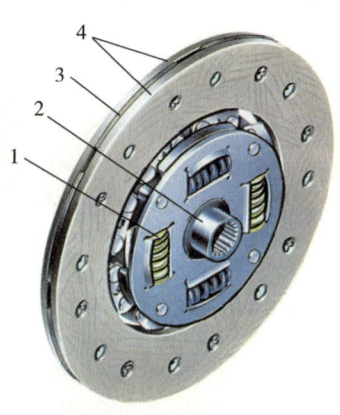

图9-1-7 摩擦离合器的基本组成
1—曲轴；2—从动轴；3、17—从动盘；4—飞轮；5—压盘；
6—离合器盖；7—分离杠杆；8—弹簧；9—分离轴承；
10，15—复位弹簧；11—分离叉；12—踏板；13—拉杆；
14—拉杆调节叉；16—压紧弹簧；18—轴承。

图9-1-8 从动盘总成
1—减振弹簧；2—花键轴套；
3—波形片；4—摩擦片

1. 主动部分

主动部分包括飞轮、离合器盖、压盘等，它们与发动机曲轴连在一起，并始终与曲轴一起转动。

2. 从动部分

从动部分由减振弹簧、花键轴套、波形片、摩擦片等组成，如图9-1-8所示。

3. 压紧机构

压紧机构主要是螺旋弹簧或膜片弹簧，以离合器盖为依托，将压盘压向飞轮，从而将从动盘压紧。

4. 操纵机构

操纵机构是控制离合器结合与分离的装置，它起始于离合器踏板，终止于离合器壳内的分离轴承。按传动方式划分，离合器操纵机构有机械、液压两种。

（1）机械式操纵机构有两种类型：机械杆系操纵机构（图9-1-9）和机械绳索操纵机构（图9-1-10）。

（2）液压式操纵机构主要由离合器主缸（也称总泵）、液压管路和离合器工作缸（也称分泵）等组成，如图9-1-11所示。

当抬起离合器踏板时，复位弹簧使主缸和工作缸的活塞复位，整个系统中无压力，离合器处于结合状态。当踩下

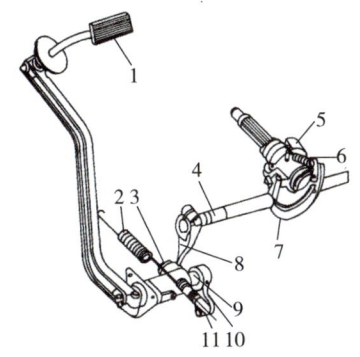

图9-1-9 离合器机械杆系操纵机构
1—踏板；2—回位弹簧；3—调整螺母；4—分离叉轴；
5—分离轴承；6—分离套筒；7—分离叉；8—分离叉臂；
9—踏板轴；10—拉臂；11—分离拉杆。

离合器踏板时，主缸活塞右移系统压力上升，液压油推动工作缸活塞右移，工作缸活塞推杆推动分离叉，分离叉推动分离轴承，分离轴承推动离合器分离杠杆，使离合器处于分离状态。

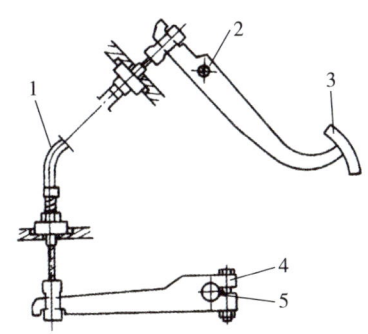

图9-1-10 离合器机械绳索操纵机构
1—拉绳组件；2—踏板轴；3—踏板；
4—分离叉臂；5—分离叉。

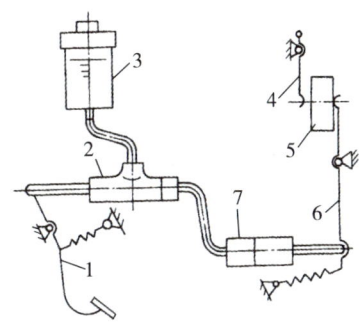

图9-1-11 离合器液压式操纵机构
1—离合器踏板；2—主缸；3—贮液室；
4—分离杠杆；5—分离轴承；
6—分离叉；7—工作缸。

二、离合器的拆装与检修

离合器技术状态的好坏，将直接影响到发动机的动力传递，同时对变速器挡位的操纵也有影响，这就要求离合器处于良好的技术状态，即达到结合平顺可靠、分离迅速彻底、传动平稳无异响的要求，因此需要对离合器的零部件进行检查。

（一）从动盘的检查

首先目视检查，看从动盘摩擦片是否有裂纹、铆钉外露、减振器弹簧断裂等情况，如果有则更换从动盘。

其次检查从动盘摩擦片的磨损程度。摩擦片的磨损程度可用游标卡尺进行测量，如图

9-1-12所示。铆钉头埋入深度应不小于0.20mm。如果检查结果不符合要求，则应更换从动盘。

（二）压盘平面度的检查

离合器压盘平面度不应超过0.2mm，检查方法是用钢直尺压在压盘上，然后用塞尺测量，如图9-1-13所示。

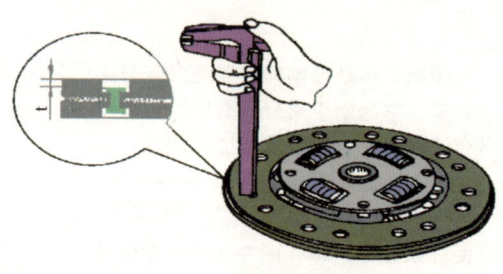

图9-1-12 摩擦片磨损的检查

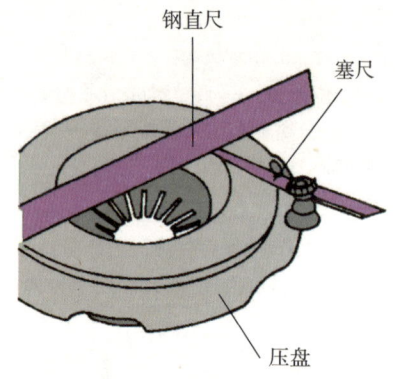

图9-1-13 压盘平面度的检查

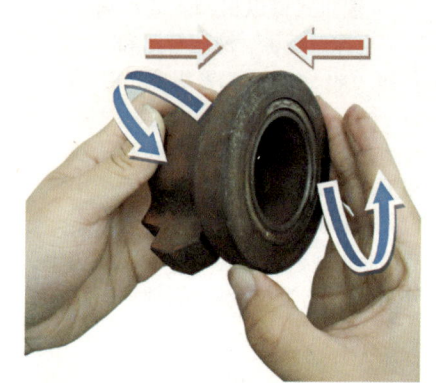

图9-1-14 检查分离轴承

（三）离合器分离轴承的检修

分离轴承在离合器分离时参与工作。由于它的工作条件差，分离轴承容易产生烧蚀和磨损。检验时，用一只手拿住分离轴承，用另一只手转动外圈，聆听是否有沙沙声，如有则需更换。当转动感到阻力很大时也要更换。检修方法如图9-1-14所示。

三、离合器踏板行程的检查与调整

离合器踏板是离合器操纵机构的组成部件之一，其作用是将驾驶员施加的踏板力转化成离合器分离或结合的控制力。对于机械式离合器操纵机构，离合器踏板一般通过拉索或机械杆件与分离叉臂相连；对于液压式或气压式离合器操纵机构，离合器踏板则与离合器总泵相连。

（一）离合器踏板自由行程的作用

离合器踏板自由行程，是指为了消除离合器的自由间隙和分离机构、操纵机构零件的弹性变形所需要的离

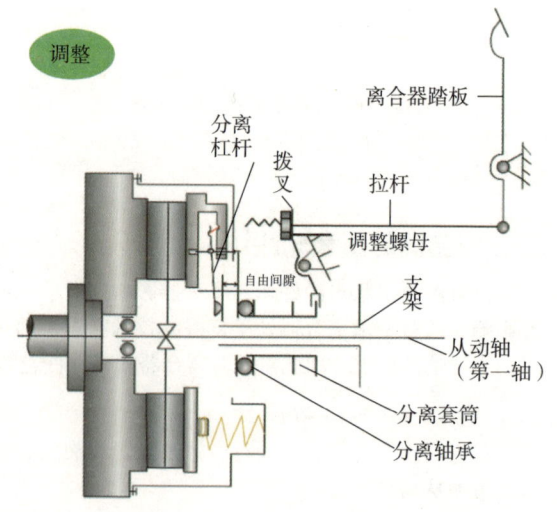

图9-1-15 离合器踏板自由行程调整

合器踏板的行程。

在车辆的使用过程中，如果离合器踏板位置不正常，即离合器踏板高度、总行程、自由行程不符合规定要求，则会导致离合器分离不彻底、换挡困难、离合器打滑等故障。因此，正确地检查、调整离合器踏板位置，对提高车辆使用性能和减轻驾驶员劳动强度具有十分重要的意义。

（二）离合器踏板自由行程的参数

一般轿车的离合器踏板自由行程为5～15mm；离合器踏板高度为（150±5）mm；离合器总泵与推杆间隙为0～1mm；离合器踏板总行程为130～140mm；离合器踏板最大踏板力不超过122.2N。如图9-1-15所示为离合器踏板自由行程调整，请扫对应的二维码观看动画。

（三）离合器踏板行程的检查与调整

作业内容	图解	具体操作方法及要求	完成确认
1. 车辆停放周正		车辆停放周正、安放车轮挡块、三件套等 检查离合器总泵有无液体渗漏，如有渗漏，应及时修理	
2. 踏板工作状况检查	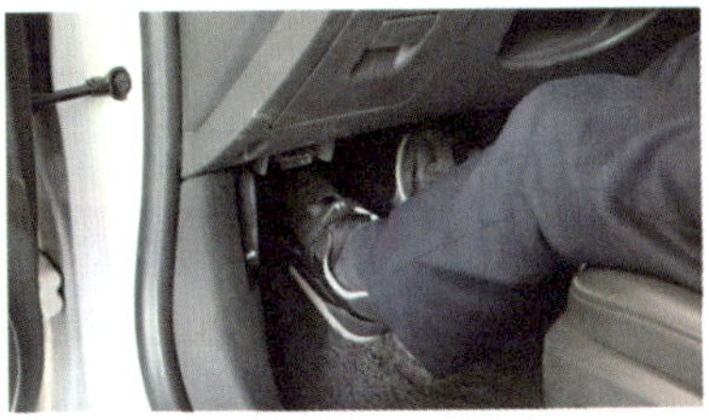	踩踏离合器踏板，检查踏板踩踏是否轻便、回弹是否有力、踩踏过程中有无异常噪声及过度松动等，如图所示。如有异常，应及时修理	
3. 离合器踏板高度检查	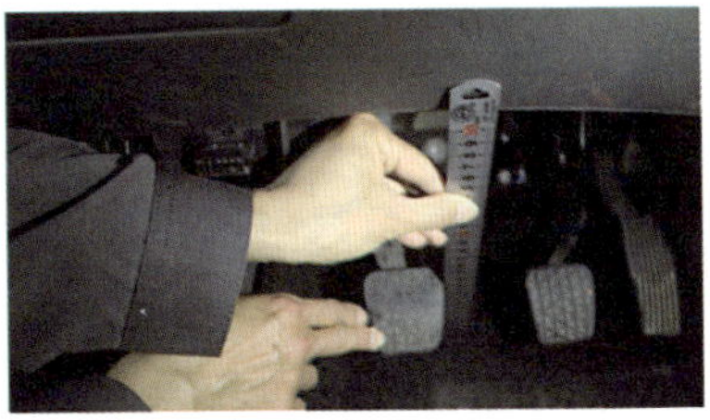	使用测量标尺检查离合器踏板高度是否处于131.6～141.6mm，如图所示。如果超出标准范围，调整踏板高度	

续表

作业内容	图解	具体操作方法及要求	完成确认
4. 踏板自由行程的检查	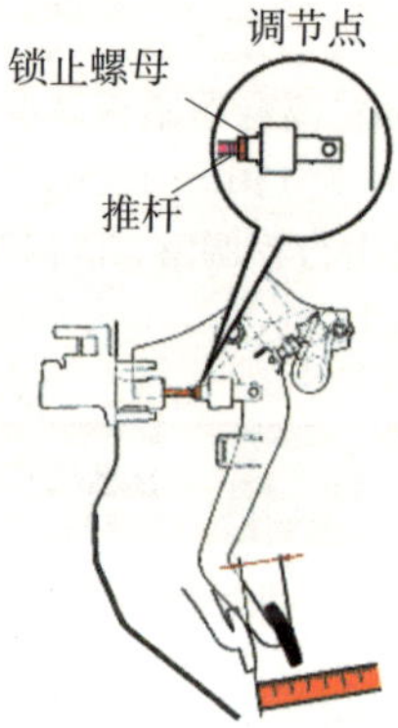 锁止螺母　调节点　推杆	如图所示，用手指按压踏板并使用一把测量标尺测量踏板的自由行程量。检查踏板自由行程是否处于 5～15mm。如果超出标准范围，调整踏板高度 提示： 用手指按压踏板时，感觉踏板逐渐变重的过程分两步，如下： 第一步：踏板运动直到踏板推杆接触总泵活塞 第二步：踏板运动直到总泵引起液压上升 离合器分离轴承推动膜片弹簧以前，随着踏板发生一定量的移动，踏板自由行程也就被确定	
5. 离合器踏板高度调整	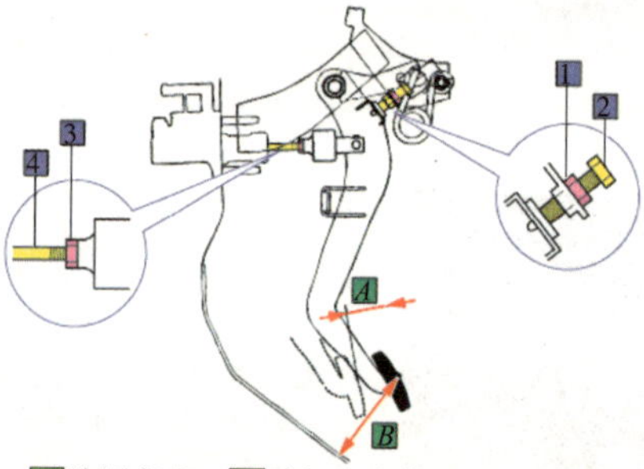	如图所示，松开限位螺栓锁止螺母 1，转动限位螺栓 2，直到踏板高度正确；上紧限位螺栓锁止螺母 1	
6. 踏板自由行程调整	A 踏板高度；B 踏板自由行程　1 限位螺栓锁止螺母；2 限位螺栓；3 推杆锁止螺母；4 踏板推杆	松开推杆锁止螺母 3；转动踏板推杆 4，直到踏板自由行程正确；上紧推杆锁止螺母 3。调整好踏板自由行程之后，需再检查踏板高度	

第二节　手动变速器

一、手动变速器结构认知

汽车上广泛使用的活塞式发动机，其输出的转矩和转速变化范围很小，而汽车在行驶时所遇到的复杂的道路条件和使用条件要求汽车的驱动力和车速能在相当大的范围内变化。为此，在汽车的传动系统中设置了变速器。

（一）变速器的功用及分类

1. 变速器的功用

① 在较大的范围内改变汽车的行驶速度和汽车驱动轮上转矩的数值。

② 在汽车发动机旋转方向不变的前提下，利用倒挡实现汽车倒向行驶。

③ 在发动机不熄火的情况下，利用空挡中断动力传递，可以使驾驶员松开离合器踏板离开驾驶位置，且便于汽车起动、怠速、换挡和动力输出。

④ 作为动力输出装置驱动其他机构，如自卸车的液压举升装置，汽车吊车的工作装置等。

2. 变速器的分类

（1）按传动比的级数进行分类

① 有级式变速器。有级式变速器采用齿轮传动，具有若干个定值传动比。轿车和轻、中型货车变速器多采用 3～5 个前进挡和 1 个倒挡（每个挡位对应一个传动比）。重型汽车变速器的挡位较多，有的重型车还装有副变速器。

② 无级式变速器。无级式变速器，英文缩写为 CVT。它的传动比在一定的数值范围内可连续变化，多采用液力变矩器以及锥形轮带传动来完成。目前高级轿车上已得到了普遍推广。

③ 综合式变速器。它是由液力变矩器和有级齿轮式变速器组成的液力机械式变速器，其传动比可在最大值与最小值之间的几个阶段的范围内做无级变化，目前应用较多。

（2）按操纵方式进行分类

① 手动变速器，英文缩写为 MT。它是通过驾驶员用手操纵变速杆来选定挡位，并直接操纵变速器的换挡机构进行挡位变换。齿轮式有级变速器大多数采用强制操纵的换挡方式。

② 自动变速器，英文缩写为 AT。这种变速器的自动控制系统能根据发动机的负荷和车速的变化情况自动地选定挡位，并进行挡位变换，即自动地改变传动比。驾驶员只需要操纵加速踏板就可以控制车速。

③ 手动/自动一体变速器。可以手动换挡，也可以自动换挡，比较典型的如奥迪 A6 的 Tiptronic，上海帕萨特 1.8T 等都装有手动/自动一体变速器。

（二）变速器的工作原理

普通齿轮变速器也叫定轴式变速器，它由变速器箱体、轴线固定的几根轴和若干对齿轮组成，可实现变速、变矩和改变旋转方向。

1. 变速原理

一对齿数相同的齿轮啮合传动时，主动齿轮带动从动齿轮，从动齿轮输出转速没有变化，如图 9-2-1（a）所示；一对齿数不同的齿轮啮合传动时，若小齿轮为主动齿轮，带动大齿轮转动时，输出转速降低，如图 9-2-1（b）所示；若大齿轮驱动小齿轮时，输出转速升高，如图 9-2-1（c）所示，这就是齿轮传动的变速原理。汽车变速器就是根据这一原理利用若干大小不同的齿轮副传动而实现变速的。设主动齿轮转速为 n_1，齿数为 Z_1；从动齿轮转速为 n_2，齿数为 Z_2。主动齿轮（输入轴）转速与从动轮（输出轴）转速之比值称为传动比。传动比用字母 $i_{1,2}$ 表示，即

$$i_{1,2}=n_1/n_2=Z_2/Z_1$$

因而
$$n_2=n_1(Z_1/Z_2)$$

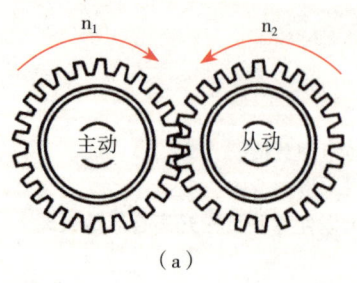 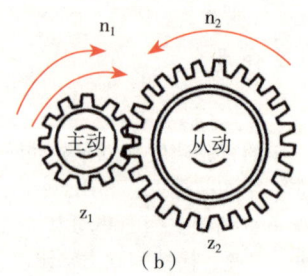 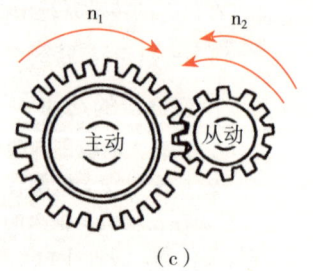

(a)　　　　　　　　(b)　　　　　　　　(c)

图 9-2-1　齿轮传动

2. 换挡原理

一对齿轮传动只能得到一个固定的传动比，从而得到一种输出转速，并构成一个挡位。为了扩大变速器输出转速的变化范围，普通齿轮式变速器通常采用多组大小不同的齿轮啮合传动，这样就构成了多个不同的位挡。

如图 9-2-2 所示，将图中的齿轮 3 与齿轮 4 脱开，再将齿轮 6 与齿轮 5 啮合，传动比即发生变化，输出轴Ⅱ的转速、转矩也发生变化，即挡位改变。当齿轮 4、齿轮 6 都不与中间轴上的齿轮 3、齿轮 5 啮合时，动力不能传到输出轴，中断动力传递，这就是变速器的空挡。

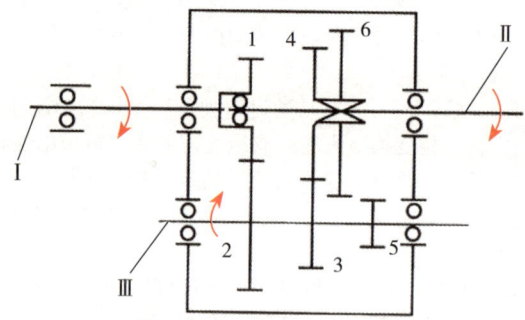

图 9-2-2　两级齿轮传动简图

3. 变向原理

如图 9-2-3 所示，一对外啮合齿轮传动的特点之一是两齿轮旋向相反，每经过一对齿轮传动，其输出轴改变一次转向，如图 9-2-3（a）所示，两对齿轮传动（齿轮 1 和齿轮 2，齿轮 3 和齿轮 4），其输出轴与输入轴转向相同，这是普通三轴式变速器前进挡的传动情况。

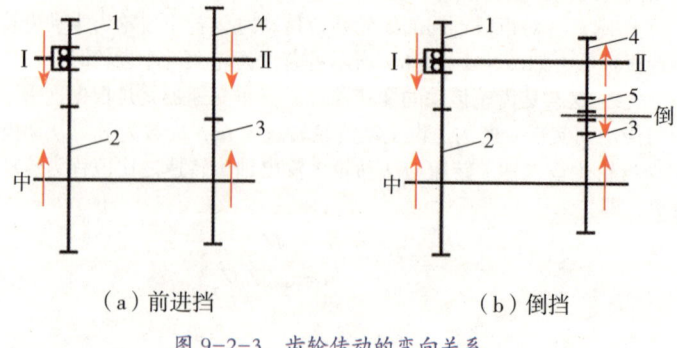

(a) 前进挡　　　　　　　　(b) 倒挡

图 9-2-3　齿轮传动的变向关系

如图9-2-3（b）所示，齿轮5装在中间轴与输出轴之间的倒挡轴上，三对传动副齿轮（齿轮1和齿轮2，齿轮3和齿轮5，齿轮5和齿轮4）传递动力，输出轴与输入轴的转向相反，这是三轴式变速器倒挡的传动情况。齿轮5称为倒挡齿轮或惰轮。

（三）变速传动机构

普通齿轮变速器主要分为两轴式变速器和三轴式变速器，它们的组成均包括变速传动机构和操纵机构两部分。变速传动机构的主要作用是改变转矩的大小和方向；操纵机构的作用是实现换挡。

1. 两轴式变速器

（1）结构组成

在发动机前置前轮驱动（FF方式）或发动机后置后轮驱动（RR方式）的中级和普通级轿车上，由于总体布置的需要，采用了两轴式变速器。这种变速器的特点是输入轴与输出轴平行，且无中间轴，各前进挡的动力分别经一对齿轮传递，图9-2-4是桑塔纳2000GSi采用的二轴式变速器。

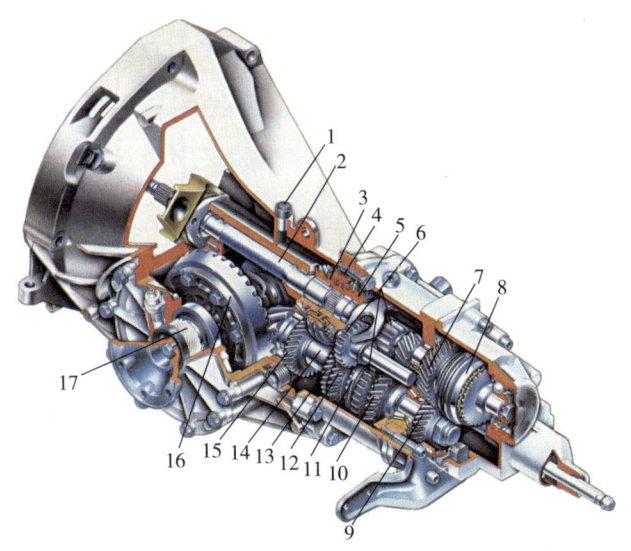

图9-2-4　二轴式变速器（桑塔纳2000GSi轿车）

1—通气塞；2—主动轴；3—主动轴四挡齿；4—三/四挡同步器；5—主动轴三挡齿；6—倒挡齿轮组；7—主动轴五挡齿；8—五挡同步器；9—从动轴五挡齿；10—从动轴一挡齿；11—一/二挡同步器；12—从动轴二挡齿；13—从动轴三挡齿；14—从动轴；15—从动轴四挡齿；16—差速器组件；17—车速里程表齿

（2）各挡位动力传递分析

桑塔纳2000GSi型轿车采用发动机前置前轮驱动，主减速器齿轮和差速器齿轮布置在离合器和变速器之间，主减速器齿轮为一对圆锥齿轮，如图9-2-5所示，工作原理动画，请扫二维码。

① 一挡时，变速杆从空挡向左、向前移动，1/2挡同步器的滑套位于右侧位置，动力传递线路如图9-2-6所示：输入轴→输入轴1挡齿轮→输出轴1挡齿轮→输出轴1/2挡同步器（结合套右移）→输出轴。一挡传动比为i=3.455。

② 二挡时，变速杆从空挡向左、向后移动，1/2挡同步器的滑套位于左侧位置，动力传递线路如图9-2-7所示：输入轴→输入轴2挡齿轮→输出轴2挡齿轮→输出轴1/2挡同步器（结合套左移）→输出轴。二挡传动比为i=1.944。

③ 三挡时，变速杆从空挡向前移动，3/4挡同步器的滑套位于右侧位置，动力传递线路如图9-2-8所示：输入轴→输入轴3/4挡同步器（结合套右移）→输入轴3挡齿轮→输出轴3挡齿轮→输出轴。三挡传动比为i=1.286。

④ 四挡时，变速杆从空挡向后移动，3/4挡同步器的滑套位于左侧位置，动力传递线路如图9-2-9所示：输入轴→输入轴3/4挡同步器（结合套左移）→输入轴4挡齿轮→输出轴4挡齿轮→输出轴。四挡传动比为i=0.969。

⑤ 五挡时，变速杆从空挡向右、向前移动，5挡同步器的滑套位于右侧位置，动力传递

线路如图 9-2-10 所示：输入轴→输入轴 5 挡同步器（结合套右移）→输入轴 5 齿轮→输出轴 5 齿轮→输出轴。五挡传动比为 i=0.800。

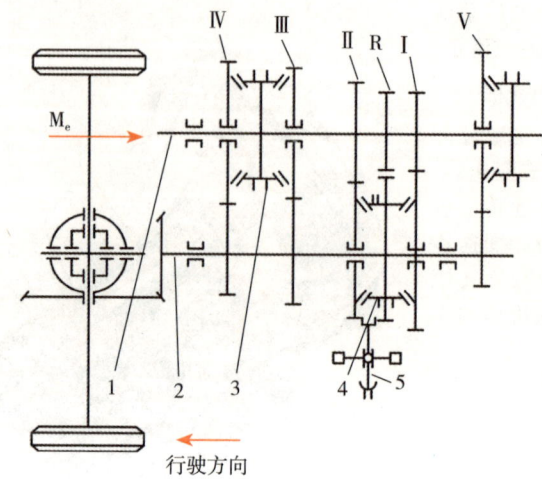

图 9-2-5　桑塔纳 2000GSi 型变速器传动机构示意图

1—输入轴；2—输出轴；3—三／四挡同步器；4—一／二挡同步器；5—倒挡轴倒挡齿轮；
Ⅰ—一挡齿轮；Ⅱ—二挡齿轮；Ⅲ—三挡齿轮；Ⅳ—四挡齿轮；Ⅴ—五挡齿轮；R—倒挡齿轮。

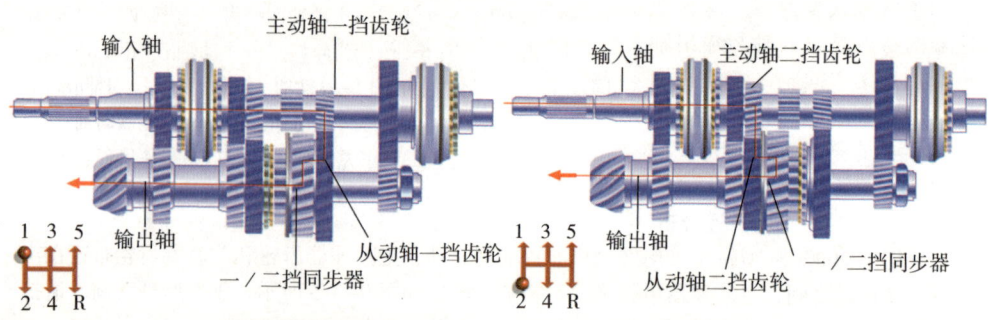

图 9-2-6　变速器一挡时动力传动路线　　　图 9-2-7　变速器二挡时动力传动路线

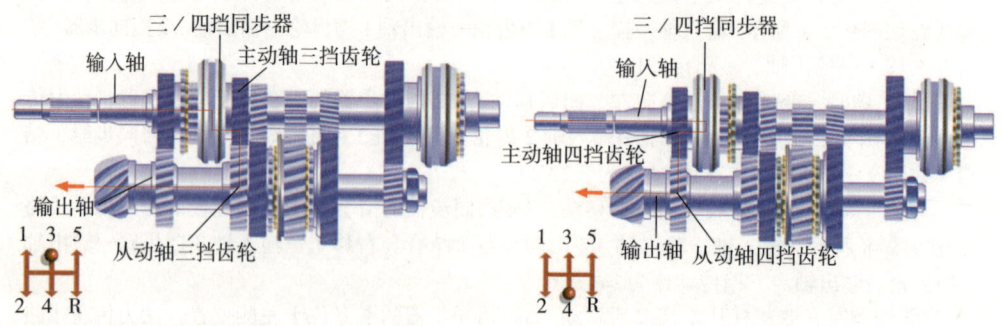

图 9-2-8　变速器三挡时动力传动路线　　　图 9-2-9　变速器四挡时动力传动路线

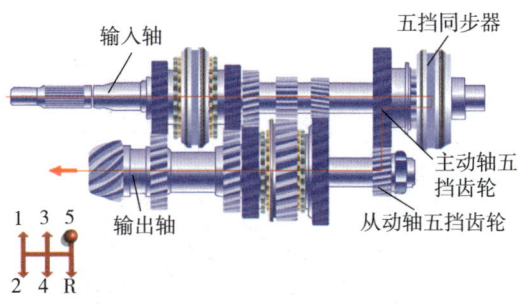

图 9-2-10　变速器五挡时动力传动路线

（6）倒挡时，变速杆从空挡向右、向后移动，倒挡轴上倒挡齿轮与输入轴倒挡齿轮及输出轴倒挡齿轮同时啮合，动力传递线路如图 9-2-11 所示：输入轴→输入轴倒挡齿轮→倒挡轴上倒挡齿轮→输出轴倒挡齿轮→输出轴。倒挡传动比为 i=3.167。

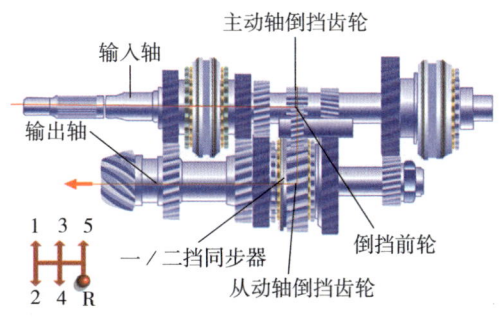

图 9-2-11　变速器倒挡时动力传动路线

（7）空挡时，各同步器的滑套均位于中间位置，不传递动力，如图 9-2-12 所示。

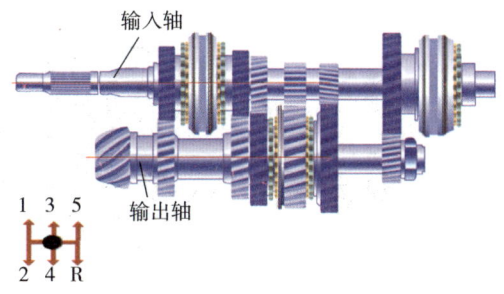

图 9-2-12　变速器空挡时各零件位置

2. 三轴式变速器

三轴式变速器是指齿轮传动机构中有输入轴、输出轴及中间轴的变速器。它通常广泛用于发动机前置后轮驱动（FR 方式）的车辆上，如 EQ1092、CA1092 型货车，其结构如图 9-2-13 所示。

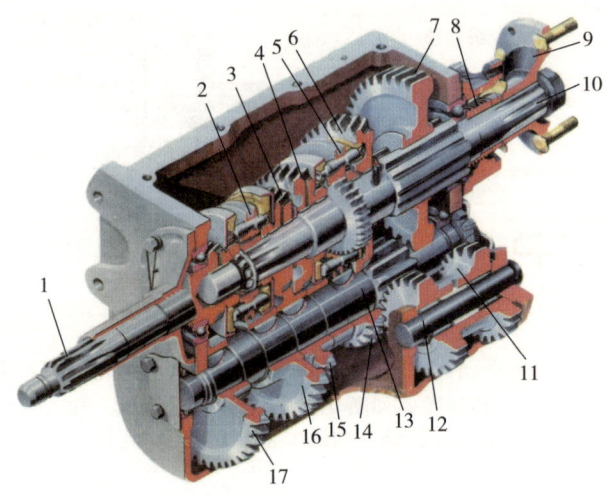

图 9-2-13 三轴式变速器

1—第一轴；2—四/五挡同步器；3—四挡齿；4—三挡齿；5—二/三挡同步器；6—二挡齿；7——/倒挡齿；8—里程表主动齿；9—手制动器凸缘；10—第二轴；11—倒挡齿；12—倒挡齿轮轴；13—中间轴；14—中间轴二挡齿轮；15—中间轴三挡齿轮；16—中间轴四挡齿轮；17—常啮合齿轮

（四）同步器结构

当采用直齿滑动式或结合套式换时，必须使所选挡位的一对待啮合齿轮或结合齿圈的圆周速度相等（同步），才能使之平顺地进入啮合而挂上挡。如果两齿轮不同步即强制挂挡，势必因两齿轮间存在速度差而发生冲击和噪声。为了达到"同步"这一要求，早期装备汽车的手动变速器没有"同步器"，驾驶员在换挡时必须采取合理的换挡操作步骤，才能顺利换挡；现代汽车的手动变速器则都采用了"同步器"换挡。

1. 同步器的功用

变速器中同步器的功用是使结合套与待啮合的齿轮迅速同步，缩短换挡时间，且防止在同步之前啮合而产生结合齿的冲击。

2. 同步器的类型及结构

同步器由同步装置（包括推动件、摩擦件）、锁止装置和结合装置组成。目前所用的同步器几乎都是摩擦惯性式同步装置，分为锁环式和锁销式两种同步器，如图 9-2-14 和图 9-2-15 所示。

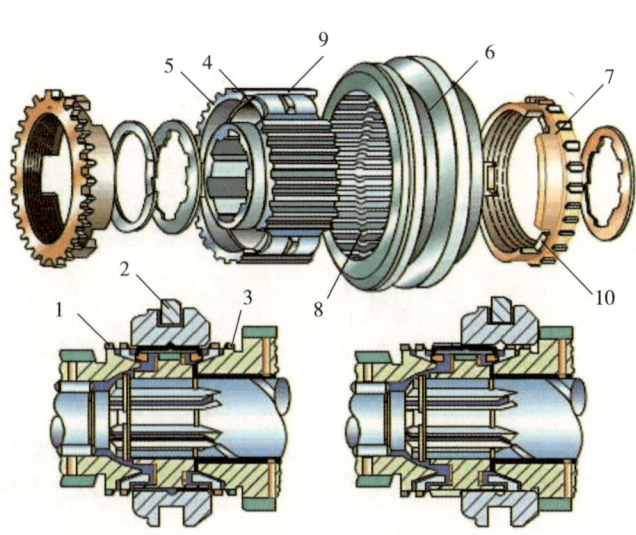

图 9-2-14 惯性锁环式同步器

1、3—齿轮；2—拨叉；7—锁环；4—弹簧圈；5—花键毂；6—接合套；8—结合齿；9—滑块；10—锁环缺口

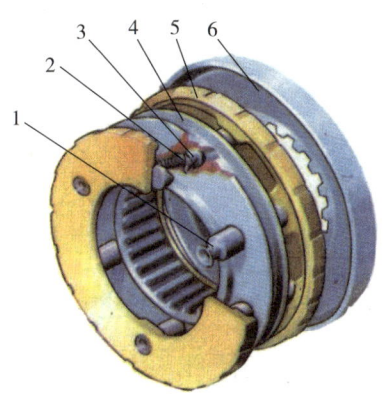

图 9-2-15 惯性锁销式同步器

1—同步器锁销；2—定位销钢球及弹簧；3—定位销；
4—滑动齿套；5—同步器锥环；6—锥盘。

（五）操纵机构

1. 变速器操纵机构的功用

变速器操纵机构可保证驾驶员根据使用条件，准确可靠地使变速器挂入所需要的挡位，并可随时使之退入空挡。

2. 对变速器操纵机构的要求

① 能防止变速器自动换挡和自动脱挡，为此，操纵机构中应设有自锁装置。
② 能保证变速器不会同时挂入两个挡位，为此，操纵机构中应设有互锁装置。
③ 能防止误挂入倒挡，为此，操纵机构中应设有倒挡锁装置。

3. 变速器操纵机构的类型

变速器操纵机构根据其变速操纵杆（简称变速杆）与变速器的相互位置的不同，可分为直接操纵式和远距离操纵式（图 9-2-16）两种类型。

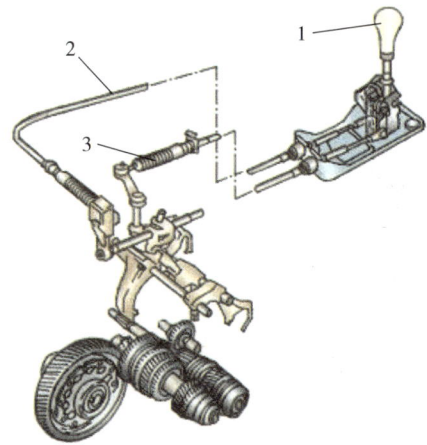

图 9-2-16 远距离操纵式
1—变速杆；2—纵向拉线；3—横向拉线。

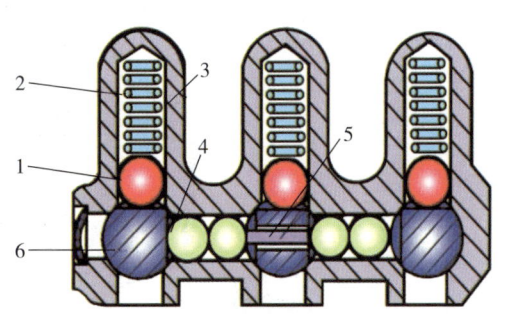

图 9-2-17 自锁装置
1—自锁钢球；2—自锁弹簧；3—变速器盖；
4—互锁钢球；5—互锁销；6—拨叉轴。

4. 定位锁止机构

（1）自锁装置

自锁装置可以对各拨叉轴进行轴向定位锁止，以防止其产生轴向移动而造成自动挂挡或自动脱挡，并保证各传动齿轮以全齿长啮合，其结构如图9-2-17所示。

（2）互锁装置

互锁装置可以阻止两个拨叉轴同时移动，防止同时挂入两个挡位，避免因同时啮合的两齿轮其传动比不同而卡住，造成运动干涉甚至造成零件损坏，其结构原理如图9-2-18所示。

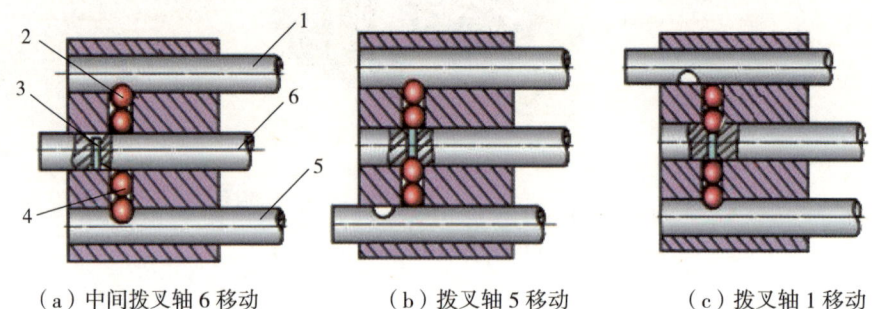

（a）中间拨叉轴6移动　　　（b）拨叉轴5移动　　　（c）拨叉轴1移动

图9-2-18　互锁装置

1，5，6—拨叉轴；2，4—互锁钢球；3—互锁销。

（3）倒挡锁装置

倒挡锁装置可以防止汽车在前进中因误入倒挡而造成极大的冲击，使零件损坏，并防止汽车在起步时误挂入倒挡而造成安全事故。它要求驾驶员必须进行与挂前进挡不同的操纵方式或对变速杆施加更大的力，才能挂入倒挡，起到提醒作用，从而防止汽车行进过程中误挂入倒挡，其结构原理如图9-2-19所示。

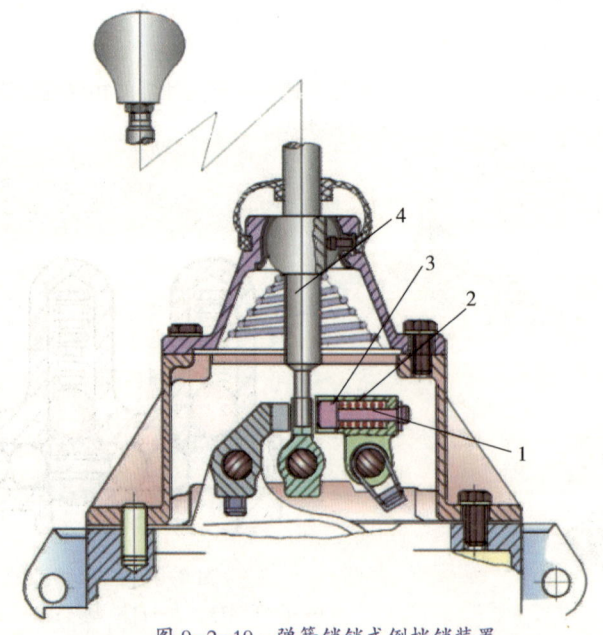

图9-2-19　弹簧锁销式倒挡锁装置

1—倒挡锁销；2—倒挡锁弹簧；3—倒挡拨叉；4—变速杆。

二、手动变速器的拆装与检修

(一) 变速器的检修

1. 齿轮的检修

① 若齿面有轻微斑点，或边缘有破损，在不影响质量的情况下可用油石修磨。当齿厚磨损超过 0.2mm，齿长磨损超过原齿长的 15%，或斑点超过齿面 15% 以上的，则应更换。

② 装好滚针轴承和内座圈后，用百分表检查齿轮和内座圈之间的间隙，如图 9-2-20 所示。标准游隙为 0.009～0.060mm，间隙为 0.15mm，若超过极限，则应修整或更换。

图 9-2-20 检查齿轮的游隙

2. 主动轴和从动轴的检修

① 轴不应有裂纹，各轴颈及花键不应有严重磨损，轴上的固定齿轮不应有断齿和严重磨损，否则应更换或涂镀（磨损轴颈）修理。

② 轴的径向圆跳动不得超过 0.05mm，如图 9-2-21 所示，否则应校正或更换。

图 9-2-21 检查轴的径向圆跳动

3. 同步器的检查

将同步环压到换齿轮锥面上，按压转动：同步环齿要有阻力，用塞尺测量环齿与轮齿之间的间隙，如图 9-2-22 所示，若不符合规定，必须更换同步环。滑块弹簧不应失效或折断。

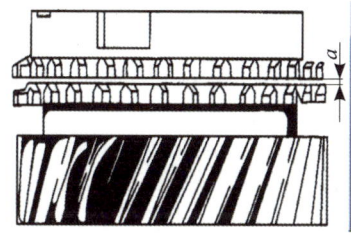

图 9-2-22 检查同步器间隙

4. 变速器壳体的检修

① 变速器壳体如有裂纹、砂眼均应更换，如砂眼较小可用密封剂填补。

② 变速器轴承孔磨损过大应予更换，不宜采用镶套修理。

③ 壳体接合面翘曲变形，平面度误差不应大于 0.15/100mm；如超过，应用刨、铲、铣等方法修复或更换。

5. 操纵机构的检修

① 变速叉：变速叉弯曲可用敲击法校正。导动块和叉下端面磨损严重应焊修或更换新件。

② 拨叉轴：拨叉轴弯曲应校正或更换。定位销孔磨损应更换新件。

③ 自锁及互锁装置：定位球、锁销磨损严重，弹簧变软或折断，均应更换。

（二）变速器装配主要技术要求

① 变速器壳的结合平面，平面度使用极限不得大于 0.20mm。
② 变速器第一、第二轴公共轴线与中间轴轴线的平行度误差不大于 0.20mm。
③ 变速器壳体前端面对第一、第二轴公共轴线的端面圆跳动，在直径 50～120mm 处大于 0.08mm；在直径 120～250mm 处不大于 0.10mm；在直径 250～500mm 处不大于 0.12mm。壳体上与盖的结合面对第一、第二轴公共轴线平行度误差不大于 0.20mm。
④ 第一、第二轴及中间轴后轴承与轴承座孔配合间隙一般为 0.00～0.05mm，使用极限 0.085mm。
⑤ 中间轴前轴承与轴承座孔配合间一般为 -0.04～+0.005 mm，使用极限 0.025mm。
⑥ 变速杆下端与导块槽接触的球头磨损不大于 0.40mm。
⑦ 变速叉轴与轴孔的配合间隙一般为 0.04～0.10mm，使用极限 0.30mm。
⑧ 变速叉轴上的定位凹坑要求轴向磨损不大于 0.50mm，径向磨损不大于 0.70mm。
⑨ 变速叉与滑动齿套环形槽的配合间隙不得大于 1.0mm。
⑩ 齿面呈阶梯状磨损或齿厚磨损大于 0.5mm。
⑪ 变速器轴的直线度误差不得大于 0.03mm；轴颈磨损不大于 0.04mm。
⑫ 常啮合齿轮衬套孔与衬套的配合间隙及齿轮装配后滚针轴承的间隙一般均为 0.025～0.09mm，使用极限 0.20mm。
⑬ 常啮合齿轮的轴向间隙应严格要求，一般为 0.1～0.3mm。

（三）变速器的装配与调整

1. 装配注意事项

变速器装配质量的好坏，对变速器的工作质量影响很大。在变速器装配时，应注意以下几个方面。

① 装配前，必须对零件进行认真清洗，除去污物、毛刺和铁屑等。尤其要注意第二轴齿轮上的径向润滑油孔的畅通。
② 装配各部轴承及键槽时，应涂质量优良的润滑油进行预润滑。总成修理时，应更换所有的滚针轴承。
③ 对零件的工作表面不得用硬金属直接锤击，避免齿轮出现运转噪声。
④ 注意同步器锁环或锥环的装配位置。装配过程中，如有旧件时应原位装复，以保证两元件的接触面积。因此，在变速器解体时，应对同步器各元件做好装配记号，以免装错。
⑤ 组装中间轴和第二轴时，应注意各齿轮、同步器固定齿座、推力垫圈的方向及位置，以保证齿轮的正确啮合位置。
⑥ 安装第一轴、第二轴及中间轴的轴承时，只许用压套垂直压在内圈上，禁止施加冲击载荷，轴承内圈圆角较大的一侧必须朝向齿轮。
⑦ 装入油封前，需在油封的刃口涂少量润滑脂，要垂直压入，并注意安装方向。
⑧ 变速器装配后，要检查各齿轮的轴向间隙和各齿轮副的啮合间隙及啮合印痕。常啮齿轮的啮合间隙为 0.15～0.40mm；滑动齿轮的啮合间隙为 0.15～0.50mm。第一轴的轴向间隙 ≤ 0.15mm，其他各轴的轴向间隙 ≤ 0.30mm，各齿轮的轴向间隙 ≤ 0.40mm。
⑨ 装配密封衬垫时，应在密封衬垫的两侧涂以密封胶，确保密封效果。
⑩ 安装变速器盖时，各齿轮和拨叉均应处于空挡位置。必要时，可分别检查各个常用的齿轮副是否处于全齿长接合位置。按规定的力矩拧紧全部螺栓。

2. 操纵机构性能检验

（1）自锁性能检验

装配好的变速器盖各变速叉轴均在空挡位置，然后任一变速叉轴挂挡试验。若变速叉轴猛用力推拨叉方能挂挡，说明该变速叉轴自锁装置良好；若用力较小就能挂挡，说明自锁性能欠佳。

（2）互锁性能检验

若某一变速叉轴挂入挡后，再将另一变速叉轴进行挂挡，不管用多大力，均不能挂挡，说明互锁装置良好；若另一拨叉轴也能挂入一个挡位，说明互锁失效。

（3）倒挡锁性能检验

变速器盖扣合在变速器壳体并紧固螺钉后，若挂倒挡时，用较大力将变速杆压入一侧，才能挂倒挡，说明倒挡锁装置性能良好。否则，说明倒挡锁性能欠佳。

（四）手动变速器的拆装与检修

以普通桑塔纳轿车手动变速器为例。

1. 变速器总成的拆卸

作业内容	图解	具体操作方法及要求	完成确认
1. 拆下变速器后盖		将变速器置于工作台上，排放变速器油。拆下分离套筒、分离轴承。均匀拧松变速器后盖螺栓，将后盖顺时针转动一个角度后，取下变速器后盖，取下调整垫片、密封垫圈	
2. 锁住输入、输出轴		向后撬动变速器三/四挡拨叉轴，直至露出互锁销 用冲头冲出并取下互锁销 将变速叉轴重新推回到空挡位置，同时使一/二挡和倒挡变速叉轴后移，使变速器同时挂入两个挡位，使变速器输入、输出轴锁住	
3. 拆卸输出轴后轴承紧固螺母		用錾子剔开输出轴后轴承紧固螺母的锁止部位 用扳手旋松输出轴后轴承紧固螺母 均匀拧松，并拆下变速器前后壳体的连接螺栓	
4. 分离变速器前后壳体		用铜棒敲击变速器输入轴前端使变速器前后壳体分离	

续表

作业内容	图解	具体操作方法及要求	完成确认
5. 拆卸三/四挡变速叉		用小冲头冲出三/四挡变速叉上的弹性销并取下 用冲头向后冲击三/四挡变速叉轴 取下三/四挡变速叉	
6. 拆卸输入轴后挡圈		拆下输入轴后端的止推片及挡圈	
7. 取出输入轴总成		用铜棒轻轻向前冲击输入轴 取出输入轴总成	
8. 拆卸倒轴及齿轮		从前向后冲出倒挡齿轮轴 取出倒挡齿轮、倒挡齿轮轴 拆下倒挡传动臂	
9. 取出输出轴总成		用小冲头冲出一/二挡拨块的弹性销并取下拨块 用铜棒敲击输出轴后端，自后向前冲出输出轴总成 取下锥形轴承、输出轴总成及一/二挡拨叉轴 从后壳体上拆下各变速叉轴 用专用工具取出变速器自锁、互锁装置	
10. 分解输入轴总成		将输出轴总成夹在台钳上，用卡簧钳拆下圈及调整垫片 取下四挡齿轮、四挡齿轮滚针轴承、三/四挡同步器锁环 用卡簧钳拆下三/四挡同步器花键毂圈、取下三/四挡同步器结合套 用压床从输入轴上压下三/四挡同步器花键毂 依次取下同步器花键毂、三挡锁环、三挡齿轮及滚针轴承	

续表

作业内容	图解	具体操作方法及要求	完成确认
11. 分解输出轴总成		首先压出一挡齿轮及圆锥滚子轴承，依次取下轴承、一挡齿轮及滚针轴承 其次用专用压具压出二挡齿轮及同步器花键毂。依次取下一挡齿轮滚针轴承内圈、一/二挡同步器花键毂、二挡同步器锁环、二挡齿轮及滚针轴承 用专用压具压出三挡齿轮、四挡齿轮、输出轴前轴承	

2. 变速器总成的安装

作业内容	图解	具体操作方法及要求	完成确认
1. 清洁检查输出轴各零件		清洁、检查输出轴各零件	
2. 安装输出轴总成		将轴承及四挡齿轮压装到输出轴上，凸肩朝向轴承 依次装入四挡齿圈、三挡齿轮、三挡齿圈、二挡齿轮滚针轴承、二挡齿轮、二挡齿轮同步器锥环、压装一/二挡同步器 压入一挡齿轮滚针轴承内圈，装入同步器锥环、一挡齿轮滚针轴承及一挡齿轮，压装输出轴后轴承	
3. 清洁检查输入轴各零件		清洁、检查输入轴各零件	
4. 安装输入轴总成		将三挡齿轮滚针轴承、三挡齿轮、同步器锥环套装在输入轴上 组装好三/四挡同步器总成，用卡簧钳装入三/四挡同步器圈 装入同步器锥环、四挡齿轮滚针轴承及四挡齿轮，安装四挡齿轮圈	
5. 将变速器输出轴装入壳体		将一/二挡变速叉用弹性销固定到变速叉轴上，将其与输出轴总成一起装入变速器壳体 装入后轴承并拧入固定螺母 用弹性销将拨块固装到一/二挡变速叉轴上 装入一/二挡变速叉轴与三/四挡变速叉轴之间的大互锁销，并装入三/四挡变速叉轴	

续表

作业内容	图解	具体操作方法及要求	完成确认
6. 装入倒齿轮及齿轮轴		装入倒挡拨叉轴及倒挡互锁装置,并压紧倒挡互锁装置 将倒挡齿轮及齿轮轴装入变速器壳体中 装入倒挡传动臂	
7. 将变速器输入轴装入壳体		向后拉动三/四挡变速叉轴,将输入轴总成与变速叉一起装入变速器壳体中 将变速叉轴推入空位置,装上弹性销,使三/四挡变速叉轴与变速叉固定 依次装入输入轴后轴承、止推垫片(圈)	
8. 装合变速器壳体		在变速器前后壳体之间换用新的密封垫片,装合变速器前后壳体,并用25N·m的力矩拧紧固定螺栓 使一挡齿轮和倒挡齿轮同时啮合,以100N·m的力矩拧紧输出轴后螺母,用錾子锁紧螺母	
9. 装复变速叉轴		将各变速叉轴推回空位置,小心地向三挡方向拔出三/四挡拨叉轴,装入互锁销,然后重新推回空位置	
10. 装合变速器后盖		在变速器后盖中装入内选挡杆和异形弹簧 在变速器后盖与变速器壳体之间换用新的密封垫片,顺时针拧动内选挡杆,将变速器后盖扣合到变速器壳体上,以25N·m的力矩拧紧固定螺栓	

三、手动变速器油的检查与更换

按照汽车保养手册要求,须对达到行驶里程车辆的手动变速器油液进行检查,根据检查情况添加或更换。不同汽车企业对手动变速器齿轮油的检查的行驶里程或年限的规定略有不同,如2015款科鲁兹每10000km检查一次,大众新速腾1.6L车型每15000km检查一次。

（一）齿轮油的分类

认识汽车手动变速器齿轮油，如图 9-2-23 所示。

1. 美国石油协会（API）的车辆齿轮油性能分类

美国石油学会将车辆齿轮油按使用性能分为 GL-1、GL-2、GL-3、GL-4、GL-5 和 GL-6 六类。其性能水平顺序逐级提高。其中，使用较多的是 GL-4 和 GL-5 两类。

图 9-2-23 齿轮油

2. 美国汽车工程师协会（SAE）的车辆齿轮油分类

我国齿轮油的黏度采用美国 SAE 齿轮油黏度分类法。美国汽车工程师协会（SAE）于 2005 年发布的车辆齿轮油黏度分类标准 SAE J306—2005，是 SAE 迄今为止最新的车辆齿轮油黏度分类标准版本。

按齿轮油黏度为 150Pa·s 时最高温度和 100℃的运动黏度，将齿轮油分为 70W、75W、80W、85W、80、85、90、110、140、190 和 250 十一个黏度牌号。

（二）齿轮油的组成

齿轮油是由基础油及添加剂组成。性能的优异和选择机油一样，要看基础油是何类型。

常用于调配齿轮油的基础油有 500SN、650SN、150BS、200BS 等，有的还采用合成油如 PAO、聚醚等调和，一般 GL-4、GL-5 级的 85W/90、85W/140 及 90、140 油采用普通矿油调和则可，GL-4、GL-5 的 75W/90、80W/90 则需要用合成油调和了。

建议家庭用车如果需要更换手动变速箱齿轮油，尽量使用 API 75W-90 的 GL-4、GL-5 的全合成型齿轮油。此类全合成油美孚、壳牌、福斯、长城都有相应的牌号，请选择使用。

（三）齿轮油使用注意事项

① 不能将使用级较低的齿轮油用在要求较高的车辆上，但使用级较高的齿轮油可以用在要求较低的车辆上。

② 使用黏度级别过高的齿轮油，将使燃料消耗及磨损显著增加，特别是高速轿车影响较大，应尽可能使用合适的多级齿轮油。

③ 不同使用级别的齿轮油不能混用。

④ 严防水分混入，以免极压抗磨添加剂失效。

（四）手动变速器油的检查与更换

① 变速器齿轮油的检查。

② 变速器齿轮油的更换。

经检查，若手动变速器齿轮油油质不合格或达到了厂家规定更换里程或年限，这时必须及时更换手动变速器齿轮油，以下是手动变速器齿轮油的更换操作。

作业内容	图解	具体操作方法及要求	完成确认
1. 齿轮油检查准备操作		车辆进入工位前，将工位卫生清理干净，排除障碍物，准备好相关的工具、物品、耗材等 安装、铺设内三件套(转向盘套、座椅套、地板垫)；将车辆停放在举升机的中央位置，拉紧驻车制动装置；将变速器置于空挡，安装好车轮挡块；打开发动机盖，安装、铺设外三件套(翼子板布、格栅板) 准备好手动变速器齿轮油检查需要的常用工具、操作设备以及辅助工具，24# 套筒扳手组件、17cm 内六角扳手、10～100N·m 扭力扳手	
2. 旋下加油螺塞	拧松	操纵举升机将车辆举升到适当高度，并可靠锁止提升臂 使用 24# 套筒、棘轮扳手拧松变速器注油塞，用手旋下注油塞并放好	
3. 检查变速器油量	变速器油平面应位于注油口下边缘 0～5mm	查看变速器内油面位置，如果油位低，则检查变速器油是否泄漏 注意：为了看清油面位置，可以配合灯光照明。变速器油面应位于注油口下边缘 0～5mm 范围内。如果变速器油面正常，则将注油塞按照规定力矩拧紧	
4. 手动变速漏油情况检查		检查变速器内换挡杆油封处是否有漏油现象。如有泄漏现象，应更换内换挡杆油封 检查变速器壳体接合处是否有漏油现象。如变速器壳体接合处存在漏油现象，应更换衬垫 检查变速器前油封是否有漏油现象。如果漏油，应更换前油封 检查两侧半轴油封处是否存在漏油现象。如有漏油现象，应更换半轴油封	
5. 齿轮油油质检查		松开排放孔，用容器接下部分油液，检查排出油液的情况：是否存在异味、油液是否有浑浊情况；用手接触油液，看油液中是否存在细小的金属颗粒；如果有变质情况，应更换变速器油	

作业内容	图解	具体操作方法及要求	完成确认
1. 齿轮油更换的准备操作		工位准备、车辆准备、常用工具准备，同（一）变速器齿轮的检查。准备废油回收桶、手动按压式齿轮油加注机	
2. 排放齿轮油		起动车辆，行驶一定距离或在举升机上原地挂挡运转，使变速器齿轮油升温，随后，发动机熄火，拉好手制动、置空挡、顶起汽车至适当位置。准备好废油回收桶、拧出齿轮油放油螺栓、放出齿轮油	
3. 加注齿轮油		油液排放完毕后，使用新的放油螺栓垫片，安装好放油螺栓，拧紧力矩为 60～80N·m 选择汽车制造厂家推荐的齿轮油，使用齿轮油加注机加注适量的齿轮油（雪佛兰科鲁兹D16手动变速器油量为1.8L），直至齿轮油从注油口刚刚溢出为止 安装加油口塞并拧紧，拧紧力矩为25N·m	
4. 运行检查、结束工作		放下车辆，挂挡运转汽车数分钟，然后再举升车辆，检查有无齿轮油渗漏现象 结束工作：放下车辆、收驾驶室三件套、升起车窗玻璃，清洁整理车辆、场地、设备、工具 废弃齿轮油做集中回收处理	

第三节 自动变速器

一、自动变速器结构认知

目前汽车上装用的自动变速器由于综合应用了电子控制技术、液压控制技术、液力传动技术和机械传动技术，故又称为电控自动变速器。

（一）自动变速器的特点

① 使驾驶操作简便省力，提高了行车的安全性。

②汽车起步更加平稳，能吸收和衰减振动与冲击，从而提高乘坐的舒适性。
③能自动适应行驶阻力的变化，自动适时地换至高速挡或低速挡行驶。提高了汽车的动力性和经济性。
④能以很低的车速在坏路上行驶以提高车辆在坏路面上的通过性。
⑤自动变速器工作介质是液体，能提高发动机传动系统的使用寿命。
⑥能够降低废气排放。

（二）自动变速器的类型

1. 按传动比是否连续分类

（1）有级自动变速器（AT）

有级自动变速器主要是通过液力传递以及行星齿轮机构中主动件、从动件、固定件的变化，而具有有限几个定值传动比（一般有3~5个前进挡和一个倒挡），同时实现前进挡自动变换的变速器。如图9-3-1所示。

图9-3-1　有级自动变速器（雷克萨斯A761E）　　　图9-3-2　无级自动变速器

（2）无级自动变速器（CVT）

无级自动变速器是通过主动、从动链轮半径的变化，实现传动比的连续改变，如图9-3-2所示。

2. 按汽车驱动方式分类

（1）后驱动自动变速器

后驱动自动变速器的变矩器和齿轮变速器的输入轴及输出轴在同一轴线上，如图9-3-3、图9-3-4所示。发动机的动力经变矩器、自动变速器、传动轴、后驱动桥的主减速器、差速器和半轴传给左右两个后轮。

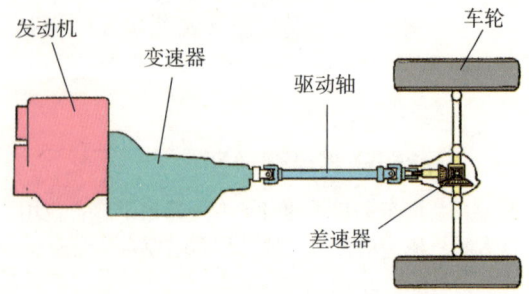

图9-3-3　解剖的后驱动自动变速器　　　图9-3-4　后轮驱动传动系统

（2）前驱动自动变速器

前驱动自动变速器除了具有与后驱动自动变速器相同的组成部分外，在自动变速器的壳体内还装有差速器，如图9-3-5、图9-3-6所示。

图9-3-5　解剖的前驱动自动变速器

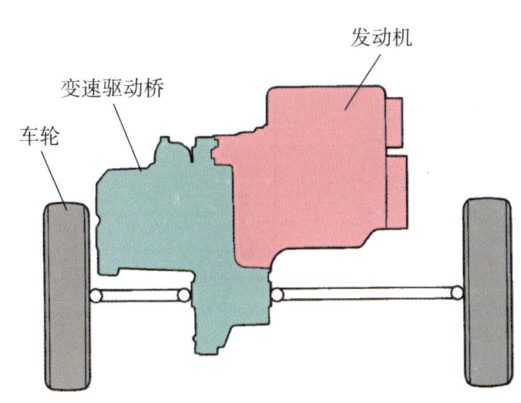

图9-3-6　前轮驱动传动系统

3. 按控制方式分类

（1）液力控制自动变速器

在液力控制自动变速器中，节气门开度阀把发动机负荷大小转换成相应的油压，并且把该油压作用于换挡阀的一端；调速器把汽车车速高低转换成相应的油压，并且把该油压作用于换挡阀的另一端，换挡阀两端的油压比较大小，决定换挡阀的位置状态，从而决定变速器的升降挡，如图9-3-7所示。其信号采集和控制方式都采用机械和液压的方法。

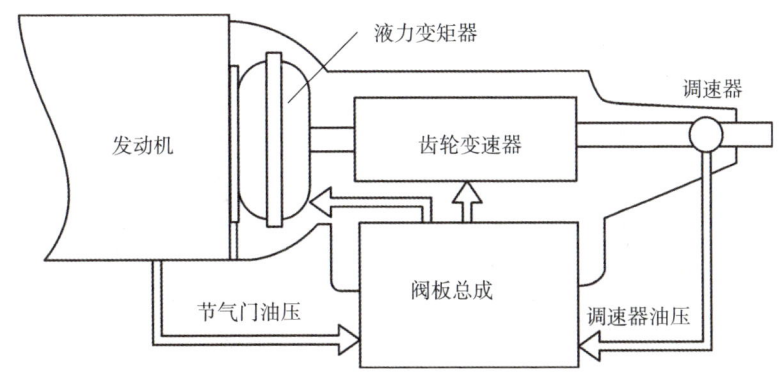

图9-3-7　液压控制自动变速器的控制方式

（2）电子控制自动变速器

在电子控制自动变速器中，换挡的最主要信号仍然是发动机负荷和汽车车速两个信号，但是反映发动机负荷大小是节气门位置传感器，反映汽车车速的是车速传感器。传感器把采集的信号转换成电量传送给电脑，电脑接收信息后，与存储在内部的程序加以比较，并给执行换挡的电磁阀发出通、断点的指令，实现升降挡位的变化，如图9-3-8所示。在电控的自动变速器中，信号的采集应用了电子传感器，而控制方法依靠电脑（ECU）。

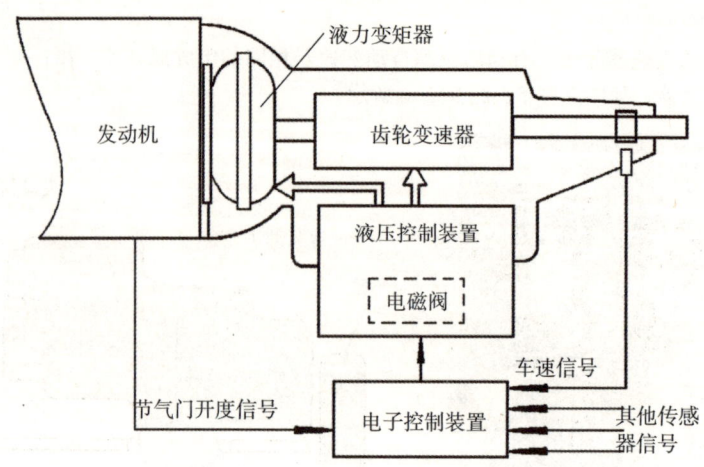

图 9-3-8　电子控制自动变速器的控制方式

(三) 自动变速器的基本组成

典型的自动变速器包括 5 个基本系统：液力变矩器、齿轮传动装置、液压控制装置、电子控制装置和冷却滤油装置，如图 9-3-9 所示。

① 液力变矩器：取代了手动变速器的机械离合器，起到传输和增加发动机转矩的作用。
② 齿轮传动装置：进行减挡、升挡、空挡和倒挡等换挡。
③ 液压控制装置：控制液压的压力和方向，使液力变矩器和齿轮传动装置顺利工作。
④ 电子控制装置：控制电磁阀和液压控制装置，使自动变速器满足汽车行驶的最佳状态。
⑤ 冷却滤油装置：能够保证自动变速器油温在设计范围内，一般在 50℃~90℃。

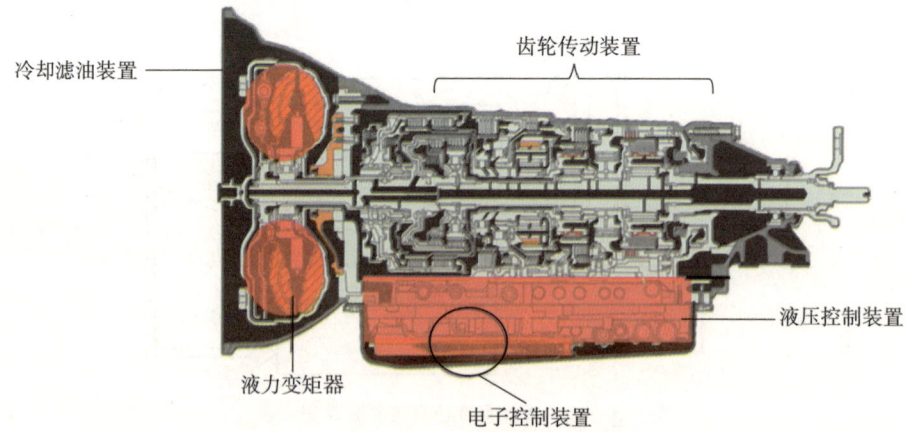

图 9-3-9　自动变速器的基本组成

(四) 液力变矩器的结构原理

1. 液力变矩器的作用

液力变矩器位于发动机和变速器之间，以自动变速器油（ATF）为工作介质，主要完成以下功用：传递转矩、无级变速、放大转矩、自动离合、驱动油泵。

2. 液力变矩器的结构

液力变矩器通常由泵轮、导轮及单向离合器、涡轮、锁止离合器等部件组成，如图9-3-10所示。

图9-3-10 液力变矩器的结构

液力变矩器总成封装在一个冲压而成的钢制壳体（变矩器壳体）中。液力变矩器壳体通过螺栓与发动机曲轴后端的飞轮连接，与发动机曲轴一起旋转。泵轮位于液力变矩器的后部，与变矩器壳体连在一起。涡轮位于泵轮前，通过带花键的从动轴向后面的机械变速器输出动力。导轮位于泵轮与涡轮之间，通过单向离合器支承在固定套管上，使得导轮只能单向旋转（顺时针旋转）。锁止离合器位于涡轮与变矩器壳体之间。泵轮、涡轮和导轮上都带有叶片，液力变矩器装配好后形成环形内腔，其间充满ATF。液力变矩器的构造如图9-3-11所示。

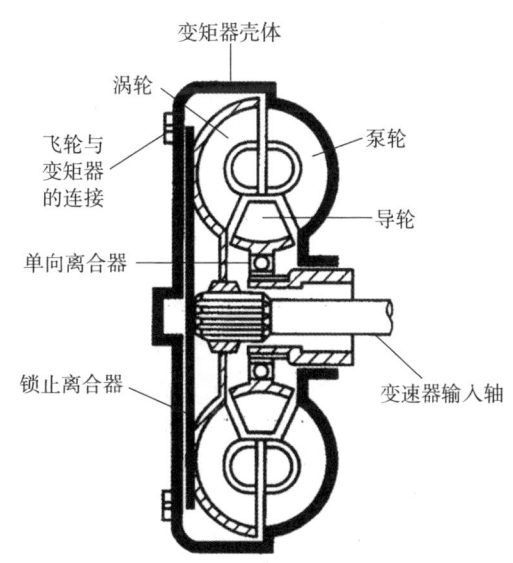

图9-3-11 液力变矩器的构造

3. 液力变矩器的工作原理

液力变矩器，它是一个密闭而且能承受一定压力的工作腔，油液在腔内循环流动，其中泵轮、涡轮和导轮分别与发动机曲轴、变速器的输入轴和壳体相连。发动机飞轮盘旋转时，油液从离心式的泵轮流出，顺次冲击涡轮、导轮再返回泵轮，周而复始地循环流动。泵轮将发动机的动力传递给油液，高速油液推动涡轮旋转，将动力传给变速器的输入轴，如图9-3-12所示。

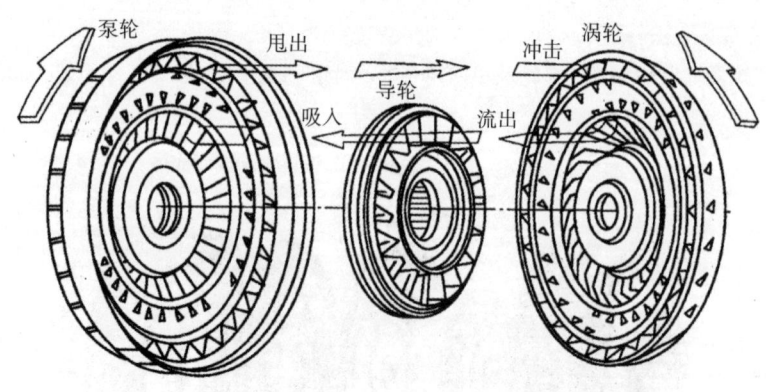

图 9-3-12 液力变矩器的工作原理

（五）行星齿轮机构的结构原理

1. 行星齿轮机构的结构

如图 9-3-13 所示，单排行星齿轮机构的基本组成包括 1 个太阳轮（或称为中心轮）、1 个齿圈、1 个行星架和支承在行星架上的 3～4 个行星轮。

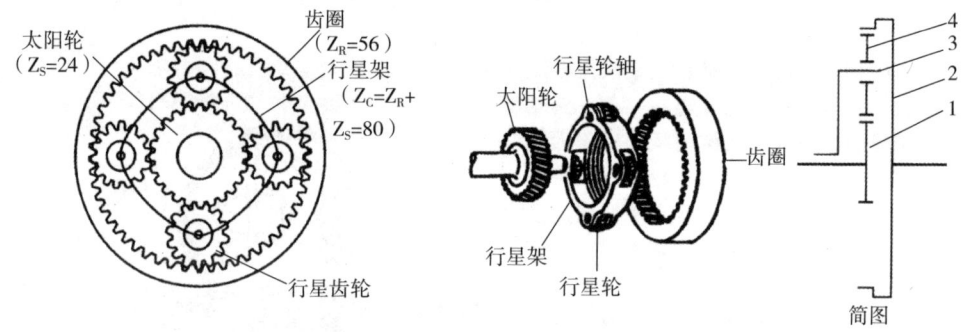

图 9-3-13 行星齿轮机构的结构
1—太阳轮；2—齿圈；3—行星架；4—行星轮。

齿圈为内齿轮，其余齿轮均为外齿轮。太阳轮位于机构的中心，行星轮与之外啮合，行星轮与齿圈内啮合。通常行星轮有 3～4 个，通过滚针轴承安装在行星齿轮轴上，行星齿轮轴对称、均匀地安装在行星架上。行星齿轮机构工作时，行星轮除了绕自身轴线的自转外，同时还绕着太阳轮公转，行星轮绕太阳轮公转，行星架也绕太阳轮旋转。由于太阳轮与行星轮是外啮合，所以两者的旋转方向相反；而行星轮与齿圈是内啮合，则这两者的旋转方向相同。

2. 行星齿轮机构的工作原理

单排行星齿轮机构具有两个自由度，在三个基本件中，任选两个分别作为主动件和从动件，而使另一个元件固定不动（或受约束），则机构只有一个自由度，整个轮系以一定的传动比传递动力，具体工作方式如表 9-3-1 所示。

表 9-3-1　单排行星齿轮机构工作方式

固定件	主动件	从动件	转速	旋转方向
齿圈	太阳轮	行星齿轮架	减速	与主动件同向
齿圈	行星齿轮架	太阳轮	加速	与主动件同向
太阳轮	齿圈	行星齿轮架	减速	与主动件同向
太阳轮	行星齿轮架	齿圈	加速	与主动件同向
行星齿轮架	太阳轮	齿圈	减速	与主动件反向
行星齿轮架	齿圈	太阳轮	加速	与主动件反向
任意两个元件运动情况相同			相同	与主动件同向
没有固定任意一个元件				空挡

（六）换挡执行元件的结构原理

行星齿轮变速器的换挡执行元件主要有离合器、制动器和单向离合器三种。

1. 离合器

离合器的功用是：连接轴和行星齿轮机构中的元件，或是连接行星齿轮机构中的不同元件。

离合器的基本组成和工作原理如图 9-3-14 所示，其主要组成元件是主动片、从动片和活塞。主动片通过外花键与离合器鼓配合，从动片通过内花键与花键毂配合，活塞用于将主动片、从动片压紧在一起。

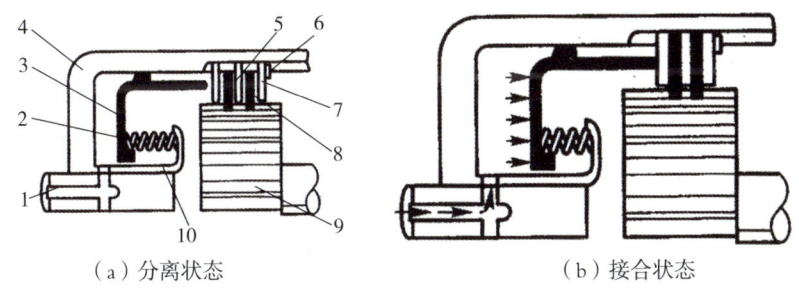

(a) 分离状态　　　　　(b) 接合状态

图 9-3-14　离合器的组成和工作原理

1—控制油道；2—回位弹簧；3—活塞；4—离合器鼓；5—主动片；
6—卡环；7—压盘；8—从动片；9—花键毂；10—弹簧座。

工作时，当一定压力的 ATF 油经控制油道进入活塞左面的液压缸时，液压作用力便克服回位弹簧力使活塞右移，将所有离合器片压紧，即离合器接合，与离合器主、从动部分相连的元件也被连接在一起，以相同的速度旋转。

2. 制动器

制动器的功用是：将行星齿轮机构中的太阳轮、齿圈或行星架这三个元件之一与变速器壳体相连，使其被固定而不能转动。

制动器有片式和带式两种形式。片式制动器与离合器的结构和原理相同，不同之处是离合器是通过连接作用而传递动力，而片式制动器是通过连接而起制动作用。下面介绍带式制动器。

带式制动器由制动带和控制油缸组成，如图 9-3-15 所示为带式制动器的零件分解图。

制动带是内表面带有镀层的开口式环形钢带。制动带的一端通过销等方式固定在自动变速器壳体的支座上,另一端与控制油缸的活塞杆相连。制动时,压力油进入活塞右腔,克服左腔油压和回位弹簧的作用力推动活塞左移,制动带以固定支座为支点收紧。在制动力矩的作用下,制动鼓停止旋转,行星齿轮机构某元件被锁止。随着油压撤除,活塞逐渐回位,制动解除。

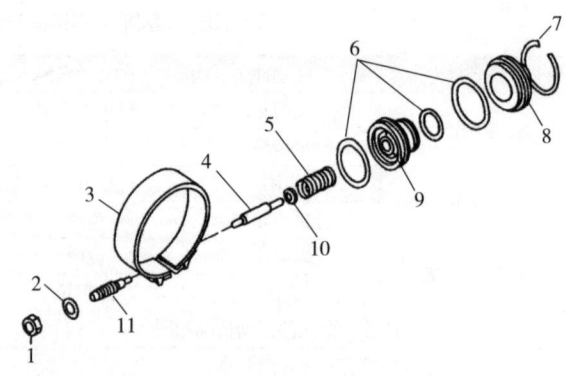

图 9-3-15 带式制动器的零件分解
1—制动带调整螺母;2—垫圈;3—制动带;4—制动带伺服装置活塞推杆;5—回位弹簧;6—O形圈;7—挡圈;8—伺服活塞挡盘;9—制动带伺服活塞;10—止推垫圈;11—调整螺钉

3. 单向离合器

单向离合器作用是:实现内外座圈的单向旋转,分为楔块式和滚柱式两种类型。

楔块式单向离合器由外座圈、内座圈、保持架、楔块等组成,如图 9-3-16 所示。当外座圈逆时针转动时,外座圈带动楔块逆时针转动,楔块的长径与内、外座圈接触,长径大于内、外座圈之间的距离,所以外座圈被卡住不能转动。当外座圈顺时针转动,外座圈带动楔块顺时针转动,楔块短径与内、外座圈相接触,短径小于内、外座圈之间的距离,所以外座圈可以自由转动。

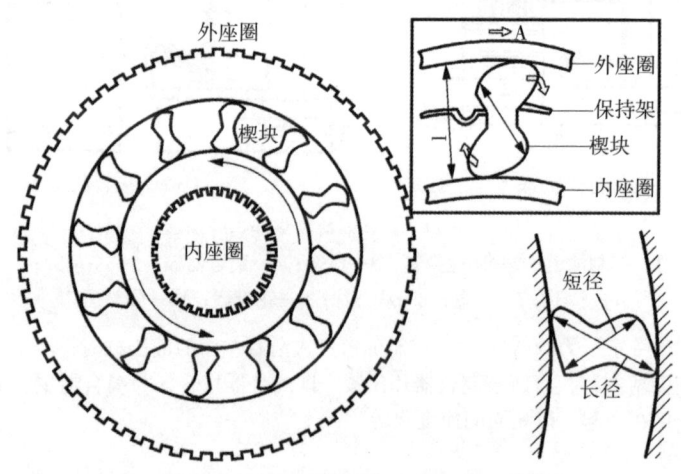

图 9-3-16 楔块式单向离合器结构及工作原理

滚柱式单向离合器如图 9-3-17 所示,滚柱式单向离合器由内座圈、外座圈、滚柱、叠片弹簧等组成。当外座圈顺时针旋转时,滚柱进入楔形槽的宽处,内、外座圈不能被滚柱楔紧,外座圈可自由转动。当外座圈逆时针旋转时,滚柱进入楔形槽的窄处,内、外座圈被滚柱楔紧,外座圈被固定不动。

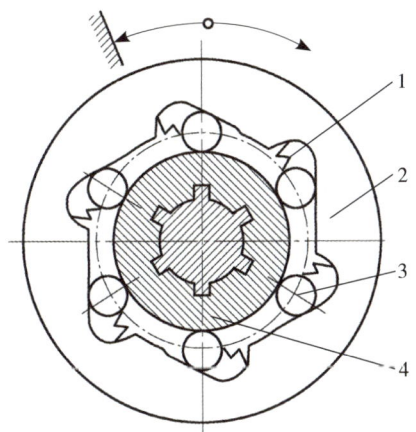

图 9-3-17　滚柱式单向离合器
1—叠片弹簧；2—外座圈；3—滚柱；4—内座圈。

二、自动变速器的拆装与检修

辛普森（Simpson）行星齿轮变速器是在自动变速器中应用最广泛的一种行星齿轮变速器，由美国福特公司的工程师 H.W·辛普森发明。辛普森行星齿轮变速器由两排行星齿轮机构组成，提供三个前进挡位，多用于通用、丰田汽车上。下面以丰田的 A341E 自动变速器为例进行介绍四挡辛普森行星齿轮变速机构。

（一）辛普森行星齿轮机构的组成

图 9-3-18 为丰田 A341E 四挡辛普森行星齿轮机构的结构简图。

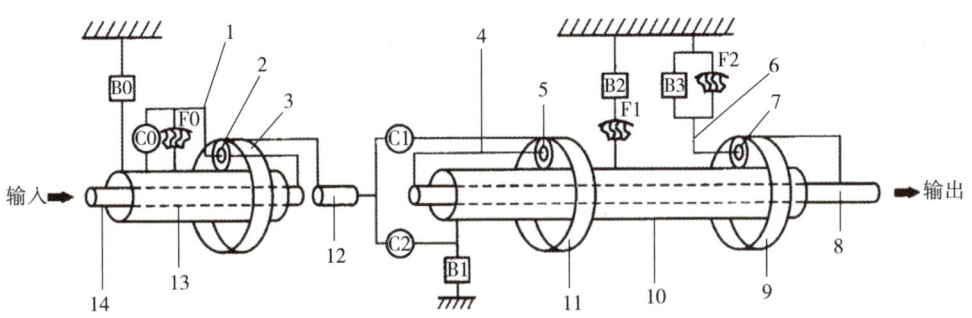

图 9-3-18　四挡辛普森行星齿轮机构的结构简图
1—超速（OD）行星排行星架；2—超速（OD）行星排行星轮；3—超速（OD）行星排齿圈；
4—前行星排行星架；5—前行星排行星轮；6—后行星排行星架；7—后行星排行星轮；8—输出轴；
9—后行星排齿圈；10—前行星排太阳轮；11—前行星排齿圈；12—中间轴；
13—超速（OD）行星排太阳轮；14—输入轴；C0—超速挡（OD）离合器；C1—前进挡离合器；
C2—直接挡、倒挡离合器；B0—超速挡（OD）制动器；B1—二挡滑行制动器；B2—二挡制动器；
B3—低、倒挡离合器；F0—超速挡（OD）单向离合器；F1—二挡（一号）单向离合器；
F2-抵挡（二号）单向离合器。

四挡辛普森行星齿轮变速器由四挡辛普森行星齿轮机构和换挡执行元件两大部分组成。

其中四挡辛普森行星齿轮机构由三排行星齿轮机构组成，前面一排为超速行星排，中间一排为前行星排，后面一排为后行星排，之所以这样命名是由于四挡辛普森行星齿轮机构是在三挡辛普森行星齿轮机构的基础上发展起来的，沿用了三挡辛普森行星齿轮机构的命名。输入轴与超速行星排的行星架相连，超速行星排的齿圈与中间轴相连，中间轴通过前进挡离合器或直接挡、倒挡离合器与前、后行星排相连。前、后行星排的结构特点是，共用一个太阳轮，前行星排的行星架与后行星排的齿圈相连并与输出轴相连。

（二）辛普森行星齿轮机构的换挡执行元件

辛普森行星齿轮机构的换挡执行元件包括3个离合器、4个制动器和3个单向离合器共10个元件。它们具体的功能见表9-3-2。

表9-3-2 换挡执行元件功能

换挡执行元件		功能
C0	超速挡（OD）离合器	连接超速行星排太阳轮与超速行星排行星架
C1	前进挡离合器	连接中间轴与前行星排齿圈
C2	直接挡、倒挡离合器	连接中间轴与前后行星排太阳轮
B0	超速挡（OD）制动器	制动超速行星排太阳轮
B1	二挡滑行制动器	制动前后行星排太阳轮
B2	二挡制动器	制动F1外座圈，当F1起作用时，可以防止前后行星排太阳轮逆时针转动
B3	低速挡、倒挡制动器	制动后行星排行星架
F0	超速挡（OD）单向离合器	连接超速行星排太阳轮与超速行星排行星架
F1	二挡（一号）单向离合器	当B2工作时，防止前后行星排太阳轮逆时针转动
F2	低速挡（二号）单向离合器	防止后行星排行星架逆时针转动

（三）四挡辛普森行星齿轮机构各挡传动路线

各挡换挡执行元件工作情况见表9-3-3。

表9-3-3 各挡换挡执行元件工作情况

选挡杆位置	挡位	换挡执行元件										发动机制动
		C0	C1	C2	B0	B1	B2	B3	F0	F1	F2	
P	驻车挡	●										
R	倒挡	●		●				●	●			
N	空挡	●										
D	一挡	●	●						●		●	
	二挡	●	●				●		●	●		
	三挡	●	●	●					●			
	四挡（OD挡）		●	●	●							
2	一挡	●	●						●		●	
	二挡	●	●			●	●		●	●		●
	三挡	●	●	●					●			●
L	一挡	●	●					●	●		●	●
	二挡	●	●			●	●		●	●		●

注 ●为换挡元件工作或有发动机制动。

1. D1 挡

如图 9-3-19 所示，D1 挡（D 位一挡）时，C0、C1、F0、F2 工作。C0 和 F0 工作将超速行星指挥的太阳轮和行星架相连，此时超速行星排成为一个刚性整体，输入轴的动力顺时针传到中间轴。C1 工作将中间轴与前行星排齿圈相连，前行星排齿圈顺时针转动驱动前行星排行星轮，前行星排行星轮既顺时针自转又顺时针公转，前行星排行星轮顺时针公转则输出轴也顺时针转动，这是一条动力传动路线。由于前行星排行星轮顺时针自转，则前后行星排太阳轮逆时针转动，再驱动后行星排行星轮顺时针自转，此时后行星排行星轮在前后行星排太阳轮的作用下有逆时针公转的趋势，但由于 F2 的作用，使得后行星排行星架不动。这样顺时针转动的后行星排行星轮驱动齿圈顺时针转动，从输出轴也输出动力，这是第二条动力传动路线。

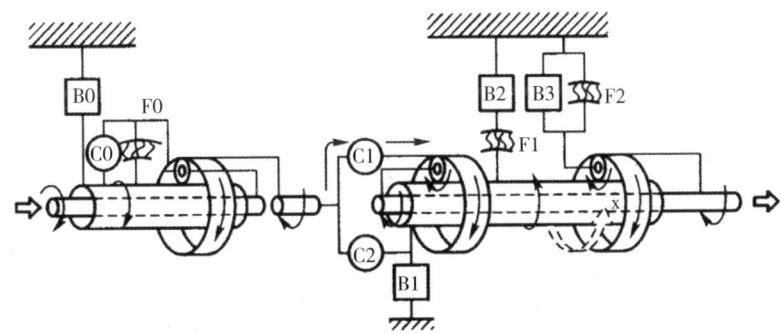

图 9-3-19 D 位一挡动力传动路线

2. D2 挡

如图 9-3-20 所示，D2 挡（D 位二挡）时，C0、C1、B2、F0、F1 工作。C0 和 F0 工作如前所述直接将动力传给中间轴。C1 工作，动力顺时针传到前行星排齿圈，驱动前行星排行星轮顺时针转动，并使前后太阳轮有逆时针转动的趋势，由于 B2 的作用，F1 将防止前后太阳轮逆时针转动，即前后太阳轮不动。此时前行星排行星轮将带动行星架也顺时针转动，从输出轴输出动力。后行星排不参与动力的传动。

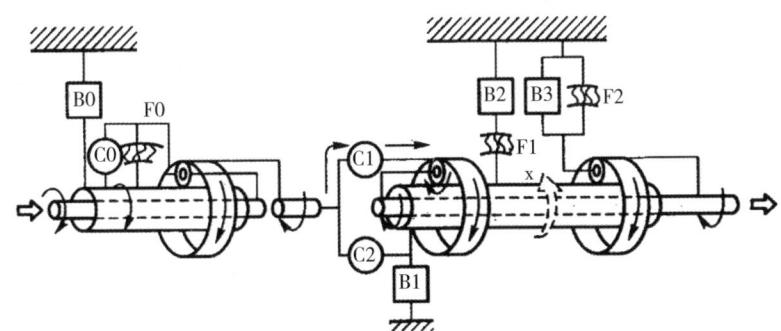

图 9-3-20 D 位二挡动力传动路线

3. D3 挡

如图 9-3-21 所示，D3 挡（D 位三挡）时，C0、C1、C2、B2、F0 工作。C0 和 F0 工作如前所述直接将动力传给中间轴。C1、C2 工作将中间轴与前行星排的齿圈和太阳轮同时连接起来，前行星排成为刚性整体，动力直接传给前行星排行星架，从输出轴输出动力。此挡为直接挡。

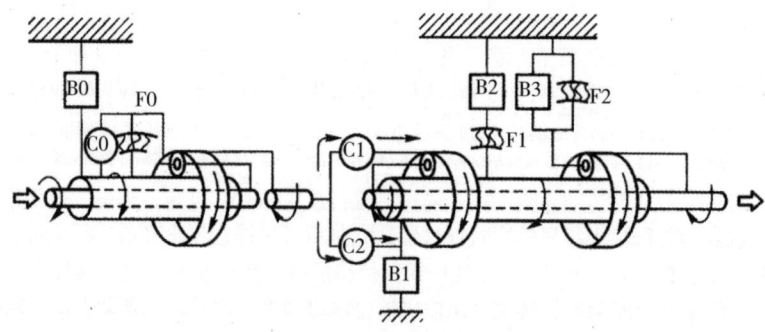

图 9-3-21 D 位三挡动力传动路线

4. D4 挡

如图 9-3-22 所示,D4 挡(D 位四挡)时,C1、C2、B0、B2 工作。B0 工作,将超速行星排太阳轮固定。动力由输入轴输入,带动超速行星排行星架顺时针转动,并驱动行星轮及齿圈都顺时针转动,此时的传动比小于 1。C1、C2 工作使得前后行星排的工作同 D3 挡,即处于直接挡。所以整个机构以超速挡传递动力。B2 的作用同前所述。

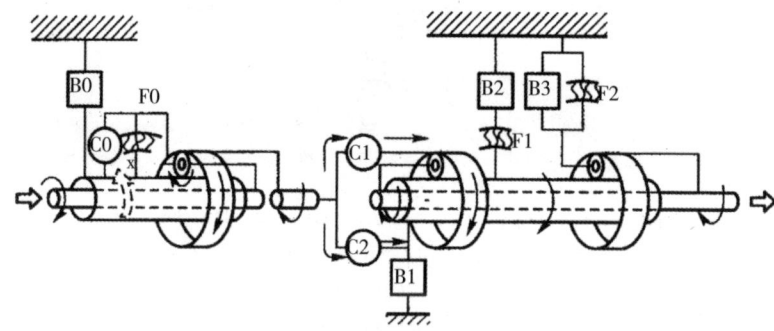

图 9-3-22 D 位四挡动力传动路线

5. 2-1 挡

2-1 挡(二位一挡)的传动路线与 D 位一挡相同。

6. 2-2 挡

如图 9-3-23 所示,2-2 挡(二位二挡)时,C0、C1、B1、B2、F0、F1 工作。动力传动

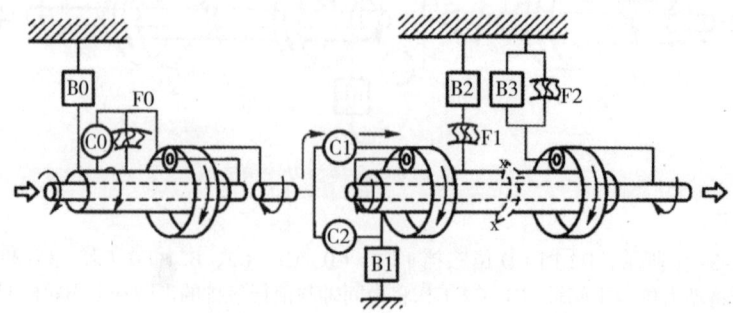

图 9-3-23 二位二挡动力传动路线

路线与D位二挡时相同。区别只是由于B1的工作,使得二位二挡有发动机制动,而D位二挡没有。此挡为高速发动机制动挡。

发动机制动是指利用发动机怠速时的较低转速以及变速器的较低挡位来使较快的车辆减速。D位二挡时,如果驾驶员抬起加速踏板,则发动机进入怠速工况,而汽车在原有的惯性作用下仍以较高的车速行驶。此时,驱动车轮将通过变速器的输出轴有反向带动行星齿轮机构运转的趋势,使前后太阳轮有顺时针转动的趋势,F1不起作用,使得反传的动力不能到达发动机,无法利用发动机进行制动。而在二位二挡时,B1工作使得前后太阳轮固定,既不能逆时针转动也不能顺时针转动,这样反传的动力就可以传到发动机,所以有发动机制动。

7. 2-3挡

2-3挡(二位三挡)的传动路线与D位三挡相同。

8. L1挡

如图9-3-24所示,L1挡(L位一挡)时,C0、C1、B3、F0、F2工作。动力传动路线与D位一挡时相同。区别只是由于B3的工作,使后行星排行星架固定,有发动机制动,原因同前所述。此挡为低速发动机制动挡。

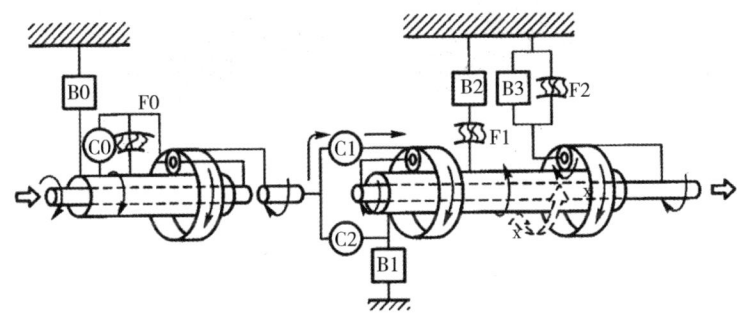

图9-3-24　L1挡动力传动路线

9. L2挡

L2挡(L位二挡)的工作与二位二挡相同。

10. R位

如图9-3-25所示,倒挡时,C0、C2、B3、F0工作。C0和F0工作如前所述直接将动力传给中间轴。C2工作将动力传给前后行星排太阳轮。由于B3工作,将后行星排行星架固定,

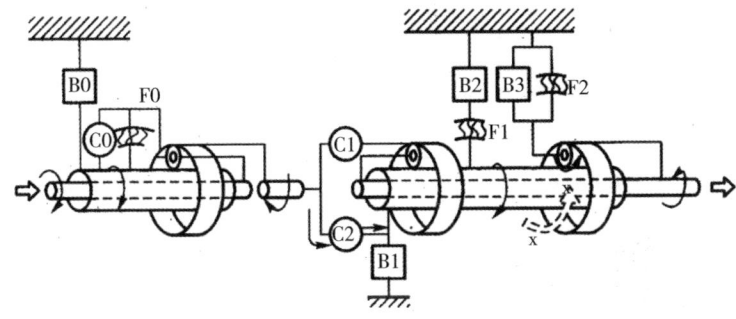

图9-3-25　L1挡动力传动路线

使得行星轮仅相当于一个惰轮。前后行星排太阳轮顺时针转动驱动后行星排行星架逆时针转动，进而驱动后行星捧齿圈也逆时针转动，从输出轴逆时针输出动力。

11. P位（驻车挡）

选挡杆置于P位时，一般自动变速器都是通过驻车锁止机构将变速器输出轴锁止实现驻车。如图9-3-26所示，驻车锁止机构由输出轴外齿圈、锁止棘爪、锁止凸轮等组成。锁止棘爪与固定在变速器壳体上的枢轴相连。当选挡杆处于P位时，与选挡杆相连的手动阀通过锁止凸轮将锁止棘爪推向输出轴外齿圈，并嵌入齿中，使变速器输出轴与壳体相连而无法转动，如图9-3-26（b）所示。当选挡杆处于其他位置时，锁止凸轮退回，锁止棘爪在回位弹簧的作用下离开输出轴外齿圈，锁止撤销，如图9-3-26（a）所示。

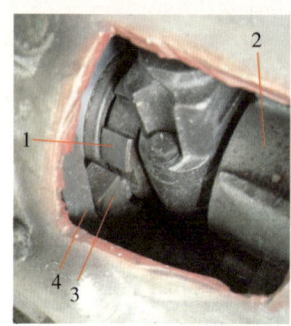 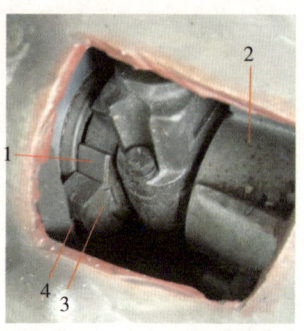

（a）非P挡　　　　　　（b）P挡

图9-3-26　驻车锁止机构

1—输出轴外齿圈；2—输出轴；3—锁止棘爪；4—锁止凸轮。

（四）自动变速器的拆装与检修

以丰田A341E自动变速器拆装为例进行介绍。

1. 变速器总成拆卸

作业内容	图解	具体操作方法及要求	完成确认
1. 空挡起动开关拆卸		（1）利用10mm的梅花扳手拆卸控制轴杠杆固定螺母，取下控制轴杠杆 （2）利用10mm的梅花扳手拆卸空挡起动开关固定螺栓，取下空挡起动开关 （3）利用10mm的套筒工具拆卸速度传感器固定螺栓，取下速度传感器	
2. 其他附件拆卸		（4）利用10mm的套筒工具拆卸O/D挡直接离合器传感器，取下O/D挡直接离合器传感器 （5）利用10mm的套筒工具拆卸节气门拉索夹固定螺栓	

续表

作业内容	图解	具体操作方法及要求	完成确认
3. 变速器前后壳体拆卸		（6）利用17mm的套筒工具对角方向拆卸变速器前壳体，取下变速器前壳体 （7）拆卸变速器后壳体、速度表主动齿轮及速度传感器转子	
4. 油底壳拆卸		（8）利用10mm的套筒工具对角方向拆卸油底壳固定螺栓后，用维修专用工具的刃部插入变速器与油底壳之间，切开所涂密封胶，小心不要损坏油底壳凸缘。注意：不能翻转变速器向上，否则油底壳底部的脏物有可能会污染阀体 （9）利用10mm的套筒工具拆卸机油滤清器固定螺栓，取下机油滤清器	
5. 拆卸液压阀板		（10）分开电磁阀插接器 （11）利用尖嘴钳拆卸与节气门阀连接的节气门阀拉索 （12）利用10mm的梅花扳手拆卸带爪弹簧固定螺栓 （13）利用10mm的套筒工具从两边向中间成对角拆卸阀体，取下阀体 （14）拆卸单向阀	
6. 拆卸蓄压缓冲器		（15）利用压缩空气拆卸蓄压缓冲器的活塞和弹簧。方法：用手指按住蓄压缓冲器活塞，从蓄压缓冲器活塞周围相应的油孔中吹入压缩空气，将减振器活塞吹出	
7. 拆卸停车锁止机构		（16）利用10mm的套筒工具拆卸驻车锁杆支架及驻车锁杆 （17）拆卸手动阀杠杆及手动阀杠杆轴	
8. 取出液压油泵		（18）将2个螺栓拧入自动变速器油泵螺栓孔内，将自动变速器油泵从变速器壳体中压出	

续表

作业内容	图解	具体操作方法及要求	完成确认
9. 拆卸超速挡系统		（19）拆卸超速传动行星齿轮装置 （20）利用卡簧钳拆卸卡环 （21）拆卸超速传动制动器 B0 （22）分解超速挡行星排 （23）利用拆装专用工具 SST 拆卸超速传动支座 （24）利用尖嘴钳和鲤鱼钳拆卸制动器 B1 活塞总成	
10. 拆卸 C1、C2 组件		（25）拆卸离合器 C1 和 C2 离合器总成	
11. 拆卸制动带组件		（26）利用尖嘴钳拆卸制动带固定销 （27）拆卸制动带	
12. 拆卸前排行星齿轮组件		（28）拆卸前行星排齿圈 （29）拆卸前行星排行星架 （30）拆卸太阳轮 （31）拆卸单向离合器 F1 （32）利用卡簧钳拆卸制动器 B2 卡环 （33）拆卸第二挡制动器 B2	
13. 拆卸后排行星齿轮组件		（34）拆卸后行星排行星架及单向离合器 F2 （35）利用卡簧钳拆卸第一挡及倒挡制动器 B3 卡环 （36）拆卸第一挡及倒挡制动器 B3 （37）拆卸后行星排齿圈及输出轴	

2. 变速器总成零部件检查

作业内容	图解	具体操作方法及要求	完成确认
1. 超速挡离合器C0的检查	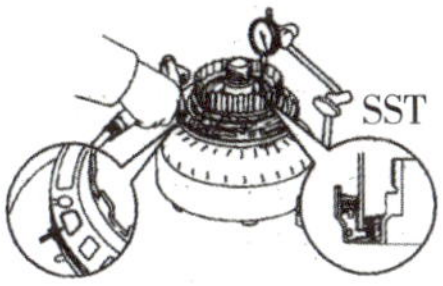	检查超速挡离合器的活塞行程：将油泵放到变矩器上，然后将超速挡离合器总成放到油泵上。用SST和百分表测量超速挡离合器行程。如图所示，充入的压缩空气的压力为392.3～784.6kPa。活塞标准行程为1.45～1.70mm，如果不符合标准，应检查离合器片	
2. 前进挡离合器C1的检查	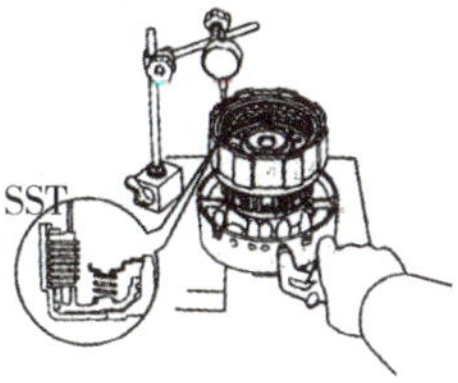	检查前进挡离合器的间隙：将超速挡制动器支架放到合适的工作台上，再将前进挡离合器放到超速挡制动器支架上，如图所示，用SST和百分表，通过充入压缩空气（392.3～784.6kPa）来检查前进挡离合器间隙。标准间隙为0.70～1.00mm，如果间隙不符合标准应检查离合器片	
3. 直接挡离合器C2的检查	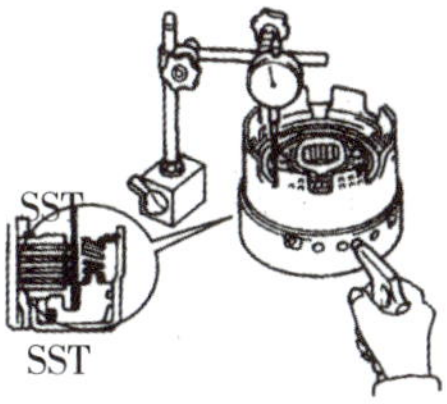	检查直接挡离合器活塞行程：将直接挡离合器总成放到超速挡制动器支架上，使用SST和百分表，充入392.3～784.6kPa的压缩空气测量直接挡离合器活塞行程，如图所示。活塞行程应为1.37～1.60mm，如果不符合标准应检查离合器片	
4. 离合器、制动器的检查		（1）检查离合器的摩擦片，如有烧焦、表面粉末冶金层脱落或翘曲变形，应更换。许多自动变速器的摩擦片表面印有符号，若这些符号已被磨去，说明摩擦片已磨损至极限，应更换。也可以测量摩擦片的厚度，若小于极限厚度，则应更换 （2）检查钢片，如有磨损或翘曲变形，应更换 （3）检查挡圈的摩擦面，如有磨损，应更换 （4）检查离合器的活塞，其表面应无损伤或拉毛，否则应更换新件 （5）检查离合器活塞上的单向阀，其球阀应能在阀座内活动自如，用压缩空气检查单向阀的密封性，从液压缸一侧向单向阀内吹气，密封性良好，如有异常，应更换活塞 （6）检查离合器鼓，其液压缸内表面应无损伤或拉毛，与钢片配合的花键槽应无磨损，如有异常，应更换新件 （7）检查活塞回位弹簧的自由长度，若弹簧自由长度过小或有变形，应更换新弹簧；超速离合器活塞回位弹簧自由长度标准为15.8mm，直接挡离合器活塞回位弹簧自由长度标准为23.8mm，高、倒挡离合器活塞回位弹簧自由长度标准为24.35mm （8）更换所有离合器液压缸活塞上的O形密封圈及轴颈上的密封环。新的密封圈或密封环应涂上少许液压油后装入 （9）片式制动器检查要求同上	

续表

作业内容	图解	具体操作方法及要求	完成确认
5. 单向离合器的检查	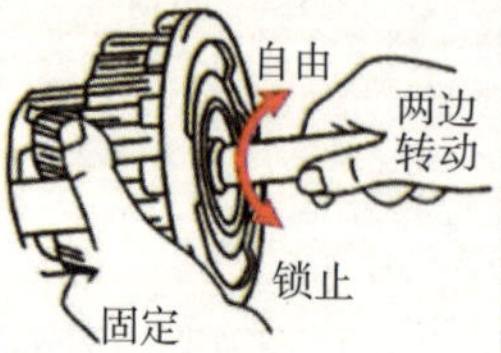	检查超速单向离合器的锁止方向，如图所示。超速挡单向离合器F0锁止方向的检查，应使该单向离合器外圈（行星架）相对于内圈（超速离合器鼓）在逆时针方向（由自动变速器前方看，下同）锁止，在顺时针方向可以自由转动。如有异响、卡滞或不能单向锁止等故障，应更换	
6. 行星齿轮的检查	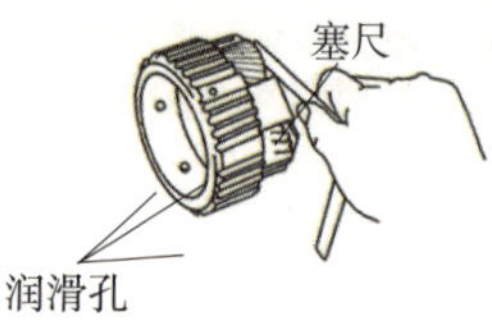	（1）检查太阳轮、行星轮和齿圈的齿面，如有磨损或疲劳剥落现象应更换整个行星排。该损坏的主要原因是由于齿轮机构在运行过程中缺少润滑以及使用时间过长造成的疲劳损伤，再就是零件本身质量原因 （2）检查行星轮与行星架之间的间隙，用塞尺检查行星轮与行星架之间的间隙，其标准值为0.2～0.6mm，最大不得超过1.0mm，如图所示，否则应更换止推垫片或整个行星轮组件。该组件损坏的主要原因有两个方面，一是缺少润滑；二是使用时间过长，达到预定使用寿命 （3）检查行星齿轮架上的润滑孔有无堵塞如有，应进行疏通 （4）检查太阳轮、行星架、齿圈等零件的轴颈或滑动轴承	

3. 变速器总成安装

作业内容	图解	具体操作方法及要求	完成确认
1. 安装后行星排总成		（1）安装后行星排总成、单向离合器F2及输出轴 （2）安装第一挡及倒挡制动器B3、卡环及制动器毂 （3）安装单向离合器F1 （4）安装第二挡制动器B2及卡环 （5）安装太阳轮	

续表

作业内容	图解	具体操作方法及要求	完成确认
2. 安装前行星排总成		（6）安装前行星排行星架 （7）安装前行星排齿圈 （8）安装离合器C1和C2 （9）装入制动带 （10）利用尖嘴钳安装制动带固定销及制动器B1活塞总成	
3. 安装超速挡总成		（11）安装超速挡支架 （12）安装超速传动制动器B0及卡环 （13）安装超速行星排	
4. 安装油泵、驻车机构等		（14）安装自动变速器油泵在装入时要使油泵壳体上的油道和变速器壳体上的油道对正，然后再将油泵装到位。注意不要损坏已经换新的O形圈，分次沿圆周方向对称均匀旋入连接螺栓，用扭力扳手以22N·m的力矩拧紧螺栓 （15）安装手动阀杠杆、手动阀杠杆轴、驻车锁杆支架及驻车锁杆 （16）安装蓄压缓冲器的活塞和弹簧 （17）安装单向阀	
5. 安装阀体		（18）安装阀体及带爪弹簧，将阀板平稳地放在壳体上，各油道和螺栓孔要对正，将不同的固定螺栓按要求插入相应的螺栓孔中，按从中间向四周用扭力扳手以10N·m的力矩分次交叉拧紧固定螺栓。检查并用扭力扳手以5.4N·m的力矩拧紧节气门阀凸轮固定螺栓，用扭力扳手以7.3N·m的力矩拧紧驻车锁止棘爪支架螺栓 （19）连接阀板上的所有线束插头，装上节气门阀拉索，装上机油滤清器，并旋入螺栓，用扭力扳手以10N·m的力矩对称均匀拧紧螺栓	

作业内容	图解	具体操作方法及要求	完成确认
6. 安装前后壳体及附件		（20）安装油底壳：将油底壳密封垫涂抹密封胶，粘在油底壳的接合面上，注意对正螺栓孔，将油底壳对正壳体下部的接合面，旋入螺栓，用扭力扳手以 7.3N·m 的力矩对称均匀拧紧 （21）安装自动变速器后部件：将车速传感器感应转子装在输出轴上。装上自动变速器后端壳及密封垫，以 34N·m 的力矩对称均匀拧紧连接螺栓 （22）安装变速器前壳体，旋入螺栓，对称均匀拧紧螺栓 （23）安装外部各件：安装 O/D 挡直接离合器传感器，固定螺栓拧紧力矩为 5.4N·m；安装速度传感器，固定螺栓拧紧力矩为 5.4N·m；安装挡位开关，调整螺栓拧紧力矩为螺栓 13N·m，止动螺栓拧紧力矩为 6.5 N·m；控制轴杠杆螺母拧紧力矩为 16N·m；安装节气门拉索夹固定螺栓，固定螺栓拧紧力矩为 5.4N·m	

三、自动变速器油的检查与更换

自动变速器油（Automatic Transmission Fluid，ATF），是指专用于自动变速器的油液，对自动变速器的工作、使用性能以及使用寿命都有非常重要的影响。

（一）ATF 的作用

ATF 是自动变速器中不可或缺的液体，具体作用见表 9-3-4。

表 9-3-4　自动变速器油的作用

类别	作用
三大作用	液力传动介质
	自动控制液压油
	润滑运动部件
三小作用	冷却工作零部件
	清洁摩擦副
	密封配合副

（二）ATF 的颜色

未使用的自动变速器油颜色呈红色。如果车辆的使用条件、工况良好，ATF 清澈、杂质稀少，可适当延长保养周期。反之，如果使用条件恶劣，ATF 黏稠、变黑、有异味（如焦煳味），建议换油。发现变速箱油发黑或有焦煳味，必须马上更换，否则易造成油耗加大，动力降低，甚至箱体损坏。不同使用状态的自动变速器油液颜色如图 9-3-27 所示。

新油：红色　　使用油：褐色　　使用油：浓褐色

正常油　　建议更换　　必须更换

图 9-3-27　不同使用状态的自动变速油

在实际维修工作中,可以借助 ATF 颜色变化进行自动变速器故障的判断,具体办法如表 9-3-5 所示。

表 9-3-5　通过自动变速器油颜色变化进行故障判断

ATF 的颜色	颜色变化的可能原因	解决办法
粉红色或红色	未污染的 ATF	正常使用
暗褐色、黑色、有烧焦气味	ATF 过热	必须更换 ATF 和过滤器,并查变速器
牛奶色	发动机冷却液漏入散热器出口箱中的变速器冷却器	更换 ATF 和发动机冷却液容器
油尺上有气泡	有高压泄漏	检测高压泄漏的出处
油中有暗颗粒	制动带和离合器有磨损	更换制动带和离合器
油中有银白色金属颗粒	金属零件或壳体过度磨损	更换磨损的金属零件或壳体
油尺上有漆或橡胶沉积物	ATF 和变速器过滤器磨损	更换 ATF 和变速器过滤器

(三) ATF 的液面高度

自动变速器液面高度均有明确的规定。因此,正确的液面高度对保障自动变速器正常工作至关重要。

1. 常见的油面高度检查方法

(1) 油尺检查法:此类自动变速器外部壳体上配备了油位测量的标尺,通过标尺上的刻度标记检查自动变速器油位高度的方法,如图 9-3-28 所示。

(2) 溢流孔检查法:此类自动变速器一般不会在外部壳体上配备油标尺,而是通过外部壳体的加油口或油位测量孔、油底壳上的加油口,检查自动变速器油位高度的方法,如图 9-3-29 所示。

当自动变速器内部的液力变矩器、各处油道和油缸均充满油液后,变速器油底壳中的油面高度不应高于行星齿轮变速器旋转零部件的最低位置,同时又必须高出阀体与变速器壳体安装的接合面,如图 9-3-30 所示。

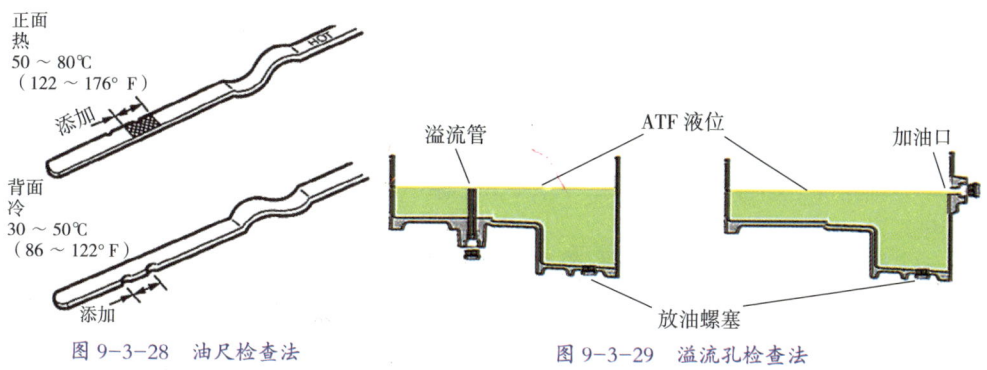

图 9-3-28　油尺检查法　　　　图 9-3-29　溢流孔检查法

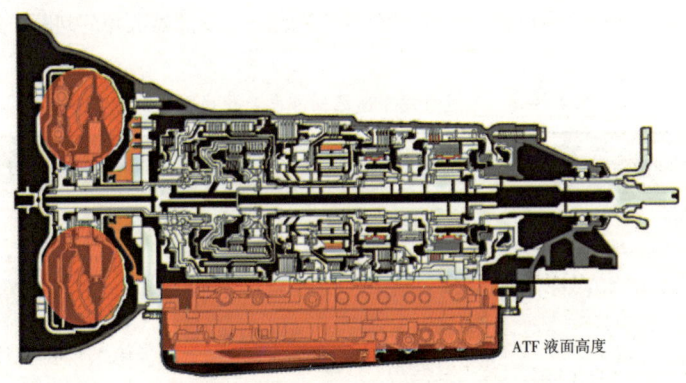

ATF液面高度

图9-3-30　自动变速器液面高度的规定

2. 自动变速器油面过低的影响

① 自动变速器油面过低,空气从油泵进油口侵入,会发出"嗡嗡"的异响,降低乘坐的舒适性。

② 若油面过低,油泵吸入空气或油液中渗入空气,会降低液压回路的油压,使各控制滑阀和执行元件动作失准,操纵失灵。

③ 而降低液压回路的油压,还会引起离合器、制动器打滑,不但降低了传动效率,而且加剧了磨损。

④ 当油面过低时,由于运动件得不到充分可靠的润滑,就有可能因过热而引发运动件卡滞及过度磨损。

⑤ 变差的润滑和冷却条件,会加速自动变速器油的氧化变质。

3. 自动变速器油面过高的影响

① 当油面过高时,会由于机械搅拌而产生大量泡沫,这些泡沫进入液压控制系统,会引发与油面过低而产生的同样问题(降低液压回路的油压:不仅使各控制滑阀和执行元件动作失准,还会引起离合器、制动器打滑等)。

② 如果控制阀体浸没于自动变速器油中,则液压管路中的离合器、制动器的泄油口会被自动变速器油阻塞,施加于离合器、制动器的油压就不能完全释放或释放速度太慢,使离合器、制动器动作迟缓(比如:升降挡动作迟滞)、增大换挡冲击。

③ 在坡路上行驶时,由于过多的油液在油底壳中晃动,可能从加油管往外窜油,容易引起发动机罩下起火。

(四)ATF的更换周期

自动变速器油的使用具有一定周期。超周期使用自动变速器油,会造成以下伤害。

① 油泥积炭会形成颗粒,加速摩擦片及部件的磨损,降低使用寿命,严重的还会堵塞滤网。

② 油泥积炭会使阀体油管不畅,影响动力传递,从而导致提速慢或失速,严重时会引起烧片。

③ 脏油会使密封胶圈过早老化,使各缸卸油油压受影响,也会造成提速慢、失速等故障,严重者使各摩擦片打滑、烧片。

自动变速器油的更换周期是以行驶公里数或使用时间为准,若在车辆使用手册中同时给出了这两个指标,则哪一项指标先到就先执行。如果车辆使用手册未标明自动变速器的换油时间，则按照 6 万～8 万公里的行驶里程来更换。

（五）自动变速器油的检查与更换

作业内容	图解	具体操作方法及要求	完成确认
1. 预热准备		（1）启动发动机并使发动机怠速运行约 5min，或在可能的情况下，行车几公里，预热变速驱动桥油液。当变速驱动桥温度超过 30℃时，检查液面 （2）在踩住制动踏板的同时，将换挡杆拨到各个区段，在每个区段停几秒。将换挡杆拨回驻车位置，如图所示 （3）举升并妥善支承车辆 （4）将废油收集桶放在变速器下面 注意：如果自动变速器油温度过高，尚未冷却，禁止拆卸放油螺塞、加油口螺塞。否则，极易导致烫伤	
2. 油液液面高度检查		（5）用内六角工具拆卸加油口螺塞，如图所示 注意：此时，发动机必须处于怠速工作状态 （6）检查液面 如果在拆卸加油口螺塞时，便有自动变速器油从加油口流出，则表示液面过高。需要将多余的油液流干净，直到液面高度到达加油口下沿 需要加注少量油液后，才有自动变速器油从加油口流出，则表示液面高度正常。仍然需要将多余的油液流干净，直到液面高度到达加油口下沿 如果在添加一定量油液后，油液仍未从加油口流出，则液面高度过低，自动变速器油不满或存在泄漏。检查变速驱动桥是否泄漏。在调整变速驱动桥液面前，先排除泄漏故障 （7）用内六角工具安装加油口螺塞，拧紧力矩为 45N·m （8）在液面检查程序结束后，用抹布或棉丝将变速驱动桥壳体上的油液擦干净	
3. 油质检查		必须在打开加油口螺塞后，未进行任何自动变速器油添加时进行油质检查 （1）使用吸管从加油口吸出少量自动变速器油（10～20mL），放置在透明、干净的量杯中 （2）观察自动变速器油的颜色 （3）闻自动变速器油的气味 （4）观察自动变速器油在量杯内的沉淀物情况 （5）根据自动变速器油的颜色、气味、污染物的三项检查结果，确定该车自动变速器油是否需要更换	

续表

作业内容	图解	具体操作方法及要求	完成确认
4. 油液更换	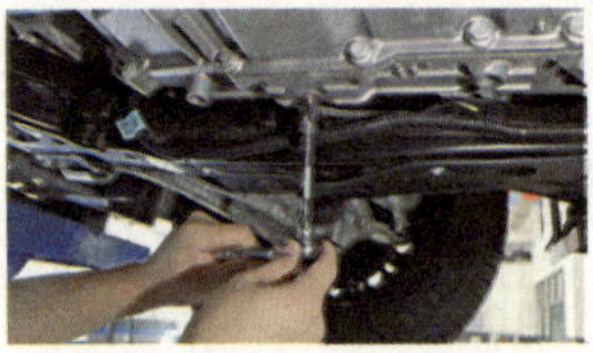	（1）运行发动机至热车后，发动机熄火 （2）举升并妥善支承车辆 （3）将废油收集桶放在放油塞下 （4）用工具拆卸自动变速器放油螺塞，如图所示 （5）排放旧自动变速器油，使用油液容器承接 注意：如果自动变速器油温度过高，尚未冷却，禁止拆卸放油螺塞、加油口螺塞。否则，极易导致烫伤 （6）在旧自动变速器油排放结束后，按照标准扭矩（45N·m）拧紧放油螺塞	
5. 更换后检查		（7）用内六角工具拆卸加油口螺塞，使用加注设备向自动变速器内加注新ATF，如图所示。直到ATF从加油口流出，安装加油口螺塞 （8）降下车辆，车轮悬空。启动发动机，在踩住制动踏板的同时，将换挡杆拨到各个区段，在每个区段停几秒 （9）重复步骤（7）、（8），2～3次。 注意：为了提高工作效率，可采用两个人配合，一人负责加注，一人负责启动发动机、挡位操作 （10）在ATF达到正常工作温度时，再次进行油面高度调节：保持发动机工作，打开加油口螺塞，让多余的ATF流出 （11）等到ATF不再流出，按照标准扭矩（45N·m）拧紧加油口螺塞 （12）在液面调整程序结束后，用抹布或棉丝将变速驱动桥壳体上的油液擦干净	

第四节　万向传动装置

一、万向传动装置结构认知

（一）万向传动装置的功用与组成

1. 万向传动装置的功用

万向传动装置的功用是在轴间夹角及相互位置经常发生变化的转轴之间传递动力。

在发动机前置后轮驱动的汽车上,变速器与发动机、离合器连在一起安装在车架上,而驱动桥则通过弹性悬架与车架连接。在汽车行驶过程中,弹性悬架受路面冲击而产生振动,使变速器输出轴和驱动桥输入轴的相对位置经常发生变化,如图9-4-1所示。因此,在变速器的输出轴与驱动桥的输入轴之间采用了万向传动装置。

2. 万向传动装置组成

万向传动装置主要由万向节、传动轴及中间支承等组成。对于传动距离较远的分段式传动轴,为了提高传动轴的刚度,还设有中间支承,如图9-4-2所示。

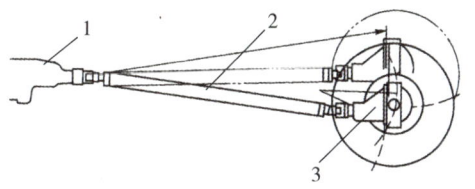

图9-4-1 变速器与驱动桥相对位置发生变化
1—变速器;2—传动轴;3—驱动桥。

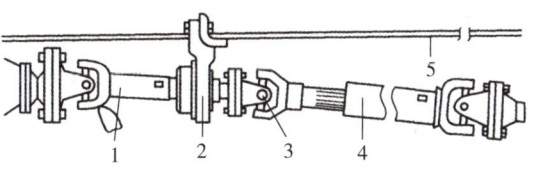

图9-4-2 变速器与驱动桥之间的万向传动装置
1—中间传动轴;2—中间支承;3—万向节;
4—主传动轴;5—车架。

除在变速器与驱动桥之间应用了万向传动装置外,在汽车上其他位置也有应用,如越野汽车变速器与分动器之间、汽车的转向驱动桥中、断开式驱动桥的半轴中、汽车的转向操纵机构中。

(二)万向节

汽车上常见的万向节有两种形式,刚性十字轴式不等速万向节和等速万向节。

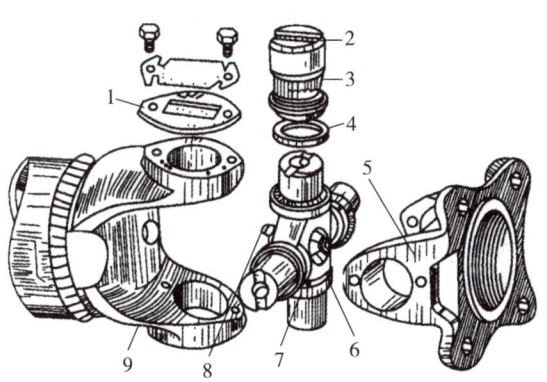

图9-4-3 普通十字轴万向节
1—轴承盖;2—套筒;3—滚针;4—油封;
5,9—万向节叉;6—安全阀;7—十字轴;8—注油嘴。

1. 不等速万向节

普通十字轴式万向节为一典型的不等速万向节,其结构如图9-4-3所示。

两万向节叉上的孔分别套在十字轴的4个轴颈上。为了减小摩擦损失,提高传动效率,在十字轴轴颈与万向节叉孔之间装有滚针和套筒组成的滚针轴承,然后用螺钉和轴承盖将套筒固定在万向节叉上,并用锁片将螺钉锁紧。十字轴内钻有油道,如图9-4-4所示,通过注油嘴注入润滑油,以润滑轴承。为避免润滑脂

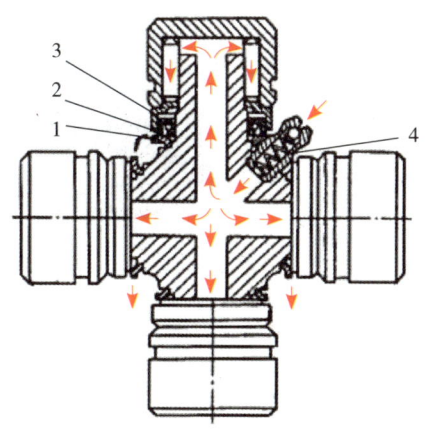

图9-4-4 十字轴万向节润滑油道及密封装置
1—油封挡盘;2—油封;3—油封座;4—油嘴。

流出及尘垢进入轴承,十字轴轴颈的内端套装有油封。安全阀的作用是当十字轴内腔润滑油压力超过允许值时,阀打开润滑油外溢,使油封不会因油压过高而损坏。

十字轴万向节是目前汽车传动系统中应用最广的一种万向节,允许相邻两轴的最大交角为 $15°～20°$。

为了提高十字轴万向节的使用寿命,现代汽车多采用橡胶油封,当油腔内的润滑油压力大于允许值时,多余的润滑油从油封内圆表面与十字轴轴颈接触处溢出,故无须安装安全阀。

2. 等速万向节

等速万向节多用于前驱动桥和断开式驱动桥轿车的半轴上。常用的万向节有球叉式、球笼式和三叉式。等速原理可以用一对大小相等的锥齿轮传动原理来说明,如图9-4-5所示。两齿轮夹角为 α,啮合点 P 位于夹角的平分面上,由 P 点到两轴的距离都等于 r。P 点处的两轮圆周速度相等,因此角速度也相等。同理,若万向节在传动过程中,传力点在两轴交角变化中始终处于平分面上,则两万向节叉保持等角速度关系。

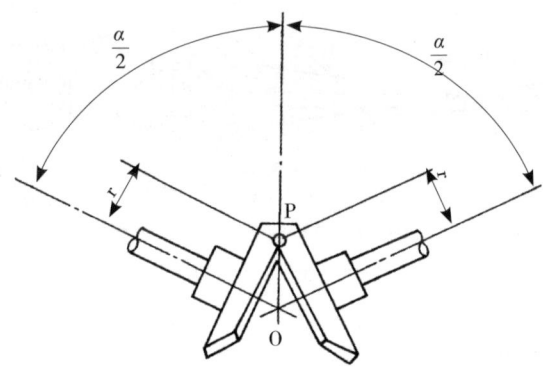

图9-4-5 等速万向节的等速原理

(1) 球笼式等速万向节

球笼式等速万向节的结构如图9-4-6所示。星形套以内花键与主动轴相连,其外表面有6条凹槽,形成内滚道。球形壳的内表面有相应的6条凹槽,形成外滚道。6个钢球分别装在各条凹槽中,并用保持架使6个钢球保持在同一平面内。动力由主动轴输入,通过钢球传到球形壳输出。

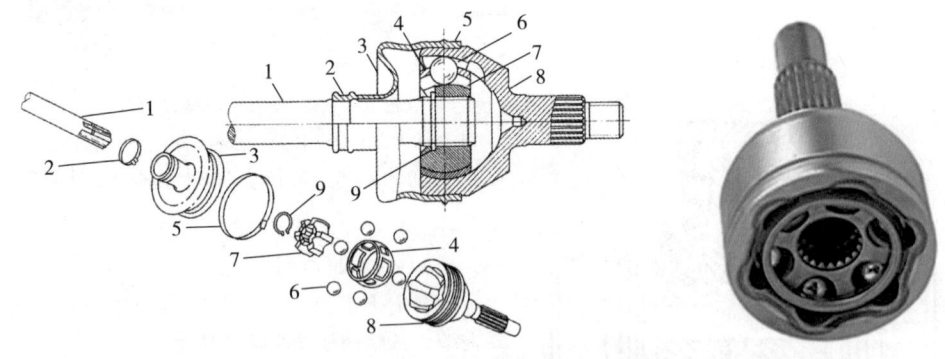

图9-4-6 球笼式等速万向节
1—主动轴;2、5—钢带箍;3—防尘罩;4—保持架(球笼);
6—钢球;7—星形套(内滚道);8—球形壳(外滚道);9—卡环

球笼式万向节工作时6个钢球都参加传力,故承载能力强、磨损小、寿命长。它被广泛应用于各种型号的转向驱动桥和独立悬架的驱动桥。

有的球笼式等速万向节采用直槽滚道,使万向节本身可轴向伸缩,如图9-4-7所示。这种万向节省去了滑动花键,且滚动阻力小,最适合于断开式驱动桥。

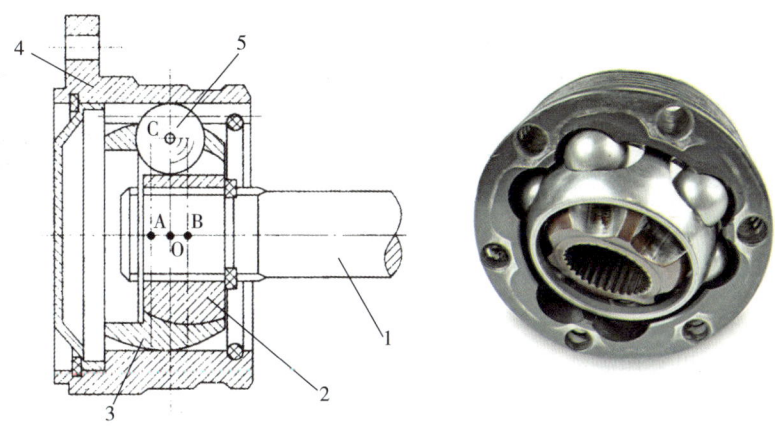

图 9-4-7 伸缩型球笼式等速万向节

1—主动轴；2—星形套（内滚道）；3—保持架（球笼）；4—筒形壳（外滚道）；5—钢球。

（2）球叉式等速万向节

球叉式等速万向节的结构如图 9-4-8 所示。主动叉 5 与从动叉 1 分别与内、外半轴制成一体。在主、从动叉上，各有 4 个曲面凹槽，装合后形成两个相交的环形槽，作为钢球滚道。4 个传动钢球放在槽中，钢球 6 放在两叉中心的凹槽内，以定中心。

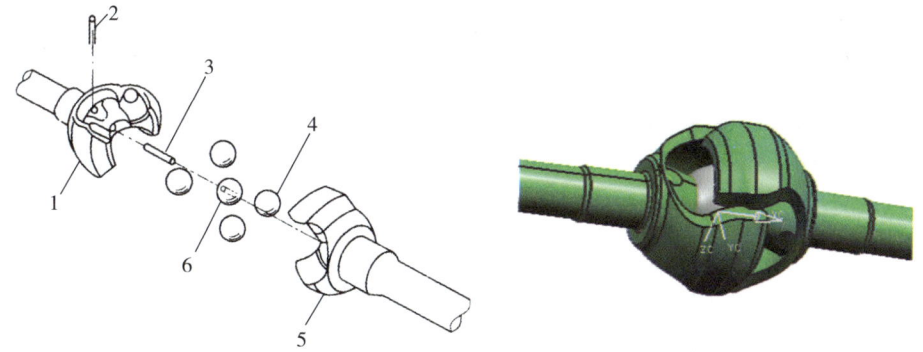

图 9-4-8 球叉式等速万向节

1—从动叉；2—锁止销；3—定位销；4—传动钢球；5—主动叉；6—中心钢球。

球叉式万向节工作时，只有两个钢球传力，反转时，则由另外两个钢球传力。因此，钢球与曲面凹槽之间的单位压力较大，磨损较快，影响使用寿命。

球叉式等速万向节结构简单，允许两轴间最大夹角为 32°～33°，一般应用于转向驱动桥中。近年来，有些球叉式万向节省去了定位销和锁止销，中心钢球上也没有凹面，靠压力装配，使结构更为简单。

每个驱动轮都需要两个万向节，其中至少有一个采用伸缩型万向节。具体应用如图 9-4-9 所示。伸缩型球笼式万向节（VL 节）5，在转向驱动桥中均布置在主传动器一侧（内侧），而轴向不能伸缩的固定型球笼式万向节（RF 节）1，则布置在转向节处（外侧）。

219

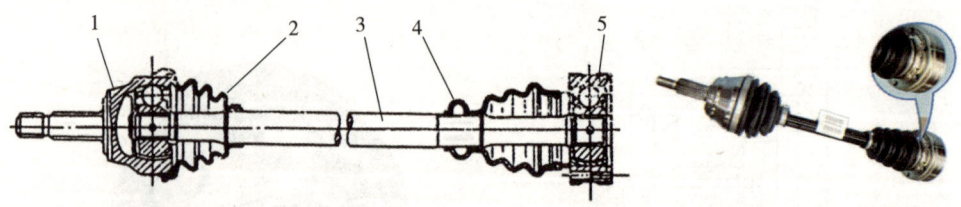

图 9-4-9 RF 节与 VL 节在转向驱动桥中的布置

1—固定型球笼式万向节（RF 节）；2，4—防尘罩；3—传动轴；5—伸缩型球笼式万向节（VL 节）。

（三）传动轴

传动轴通常用来连接变速器（或分动器）和驱动桥，在转向驱动桥和断开式驱动桥中，则用来连接差速器和驱动轮。

① 为适应汽车行驶过程中变速器与驱动桥的相对位置变化，传动轴上设有由滑动叉和花键轴组成的滑动花键连接，如图 9-4-10 所示，使传动轴的长度能随传动距离的变化而伸缩。

② 为了减轻传动轴的质量，节省材料，提高轴的强度、刚度及临界转速，传动轴多为空心轴，一般用厚度为 1.5—3.0mm 且厚薄均匀的钢板卷焊而成，超重型货车则直接采用无缝钢管。而转向驱动桥、断开式驱动桥及微型汽车的传动轴通常制成实心轴。

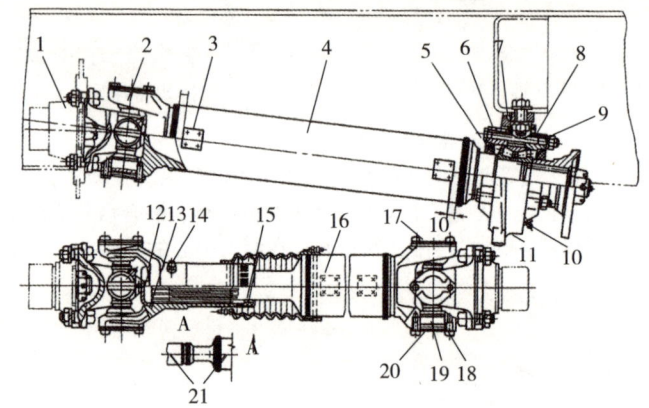

图 9-4-10 传动轴和中间支承

1—凸缘叉；2—万向节；3—平衡片；4—中间传动轴；5，15—油封；
6，8—中间支承盖；7—橡胶垫环；9—轴承；10，14—润滑脂嘴；
11—支架；12—堵盖；13—万向节滑动叉；16—主传动轴；
17—锁片；18—万向节油封；19—万向节轴承；
20—万向节轴承盖；21—装配位置标记。

③ 传动轴在工作过程中处于高速旋转状态，其转速和所传递的转矩都在不断发生变化。为了避免由于离心力的作用而引起传动轴的振动，在传动轴和万向节装配后，必须进行平衡试验以满足动平衡的要求。平衡后在滑动花键部分还制有箭头标记，以便重装时保持两者的相对位置不变。

④ 当传动距离较远时，为了避免因传动轴过长而使自振频率降低，高速时产生共振，将传动轴分为两段。传动轴前段称为中间传动轴，其后端部设有中间支承；传动轴后段称为主传动轴，都用薄钢板卷焊而成。中间传动轴的两端分别焊有万向节叉和带花键的轴头，花键轴头与凸缘连接，并用螺母紧固。主传动轴前端有由花键轴头与万向节滑动叉套安装而成的滑动连接，使主传动轴可以轴向伸缩。

⑤ 由于万向传动装置中润滑脂嘴较多，为了加注方便，装配时应保证所有润滑脂嘴处于同一条直线上，且十字轴上的润滑脂嘴朝向传动轴。

（四）中间支承

传动轴分段时须加设中间支承，通常将其安装在车架横梁上。中间支承除对传动轴起支承作用外，还应能补偿传动轴轴向和角度方向的安装误差，以及汽车行驶过程中由于发动机窜动或车架变形等引起的位移。

普通中间支承通常用弹性元件来满足上述要求。它主要由轴承、带油封的轴承盖、支架和使轴承与支架间成弹性连接的弹性元件所组成。常见的类型有双列圆锥滚子轴承式中间支承（图9-4-11）、蜂窝软垫式中间支承、摆动中间支承以及中间支承轴式中间支承等。

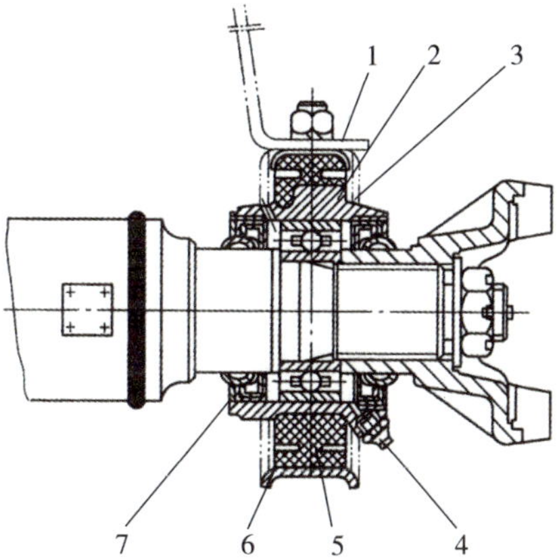

图 9-4-11 东风 EQ1090E 型汽车中间支承
1—车架横梁；2—轴承座；3—轴承；4—油嘴；
5—蜂窝形橡胶垫；6—U 形支架；7—油封。

二、十字轴式万向传动装置的拆装与检修

（一）十字轴式万向传动装置的拆装

汽车在使用过程中，万向传动装置会出现各种耗损，尤其是载货汽车轴距长，传动轴制成多节，工作条件恶劣，润滑条件差，行驶在不良的道路上，冲击载荷的峰值往往会超过正常值的一倍以上，以致造成传动轴的弯曲、扭转和磨损逾限，产生振动、异响等故障，从而破坏万向传动装置的动平衡特性、速度特性，传动效率降低，使万向传动装置技术状况变坏，影响汽车的动力性和经济性，因此应及时对万向传动装置进行拆装、维护。

1. 拆卸注意事项

装备刚性十字轴式万向传动装置车辆，通常使用中央驻车制动器，从车上拆下万向传动装置后，驻车制动将失效。因此，考虑到安全性，作业前，需将车辆停放在平坦的场地上，掩好车轮，以免车辆滑溜。

2. 安装注意事项

由于十字轴式万向节的不等速性，传动轴在装配的过程中需注意以下几点。

① 装复万向节时，十字轴上滑脂嘴必须朝向传动轴管一方，在十字轴颈、滚针轴承上涂抹少许润滑脂。轴承卡环必须保证进入环槽内。3 个十字轴上滑脂嘴应在同一直线上。有滑脂嘴的中间支承轴承油封盖应装在支架的后面且滑脂嘴朝下。

② 装复滑动叉时，必须对齐标记。应注意使两端万向节叉位于同一平面内，同时应保证与传动轴两端通过万向节相连的两轴与传动轴的夹角相等。

③ 传动装置应装配齐全可靠。传动轴上的防尘罩应配备齐全，并用卡箍紧固，两只卡箍的锁扣应错开 180° 装配。

④ 传动轴总成装复后，应先做平衡试验。

（二）十字轴式万向传动装置的检修

1. 万向节的检修

① 检查十字轴轴颈表面，若有严重损伤如金属剥落、明显凹陷或滚针压痕深度大于 0.1mm

以上，均应更换。轴颈表面如有轻微剥落，可用油石打光剥落表面后继续使用。

② 滚针轴承油封失效或滚针断裂、缺针的，均应更换。

③ 检查万向节十字轴与滚针轴承的配合间隙。检查时，十字轴夹在台钳上，滚针轴承壳套在十字轴颈上，用百分表抵住轴承壳外表面最高点，用手上下推动滚针轴承壳，百分表上指针移动变化值即为该轴承与十字轴配合的间隙值。检查方法如图 9-4-12 所示，万向节轴承的径向间隙值原厂标准为 0.02～0.08mm，大修标准为 0.02～0.14mm，使用极限为 0.25mm。当配合间隙超过规定极限值时，应予更换。

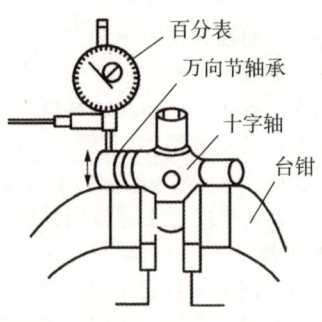

图 9-4-12　检查万向节轴承与十字轴的配合间隙

2. 传动轴及滑动叉的检修

（1）传动轴弯曲度的检修

传动轴弯曲度的检修可利用万向节叉和花键轴上的中心孔，两端用顶尖顶起来，用百分表测量轴管外圆的径向跳动。也可在轴管两端用 V 形铁支起来，用百分表测量轴管外圆的径向跳动，如图 9-4-13 所示。轴管全长径向全跳动量，原厂标准为不大于 0.75mm，大修标准为不大于 1.00mm，使用极限为 1.50mm。当传动轴弯曲度超过规定值时，可在压床上冷压或热压校直。

（2）传动轴花键轴、花键套的检修

传动轴花键轴、滑动叉的主要损伤是：花键齿磨损或横向裂纹。键齿磨损主要表现在配合副配合侧隙增大，该配合副配合侧隙的检查方法如图 9-4-14 所示：把滑动叉夹持在台钳上，花键轴按装配标记插入滑动叉，并使部分花键露在外面，转动花键轴，用百分表测出花键侧面的读数变化值。配合侧隙原厂标准为 0.025～0.115mm，大修标准为 0.25～0.30mm，使用极限为 0.40mm。若配合侧隙超过规定值或花键齿宽磨损量超过 0.20mm，根据实际情况，可换用新件或用局部更换法修复。

图 9-4-13　检查传动轴弯曲度

图 9-4-14　检查滑动叉花键

（3）传动轴中间支承轴承轴颈磨损的修复

传动轴中间支承轴承轴颈与轴承的配合原厂标准为 0.20～0.008mm，最大不超过 0.015mm，当传动轴中间支承轴颈处磨损超过规定值时，根据情况可采用堆焊修复至标准尺寸或更换。

3. 传动轴中间支承轴承及支架的检修

（1）轴承的检修

① 若发现轴承滚珠、滚道上有烧蚀、金属剥落等现象，应予更换。

② 将轴承拿在手上空转，观察轴承转动是否轻便灵活。

③ 检查轴承的径向间隙，方法如图 9-4-15 所示：先将轴承放在平板上使百分表的触头抵住轴承外座圈，然后一手把轴承内圈压紧，另一手推动轴承外圈，此时百分表上所指示的数值即为轴承的径向间隙。

④ 检查轴承的轴向间隙，方法如图 9-4-16 所示：先将轴承外圈放在两垫块上并使轴承内圈悬空，再在轴承内圈上放一块平板，然后将百分表触头抵住平板中央，上下推动轴承内圈，此时百分表上所指示的数值即为该轴承的轴向间隙。中间支承轴承间隙使用极限为 0.50mm。若轴承的轴向间隙或径向间隙过大，应及时更换。

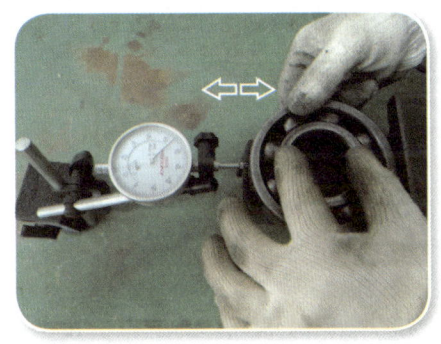 

图 9-4-15　测量轴承径向间隙　　　　　图 9-4-16　测量轴承轴向间隙

（2）中间支承轴承座的检修

检查中间支承轴承座内表面的磨损情况，磨损深度大于 0.05mm 时，应予更换。

（3）前后油封盖的检修

检查前后油封盖有无磨损，支架有无裂损，橡胶环有无腐蚀老化，并视情况予以更换或修复。

（三）十字轴式万向传动器装置的拆装与检修

1. 万向传动装置的拆卸

作业内容	图解	具体操作方法及要求	完成确认
1. 车辆停放安全稳妥		（1）将车辆停放在平坦的场地上，掩好车轮，以免车辆滑溜 （2）检查总成上装配标记，必要时重做记号	
2. 拆传动轴总成		（3）拆下后传动轴与主减速器凸缘相连的螺栓，拆下后传动轴总成 （4）拆下前传动轴与驻车制动鼓连接螺母，拆下中间支承支架与车架横梁的连接螺栓，取下前传动轴总成	

续表

作业内容	图解	具体操作方法及要求	完成确认
3. 分解主传动轴	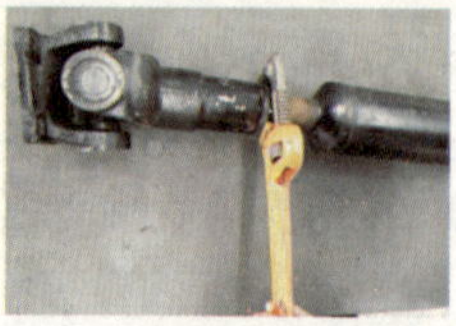	（5）分解滑动叉：用管子钳拧开滑动叉油封盖	
	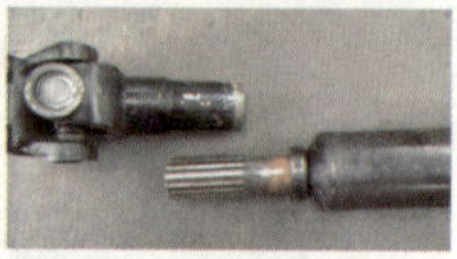	（6）注意装配记号，把花键轴从滑动叉中抽出来，取下油封、油封垫和油封盖	
4. 分解万向节		（1）用卡钳取出凸缘叉孔内卡环 注意：拆卡簧之前，需要用铜棒敲击轴承底部，使卡簧松动；再用平口螺丝刀配合卡簧钳操作	
		（2）手托传动轴一端，用手锤敲击凸缘叉外侧，将滚针轴承及轴承座振出，如图所示 （3）将传动轴转过180°，用同样方法将凸缘叉上另一滚针轴承振出，并将凸缘叉取下	
		（4）如图所示，左手抓住十字轴，将传动轴一端抬起，右手用手锤敲击凸缘叉耳根部，将滚针轴承、轴承座及十字轴振出来 （5）将传动轴转过180°，用同样方法将凸缘叉上另一滚针轴承振出，并将十字轴取下	
		（6）分解后的万向十字节零件图	

续表

作业内容	图解	具体操作方法及要求	完成确认
5.分解中间支承		（1）中间支承凸缘拆卸 拔下开口销，旋下槽形螺母，取下垫圈 用手锤轻敲凸缘背面边缘，松动后把凸缘从中间轴花键轴上拔出来	
	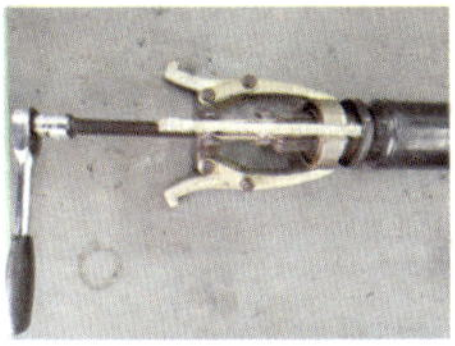	（2）拆卸中间支承轴承 取下中间支承轴承橡胶垫环及前油封 用三角拉马拉下圆柱滚珠轴承，取下后油封	
	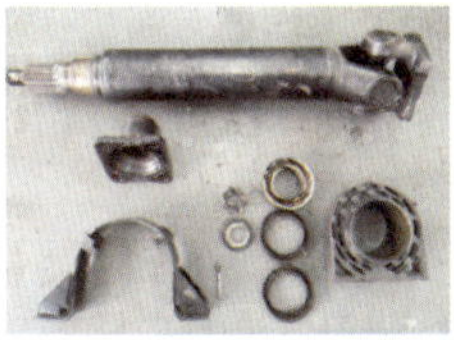	（3）中间支承分解后零件图	

2. 万向传动装置的检修

作业内容	图解	具体操作方法及要求	完成确认
1.万向节检修	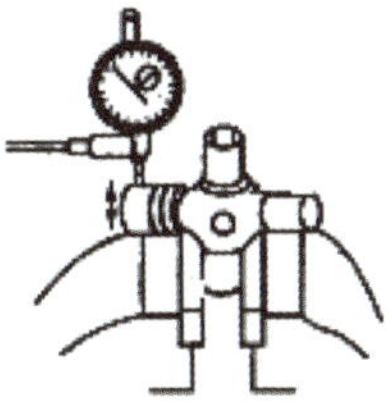	（1）检查十字轴轴颈表面 （2）检查滚针轴承 （3）检查万向节十字轴与滚针轴承的配合间隙	
2.传动轴弯曲度检查		用百分表测量轴管外圆的径向跳动	
3.检查滑动花键	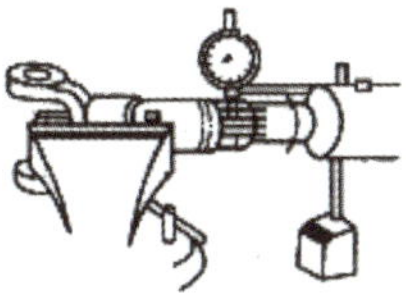	（1）检查花键齿磨损度及有无横向裂纹 （2）检查滑动花键配合副的配合侧隙	

续表

作业内容	图解	具体操作方法及要求	完成确认
4. 检查中间支承轴承		（1）检查轴承的径向间隙 （2）检查轴承的轴向间隙	

3. 万向传动装置的装配

作业内容	图解	具体操作方法及要求	完成确认
1. 安装十字轴承	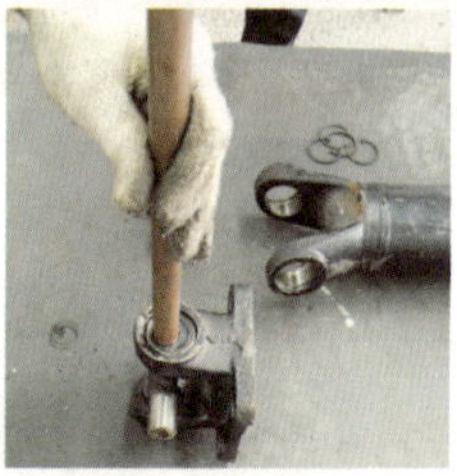	（1）用铜棒敲入滚针轴承，至卡簧槽露出	
		（2）用拇指推动卡簧后部，卡簧钳夹紧，装入卡簧 （3）确定卡簧一定要进入卡簧槽底部 （4）用同法装复其他滚针轴承	
2. 安装主传动轴		（1）套入滑动叉花键，注意装配记号	
	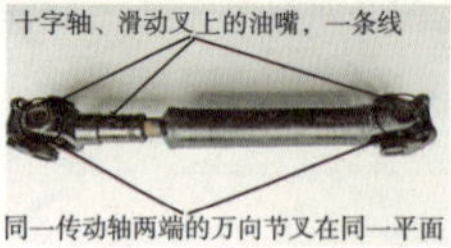 十字轴、滑动叉上的油嘴，一条线 同一传动轴两端的万向节叉在同一平面	（2）组装完毕的主传动轴 注意：为了便于维护时加注润滑脂，装配时，油嘴在一条线上 为了保证其等速性，注意滑动叉的装配记号，或者需保证同一传动轴两端的万向节叉在同一平面	
3. 安装中间支承轴承		（1）压入中间支承轴承 （2）装上中间支承轴承座及橡胶垫环、前油封 注意：润滑油油嘴朝向后方	

作业内容	图解	具体操作方法及要求	完成确认
3.安装中间支承轴承		（3）安装凸缘叉及固定螺母 （4）插上开口销	
	两平面对齐	（5）组装完毕的中间传动轴 注意：凸缘的安装需要对准记号或者本凸缘的平面与中间传动轴前端凸缘平面对齐	
4.传动轴装车		按从前向后的次序： （1）首先安装中间传动轴前部与变速的连接 （2）其次安装中间支承	
		（3）安装主传动轴前部与中间传动轴的连接 （4）连接 注意：所有部位的连接螺栓均为传动轴专用螺栓，不得用普通螺栓替代 四个螺栓的连接方向应该一致 所有连接螺栓必须按照规定的力矩拧紧	

三、球笼式万向传动装置的拆装与检修

（一）准等速万向节

准等速万向节是根据双万向节实现等速传动的原理而设计的，常见的有双联式、三销轴式、三叉销式等。

1.双联式万向节

双联式万向节，其两个十字轴式万向节相连，中间传动轴长度缩减至最小。允许所联两轴夹角较大（可达50°），轴承密封性好，效率高，工作可靠，制造方便。多用于越野汽车。但结构较复杂，外形尺寸较大，零件数目较多。其结构如图9-4-17、图9-4-18所示。

双联式万向节从结构上保证万向节在工作过程中，其传力点永远位于两轴交角的平分面上，如图9-4-19所示。

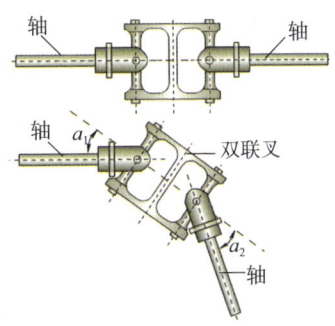

图9-4-17 双联式万向节示意

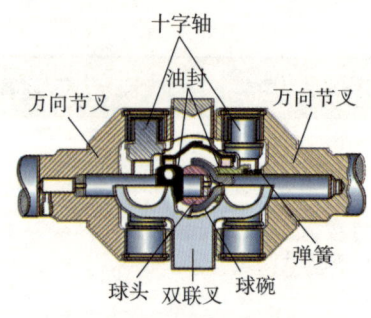
图 9-4-18 双联式万向节结构

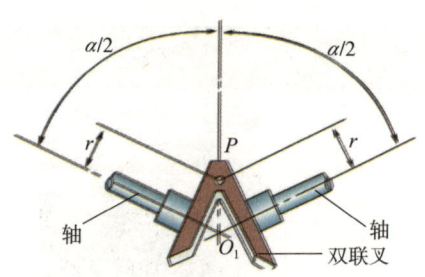
图 9-4-19 双联式万向节原理

2. 三销轴式万向节

三销轴式万向节是双联万向节演变而来的,两轴最大夹角可达 45°,用于一些越野车的转向驱动桥。主、从动偏心轴叉分别与转向驱动桥的内、外半轴制成一体;叉孔中心与叉轴中心线互相垂直但不相交;两叉由两个三销轴连接;三销轴大端中心线与小端轴颈中心线重合;靠近大端两侧有两轴颈,其中心线与小端轴颈中心线垂直且相交。机构原理如图 9-4-20 所示。

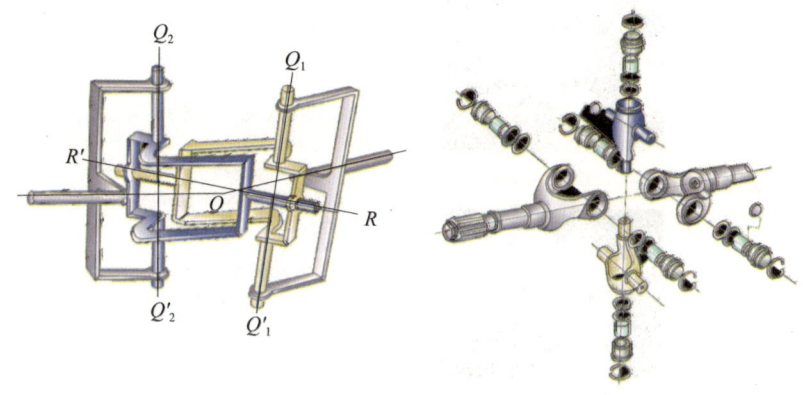
图 9-4-20 三销轴式万向节

3. 三叉销式万向节

三叉销式万向节也称为三角式万向节,它主要由三叉销总成和外球座组成,如图 9-4-21 所示。外球座与带外花键的外半轴制成一体,其内表面制有三条曲面凹槽,形成滚轮的滚道。三叉销总成的中间花键孔与半轴花键配合,三个滚轮安装在三叉销的三个轴颈上,为减小磨损,在轴颈与滚轮之间装有滚针轴承,这样三个滚轮即可在外球座的滚道内轴向伸缩。三叉销式等速万向节结构简单,磨损小,而且可轴向伸缩,在轿车上广泛应用于内球笼。

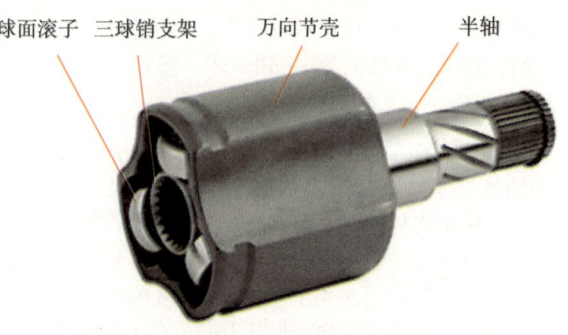
图 9-4-21 三叉销式万向节

（二）挠性万向节

挠性万向节通过弹性元件的弹性变形来保证相交两轴间传动时不发生机械干涉。挠性万向节一般用于两轴间夹角不大于 3°～5° 和只有微量轴向位移的万向传动场合，结构如图 9-4-22 所示。

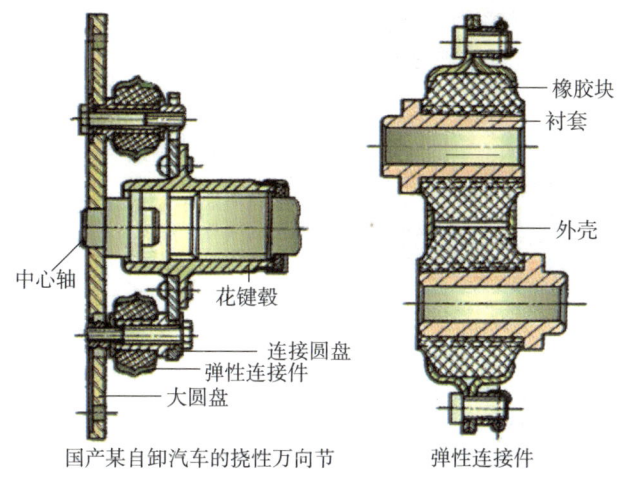

图 9-4-22　橡胶金属套筒结构的挠性万向节

（三）球笼式万向传动装置的拆装与检修

1. 桑塔纳型轿车传动轴总成的分解

作业内容	图解	具体操作方法及要求	完成确认
1. 拆卸防尘罩		将传动轴夹在台虎钳上，拆下外万向节防尘套	
2. 敲下外万向节		用铜锤或木槌用力敲击外万向节使之从传动轴上脱出	
3. 取下外万向节		依次取下卡簧、隔套、锥形圈座、防尘套	

作业内容	图解	具体操作方法及要求	完成确认
4. 拆卸卡簧		拆卸内万向节卡簧	
5. 敲下内万向节		用铜锤或木槌用力敲击内万向节使之从传动轴上脱出	
6. 取下内万向节	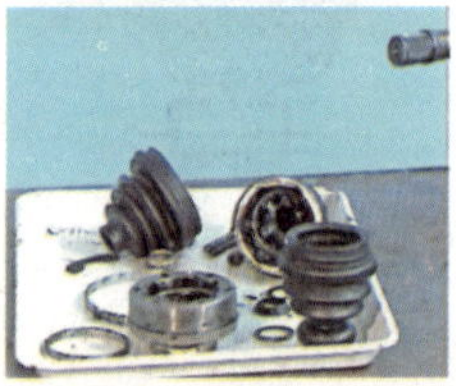	依次取下锥形圈座、防尘套	
7. 解体外万向节		解体外万向节，旋转球笼与球毂，依次取下钢球 用力转动球笼与球毂，使其两个方孔与壳体垂直，将球笼和球毂一起取出 转动球毂至长方孔，从球笼中取出球毂	
8. 解体内万向节		解体内万向节，转动内万向节球毂和球笼，使之与壳体垂直，然后将其一起取出球笼壳 压出球笼里钢球，并从球笼里取出球毂 球笼、球毂与球壳应成对放置，不得互换	

2. 桑塔纳型轿车传动轴总成的装配

作业内容	图解	具体操作方法及要求	完成确认
1. 清洁、润滑	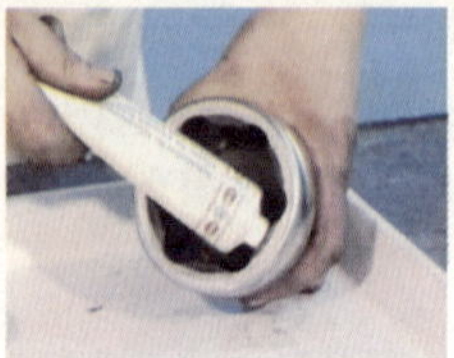	外万向安装：将专用润滑脂注入清洗干净的万向节	

续表

作业内容	图解	具体操作方法及要求	完成确认
2. 装配外万向节	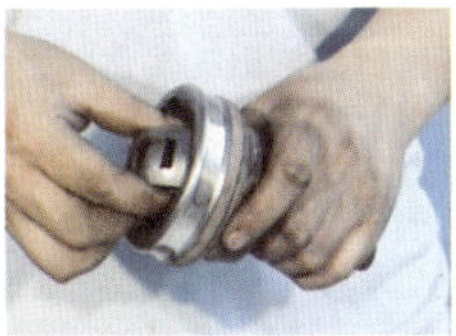	将球笼连同球毂一起装入球笼壳体 对角交替压入钢球，且保证球毂在球笼以及球笼壳内原先位置 来回推动球毂，检查装配是否正确，转动是否灵活	
3. 装配内万向节	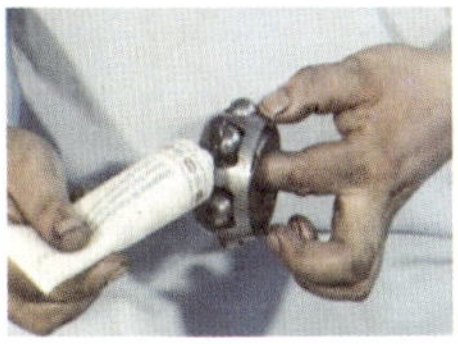	对准凹槽，将球毂装入球笼，将钢球嵌入球笼，并注入专用润滑脂 将球笼垂直装入壳体，旋转球笼，使球笼上的宽间隔对准球毂上的窄间隔	
4. 将内万向节上装上传动轴		在传动轴上依次装入防尘套卡箍、防尘套、锥形垫圈、内万向节 用卡簧钳装入内万向节卡簧	
5. 将外万向节上装上传动轴		在传动轴上依次装入防尘套卡箍、防尘套、卡簧、隔套、锥形垫圈、外万向节 传动轴总成组装完毕	

3. 桑塔纳型轿车传动轴总成的拆卸与装车

作业内容	图解	具体操作方法及要求	完成确认
1. 拆卸传动轴固定螺母		在车轮着地的情况下拆下外万向节与轮毂间的紧固螺母	
2. 拆卸内万向节连接		举起车子，均匀拧松内万向节与半轴凸缘的连接螺栓	

续表

作业内容	图解	具体操作方法及要求	完成确认
3.拆卸下摆臂		在下摆臂与摆臂球头之间做好装配记号 拧下连接螺母 向下撬压前悬挂摆臂，使摆臂与球头分离	
4.取下传动轴	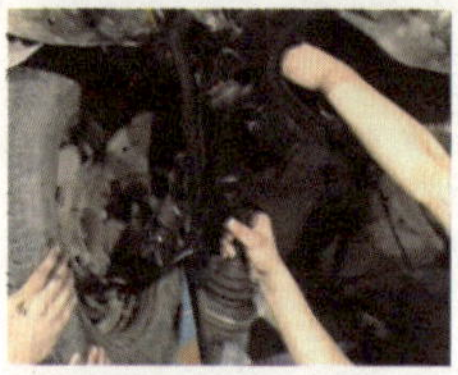	向外扳动车轮，由外向内取出传动轴总成	
5.安装传动轴		由内向外将传动轴装入轮毂	
6.安装内万向节连接		安装好内万向节与半轴凸缘的连接螺栓	
7.装复下摆臂		按装配标记装复下摆臂 拧紧更换后的连接螺母 拧紧力矩为 65N·m	
8.拧紧传动轴螺母		在车轮着地的情况下，拧紧传动轴螺母，拧紧力矩为 230N·m	
9.检查防尘罩		转动车轮检查防尘罩的有无裂纹 挤压防尘罩，检查是否漏气 检查防尘罩内外卡箍应可靠	

续表

作业内容	图解	具体操作方法及要求	完成确认
10.转驱动轮检查		运转驱动轮并大角度转向，检查驱动轴内外万向节，应不松旷，无卡滞，无异响	

第五节　驱动桥

一、驱动桥结构认知

（一）驱动桥

1.驱动桥的功用

驱动桥的功用是将万向传动装置输入的动力经降速增矩、改变动力传递方向后，分配到左右驱动轮，使汽车行驶，并允许左右驱动轮以不同的转速旋转。

2.驱动桥的组成

驱动桥是传动系统的最后一个总成，它由主减速器、差速器、半轴和桥壳组成。

3.驱动桥的类型

按悬架结构不同，驱动桥可分为整体式和断开式两种。

（1）整体式驱动桥

整体式驱动桥又称为非断开式驱动桥，如图 9-5-1 所示。整体式驱动桥的桥壳为一刚性的整体，驱动桥两端通过悬架与车架连接。

整体式驱动桥由驱动桥壳、主减速器、差速器、半轴和轮毂组成。从变速器或分动器经万向传动装置输入驱动桥的转矩首先传到主减速器，在此增大转矩并相应降低转速后，其次经差速器分配给左右两半轴，最后通过半轴外端的凸缘盘传至驱动

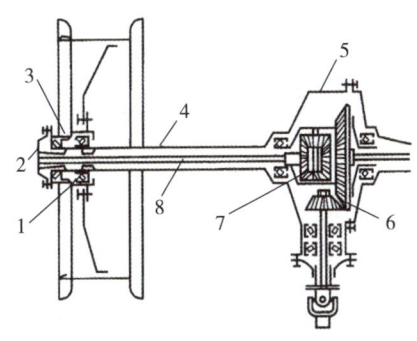

图 9-5-1　整体式驱动桥结构示意

1—轴承；2—凸缘；3—轮毂；4—半轴套管；
5—减速器壳；6—主减速器；7—差速器；8—半轴

车轮的轮毂。驱动桥壳由主减速器壳和半轴套管组成，轮毂借助轴承支承在半轴套管上。

（2）断开式驱动桥

如图9-5-2所示，断开式驱动桥主减速器固定在车架或车身上，两侧车轮分别通过各自的弹性元件、减振器和摆臂组成的悬架与车架相连。为适应车轮绕摆臂轴上下跳动的需要，差速器与轮毂之间的半轴两端用万向节连接。

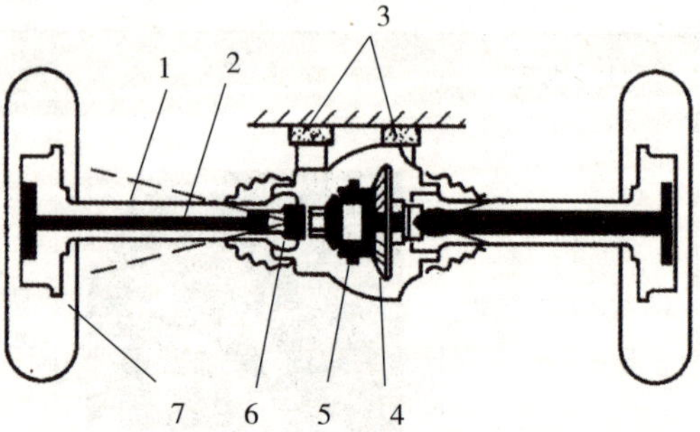

图9-5-2 断开式驱动桥结构示意
1—桥壳；2—半轴；3—支架；4—主减速器；
5—差速器；6—万向节；7—驱动轮。

（二）主减速器

1. 主减速器的功用

主减速器的功用是使输入转矩增大、转速降低，并将动力传递方向改变后（发动机横置的除外）再传给差速器。

2. 主减速器的类型

根据不同的使用要求，主减速器的结构形式也有所不同，但都是由齿轮机构、支承调整装置和主减速器壳构成，其主要类型如表9-5-1所列。

表9-5-1 主减速器的类型

分类方式	类 型
按参加减速传动的齿轮副数目分	单级主减速器
	双级主减速器（若将双级式主减速器的第二级齿轮传动设置在两侧驱动轮处，称为轮边主减速器）
按主减速器传动速比个数分	单速主减速器（只有一个固定的传动比）
	双速主减速器（有两个传动比）
按齿轮副结构形式分	圆柱齿轮（又可分为定轴轮系式和行星轮系式）主减速器
	圆锥齿轮（又可分为螺旋锥齿轮式和双曲面锥齿轮式）主减速器

（1）单级主减速器

桑塔纳轿车主减速器的结构，如图9-5-3所示。其主减速器装于变速器壳体内，变速器的输出轴即为主减速器主动轴。

主动锥齿轮轴前、后通过圆柱滚子轴承和双列圆锥滚子轴承支承。其轴向间隙由变速器轴承座与轴承盖之间的垫片来调整。从动锥齿轮压装于差速器壳体上，并用螺栓固定，与差速器壳一起通过轴承由变速器壳体的侧盖支承。轴承预紧度通过轴承与侧盖之间的垫片调整。主动锥齿轮轴的轴承预紧度无须调整，齿轮啮合的调整通过垫片进行，即增减垫片厚度，使主、从动锥齿轮轴向移动。

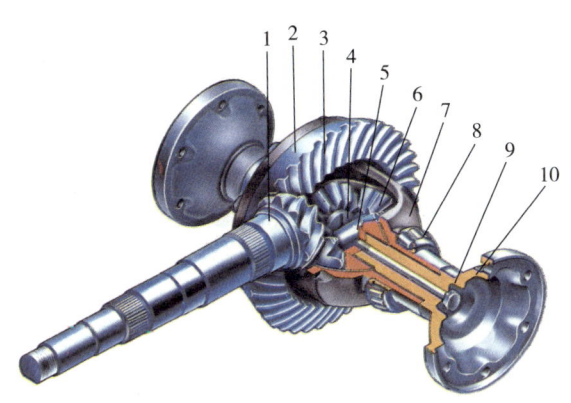

图 9-5-3 桑塔纳轿车主减速器

1—变速器从动轴（含主动圆锥齿轮）；2—从动圆锥齿轮；3—差速器侧齿轮；4—防转螺母；5—行星齿轮轴；6—行星齿轮；7—差速器壳；8—圆锥滚子轴承；9—凸缘轴螺栓；10—凸缘轴

（2）双级主减速器

当主减速器需要有较大的传动比时，若采用单级主减速器，将造成从动锥齿轮直径过大。这不仅降低了从动锥齿轮的刚度，而且难以保证足够的最小离地间隙，这时则需要采用由两对齿轮传动的双级主减速器。

解放 CA1092 型汽车双级主减速器，如图 9-5-4 所示。第一级为锥齿轮传动，主动锥齿轮和轴制成一体，采用悬臂式支承，从动锥齿轮铆接在中间轴的凸缘上。第二级为圆柱齿轮传动，主动圆柱齿轮与中间轴制成一体，中间轴两端通过圆锥滚子轴承支承在主减速器壳上，从动圆柱齿轮用螺栓紧固在差速器壳上。

主动锥齿轮轴承的预紧度，可通过增减调整垫片 8 的厚度来调整。中间轴圆锥滚子轴承的预紧度可通过改变调整垫片 6 和 13 的总厚度来调整。支承差速器壳的圆锥滚子轴承预紧度靠拧动调整螺母 3 来调整。锥齿轮的啮合调整，通过增减调整垫片 7、垫片 6、垫片 13 共同完成。增加调整垫片 7 的厚度，主动锥齿轮则沿轴向离开从动锥齿轮；反之靠近。减少调整垫片 6，并将这些卸下来的垫片加到调整垫片 13 上，则从动锥

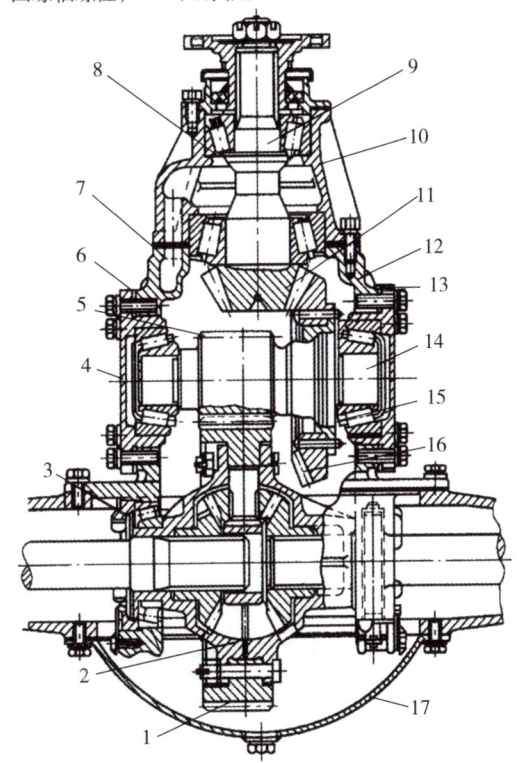

图 9-5-4 解放 CA1092 型汽车双级主减速器

1—第二级从动圆锥齿轮；2—差速器壳；3—调整螺母；4、15—轴承盖；5—第二级主动圆柱齿轮；6～8、13—调整垫片；9—第一级主动锥齿轮轴；10—轴承座；11—第一级主动圆锥齿轮；12—主减速壳；14—中间轴；16—第一级从动锥齿轮；17—后盖。

齿轮右移；反之左移。第二级圆柱齿轮传动的啮合不可调。但可拧动调整螺母使从动圆柱齿轮略做轴向移动，以保证与主动圆柱齿轮的全齿宽啮合。注意：一端调整螺母的拧入圈数应等于另一端调整螺母的退出圈数。

（3）轮边减速器

在重型汽车、大型客车和越野汽车上，既要求有较大的传动比，又要求有较大的离地间隙，因而除了驱动桥中央的单级主减速器之外，同时在两侧驱动轮上设置了轮边减速器。

（三）差速器

1.差速器功用与分类

差速器的功用是将主减速器传来的动力传给左、右两半轴，并在必要时允许左、右半轴以不同的转速旋转，以满足两侧驱动轮差速的需要，如图9-5-5所示。差速器按其工作特性可分为普通差速器和防滑差速器两大类。

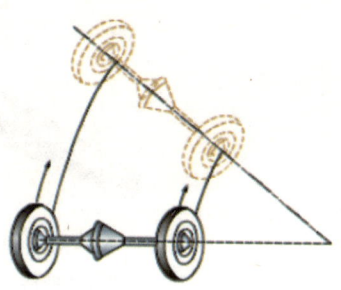

图9-5-5　差速器的作用

2.普通差速器

① 东风EQ1092型汽车采用的普通行星齿轮式差速器，如图9-5-6所示。它由差速器壳、行星齿轮、半轴齿轮、行星齿轮轴（十字轴）、行星齿轮球面垫片和半轴齿轮推力垫片组成。左右差速器壳用螺栓连接在一起，主减速器从动锥齿轮用螺栓固定在差速器壳的凸缘上。行星齿轮轴的4个轴颈在由左右差速器壳相应凹槽组成的十字形孔中，每个轴颈上松套着行星齿轮。两个半轴齿轮与4个行星齿轮同时啮合。半轴齿轮以其轴颈支承在差速器壳相应的孔中，并以内花键与半轴连接。行星齿轮的背面和差速器壳相应位置的内表面，均做成球面，保证行星齿轮的对中，以利于与半轴齿轮正确啮合。行星齿轮和半轴齿轮的背面装有软钢制成的减磨垫片。使用过程中，由摩擦引起的磨损主要发生在垫片上。改变垫片的厚度可以调整行星齿轮与半轴齿轮的啮合间隙。

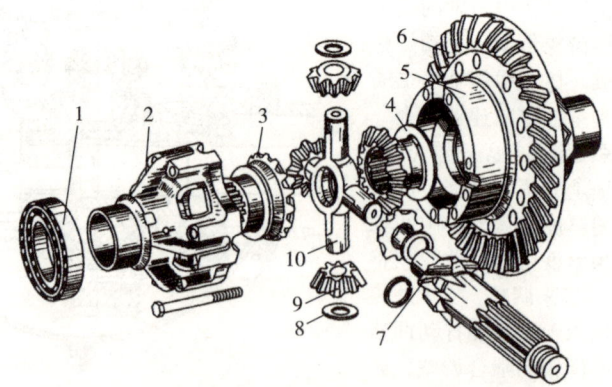

图9-5-6　东风EQ1092型汽车行星齿轮差速器

1—轴承；2—差速器壳；3—半轴齿轮；4—半轴齿轮推力垫片；5—差速器壳；6—主减速器从动锥齿轮；7—主减速器主动锥齿轮；8—行星齿轮球面垫片；9—行星齿轮；10—行星齿轮轴（十字轴）。

从万向传动装置传来的动力自主减速器从动锥齿轮依次经差速器壳、行星齿轮轴（十字轴)、行星齿轮、半轴齿轮、半轴输送到驱动车轮。

② 对于中型以下的货车或轿车,因传递的转矩较小,故可用两个行星齿轮,相应的行星齿轮轴为一根直轴。桑塔纳型轿车差速器的结构,如图9-5-7所示。差速器壳为一整体框架结构,行星齿轮轴装入差速器壳后用止动销定位,半轴齿轮背面也制成球面,其背面的推力垫片与行星齿轮背面的推力垫片制成一个整体,称为复合式推力垫片,螺纹套用来紧固半轴齿轮。

上述普通行星齿轮式差速器具有如下特点:无论左右驱动轮转速是否相等,其转矩基本上是平均分配的。这种特性对于汽车在好路面上行驶是有利的。但汽车在坏路面上行驶时却严重影响了其通过能力。例如,当汽车的一个驱动轮处于泥泞路面或冰雪路面时,会因附着力小而原地滑转。而在好路面上的另一驱动轮却静止不动。这是因为附着力小的路面只能对驱动车轮作用一个

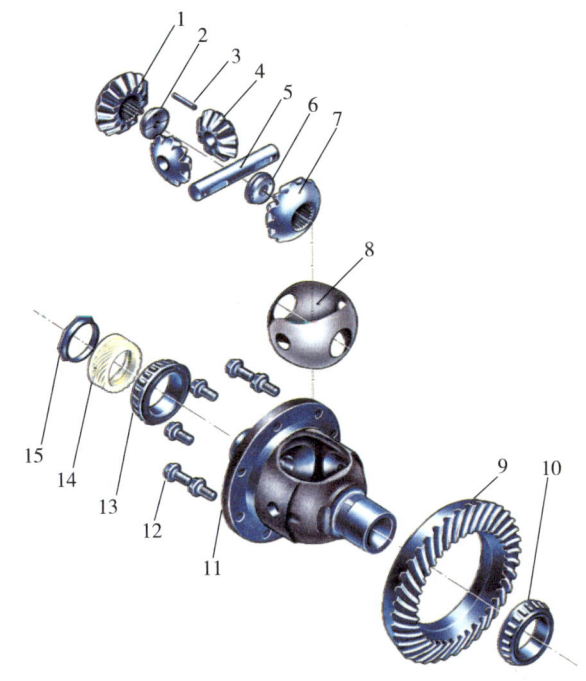

图9-5-7 桑塔纳轿车差速器结构

1,7—差速器侧齿轮;2,6—防转螺母;3—弹性锁销;4—行星齿轮;5—行星齿轮轴;8—球形垫圈;9—从动圆锥齿轮;10,13—圆锥滚子轴承;11—差速器壳;12—螺栓;14—里程表主动齿轮;15—里程表主动齿轮衬套

很小的反作用力矩,虽然另一驱动轮的附着力较大,但分配的驱动转矩只能与滑转的驱动轮上很小的驱动转矩相等,以至于汽车总的牵引力不足,造成汽车不能行驶。

3. 防滑差速器

为了提高汽车通过坏路面的能力,可采用防滑差速器。当汽车某一侧驱动轮发生滑转时,差速器的差速作用即被锁止,并将大部分或全部转矩分配给未滑转的驱动轮,充分利用未滑转车轮与地面之间的附着力,以产生足够的牵引力。

(四)半轴与桥壳

1. 半轴

半轴的功用是将差速器传来的动力传给驱动车轮。根据半轴支承形式的不同,主要有全浮式半轴和半浮式半轴两种。

① 全浮式半轴。全浮式半轴的结构,如图9-5-8所示。半轴内端通过花键与半轴齿轮啮合,并通过差速器壳支承在主减速器壳的座孔中。半轴外端制有半轴凸缘,通过螺栓与轮毂固定在一起,轮毂通过两个圆锥滚子轴承支承在半轴套管上。

汽车行驶时,半轴只传递转矩,不承受其他任何力和力矩。这也是称之为全浮式半轴的原因。

② 半浮式半轴。半浮式半轴的结构,如图9-5-9所示。半轴内端通过花键与半轴齿轮啮合,并通过差速器壳支承在主减速器壳的座孔中。半轴外端通过轴承直接支承在桥壳内,车轮轮毂通过花键直接固定于半轴外端。

汽车行驶时,半轴内端只传递转矩,半轴外端除传递转矩外,还要承受路面作用于车轮的各种反力和力矩。所以称之为半浮式半轴。

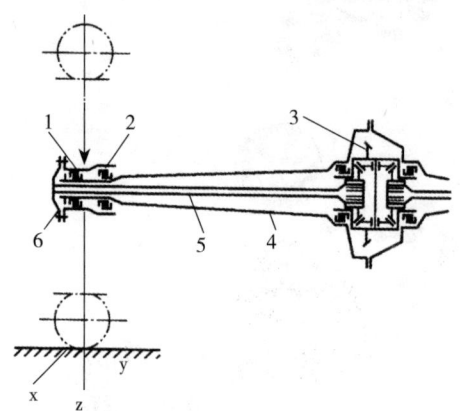

图 9-5-8　全浮式半轴

1—轮毂；2—轴承；3—主减速器从动锥齿轮；
4—桥壳；5—半轴；6—半轴凸缘。

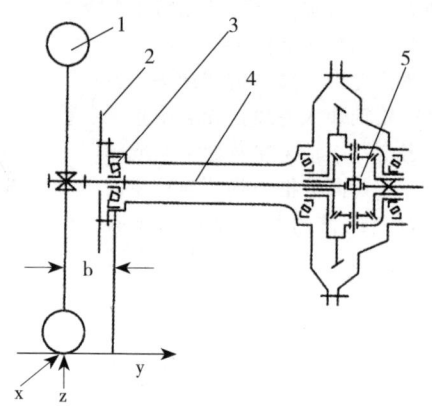

图 9-5-9　半浮式半轴

1—车轮；2—轴承盖；3—支架；
4—主减速器；5—差速器。

2. 桥壳

驱动桥壳的功用是支承并保护主减速器、差速器和半轴等,使左右驱动车轮的轴向相对位置固定；同从动桥一起支承车架及其上的各总成质量；汽车行驶时,承受由车轮传来的路面反作用力和力矩,并经悬架传给车架。驱动桥壳可分为整体式桥壳和分段式桥壳两种。

（1）整体式桥壳

如图9-5-10所示,它由空心梁、半轴套管、主减速器壳及后盖等组成。

壳体中部有一环行通孔,前端用来安装主减速器及差速器总成,后端用来检视主减速器、差速器的工作情况,后盖由螺

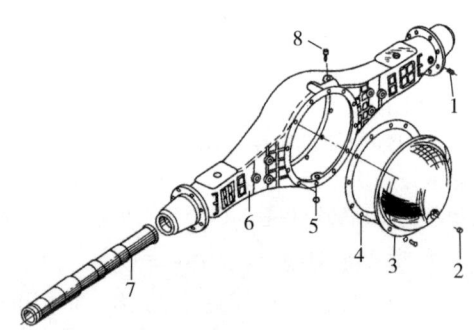

图 9-5-10　整体式桥壳

1—止动销；2—加油孔螺塞；3—后盖；4—垫圈；
5—放油螺塞；6—壳体；7—半轴套管；8—通气孔。

钉装于后端面上,后盖上装有检查油面用的螺塞。壳体两端压入半轴套管,并用止动销限位。半轴套管外端轴颈用来安装轮毂轴承,最外端还制有螺纹,用来安装轮毂轴承调整螺母。

这种整体式桥壳具有较大的强度和刚度,且便于主减速器的拆装和调整,适用于中型以上货车。

（2）分段式桥壳

如图9-5-11所示,分段式桥壳一般分为两段,两段之间用螺栓连接。它主要由主减速器壳、盖及半轴套管组成。

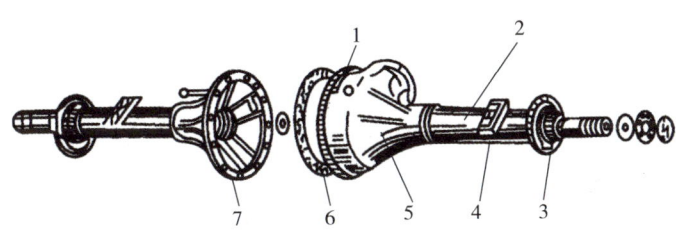

图 9-5-11　分段式桥壳

1—加油孔；2—半轴套管；3—凸缘盘；
4—弹簧座；5—壳体；6—垫片；7—盖。

二、主减速器的拆装与检修

汽车行驶时，驱动桥的受力情况十分复杂。各传递动力的零件，由于接近最终传动，其所受的各种应力远远大于传动系统的其他部位。后轮驱动的汽车，其驱动桥壳要承受相当一部分的载重量，故在汽车维护和修理时，应对驱动桥进行有针对性的作业。

（一）驱动桥的拆装

1. 后桥的拆卸

① 将车辆停放周正，前轮放好三角挡块。放出后桥主传动器壳内的齿轮油。

② 把车的后方顶起，用支架支承在车架的下方，位置在后钢板弹簧前方。

③ 卸下后车轮、制动毂、半轴。

④ 使后制动管路与前面的制动管路分离。

⑤ 松开制动器底板，并用铁丝把它吊挂在车架下方。

⑥ 对于装有减振器的车，要把减振器卸下，用行走式千斤顶支起桥壳。

⑦ 拆掉传动轴后万向节叉和主减速器上的万向节凸缘叉的螺栓，使它们分离，然后卸下传动轴。

⑧ 卸下后钢板弹簧的 U 形螺栓，一边左右摇晃，一边向后拉出后桥。

⑨ 独立悬挂的结构形式，也可采用和一般结构形式大体相同的方法拆下。

⑩ 大型载货汽车和大型客车的结构虽然各有不同之处，但是拆卸的要领大体相同。

2. 差速器总成的拆卸

① 对于全浮式半轴，卸下半轴螺栓之后，就能抽出半轴。此时，如果抽不动时，可用两个螺栓拧入半轴凸缘上的拆卸半轴的专用螺孔中，用螺栓把半轴顶出。采用这种方法可以很容易地抽出半轴；抽出两侧半轴后，差速器总成可以从后桥壳中整体拆下。

② 对于半浮式半轴，利用轮毂螺栓，装上滑动锤装，然后操作滑动锤，用它的冲击力，把半轴从轴管中拔出。抽出左右半轴后，差速器总成可以从后桥壳中整体拆下。

③ 对发动机前置前轮驱动的轿车，主减速器差速器在变速器壳体内，需首先拆卸左右半轴的连接螺栓，其次将变速器整体拆下，最后拆卸主减速器、差速器总成。

（二）主减速器的调整

减速器装配中的调整包括主、从动圆锥齿轮轴承预紧度的调整（含差速器轴承预紧度的调整），主、从动圆锥齿轮啮合印痕和啮合间隙的调整等项目。主减速器的调整品质是决定主减速器圆锥齿轮副使用寿命的关键。

1. 轴承预紧度的调整

主减速器主、从动圆锥齿轮的支承对其能否正常工作至关重要。其原因在于，一是主动齿轮采用圆锥齿轮，而圆锥齿轮在传动中对啮合的精度要求很高；二是主减速器圆锥齿轮副在工作中会有如图 9-5-12 所示的轴向力。

当主动圆锥齿轮沿 A 方向旋转并带动从动圆锥齿轮转动时，自身会受到一个向前的推力。当车辆滑行时，主动圆锥齿轮又会受到一个向后的拉力。装配时先给轴承一定的预紧度，形成相当的预紧应力，这有利于加强主动圆锥齿轮的刚度，提高齿轮在工作中的自动定心能力，抑制齿轮的径向抖动和轴向窜动，保护润滑油膜，从而提高圆锥齿轮副的啮合精度，保证啮合间隙。通过改善圆锥齿轮副的啮合精度，减轻齿轮工作面的磨损和传动噪声，可以延长圆锥齿轮副的使用寿命。

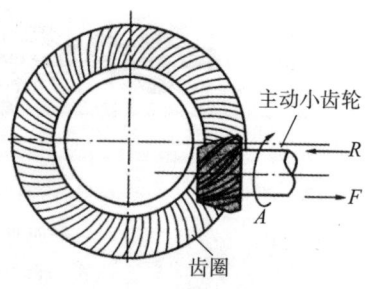

图 9-5-12　圆锥齿轮副的轴向力

2. 主动圆锥齿轮轴承预紧度的调整

主动圆锥齿轮轴承预紧度的调整方法有两种，如图 9-5-13 和图 9-5-14 所示。

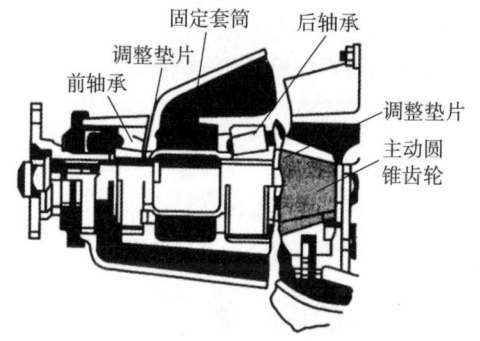

图 9-5-13　主动圆锥齿轮轴承预紧度的调整方法之一

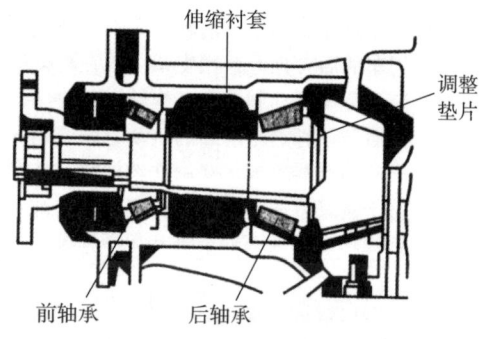

图 9-5-14　主动圆锥齿轮轴承预紧度的调整方法之二

① 第一种方法，是在前轴承内圈下加减调整垫片，当按规定拧紧万向节凸缘螺母时，垫片越薄，轴承内外圈压得越紧，即预紧度越大。国产汽车主动圆锥齿轮轴承预紧度多数采用这种方法进行调整，如解放 CA1091 和东风 EQ1090 型汽车。

此种方法的调整是否符合要求，可用测量传动凸缘盘的力矩来判断。如解放 CA1091 型汽车，在不装前轴承油封的状态下，用 196～294N·m 的力矩拧紧凸缘盘螺母，转动凸缘盘的力矩应在 1.4～3.4N·m 之间，若力矩大于标准值，说明轴承的预紧度过大，应增加调整垫片的厚度。

② 第二种方法，是用一个弹性隔套来调整主动圆锥齿轮轴承的预紧度。装配时，在前后轴承内圈之间放置一个可压缩的弹性薄壁隔套，按规定力矩拧紧凸缘盘固定螺母时，隔套产生弹性变形，其张力自动适应对轴承预紧度的要求。但采用这种方法因隔套的弹性衰退，每次都必须换用新的隔套，轿车的主减速器大多采用这种方法。北京切诺基采用此种结构，其装配要求是：首先装入长度已预选好的隔套和前轴承内圈，其次装入油封（因隔套不可重复使用，新套上紧后也不能松开），最后装入万向节凸缘，用 258 N·m 的力矩拧紧固定螺母。拧紧后用

手转动主动圆锥齿轮应能转动自如，用测力扳手转动主动圆锥齿轮轴，其力矩应为 $1\sim 2\,\text{N}\cdot\text{m}$。在主动圆锥齿轮轴转动的过程中，力矩不应发生明显的变化，否则说明存在异常阻力，应查明原因加以消除。

3. 从动圆锥齿轮轴承预紧度的调整

从动圆锥齿轮轴承预紧度的调整因驱动桥的结构不同分为两种。

（1）单级主减速器

其从动圆锥齿轮固定在差速器壳上，从动圆锥齿轮轴承就是差速器轴承，调整从动圆锥齿轮轴承预紧度就是调整差速器轴承的预紧度。

差速器轴承两侧都有调整螺母。装配时，将差速器轴承外圈套在轴承上，将差速器总成装入差速器壳内，将两侧调整螺母装在座孔内的螺纹部分（螺纹一定要对好），然后将两侧轴承盖对好螺纹后装复（左右两轴承盖不得互换），装好锁片用螺栓紧固轴承盖。

调整轴承预紧度时（图9-5-15）慢慢转动两侧调整螺母，同时慢慢转动差速器总成，使滚柱处于正确位置。正确的预紧度可用转动差速器总成的力矩来衡量。如东风EQ1090型汽车，用 $0.98\sim 3.4\,\text{N}\cdot\text{m}$ 的力矩应能灵活转动差速器总成。预紧度调整后，应将调整螺母用锁片锁住。

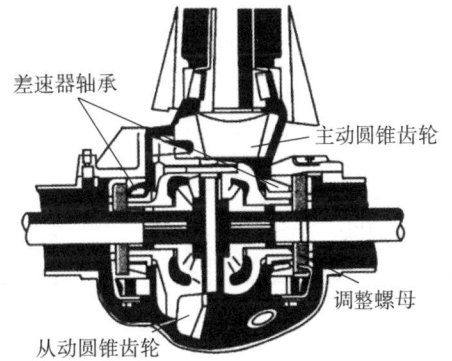

图9-5-15 差速器轴承预紧度的调整

（2）双级主减速器

从动圆锥齿轮与二级减速的主动圆柱齿轮固定在同一根轴上，两端用轴承支撑在主减速器壳上。轴承预紧度的调整可选择适当厚度的调整垫片，安装在主减速器壳与轴承盖之间。

有些汽车采用分式后桥，其从动圆锥齿轮轴承预紧度可通过轴承与差速器壳之间的垫片厚度来进行。增加垫片的厚度，轴承的预紧度增加。

4. 主、从动圆锥齿轮啮合印迹与齿侧间隙的调整

主、从动圆锥齿轮应沿齿长的方向接触，其位置控制在轮齿的中部偏向小端，离小端端部 $2\sim 7\text{mm}$，接触痕迹的长度不小于齿长的50%，齿高方向的接触印痕应不小于齿高的50%，一般应距齿顶 $0.80\sim 1.60\text{mm}$，齿侧间隙为 $0.15\sim 0.50\text{mm}$，但每一对锥齿轮啮合副其啮合间隙的变动量不得大于 0.15mm。正确及非正确的啮合印迹，如图9-5-16所示。

如果主、从动圆锥齿轮的啮合状况和齿侧间隙不符合要求时，应按表9-5-2所列的方法进行调整，这种方法可简化为如下口诀：大进小、小出从；顶进主、退出主。这种方法调整时，要注意保证齿侧间隙不得小于最小值。

实现齿轮位移的具体方法与车辆的结构有关。

（1）主动圆锥齿轮的移动

整体式主减速器，可用增加或减小后轴承内圈与主动圆锥齿轮之间的垫片来实现主动锥齿轮的轴向移动。

对于组合式主减速器，其主动圆锥齿轮安装在单独的轴承座中，增减轴承座与主减速器壳之间的垫片，可使轴承座连同主动圆锥齿轮的轴向位置发生变化。

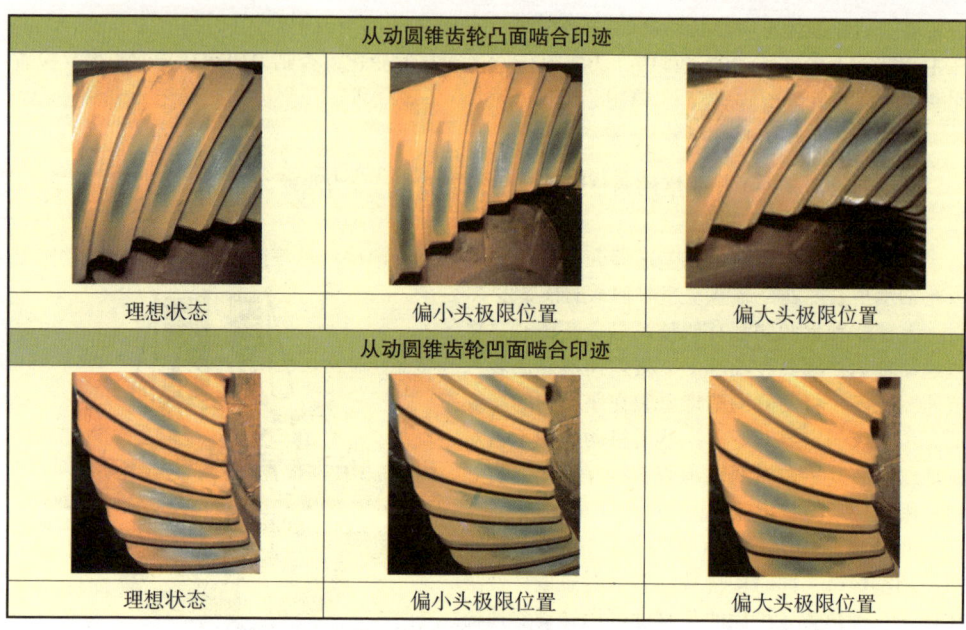

图 9-5-16 从动圆锥齿轮啮合印迹

表 9-5-2 圆锥齿轮副啮合印迹的调整方法

从动齿轮面接触区		调整方法	齿轮移动方向
前驱	倒车		
		将从动齿轮向主动齿轮移近,若这时齿隙过小,则将主动齿轮向外移开	
		将从动齿轮自主动齿轮移开,若这时齿隙过大,则将主动齿轮移近	
		将主动齿轮向从动齿轮移近,若这时齿隙过小,则将从动齿轮移开	
		将主动齿轮自从动齿轮移开,若这时齿隙过大,则将从动齿轮移近	

（2）从动圆锥齿轮的移动

对单级主减速器，从动圆锥齿轮轴承就是差速器的轴承，将轴承两侧的调整螺母按左进右退或左退右进的原则转动相等的圈数，就可以在不改变轴承预紧度的前提之下，改变从动圆锥齿轮的轴向位置。

对于双级主减速器，在保持两侧轴承盖下垫片总厚度不变的前提下，将左右轴承盖下垫片数目重新分配，便可以在不改变轴承预紧度的前提下移动从动圆锥齿轮的位置。

5. 调整原则

① 首先调整轴承的预紧度，然后调整啮合印痕，最后调整啮合间隙。

② 主、从动圆锥齿轮轴承的预紧度必须按原厂规定的数据和方法进行调整和检查，在主减速器调整过程中，轴承的预紧度不得变更，始终都应符合原厂的规定值。

③ 在保护啮合印痕合格的前提下调整啮合间隙。啮合印痕、啮合间隙和啮合间隙的变化量都必须符合技术条件，否则，成对更换齿轮副。

④ 注意零件的原始装配位置、加强零件装配前和装配过程中的检验。

（三）主减速器的拆装与检修

1. 后驱动桥主减速器、差速器总成的拆装

作业内容	图解	具体操作方法及要求	完成确认
1. 拆传动轴	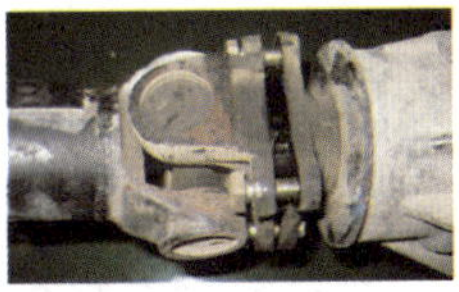	拆卸传动轴与差速器凸缘的连接螺栓，卸下传动轴	
2. 排放齿轮油		排放驱动桥壳中齿轮油	
3. 拆卸半轴螺母	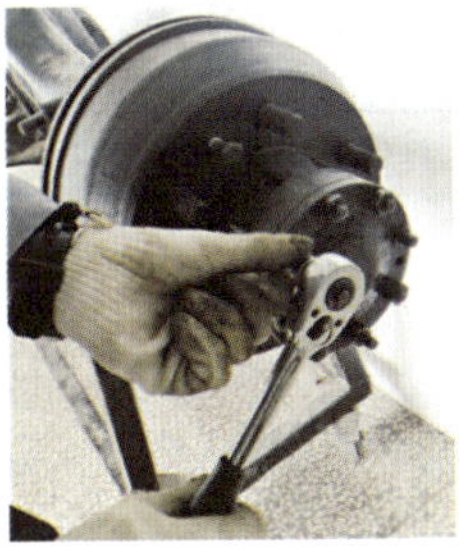	拆卸左、右半轴固定螺母	
4. 取出半轴		用专门的顶拔螺栓顶拔出半轴，取出左、右半轴	

作业内容	图解	具体操作方法及要求	完成确认
5. 主减速器总成固定螺母	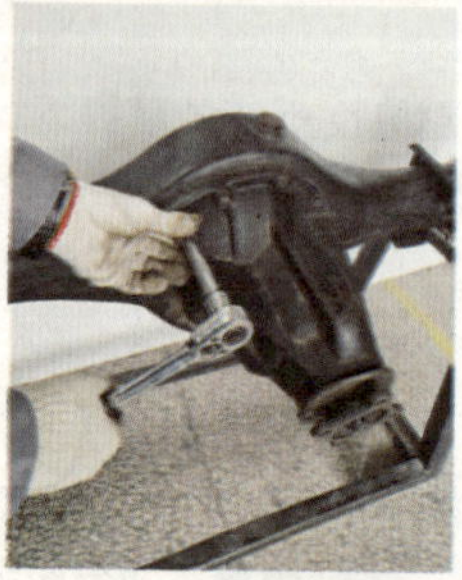	从桥壳上拆下主减速器壳体固定螺母	
6. 取下主减速器、差速器总成		取下主减速器、差速器总成	
7. 主减速、差速器总成安装		（1）清洁主减速器和车桥壳体的配合面，并在车桥壳体上安装新的衬垫 （2）在后桥壳中装入主减速器、差速器总成，并按规定力矩拧紧主减速器壳体固定螺母 （3）清洁半轴端面及轮毂端面，并更换新半轴衬垫 （4）安装半轴，并按规定力矩拧紧半轴固定螺母	

2. 桑塔纳型轿车前驱动桥主减速器、差速器总成的拆装

作业内容	图解	具体操作方法及要求	完成确认
1. 拆凸缘轴螺栓		拆下左、右半轴齿轮凸缘轴的连接螺栓	
2. 取下凸缘轴		取下左、右凸缘轴	

续表

作业内容	图解	具体操作方法及要求	完成确认
3.拆卸轴承盖		均匀拧松并拆下主减速器轴承盖连接螺栓，取下轴承盖	
4.取车主减速器、差速器总成	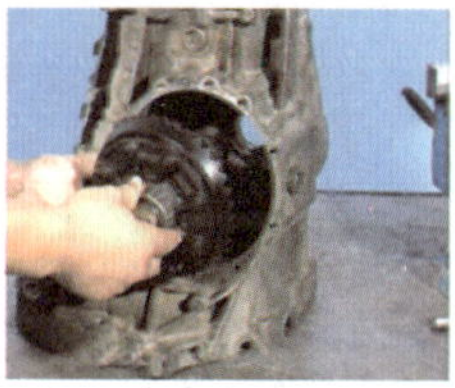	从壳体内取出主减速器及差速器总成	
5.安装主减速器、差速器总成		（1）清洁主减速器轴承盖与变速器壳体的结合面 （2）将主减速器、差速器总成装入变速器壳体内，按规定力矩均匀拧紧轴承盖固定螺栓	

3.主减速的检查调整

作业内容	图解	具体操作方法及要求	完成确认
1.主动圆锥齿轮轴承预紧度		（1）检查主动圆锥齿轮轴承预紧度	
		（2）主动圆锥齿轮分解图，圈内为轴承内圈调整垫片	
		（3）调整轴承内圈调整垫片的厚度（片数） （4）装好外轴承、凸缘（油封座暂时不需安装），按规定力矩拧紧凸缘螺母，再次检查轴承预紧度。反复调整至规定值	

续表

作业内容	图解	具体操作方法及要求	完成确认
2. 从动圆锥齿轮轴承预紧度		（1）将差速器轴承外圈套在轴承上，将差速器总成装入差速器壳体内 （2）将两侧调整螺母装入座孔内，螺纹要对正 （3）将两侧轴承盖对好螺纹后装复，并紧固（两侧轴承盖不得互换） （4）如图所示，调整从动圆锥齿轮轴承预紧度 （5）调整完毕，将轴承盖按规定力矩拧紧，装上锁片	
3. 主、从动圆锥齿轮啮合印痕	正转工作时　逆转工作时	（1）正确的啮合印痕，如图所示 （2）主、从动圆锥齿轮的啮合印痕、啮合间隙不符合要求，是通过轴向移动主动圆锥齿轮、从动圆锥齿轮的位置来实现的 转动差速器两端的调整螺母，调整从动圆锥齿轮的轴向位置（注意：一端旋出多少，另一端必须旋入多少，保证从动圆锥齿轮的轴承预紧度不变）	
3. 主、从动圆锥齿轮啮合印痕		增减主动圆锥齿轮轴承座与差速器壳体间调整垫片的厚度，以此调整主动圆锥齿轮的轴向位置 根据图9-5-16的要求，反复调整，直至啮合印痕符合要求	
4. 主、从动圆锥齿轮啮合间隙	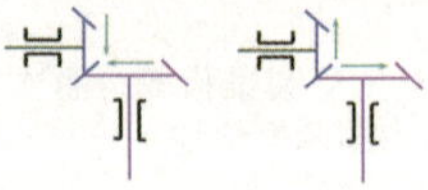	啮合印痕的调整与啮合间隙的调整联系紧密，相互关联。调整方法同上 在啮合印痕与啮合间隙不能兼顾时，优先考虑满足啮合印痕的要求	

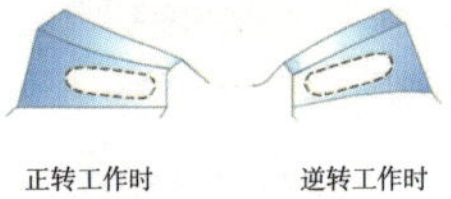

三、差速器的拆装与检修

当来自发动机的转矩通过传动轴传递到主动齿轮时，从动齿轮转动，使差速器壳体转动。当汽车在平直的道路上行驶时，两个驱动轮所受的阻力相等，行星齿轮不自转，而是与差速器壳体作为一个整体一起转动，半轴齿轮也与差速器壳体转动速度相同，从而使两个驱动轮以相同的速度转动。此时，汽车直线行驶，差速器不起作用，如图9-5-17所示。

当驱动轮由于汽车转向而以不同速度转动时,内轮遇到的道路阻力比外轮大,所以内轮比外轮转得慢。此时,差速器壳和行星齿轮作为一个单元转动,同时行星齿轮绕半轴齿轮转动。因此,外侧半轴上的半轴齿轮比内侧车轮半轴上的半轴齿轮转得快,外侧车轮比内侧车轮转得快,如图 9-5-18 所示。

图 9-5-17 直线行驶时的工作过程 　　　　图 9-5-18 差速状态下的工作过程

由于道路不平引起的车轮以不同速度转动时,其工作过程与此相同。

(一)防滑差速器

差速器的转矩分配特性对于汽车在良好路面上行驶是完全可以的,但当汽车在坏路面行驶时,却会严重影响其通过能力。

为了提高汽车在坏路上的通过能力,可采用各种型式的防滑差速器。防滑差速器的共同特点是在一侧驱动轮打滑时,能使大部分甚至全部转矩传给不打滑的驱动轮,充分利用另一侧不打滑驱动轮的附着力而产生足够的牵引力,使汽车继续行驶。其工作情况图 9-5-19 所示。

常用的防滑差速器有:强制锁止式差速器、高摩擦自锁式差速器(有摩擦片式、滑块凸轮式等结构形式)、牙嵌式自由轮差速器和托森差速器等。

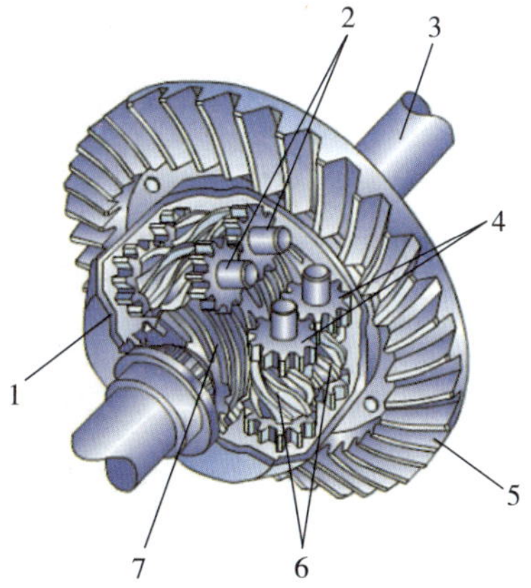

图 9-5-20 托森差速器

1—差速器壳;2—直齿轮轴;3—半轴;
4—直齿轮;5—主减速器被动齿轮;
6—蜗轮;7—蜗杆。

图 9-5-19 防滑差速器

(二)托森差速器

托森差速器的结构如图 9-5-20 所示。该差速器由差速器壳,左、右半轴蜗杆、蜗轮轴

和蜗轮等组成。差速器壳与主减速器的被动齿轮相连。三对蜗轮通过蜗轮轴固定在差速器壳上，分别与左、右半轴蜗杆相啮合，每个蜗轮两端固定有直齿圆柱直齿轮。成对的蜗轮通过两端相互啮合的直齿圆柱齿轮发生联系。差速器外壳通过蜗轮轴带动蜗轮绕差速器半轴轴线转动，蜗轮再带动半轴蜗杆转动。

（三）差速器的拆装与检修

1. 桑塔纳型轿车差速器总成的分解

作业内容	图解	具体操作方法及要求	完成确认
1. 取车主减速器、差速器总成	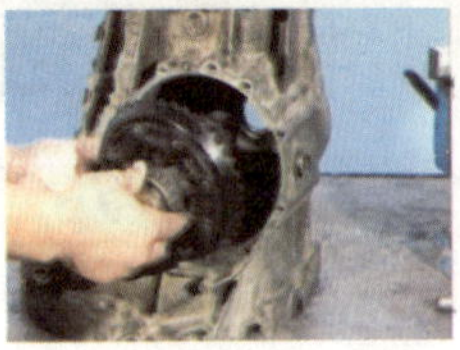	从壳体内取出主减速器及差速器总成	
2. 拆下差速器里程表传动齿及轴承		固定差速器壳总成，使用双臂拉器拆下里程表传动齿及差速器轴承	
3. 拆下差速器另一端轴承		用双臂拉器拆下另一端差速器轴承	
4. 拆卸从动圆锥齿轮		做好记号，均匀拧松从动圆锥齿轮固定螺栓	
5. 取下从动圆锥齿轮		检查记号，取下主动圆锥齿轮	

续表

作业内容	图解	具体操作方法及要求	完成确认
6. 拆卸轴销		用冲头冲出行星齿轮轴主销	
7. 拆卸行星齿轮轴		用铜棒冲出行星齿轮轴	
8. 取出行星齿轮、半轴齿轮		转动半轴齿轮,将行星齿轮从差速器壳中转出	
9. 取出止推垫片		取下半轴齿轮和复合式止推垫片	

2. 桑塔纳型轿车差速器总成的安装

作业内容	图解	具体操作方法及要求	完成确认
1. 清洁、检查、润滑		清洁、检查、润滑差速器各零件 将复合式止推垫片涂上齿轮油装入差速器壳体	
2. 安装左、右半轴齿轮	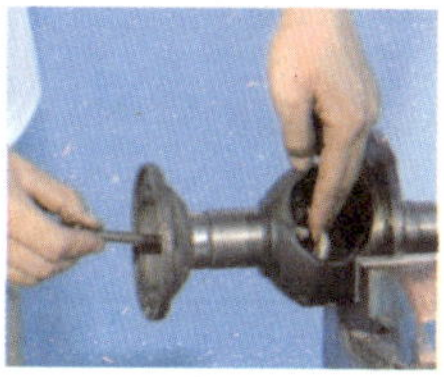	通过螺纹套和半轴安装左、右半轴齿轮	

续表

作业内容	图解	具体操作方法及要求	完成确认
3. 安装行星齿轮		将两个行星齿轮错开180°，并与半轴齿轮相啮合，转动半轴齿轮，使行星齿轮向内摆动装入壳体	
4. 安装行星齿轮轴		推入行星齿轮轴并用锁销锁止	
5. 安装从动圆锥齿轮		将从动锥齿轮按装配标记压装到差速器外壳上	
6. 拧紧从动圆锥齿轮		以70N·m的力拧紧从动圆锥齿轮连接螺栓	
7. 压入差速器轴承及里程表驱动齿		用专用工具将差速器轴承及里程表驱动齿压装到差速器外壳上	
8. 装入变速器壳体		将主减速器、差速器总成装入变速器壳体内，均匀拧紧轴承盖固定螺栓	

第十章 汽车行驶系统

第一节 车架与车桥

一、车架

（一）车架的功用及要求

汽车车架俗称"大梁"，是整个汽车的基体。其上装有发动机、变速器、传动轴、前后桥、车身等总成和部件。

车架的功用是支承、连接汽车的各总成，使各总成保持相对正确的位置；并承受汽车内外的各种载荷。

（二）车架的类型与结构

现代汽车绝大多数都具有作为整车骨架的车架，其结构形式常见的有三种类型：边梁式车架、中梁式车架和承载式车身。

如图 10-1-1、图 10-1-2、图 10-1-3 所示。

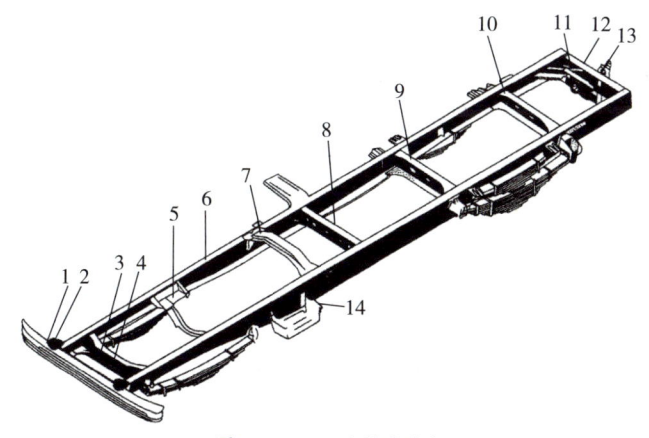

图 10-1-1 边梁式车架

1—保险杠；2—挂钩；3—前横梁；4—发动机前悬置横梁；5—发动机后悬置右（左）支架和横梁；
6—纵梁；7—驾驶室后悬置横梁；8—第四横梁；9—后钢板弹簧前支架横梁；
10—后钢板弹簧后支架横梁；11—角撑横梁组件；12—后横梁；13—拖钩部件；14—蓄电池托架。

251

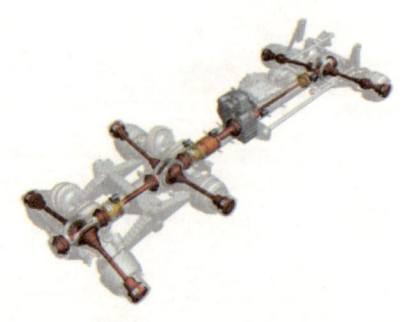
图 10-1-2 中梁式车架

图 10-1-3 承载式车身

二、车桥结构认知

（一）车桥的功用

车桥（也称车轴）通过悬架与车架（或承载式车身）相连接，两端安装汽车车轮。车架所承受的垂直载荷通过车桥传到车轮，车轮上的滚动阻力、驱动力、制动力和侧向力及其弯矩、转矩又通过车桥传递给悬架和车架，故车桥的作用是传递车架与车轮之间的各向作用力及其所产生的弯矩和转矩。

（二）车桥的分类

按悬架结构不同，车桥分为整体式和断开式两种。整体式车桥的中部是刚性实心或空心梁，与非独立悬架配用；断开式车桥为活动关节式结构，与独立悬架配用。

按车桥上车轮的作用不同，车桥分为转向桥（见图 10-1-4）、驱动桥、转向驱动桥（图 10-1-5）、支持桥 4 种类型，其中转向桥和支持桥都属于从动桥。

（三）车轮定位

为了保证汽车直线行驶的稳定性和操纵的轻便性，减少轮胎和其他机件的磨损，转向车轮、转向节和前轴三者与车架的安装应保持一定的相对位置关系，这种安装位置关系称为转向车轮定位，也称前轮定位。

1. 主销后倾

主销安装在前轴上，其上端略向后倾斜，这种现象称为主销后倾。

2. 主销内倾

主销安装在前轴上，其上端略向内倾斜，这种现象称为主销内倾。

3. 转向车轮外倾

转向车轮安装在转向节上时，其旋转平面上端向外倾斜，这种现象称为转向车轮外倾。

4. 前轮前束

车轮安装在车桥上，两前车轮的中心平面不平行，其前端略向内侧倾斜，这种现象称为前轮前束。

第十章　汽车行驶系统

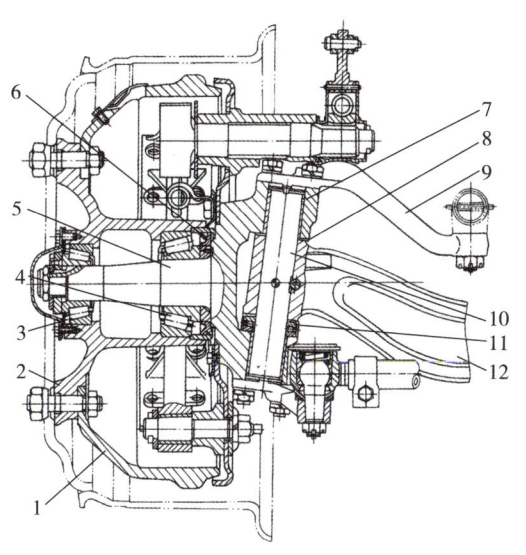

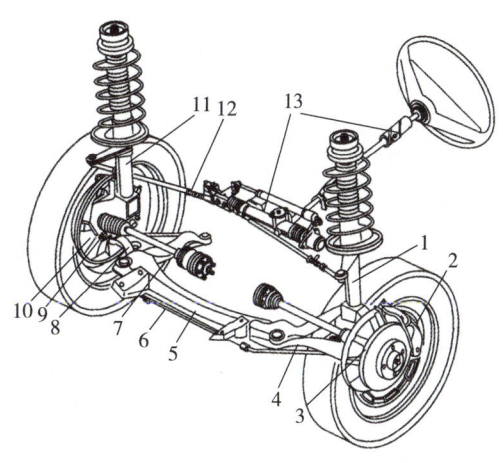

图 10-1-4　转向桥

1—制动鼓；2—轮毂；3,4—圆锥滚子轴承；
5—转向节；6—油封；7—衬套；8—调整
垫片；9—转向节臂；10—主销；
11—推力滚子轴承；12—前梁。

图 10-1-5　转向驱动桥

1,11—悬架；2—前轮制动器总成；
3—制动盘；4,8—下摇臂；5—副车架；
6—横向稳定杆；7—传动轴总成；
9—球形头；10—车轮轴承壳；
12—横拉杆；13—转向装置总成。

第二节　车轮与轮胎

一、车轮与轮胎结构认知

（一）车轮的认知

汽车车轮总成如图 10-2-1 所示，主要由车轮和轮胎两大部分组成。

车轮一般由轮毂、轮辐和轮辋组成，如图 10-2-2 所示。

1. 轮毂

轮毂用于连接车轮与车桥，通过圆锥滚子轴承装在车桥或转向节轴颈上。

2. 轮辐

轮辐用于将轮毂和轮辋连接起来。按轮辐的结构不同，车轮可以分为辐板式和辐条式，如图 10-2-3 和图

图 10-2-1　车轮总成

1—轮胎；2—车轮；3—平衡片

253

10-2-4 所示。

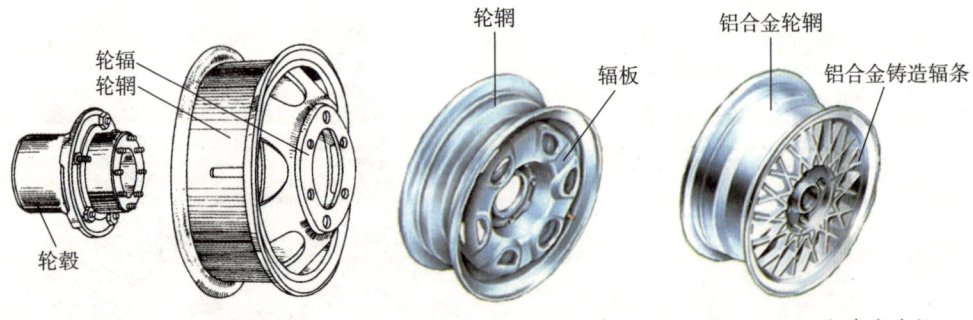

图 10-2-2　车轮的组成　　图 10-2-3　辐板式车轮　　图 10-2-4　辐条式车轮

3. 轮辋

轮辋也叫钢圈，用于安装和固定轮胎。

轮辋是轮胎的装配基础，原则上每种轮胎只配用一种标准轮辋，必要时也可使用与标准轮辋相接近的容许轮辋。

按其结构不同，轮辋的常见结构形式有深槽式轮辋、平底式轮辋和对开式轮辋，如图 10-2-5 所示。

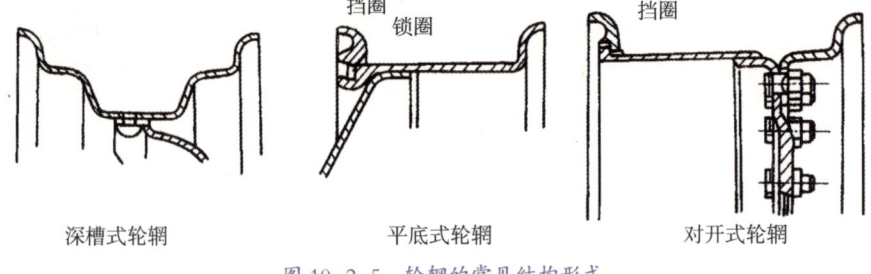

图 10-2-5　轮辋的常见结构形式

（二）车轮的认知

1. 轮胎的类型

① 按轮胎内空气压力的大小，轮胎分为高压胎（0.5~0.7MPa）、低压胎（0.2~0.5MPa）和超低压胎（0.2MPa 以下）。

② 按轮胎有无内胎，轮胎分为有内胎轮胎和无内胎轮胎（俗称"真空胎"）。

③ 按胎体帘布层结构的不同，轮胎分为斜交轮胎和子午线轮胎。

目前轿车上应用的轮胎主要是低压（或超低压）、无内胎的子午线轮胎。

2. 轮胎的构造

（1）有内胎轮胎的构造

有内胎轮胎由外胎、内胎和垫带等组成，使用时安装在汽车车轮的轮辋上，如图 10-2-6 所示。

① 垫带：垫带是一个环形的橡胶带，它垫在内胎与轮辋之间，以保护内胎不被轮辋和胎圈磨伤。

② 内胎：内胎是一个环形的橡胶管，上面装有气门嘴，以便充入或排出空气，为使内胎在充气状态下不产生褶皱，其尺寸应稍小于外胎的内壁尺寸。

③ 外胎：外胎由胎面、帘布层、缓冲层和胎圈组成，如图 10-2-7 所示。
胎面：胎面是轮胎的外表面，可分为胎冠、胎肩和胎侧三部分。

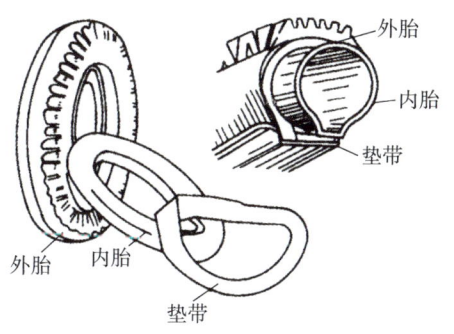

图 10-2-6　有内胎轮胎　　　　　图 10-2-7　外胎的结构

（2）无内胎轮胎的构造

无内胎轮胎俗称"真空胎"，在外观上与普通轮胎相似，但是没有内胎及垫带。它的气门嘴用橡胶垫圈和螺母直接固定在轮辋上，空气直接充入外胎中，其密封性由外胎和轮辋来保证，如图 10-2-8 所示。

无内胎轮胎的内壁有一层橡胶密封层，有的在该层下面还有一层自粘层，能自行将刺穿的孔粘合。在胎圈外侧也有一层橡胶密封层，用以加强胎圈与轮辋之间的气密性。无内胎轮胎一旦被刺破，穿孔不会扩大，故漏气缓慢，胎压不会急剧下降，仍能继续行驶一定距离，可消除爆胎的危险。

图 10-2-8　无内胎充气轮胎

3. 轮胎的规格

轮胎的尺寸标注如图 10-2-9 所示。

轮胎的规格号模压在轮胎的侧壁上，以表示该轮胎的主要参数、结构以及所能承受的最大载荷和所能行驶的最高车速等信息。

（1）低压轮胎的规格

低压轮胎的规格用 $B-d$ 表示，其中 B 表示轮胎断面宽度，"-"表示低压轮胎，d 表示轮辋直径，单位均为 in（1in=25.4mm）。

例：9.00-20

"9.00"表示轮胎断面宽度为 9.00in，"-"表示低压轮胎，"20"表示轮辋直径为 20in。

（2）子午线轮胎的规格

子午线轮胎用 $B\ R d$ 表示，"R"表示子午

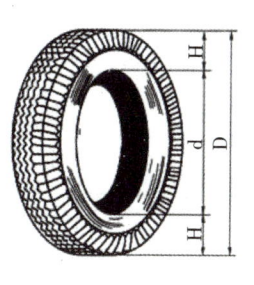 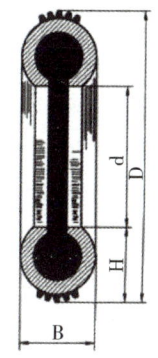

图 10-2-9　轮胎的尺寸标注

D—轮胎外径；d—轮胎内径或轮辋直径；
B—轮胎宽度；H—轮胎高度。

线轮胎。国产轿车子午线轮胎断面宽 B 已全部改用公制单位 mm；载货汽车轮胎断面宽 B 有英制单位（in）和公制单位两种。而轮辋直径 d 的单位仍为英制单位（in）。

例：9.00R20

"9.00"表示轮胎断面宽度为 9.00in，"R"表示子午线轮胎，"20"表示轮辋直径为 20in。

随着轮胎的扁平化，仅用断面宽度 B 和轮辋直径 d 已不能完全表示轮胎的规格，所以在子午线轮胎表达方法的基础上，又增添了许多新的内容。

以上海桑塔纳 2000GSi 轿车轮胎的规格 195/60 R 14 86 H 为例进行说明，如图 10-2-10 所示。

① 195 表示轮胎宽度 195mm。

② 60 表示扁平比为 60%。

③ R 表示子午线轮胎。

④ 14 表示轮辋直径 14in。

⑤ 86 表示荷重指数，即最大载荷质量，荷重等级为 86 的轮胎的最大载荷质量为 515kg。

⑥ H 表示速度等级，表明轮胎能行驶的最高车速，速度等级为 H 的轮胎的最高车速为 210km/h。

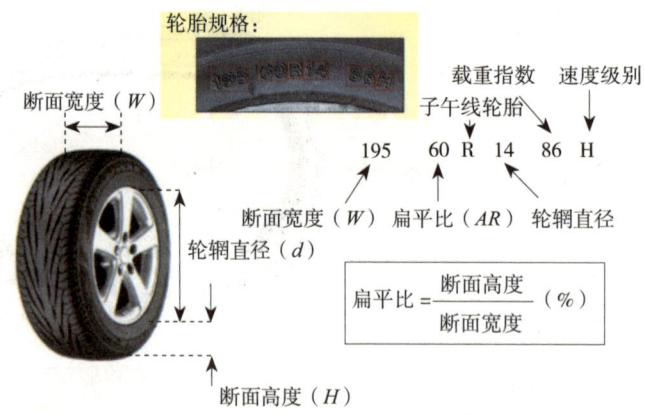

图 10-2-10　上海桑塔纳 2000GSi 轿车轮胎规格

另外，在轮胎规格前加"P"表示轿车轮胎，在胎侧标有"Reinforced"表示经强化处理，"Radial"表示子午线轮胎，"Tubeless"（或 TL）表示无内胎（真空胎），"M + S"（Mud and Snow）表示适于泥地和雪地，"→"表示轮胎旋向，不可装反，如图 10-2-11 所示。

图 10-2-11　单导向标识

二、车轮和轮胎的拆装与检修

（一）车轮的检修

1. 轮辋的检修

（1）轮辋变形的检验

平式轮辋边缘 20mm 内的圆跳动公差为 2.50mm。轿车深式轮辋中上的圆跳动公差与边缘附近的圆跳动公差为 2.00mm，变形后更换，以保证车轮滚动时的平稳性能并减轻轮胎的磨损。

平式轮辋的锁圈在自由状态下，对口重叠长度不得小于45mm。否则说明锁圈的收缩弹性已经衰退，在轮胎气压作用下有崩脱的隐患，所以必须更换。严禁用压扁的方法增加对口重叠量。轮胎螺栓孔磨损大于0.20mm应进行修理或更换轮辋。

（2）轮辋组件的平衡

轿车的轮毂、轮辋、制动鼓组件的动不平衡量不得大于400g·cm，车轮总成（包括轮胎）的动不平衡量应为800～1000 g·cm。汽车大修或更换车轮总成中任一部件后均应重新进行动平衡检验，维护时粘补外胎也必须重新进行总成动平衡检验。拆装中，原平衡块不得拆除或移位。

2. 轮毂的检修

（1）轮毂轴承承孔磨损的检修

轮毂轴承承孔与轴承的配合过盈不得小于0.009mm，轴承承孔磨损后可刷镀或喷焊修理。禁止铜焊修理，铜焊层硬度过低，修复后寿命过短，不但可靠性很低，也加大了修理费用。

（2）轮毂变形的检修

轮毂变形会引起车轮的不平衡，加大制动鼓的跳动误差，影响汽车的操纵性能和制动效能。轮毂变形后，以两轮毂轴承外座圈的锥面为基准，车削接合凸缘，凸缘的圆跳动公差为0.15mm。

（二）轮胎的检查

1. 胎面花纹要求

轮胎磨损过甚，花纹过浅，会成为重要的不安全因素。统计表明，轮胎全部问题的90%是发生在其寿命最后的10%的时间之内。过度磨损的轮胎，除容易爆破外，还会使汽车操纵稳定性变坏。汽车在雨中高速行驶时，由于不能把水全部从胎下排出，轮胎将会出现打滑现象，致使汽车失控。花纹越浅，水滑的倾向越严重，所以日常维护和各级维护时，应检查花纹深度。GB 7258—2017《机动车运行安全技术条件》规定，乘用车、摩托车和挂车轮胎胎冠上花纹深度应大于或等于1.6mm，其他机动车转向轮的胎冠花纹深度应大于或等于3.2mm；其余轮胎胎冠花纹深度应大于或等于1.6mm。否则应停止使用。

2. 轮胎花纹深度的检查

轮胎花纹深度可用深度尺进行测量。

胎面磨耗标志位于胎面花纹沟底部，当胎面磨损到此处时，花纹沟断开，表明轮胎必须停止使用。为便于用户找到磨耗标志所在的位置，通常在磨耗标志对应的胎肩处标出"TWI"或者"△"等符号。这种磨耗标志按国家标准的规定，每只轮胎应沿周向等距离地设置不少于4处。

测量花纹深度，还可以知道轮胎成色和磨损速度是否正常。例如，若车上装用的新胎花纹深度是17mm，花纹磨损残留极限尺寸若为3mm，即花纹允许磨损约14mm。如果现在花纹已磨掉7mm，说明该胎的成色是1/2。若在该车使用条件下，轮胎行驶里程定额是70000km，可以算出，每千公里花纹磨损应为0.2mm。如果现在每千公里实际磨损量达到0.4mm，说明只能实现轮胎行驶里程定额的一半，这种现象常被称为"吃胎"。经常测量花纹深度，可以及时发现"吃胎"现象，以便及时查明原因，予以消除。

3. 花纹异常磨损的检查

检查轮胎花纹的异常磨损，可以发现故障的早期征兆和原因，以便及时排除影响轮胎寿命的不良因素，防止早期磨损和损坏。轮胎异常磨损，除磨损过快外，还有其他种种特征。

将在车轮和轮胎的故障诊断中详细讲述。

(三) 车轮和轮胎的拆装与检修

作业内容	图解	具体操作方法及要求	完成确认
1. 打开行李厢	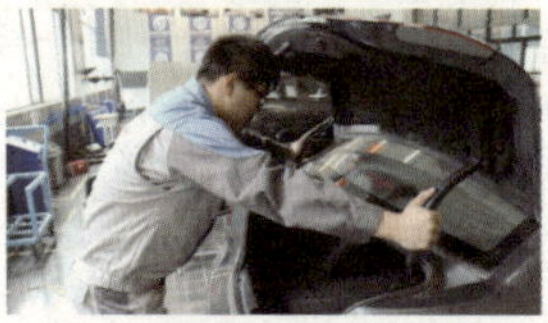	打开行李厢门,同时检查行李箱门有无松动。如松动,应查明原因并紧固	
2. 取出备胎		松开固定装置,双手取出轮胎。将轮胎放在专用轮胎架上检查	
3. 检查有无裂纹或者损坏		边旋转边检查轮胎胎面和胎壁是否有裂纹、割痕或其他损坏,检查轮胎有无嵌入金属颗粒或者其他异物。轮胎至少转动1圈。如果磨损太大,应更换。如有异物,应将异物取出	
4. 检查胎面沟槽深度		用干净的布清洁测量规;对测量规进行校零;沿轮胎圆周方向每120°测量1次胎面沟槽深度。每次测量前均需要用干净的布清洁测量规。 轮胎沟槽极限深度为1.6 mm,对于高速行驶车辆的轮胎要求为4mm。低于极限深度必须建议客户更换。 检查同时可以通过观察与地面接触的轮胎表面的胎面磨耗指示标记轻易地检查胎面深度。观察位于轮胎侧面的轮胎三角形(▲)磨损标记,如果轮胎磨损达到磨损标志,必须更换轮胎	
5. 检查有无异常磨损	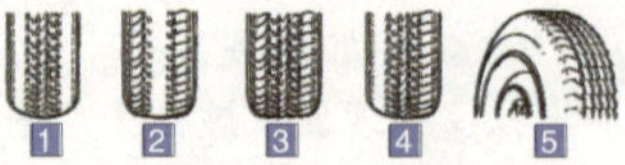 ① 双肩磨损;② 中间磨损;③ 薄边磨损;④ 单肩磨损;⑤ 跟部磨损	检查车胎的整个外围是否有均匀磨损或者阶段磨损	

续表

作业内容	图解	具体操作方法及要求	完成确认
6. 检查轮胎气压		对轮胎气压表进行校零；将轮胎气压表测量头对准气门芯压下，按压轮胎气压表的手柄，读出轮胎气压读数；测量后，清洁轮胎气压表，并正确归位 车辆轮胎气压的标准值在车辆右侧 B 柱处有明确标志，轮胎气压表指示单位有 kPa、bar、kg 等，在读数时要注意单位之间的换算关系。轮胎的冷态充气压力为 220kPa	
7. 检查有无漏气		拧下气门芯帽，用毛刷蘸肥皂水，涂抹在气门芯上，察看是否有气泡冒出，以检查气门芯处是否有漏气现象。如果有气泡冒出说明气门芯漏气；检查完毕要用抹布将粘附在轮胎上的肥皂液清洁干净	
8. 检查轮圈和轮盘损坏情况		用手摸、目视的方式，检查钢圈和轮毂是否损坏、腐蚀、变形和跳动	
9. 同法检查其余 4 个车轮			

三、轮胎换位与动平衡

（一）轮胎换位

1. 轮胎换位的方式

根据车辆的驱动形式不同，轮胎的换位方式也各不相同，如图 10-2-12 所示。

前轮驱动车辆：将左后调至右前、右后调至左前、左前调至左后、右前调至右后。

后轮驱动车辆：将左前调至右后、右前调至左后、左后调至左前、右后调至右前。

四轮驱动车辆：前后左右轮全部交叉对

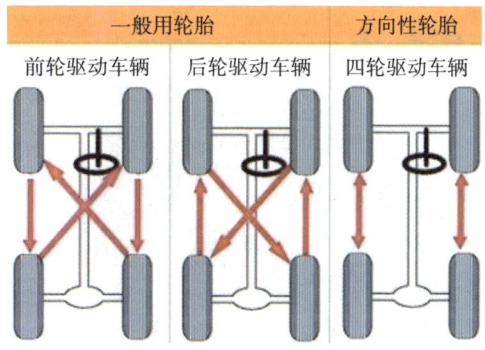

图 10-2-12 轮胎的换位方式

调,即左前调至右后、右前调至左后、左后调至右前、右后调至左前。

２．轮胎换位注意事项

① 通常车辆前轮、后轮轮胎的气压是不同的,在换位后应按轮胎所在位置调整轮胎胎压。

② 单导向(有方向性花纹)轮胎的换位方法要特别注意。必须小心注意保持正确的旋转方向。只能前后轮直向对调,不能左右交叉。

③ 子午线轮胎的旋转方向应始终保持不变,推荐单边换位法。

(二)车轮不平衡的危害及原因

１．车轮不平衡的危害

车轮总成是高速旋转部件,如果其不平衡,在高速行驶时会产生共振,影响操纵稳定性和乘坐舒适性,加速轮胎的磨损,甚至会造成严重的交通事故。因此,汽车在使用和维修过程中,必须进行车轮动平衡检测和调整。

２．车轮不平衡的原因

① 质量分布不均匀,如轮胎产品质量欠佳、翻新胎、补胎、胎面磨损不均匀及在外胎与内胎之间垫带等。

② 轮辋、制动鼓变形。

③ 轮毂与轮辋加工质量不佳,如中心不准、轮胎螺栓孔分布不均、螺栓质量不佳等。

３．车轮动平衡的方法

车轮动平衡,就是根据动平衡机检测结果,在相应位置沿轮辋分配平衡块,抵消车轮总成中较重的那部分。

平衡块又称配重,一般有卡夹式平衡块和粘贴式平衡块,粘贴式平衡块如图10-2-13所示。

卡夹式平衡块用于大多数轮辋有卷边的车轮,如图10-2-14所示。对于铝镁合金轮辋,因无卷边可夹,则使用粘贴式平衡块,平衡块通过背面的高强度双面胶固定在轮辋内壁上,如图10-2-15所示。

图10-2-13 粘贴式平衡块

图10-2-14 卡夹式平衡块用于轮辋有卷边的车轮

图10-2-15 粘贴式平衡块用于轮辋无卷边的车轮

四、车轮动平衡操作

1. 车轮动平衡检测相关准备工作

作业内容	图解	具体操作方法及要求	完成确认
1. 检测前处理		对被测车轮总成进行清洗，去掉泥土、砂石，拆掉旧平衡块	
2. 检测前调整		检查轮胎气压，并充气至规定气压值	
3. 安装车轮		根据轮辋中心孔的大小选择匹配的定位锥体，将车轮总成安装于平衡机上，并用开合螺母锁紧 注意：严禁冲击和敲打主轴	

2. 车轮动平衡检测

作业内容	图解	具体操作方法及要求	完成确认
1. 测量轮辋至机箱距离	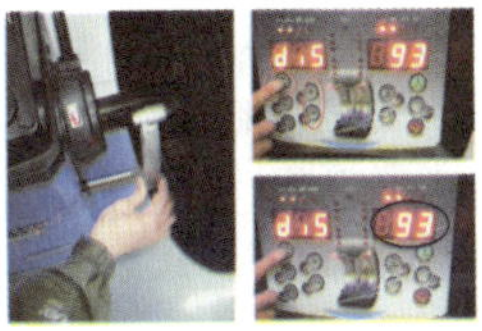	打开电源开关，检查指示装置是否正常 拉出平衡机边缘上的标尺抵在轮辋边缘，测量轮辋边缘到机箱的距离，读出此刻度尺的数值（93mm），而后先按功能键，在1.5s内按［＋］或［－］键输入93mm	

续表

作业内容	图解	具体操作方法及要求	完成确认
2.测量轮辋宽度	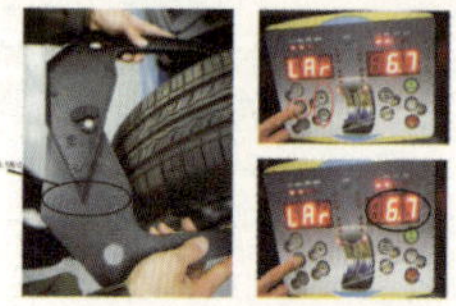	用专用卡尺量出轮辋宽度（6.7in），而后先按功能键，在1.5s内按[+]或[-]键输入6.7in	
3.读取轮辋直径		在轮胎上读取轮辋直径（15in），而后先按功能键，在1.5s内按[+]或[-]键输入15in	
4.动平衡检测		放下防护罩，车轮旋转，平衡测试开始，微机自动采集数据 当车轮自动停转后，从指示装置读出车轮总成内、外动不平衡量	
5.确定不平衡点		抬起车轮防护罩，用手慢慢旋转车轮，至内侧不平衡指示灯全亮，停止转动车轮，此时轮辋内侧最高点（12点钟位置）为内侧不平衡位置	
6.加装平衡片		根据动平衡机显示的动不平衡量，在轮辋相应内侧的上部（时钟12点位置）位置，加装指示装置显示的相应质量的平衡块。重复上述操作，在轮辋外侧加上相应的平衡块。平衡块装卡要牢固	
7.复检		重新启动动平衡机，进行动平衡试验，直至动不平衡量小于5g，机器显示"0、0"时为止	
8.结束工作		取下车轮，关闭电源，清洁整理场地，动平衡检测和调整结束	

第三节 悬架

一、悬架结构认知

（一）悬架的作用与组成

1. 悬架的功用

悬架是车身与车轮之间的一切传力连接装置的总称，其作用是：

① 弹性地连接车桥与车架或车身；

② 衰减弹性系统引起的振动；

③ 导向作用，使车轮按一定的轨迹相对车身运动。

2. 悬架的组成

现代汽车的悬架结构形式有很多，但一般都由弹性元件、导向装置、减振器和横向稳定杆等部件组成，如图10-3-1所示。

① 弹性元件：它使车身与车轮之间保持弹性连接，可以缓和不良路面带来的冲击和承受并传递垂直载荷。

② 导向装置：用来传递纵向和横向间的各种力和力矩，并确定车轮相对于车身运动的关系。

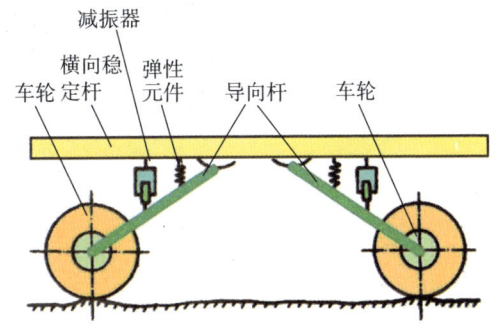

图 10-3-1　悬架组成示意

③ 减振器：用来减轻对路面产生的冲击，使振动减弱，提高乘坐的舒适性和驾驶的稳定性。

④ 横向稳定杆：可以防止车身发生过大的倾斜，提高汽车行驶的平顺性、舒适性、操纵的稳定性。

（二）悬架的分类

悬架的结构形式很多，分类方法也不尽相同。按导向机构形式来分，可分为非独立悬架和独立悬架两大类，如图10-3-2所示。

1. 非独立悬架

左右两上车轮安装在一根整体式车轿上，车桥通过悬架和车架相连。当一侧车轮因路面不平整等原因而发生变化时，另一侧车轮的位置也相应发生变化。

2. 独立悬架

车桥是做成断开的，两侧车轮相对独立于各自的悬架和车身。这样，当一侧车轮因路面不平整等原因而发生变化时，另一侧车轮的位

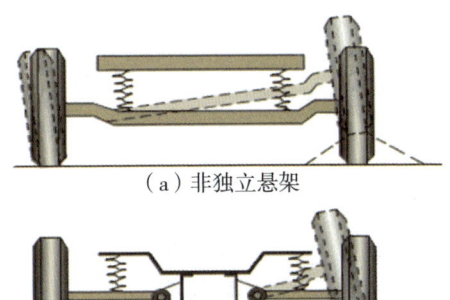

（a）非独立悬架

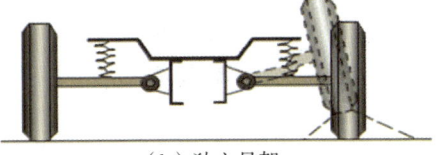

（b）独立悬架

图 10-3-2　非独立悬架和独立悬架

置几乎不发生变化。

（三）弹性元件

汽车上常用的弹性元件主要包括钢板弹簧（见图10-3-3）、螺旋弹簧（见图10-3-4、图10-3-5），扭杆弹簧（见图10-3-6）、橡胶弹簧（见图10-3-7）、空气弹簧（见图10-3-8）、油气弹簧（见图10-3-9）。

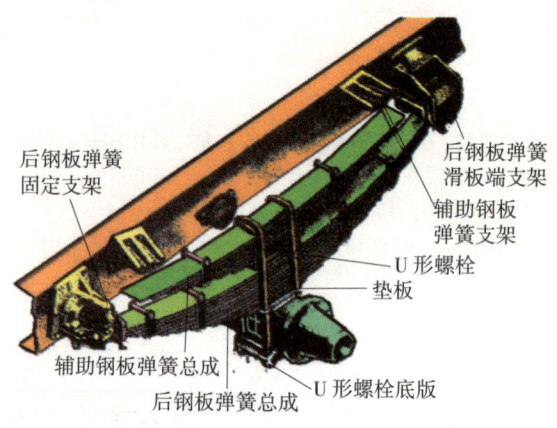

图10-3-3 钢板弹簧

图10-3-4 圆柱形螺旋弹簧

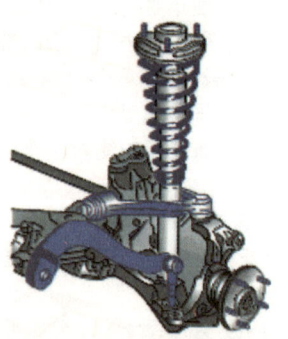

图10-3-5 圆锥形螺旋弹簧

图10-3-6 扭杆弹簧

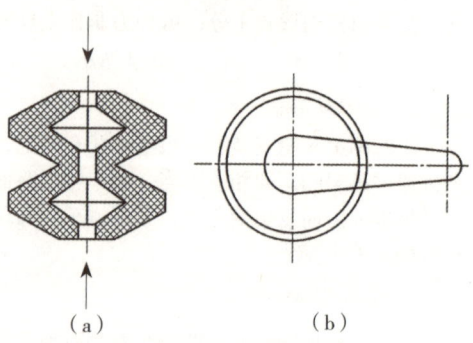

图10-3-7 橡胶弹簧

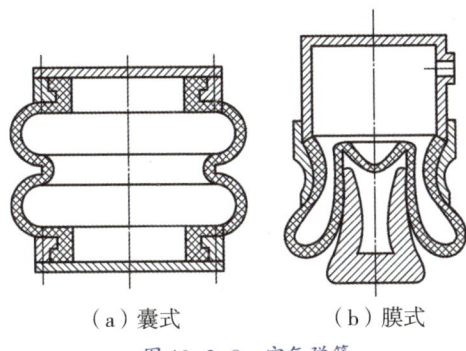
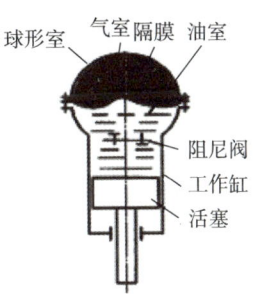

（a）囊式　　　（b）膜式

图 10-3-8　空气弹簧　　　　　图 10-3-9　油气弹簧

（四）减振器

双向作用筒式减振器，如图 10-3-10 所示。

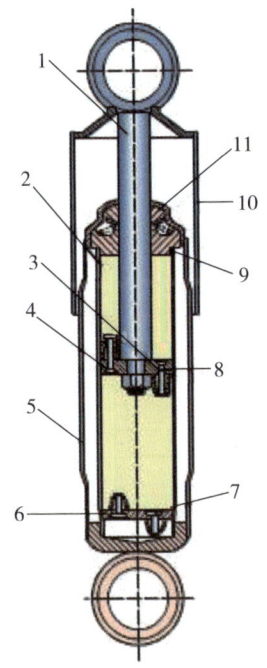
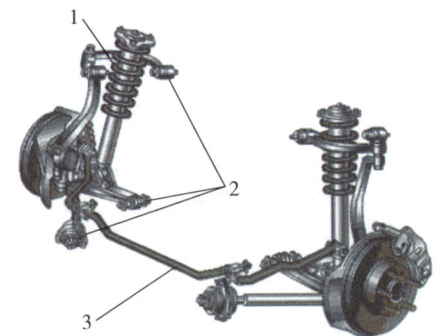

图 10-3-10　双向作用筒减振器结构
1—活塞杆；2，6—压缩阀；3—活塞；
4—伸张阀；5—贮油缸；6，7—补偿阀；
8—流通阀；9—导向座；10—防尘罩；11—油封。

图 10-3-11　横向稳定杆结构
1—悬架；2—控制臂；3—横向稳定杆。

（五）横向稳定杆

1. 横向稳定杆作用

由于汽车高速行驶转弯时，车身会产生较大的侧向倾斜和侧向角振动。而为了提高悬架的侧倾角刚度，减小侧倾，常在悬架中加设稳定器。

2. 横向稳定杆结构

弹簧钢制成的横向稳定杆呈扁平的 U 形，横向地安装在汽车前端或后端（也有轿车前后都装横向稳定器），如图 10-3-11 所示。杆的中部的两端自由地支承在两个橡胶套筒内，套筒固定于车架上。横向稳定杆的两侧纵向部分的末端通过支杆与悬架下摆臂上的弹簧支座相连。

二、非独立悬架的拆装与检修

（一）非独立悬架的特点和类型

1. 非独立悬架的特点

① 非独立悬架结构简单，工作可靠，易于维修，寿命长，适合重载。广泛应用于货车的前、后悬架。在轿车中，非独立悬架一般用于后桥。

② 悬架的结构，特别是导向机构的结构，随所采用的弹性元件的不同而有差异。在非独立悬架中大多数采用钢板弹簧作为弹性元件，转弯时车身倾斜度小，车轮定位几乎不因其上、下运动而改变，轮胎磨损较小。

③ 缺点是左、右车轮的运动相互影响，容易产生跳动和摇摆现象。

2. 非独立悬架的类型

非独立悬架常见的型式有钢板弹簧式和螺旋弹簧式等。

（二）钢板弹簧式非独立悬架

非独立悬架采用钢板弹簧作为弹性组件，通常是将钢板弹簧纵向布置，因此也称为纵置板式非独立悬架。

如图 10-3-12 所示为解放 CA1092 型汽车的前悬架。

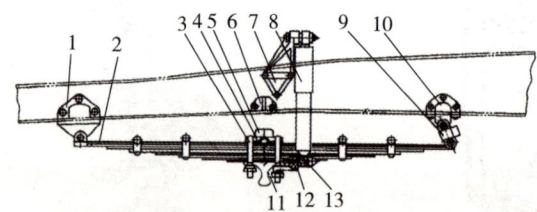

图 10-3-12 解放 CA1092 型汽车的前悬架

1—钢板弹簧前支架；2—前钢板弹簧；3—U 形螺栓；
4—盖板；5—缓冲块；6—限位块；7—减振器上支架；
8—减振器；9—吊耳；10—吊耳支架；11—中心螺栓；
12—减振器下支架；13—减振器连接销。

（三）螺旋弹簧非独立悬架

图 10-3-13 所示为典型的螺旋弹簧非独立后悬架。

空气弹簧非独立悬架可以很容易地实现车身高度的自动调节。一般，随着载荷的不同而改变空气弹簧内空气压力的方法达到这个目的，如图 10-3-14 所示。

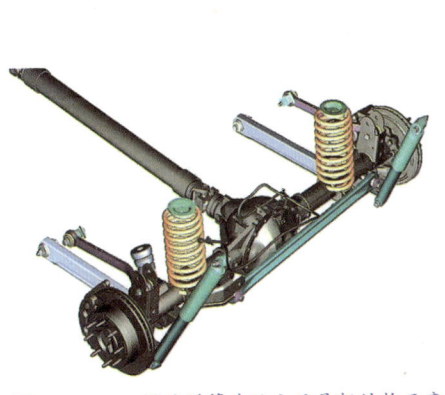
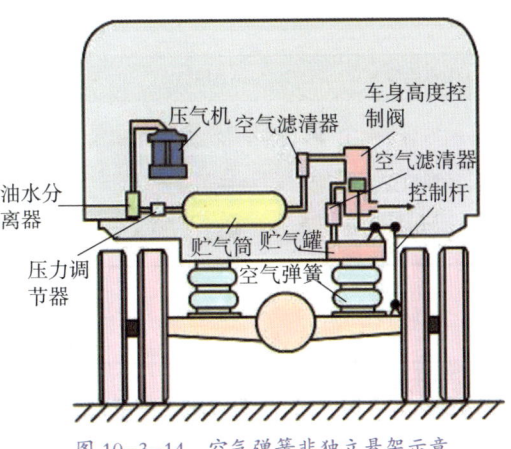

图 10-3-13 螺旋弹簧非独立后悬架结构示意　　图 10-3-14 空气弹簧非独立悬架示意

（四）油气弹簧非独立悬架

相对其他弹簧而言，具有体积小、质量轻、承载能力强、容易实现车身高度调节并兼有阻尼减振和自润滑等特点。与传统的被动悬架相比，基本功用是相同的，只是加入液压传动控制技术，形成与传统的被动悬架所区别。

优点是具有非线性变刚度特性、非线性阻尼特性，易于实现车身高度调节，油气弹簧的单位储能比其他弹簧较大，因减振器置于悬架缸内，故不需制造专用减振器；拥有刚性闭锁，可使车辆承受较大负荷。

油气悬架集众多优点于一身，相应的缺点是制造维护成本高，需要配置额外控制装置来进行控制。

（五）非独立悬架拆装与检修操作

1. 悬架检查

作业内容	图解	具体操作方法及要求	完成确认
1. 减振器减振力检查		通过上下摇动车身确定减振器的缓冲力大小，并且检查车身停止摇动需要花多长时间。方法是：用力按下保险杠，然后松开，如果汽车有 2~3 次跳跃，则说明减振器工作良好	
2. 车辆倾斜的检查		目测检查车辆是否倾斜，如左图所示。如果车辆倾斜，则需要验证下述各项：轮胎气压，左、右轮胎或者车轮尺寸的偏差；不均匀的车辆负荷分配。再根据情况采取不同的处理方法	
3. 工作温度检查		使汽车在道路条件较差的路面上行驶 10km 左右后停车，用手摸减振器外壳，如果不够热，说明减振器内部无阻力，减振器工作不良。若左右两个减振器温度一高一低，且温度相差过大，则温度低的减振器工作不良	

续表

作业内容	图解	具体操作方法及要求	完成确认
4.泄漏检查	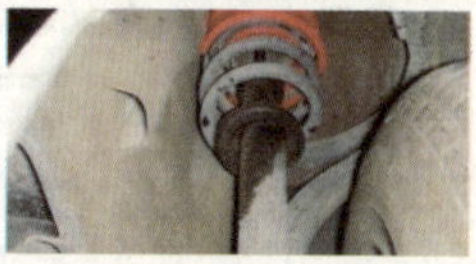	举升车辆，检查减振器外部有无油迹，如左图所示，说明减振器漏油。减振器一般不进行修理，出现故障的减振器必须成对更换	

2.后减振器总成的拆卸和安装

作业内容	图解	具体操作方法及要求	完成确认
1.准备工作		（1）车辆停放周正，安装防护用品 （2）拆卸轮胎 （3）举升车辆至合适位置 （4）取下轮胎	
2.支承后桥	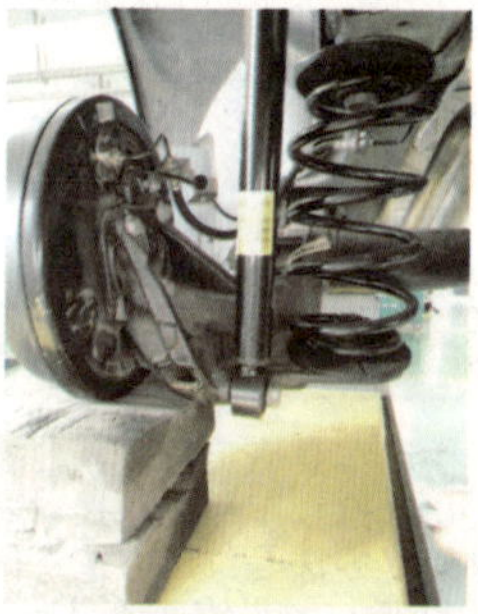	（1）在左右车轮下方垫上合适厚度的软垫 （2）放下举升机小剪，使车轮下方抵住软垫，以车身的重量压缩螺旋弹簧（压至合适的位置即可）	
3.拆下减振器上螺栓	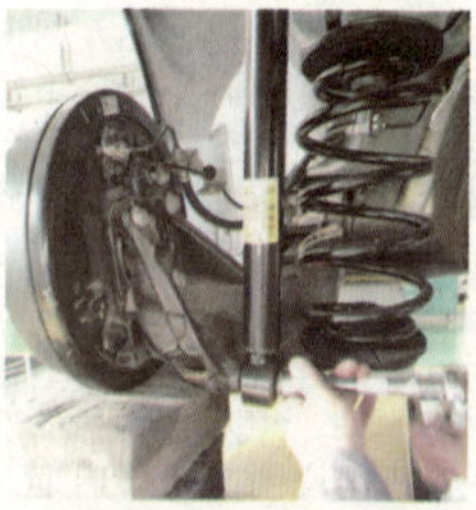	拆下减振器上固定螺栓 此螺栓为一次性使用零件，需要换新件	

续表

作业内容	图解	具体操作方法及要求	完成确认
4. 拆下减振器下螺栓	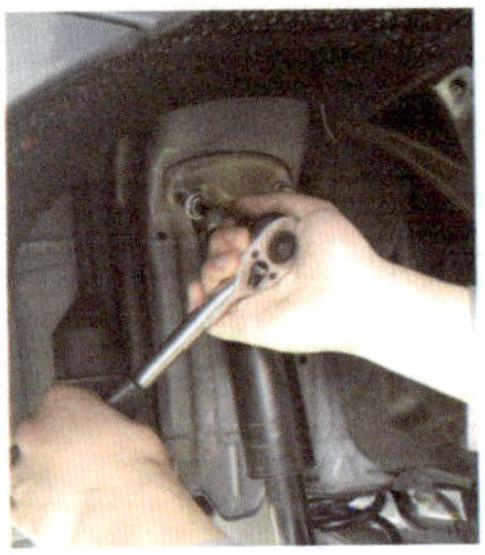	拆下减振器下固定螺栓 此螺栓为一次性使用零件，需要换新件	
5. 取出减振器		取出减振器，并检查减振器的工作情况	
6. 取出螺旋弹簧		缓缓地举升车辆（小剪），卸去后桥螺旋弹簧的压力，直至螺旋弹簧离开支座 取出螺旋弹簧及上下隔振垫，并检查	
7. 安装螺旋弹簧		（1）在弹簧上安装好上下隔振垫 （2）如左图所示安装弹簧，将弹簧标签朝向车辆的后部，确保弹簧下部固定在下弹簧座上，上部对准上弹簧座 （3）缓缓地降下车辆（小剪），利用车身的重量压缩弹簧，直至螺旋弹簧完全落座	
8. 安装减振器	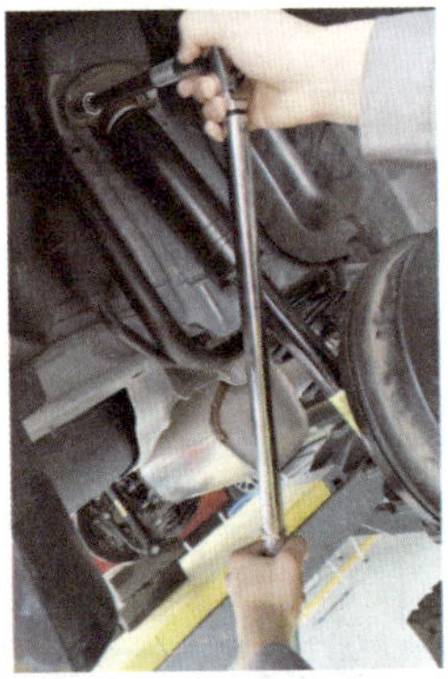	（1）安装新的减振器上固定螺栓，并紧固至100N·m （2）安装新的减振器上固定螺栓	
9. 安装车轮	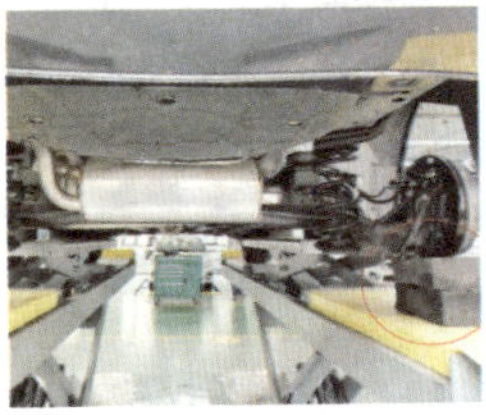	举升车辆至合适位置，取出车轮下方软垫 安装轮胎 将举升机，紧固轮胎螺栓至规定扭矩 按6S要求，做好结束工作	

三、独立悬架的拆装与检修

（一）独立悬架的特点和类型

1. 独立悬架的优点

① 两侧车轮可以单独运动互不相干，能减小车身的倾斜和振动。
② 减小了非簧载质量，有利于汽车的平顺性和操纵稳定性。
③ 采用断开式车桥，可以降低发动机位置，降低整车重心，从而提高汽车的行驶稳定性。
④ 车轮运动空间较大，可以降低悬架刚度，改善平顺性。

2. 独立悬架的缺点

① 结构复杂、成本高。
② 维修保养不便。
③ 因为结构复杂，会侵占一些车内乘坐空间。

3. 独立悬架的类型

现代轿车大都是采用独立式悬架系统，按其结构形式的不同，独立悬架系统又可分为双叉臂式（横臂式、纵臂式）、多连杆式、烛式以及麦弗逊式悬架系统等四种基本类型，如图10-3-15所示。

（a）横臂式独立悬架

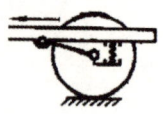
（b）纵臂式独立悬架

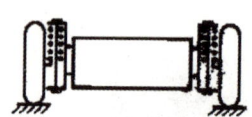
（c）烛式悬架

（d）麦弗逊式悬架

图10-3-15　四种基本类型的独立悬架示意

（二）麦弗逊式悬架

麦弗逊式悬架，如图10-3-16所示。几乎是目前使用最广泛的悬架类型了，结构简单、成本低廉、可靠耐用是其主要特点。它主要由螺旋弹簧、减振器、三角形下摆臂组成，如图10-3-17所示。这样组成的麦弗逊式悬架只能上下跳动，而不能左右运动，并且可以通过设置减振器的行程，来设定悬架的软硬。

图10-3-16　麦弗逊式悬架

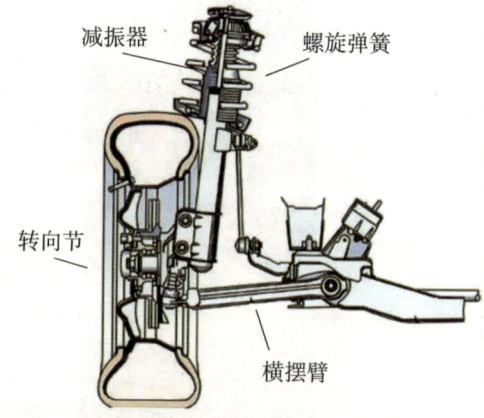
图10-3-17　麦弗逊式悬架结构示意

（三）双叉臂式悬架

双叉臂式又称双A臂、双横臂式悬架，如图10-3-18所示。双横臂、双叉臂式独立悬架都是这种车轮在汽车横向平面内摆动的结构。它们都是由两个三点式杆件（A臂）加一个两点式杆件构成的悬架结构，如图 10-3-19 所示。

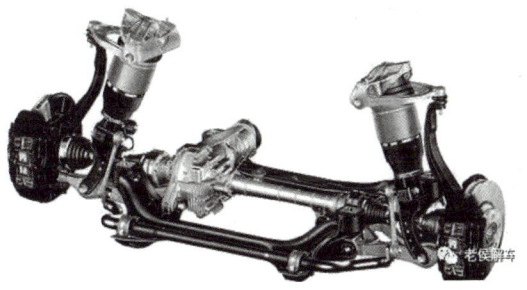

图 10-3-18 双叉臂式悬架

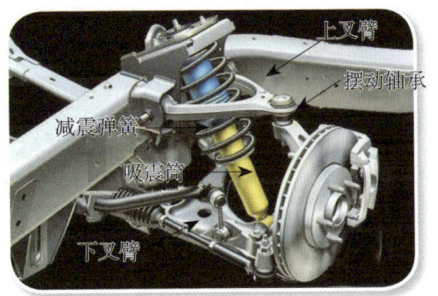

图 10-3-19 双叉臂式悬架结构示意

（四）多连杆式悬架

多连杆式悬架，可分为多连杆前悬架和多连杆后悬架系统，如图 10-3-20 所示。其中前悬架一般为三连杆或四连杆式独立悬架；后悬架则一般为四连杆或五连杆式后悬架系统，其中五连杆式后悬架应用较为广泛，如图 10-3-21 所示。

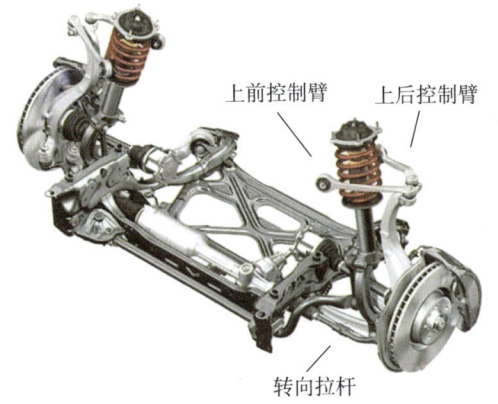

图 10-3-20 多连杆式独立悬架

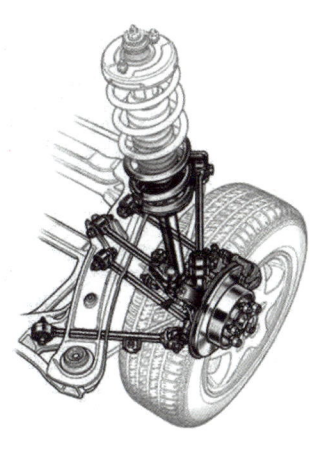

图 10-3-21 五连杆式后悬架

（五）独立悬架拆装与检修操作

1.前减振器总成的拆卸

作业内容	图解	具体操作方法及要求	完成确认
1.准备工作		（1）车辆停放周正，安装防护用品 （2）拆卸轮胎 （3）举升车辆至合适位置	

续表

作业内容	图解	具体操作方法及要求	完成确认
2. 取下制动软管	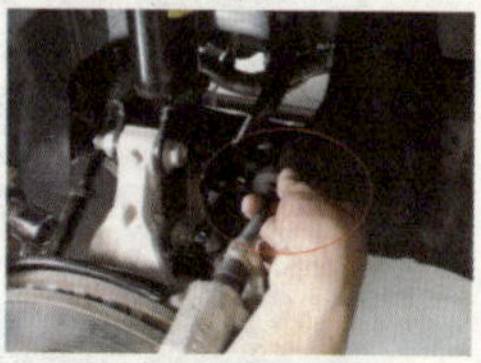	将制动软管从减振器柱管支架上分离	
3. 拆下转向节螺母及螺栓		拆下减振器与转向节连接螺母，取出螺栓 此螺栓、螺母为一次性使用零件，需要换新件	
4. 拆下稳定杆螺母		用专用工具拆下稳定连杆与减振器柱管连接螺母 此螺母为一次性使用零件，需要换新件	
5. 降下车辆		（1）降下车辆，打开发动机盖 （2）取下减振器支座防尘罩	
6. 拆卸减振器支座螺母		用专用扳手，拆卸减振器支座固定螺母 取下减振器支座板	
7. 取出减振器总成		将减振器总成从转向节上分离 将前减振器总成从车辆上取出	

2. 前减振器总成的分解

作业内容	图解	具体操作方法及要求	完成确认
1. 专用压具准备		准备好专门的螺旋弹簧压缩工具 将减振器总成固定在专用压具上	
2. 压缩弹簧		调整好压具上的固定压板及活动压板 均匀用力将压具压下，压缩螺旋弹簧至合适位置	
3. 拆卸减振器支座螺母		使用专用工具拆下减振器支座固定螺母 依次取下隔振垫垫圈、支座隔振垫总成、支座轴承总成、减振垫、支柱防尘罩等	

续表

作业内容	图解	具体操作方法及要求	完成确认
4. 松开压具		松开压具，检查减振器各零部件	
5. 检查减振器工作情况		用拉压法检查减振器工作情况	
6. 减振器组装		将减振器固定在专用压具上依次装入：减振器下隔振垫、弹簧、防尘罩、减振垫、支座轴承、支座隔振垫、隔振垫垫圈 调整好专用压具的固定压板及活动压板，压住螺旋弹簧，均匀用力压下，压缩螺旋弹簧至合适位置 用专工具装上减振器支座固定螺母，并紧固至70N·m 放松压具，将减振器总成从压具上取下，准备装车	

3. 前减振器总成的安装

作业内容	图解	具体操作方法及要求	完成确认
1. 安装减振器支座固定螺母		将减振器总成从车辆下方装入至减振器支座 装入支座板 用专用工具安装支座固定螺母，并紧固至45N·m 装上支座防尘罩	

续表

作业内容	图解	具体操作方法及要求	完成确认
2. 连接转向节		将减振器柱插入转向节 安装新的转向节螺母和螺栓，紧固至 90N·m。再转 60°~70° 紧固	
3. 安装稳定杆连杆螺母		安装新的稳定杆连杆螺母，并紧固至 65N·m	
4. 安装制动软管	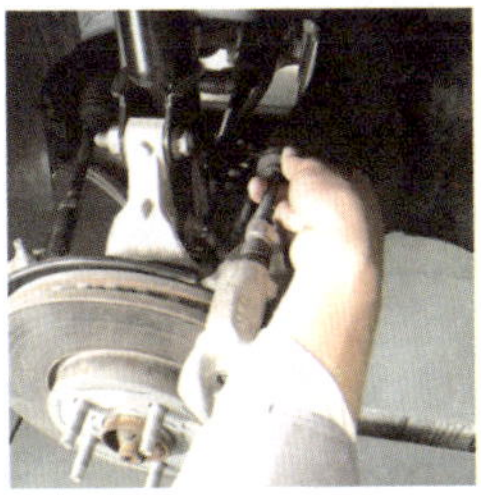	将制动软管安装至减振器柱上	
5. 安装前轮		安装前轮和车轮总成，按规定力矩紧固 降下车辆 按 6S 要求，做好结束工作	

第十一章 汽车转向系统

第一节 机械转向系统

一、机械转向系统结构认知

（一）转向操纵机构

转向操纵机构是驾驶员操纵转向器的工作机构，主要由转向盘、转向轴、转向管柱、万向传动装置等组成，桑塔纳轿车转向操纵机构如图11-1-1所示。转向柱管中部用橡胶垫和半圆形支架固定在驾驶室前围板上，下端插入铸铁支座的孔中。

转向轴穿过转向柱管，其下端支承在支座中的圆锥滚子轴承上，上部则通过衬套支承在转向柱管的内壁上，其上端用螺母与转向盘相连接。转向盘上装有电喇叭按钮及相应部件。转向轴通过万向传动装置与转向器中的转向蜗杆相连，万向传动装置（万向节）与转向传动轴用滑动花键相连。

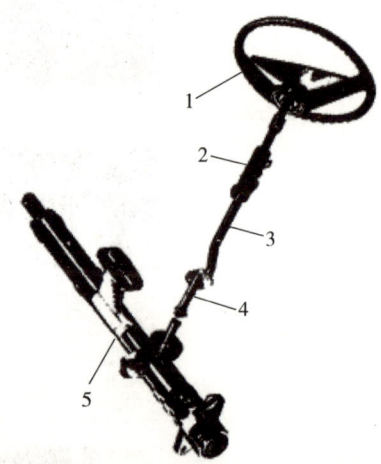

图11-1-1 桑塔纳轿车转向操纵机构
1—转向盘；2—转向柱管；3—上转向柱；
4—下转向柱；5—转向器。

（二）转向器

转向器按照结构形式的不同，可分为齿轮齿条式、循环球式和蜗杆曲柄指销式三种类型。齿轮齿条式转向器由于结构简单，便于加工，操纵灵敏，维修方便，目前广泛应用于轻型货车和轿车上。

（三）转向传动机构

转向传动机构是将转向器输出的力和运动传给转向车轮，并使左右车轮按照一定关系进行偏转的机构。

1. 转向传动机构的基本组成

转向传动机构主要由转向摇臂、转向直拉杆、转向节（包括转向节臂和梯形臂）、转向横拉杆等组成。

① 转向摇臂。转向摇臂（也称转向垂臂）连着转向器和转向直拉杆，同时支承转向直拉

杆。转向盘和转向器的运动传给转向摇臂，再由转向摇臂传给转向机构，使前轮转向。

②转向直拉杆。转向直拉杆是连接转向摇臂和转向节臂的杆件。

③转向节臂和梯形臂。转向直拉杆通过转向节臂与转向节相连。转向横拉杆两端经左、右梯形臂与转向节相连。转向节臂和梯形臂带锥形柱的一端与转向节锥形孔相配合，用键和锁紧螺母防止松动。臂的另一端带有锥形孔，与相应的拉杆球头销锥形柱相配合，同样用螺母紧固后插入开口销将螺母锁住。

④转向横拉杆。转向横拉杆是连接左右梯形臂的杆件。

二、机械转向系统的基本检查

（一）对汽车转向系统的要求

汽车转向系统作为汽车底盘的重要组成部分，在汽车行驶过程中，关系到驾驶的安全性和舒适性，所以对转向系统的使用性能要求较高。

① 工作可靠。要求行驶安全，转向系统强度、刚度较大，使用寿命长。
② 操作轻便。转向省力，转向盘回转圈数少。
③ 操作过程中无颤动、无异响、无摆振。
④ 直线行驶稳定，具有自动回正能力。
⑤ 转向车轮受到冲击时，有正确的"路感"，不"打手"。
⑥ 检修调整简单方便。

（二）转向盘自由行程的检查

转向盘为消除间隙、克服弹性变形所空转过的角度称为转向盘自由行程。转向盘自由行程对于缓和路面冲击、避免驾驶员过度紧张造成汽车跑偏是有利的，但过大的自由行程会影响转向灵敏性。一般规定，转向盘从直行中间位置向任一方向的自由行程不超过15°，或转向盘自由行程不超过30mm，如图11-1-2所示。

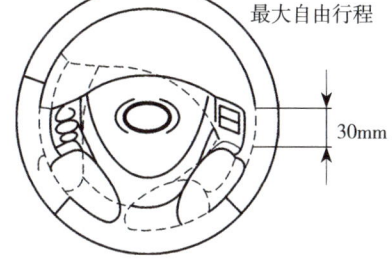

图 11-1-2　转向盘自由行程

（三）机械转向系统的基本检查

机械转向系统的基本检查分为车上检查和车外检查。

1. 机械转向系统的车上检查

（1）检查转向系统的性能

采用路试的方法，或启动发动机，转动转向盘。转向盘应操作轻便，操作过程中无颤动、无异响。否则应检修机械转向系统组成机构和零部件的工作情况。

车辆直线行驶稳定，具有自动回正能力，无摆正、抖动。转向车轮受到冲击时，有正确的"路感"，不"打手"。否则应检查调整车辆四轮定位情况。

（2）检查转向盘自由行程

转向盘自由行程不符合标准，应检修机械转向系统组成机构和零部件有无过度磨损或松动的现象。

2. 机械转向系统的车外检查

① 检查转向器（转向机）护套应无破损或漏油，如图11-1-3所示。否则应更换转向机护套。

②检查转向器（转向机）护套中，转向器与转向横拉杆的接头（万向传动装置）应无松动。否则应更换。

③检查转向横拉杆球接头（与转向节相连）应无松动，转向横拉杆球接头护套应无破损或漏油，检查内、外转向杆应无弯曲变形，螺纹无损坏，如图11-1-4所示。否则应更换外转向横拉杆及转向横拉杆球接头。

④检查转向车轮轮胎磨损情况，轮胎应磨损均匀。若有横向羽状磨损，如图11-1-5所示，应通过四轮定位，调整转向横拉杆，即调整车轮前束。

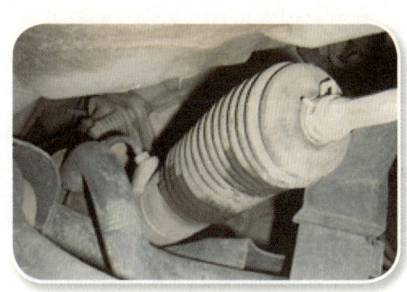

图11-1-3 转向器（转向机）护套漏油

图11-1-4 转向横拉杆球接头（与转向节相连）

图11-1-5 轮胎横向羽状磨损

（四）机械转向系统基本检查操作

1. 机械转向系统的车上检查

作业内容	图解	具体操作方法及要求	完成确认
1.车身停放就位		检查汽车停放在举升机工位上，应前后、左右位置合适	
2.安装车身挡块		正确地在后侧2个车轮的前后安装车身挡块，保证汽车检修过程的安全	
3.安装车内三件套		安装车内三件套：地板垫、座椅套、转向盘套	

续表

作业内容	图解	具体操作方法及要求	完成确认
4. 检查转向系统的性能		启动发动机，分别向左右两方向转动转向盘。转向盘应操作轻便，操作过程中无颤动、无摆动、无异响。否则应检修机械转向系统组成机构和零部件的工作情况	
5. 检查转向盘自由行程之一	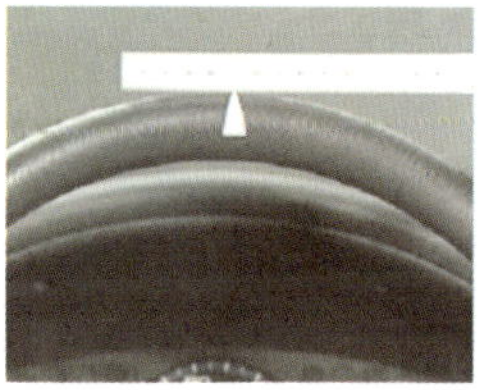	将车轮保持正前方位置。用记号笔在转向盘上做标记 用一把尺子套在转向盘的顶部	
6. 检查转向盘自由行程之二	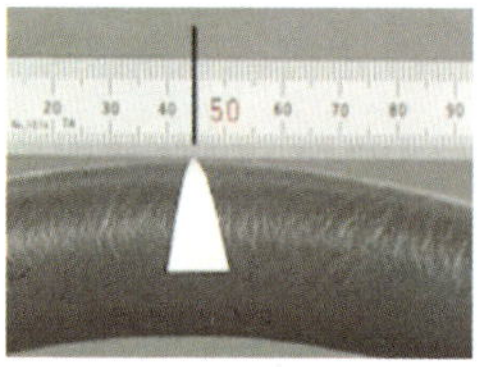	在保持前轮不转动的前提下，向左转动转向盘，测量出转向盘可以向左转动的最大距离	
7. 检查转向盘自由行程之三	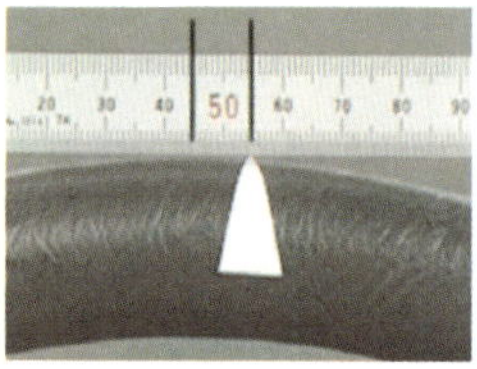	将转向盘转回到原始位置，然后用同样的方法向右转动进行测量	
8. 检查转向盘自由行程之四	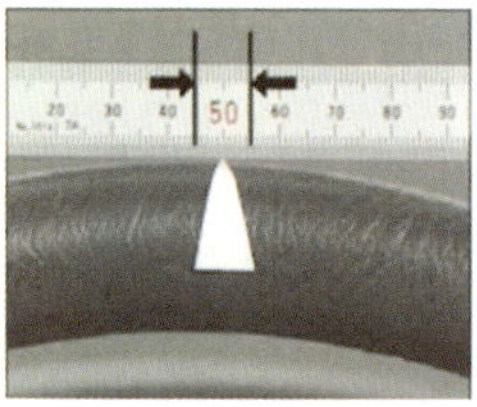	查阅相应维修手册中的规定值，若所示值处于规定范围 30mm 内，说明转向盘自由行程正常	
9. 检查转向盘自由行程之五	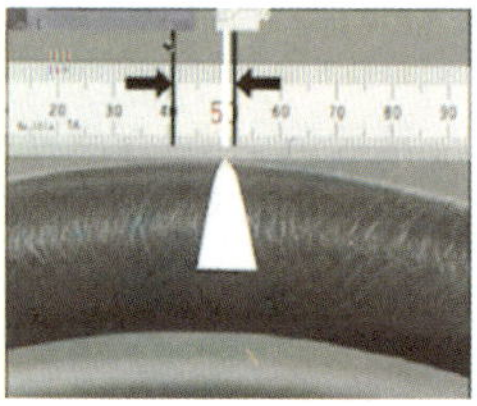	若左右自由转动量差异很大，超出标准，则应检查转向器本身 若发现自由行程过大，首先应检查调整转向器齿条压紧装置；其次依次检查机械转向系统各部位的固定情况，转向操纵机构和转向传动机构有无明显的松旷和间隙等	

279

2. 机械转向系统的车外检查

作业内容	图解	具体操作方法及要求	完成确认
1. 举升车辆	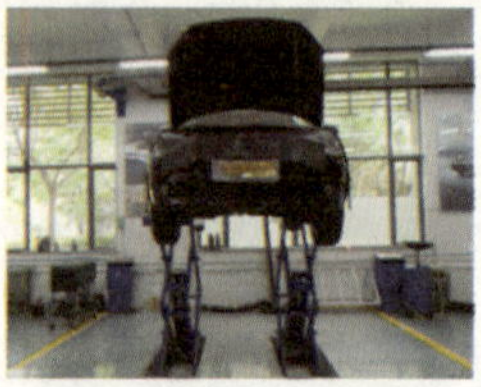	撤去车身挡块。安全可靠地支承并举升车辆 将车辆举升到合适位置后，可靠锁止举升机	
2. 检查转向器（转向机）护套	 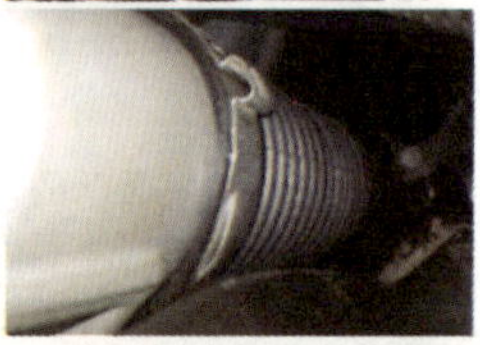	佩戴手套 检查转向器（转向机）护套应无破损或漏油。否则应更换转向机护套	
3. 检查转向器与转向横拉杆的接头（万向传动装置）		检查转向器（转向机）护套中，转向器与转向横拉杆的接头（万向传动装置）应无松动。否则应更换	
4. 检查转向横拉杆球接头	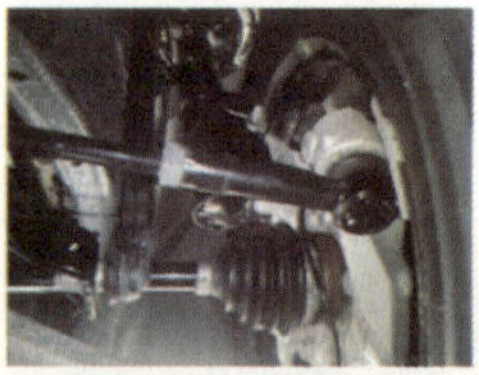	检查转向横拉杆球接头（与转向节相连）应无松动，转向横拉杆球接头护套应无破损或漏油，检查内、外转向杆应无弯曲变形，螺纹无损坏，如左图所示。否则应更换外转向横拉杆及转向横拉杆球接头	
5. 检查转向车轮轮胎磨损情况		检查转向车轮轮胎磨损情况，轮胎应磨损均匀。若有横向羽状磨损，如左图所示，应通过四轮定位，调整转向横拉杆，即调整车轮前束	
6. 结束工作		解锁举升机，安全可靠地降下车辆。回收内三件套，清洁车辆 整理、归位、清洁工具设备，清洁场地	

第二节　转向操纵机构的拆装与调整

一、转向操纵机构的拆卸

以雪佛兰科鲁兹轿车为例。

① 将转向盘从回正的位置转动180°到向下的位置。

注意：转动方向盘前，点火开关应处于"ON"挡，否则会损坏转向柱锁。

② 断开蓄电池负极。

注意：断开蓄电池负极后，至少等待2min以上。等待电控系统放电完成，防止误激活安全气囊，造成不必要的伤害或经济损失。

③ 拆卸转向盘上盖（转向盘安全气囊、喇叭开关总成）。

用适当的撬具插入转向盘上盖两侧的开口中，小心撬开转向盘上盖的卡子，按箭头方向拆下转向盘上盖，断开安全气囊线束连接器，如图11-2-1所示。

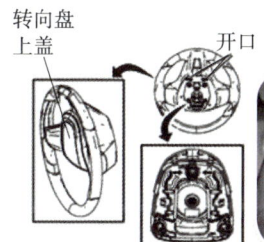

图11-2-1　转向盘上盖的拆卸（一）

注意：拆卸转向盘上盖过程中，避免和转向盘上盖正面接触，避免触碰安全气囊线束连接器的插接头，取下转向盘上盖后，正面朝上，放置在安全可靠的地方，防止误激活安全气囊，造成不必要的伤害或经济损失。

④ 将转向盘回正并保持不动，汽车前轮转向正前位置。

注意：转动转向盘前，点火开关应处于"ON"挡，否则会损坏转向柱锁。

⑤ 拆卸转向盘。拆下转向盘紧固螺栓，紧固力矩为30N·m，取下转向盘，断开相关线束连接器，注意转向轴的对中标记位于6点位置，如图11-2-2所示。

图11-2-2　转向盘上盖的拆卸（二）

1—转向盘紧固螺栓；2—转向盘；3—转向轴上对中标记

⑥ 使用合适撬具拆下转向柱上装饰盖，使用十字旋具拆下转向柱下装饰盖螺栓并取下下

装饰盖，如图11-2-3所示。

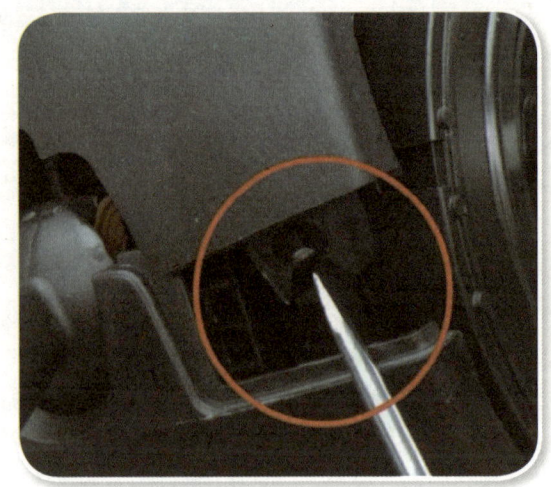

图 11-2-3　转向柱下装饰盖的拆卸

1—转向柱下装饰盖螺栓；2—转向柱下装饰盖。

⑦拆卸转向盘螺旋线圈和转向盘转角传感器。

拆下卸转向盘螺旋线圈4个固定螺栓1，取下转向盘螺旋线圈2和安装在其下方的转向盘转角传感器，断开线束连接器，如图11-2-4所示。

图 11-2-4　转向盘螺旋线圈的拆卸

1—固定螺栓；2—转向盘螺旋线圈；3—转向开关与托架总成。

注意：不要随意旋转螺旋线圈，否则要重新对中。具体方法为顺时针旋转线圈的凸轮，直到线圈带停止，切勿用力过度，逆时针旋转线圈的凸轮约3周至中间位置，直到对中窗口露出黄色，指示线圈的对中位置。

⑧拆卸转向开关与托架总成，断开线束连接器，如图11-2-5所示。

⑨拆卸仪表盘下饰板。拆卸左下角和右下角2个固定螺栓，拆卸左上角侧面的1个

图 11-2-5　拆卸转向开关与托架总成

固定螺栓,拉开卡扣,取下仪表盘下饰板,脱开灯光开关线束,如图11-2-6所示。

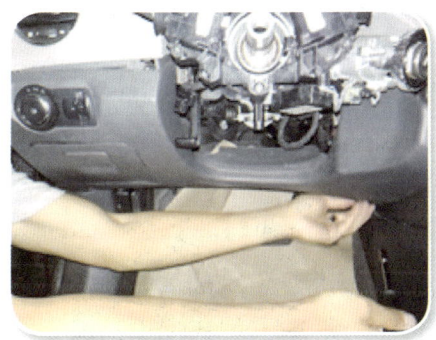
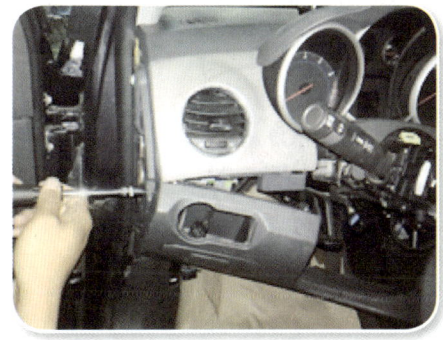

图 11-2-6　拆卸仪表盘下饰板

⑩ 断开转向盘柱锁总成线束连接器,拆下转向盘柱锁总成上下左右方向共6个固定螺栓,取下转向盘柱锁总成。

⑪ 拆卸转向轴中间轴。拆下并报废2个中转向轴螺栓1,紧固力矩为25N·m,拆下转向轴中间轴2,如图11-2-7所示。

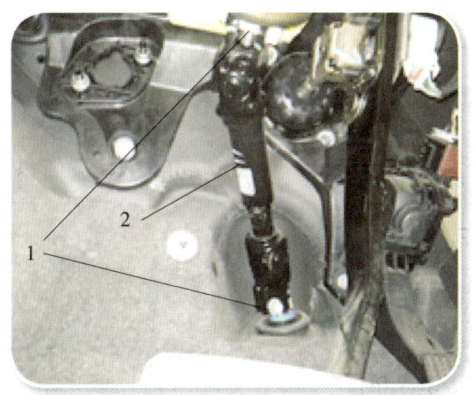

图 11-2-7　拆卸转向轴中间轴

1—转向轴螺栓；2—转向轴中间轴。

⑫ 拆卸转向柱。

注意：用扎带固定住转向柱,防止转向柱掉落出现损坏。拆下4个转向柱固定螺栓,紧固力矩22N·m,取下转向柱。

二、转向操纵机构的安装与调整

采用与转向操纵机构拆卸相反的方法,安装转向操纵机构。

① 安装转向柱,并用22N·m紧固4个转向柱固定螺栓。

注意：安装前用扎带固定住转向柱,防止转向柱掉落出现损坏。

② 安装转向轴中间轴,使用新的2个中转向轴螺栓,紧固力矩为25N·m。

注意：与万向传动装置相连接的轴上的凹槽,应与转向轴螺栓孔对准,如图11-2-8所示。

③ 安装转向柱锁总成,紧固上下左右方向共6个固定螺栓,连接线束连接器。

④ 安装仪表盘下饰板。

⑤ 安装拆卸转向开关与托架总成，并连接线束连接器。
⑥ 安装转向盘螺旋线圈和转向盘转角传感器，并连接线束连接器。

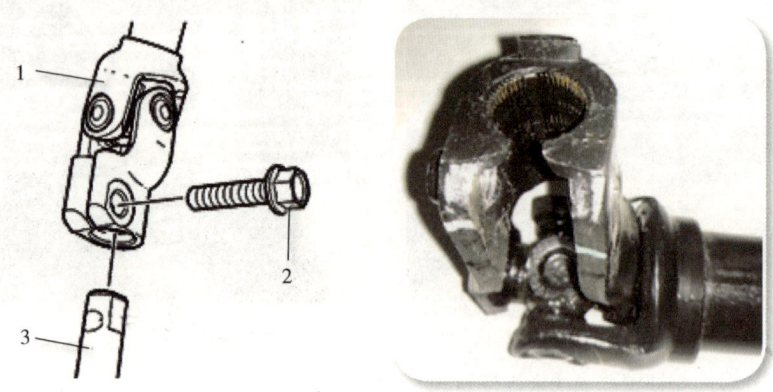

图 11-2-8　安装转向轴中间轴
1—万向传动装置；2—转向轴螺栓；3—转向器齿轮轴

注意：不要随意旋转螺旋线圈，否则要重新对中。具体方法为顺时针旋转线圈的凸轮，直到线圈带停止，切勿用力过度，逆时针旋转线圈的凸轮约3周的位置，直到对中窗口露出黄色，指示线圈的对中位置，如图11-2-9所示。

 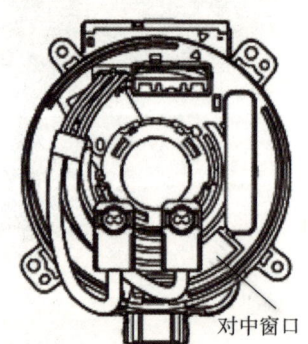

图 11-2-9　旋转螺旋线圈对中位置

⑦ 安装转向柱上装饰盖、下装饰盖，并紧固2个螺栓。
⑧ 安装转向盘，转向盘紧固螺栓，紧固力矩为30N·m。
注意：转向轴的对中标记位于6点位置。
⑨ 连接安全气囊线束连接器，安装转向盘上盖（转向盘安全气囊、喇叭开关总成）。
注意：拆卸转向盘上盖过程中，避免和转向盘上盖正面接触，避免触碰安全气囊线束连接器的插接头，取下转向盘上盖后，正面朝上，放置在安全可靠的地方，防止误激活安全气囊，造成不必要的伤害或经济损失。
⑩ 连接蓄电池负极。

三、转向操纵机构拆装与调整操作

（一）转向操纵机构的拆卸

作业内容	图解	具体操作方法及要求	完成确认
1. 车身停放就位		检查汽车停放在举升机工位上，应前后、左右位置合适	
2. 安装车身挡块		正确地在前侧或后侧2个车轮的前后安装车身挡块，保证汽车检修过程的安全	
3. 安装车内外三件套	 	安装车内三件套：地板垫、座椅套、转向盘套 安装车外三件套：前格栅布，两翼子板布	
4. 调整转向盘和车轮位置		将转向盘从回正的位置转动180°到向下的位置 注意：转动方向盘前，点火开关应处于"ON"挡，否则会损坏转向柱锁	
5. 断开蓄电池负极		注意：断开蓄电池负极后，至少等待2min以上。等待电控系统放电完成，防止误激活安全气囊，造成不必要的伤害或经济损失	

续表

作业内容	图解	具体操作方法及要求	完成确认
6. 拆卸转向盘上盖		用适当的撬具插入转向盘上盖两侧的开口中，小心撬开转向盘上盖的卡子，按箭头方向拆下转向盘上盖，断开安全气囊线束连接器，如左图所示 注意：拆卸转向盘上盖过程中，避免和转向盘上盖正面接触，避免触碰安全气囊线束连接器的插接头，取下转向盘上盖后，正面朝上，放置在安全可靠的地方，防止误激活安全气囊，造成不必要的伤害或经济损失	
7. 调整转向盘和车轮位置		将转向盘回正并保持不动，汽车前轮转向正前位置 注意：转动方向盘前，点火开关应处于"ON"挡，否则会损坏转向柱锁	
8. 拆卸转向盘		拆下转向盘紧固螺栓，紧固力矩为30N·m，取下方向盘，断开相关线束连接器，注意转向轴的对中标记位于6点位置	
9. 拆卸转向柱上、下装饰盖		使用合适撬具拆下转向柱上装饰盖，使用十字旋具拆下转向柱下装饰盖螺栓并取下下装饰盖	

续表

作业内容	图解	具体操作方法及要求	完成确认
10. 拆卸转向盘螺旋线圈和转向盘转角传感器		拆下卸转向盘螺旋线圈4个固定螺栓，取下转向盘螺旋线圈和安装在其下方的转向盘转角传感器，断开线束连接器 注意：不要随意旋转螺旋线圈，否则要重新对中。具体方法为顺时针旋转线圈的凸轮，直到线圈带停止，切勿用力过度，逆时针旋转线圈的凸轮约3周至中间位置，直到对中窗口露出黄色，指示线圈的对中位置	
11. 拆卸转向开关与托架总成		拆卸转向开关与托架总成，断开线束连接器	
12. 拆卸仪表盘下饰板		使用撬具小心拆下仪表盘下饰板	
13. 拆卸转向盘柱锁总成	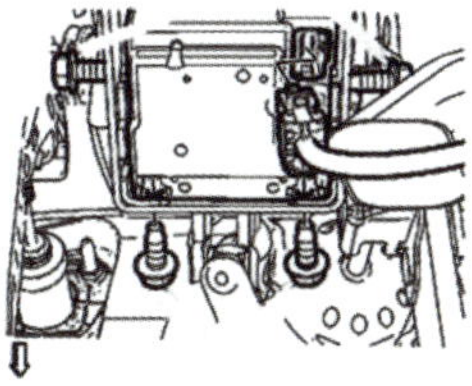	断开转向盘柱锁总成线束连接器，拆下转向盘柱锁总成上下左右方向共6个固定螺栓，取下转向盘柱锁总成	
14. 拆卸转向轴中间轴	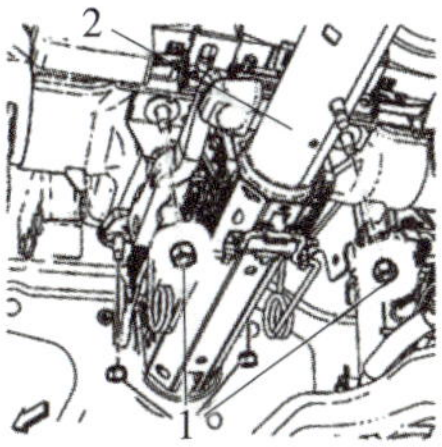	拆下并报废2个中转向轴螺栓1，紧固力矩为25N·m，拆下转向轴中间轴2	
15. 拆卸转向柱	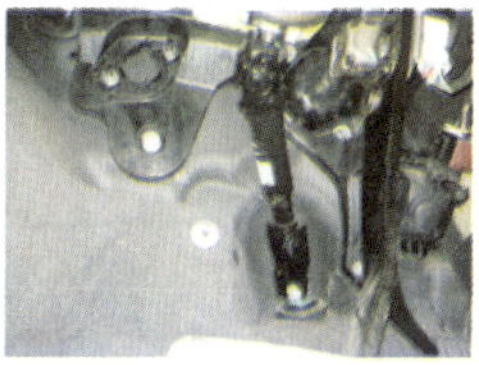	注意：用扎带固定住转向柱，防止转向柱掉落出现损坏。拆下4个转向柱固定螺栓，紧固力矩22N·m，取下转向柱	

（二）转向操纵机构的安装与调整

作业内容	图解	具体操作方法及要求	完成确认
1. 安装转向柱	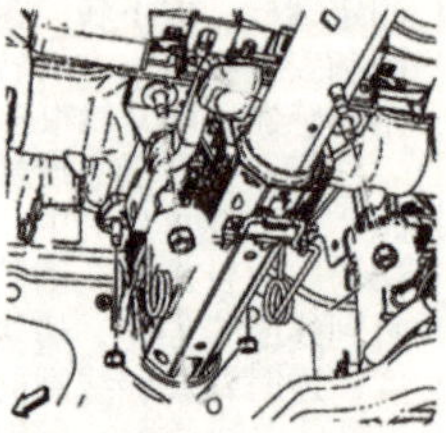	安装转向柱，并用22N·m紧固4个转向柱固定螺栓 注意：安装前用扎带固定住转向柱，防止转向柱掉落出现损坏	
2. 安装转向轴中间轴	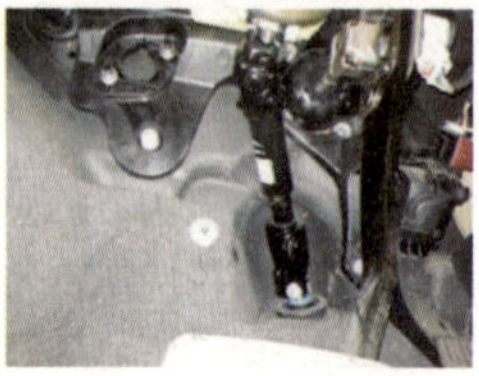	安装转向轴中间轴，使用新的2个中转向轴螺栓，紧固力矩为25N·m 注意：与万向传动装置相连接的轴上的凹槽，应与转向轴螺栓孔对准	
3. 安装转向柱锁总成	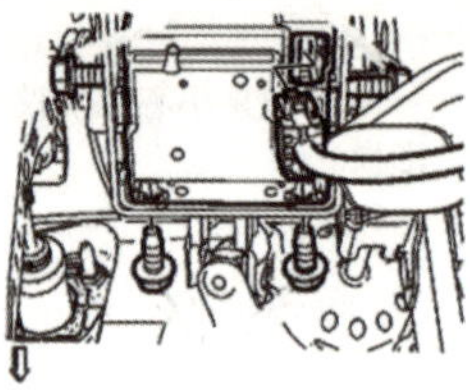	安装转向柱锁总成，紧固上下左右方向共6个固定螺栓，连接线束连接器	
4. 安装仪表盘下饰板	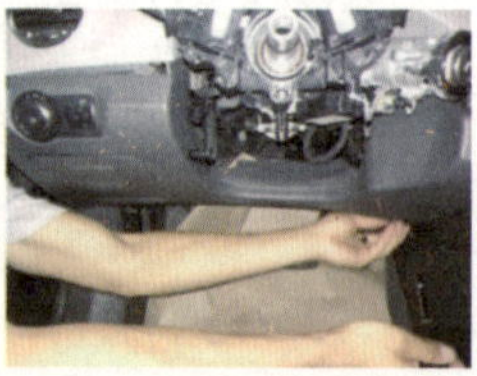	可靠地安装仪表盘下饰板	
5. 安装拆卸转向开关与托架总成		可靠地安装拆卸转向开关与托架总成，并连接线束连接器	

续表

作业内容	图解	具体操作方法及要求	完成确认
6.安装转向盘螺旋线圈和转向盘转角传感器	 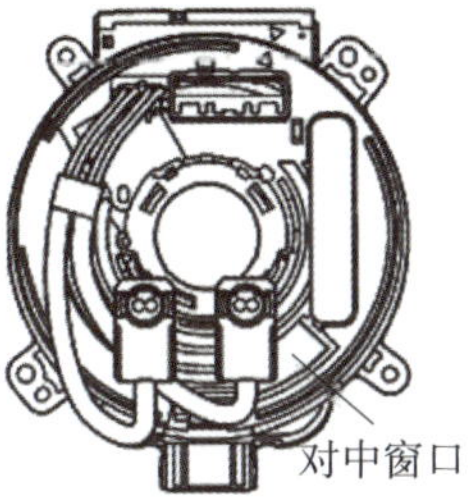	可靠地安装转向盘螺旋线圈和转向盘转角传感器，并连接线束连接器 注意：不要随意旋转螺旋线圈，否则要重新对中。具体方法为顺时针旋转线圈的凸轮，直到线圈带停止，切勿用力过度，逆时针旋转线圈的凸轮约3周的位置，直到对中窗口露出黄色，指示线圈的对中位置	
7.安装转向柱上装饰盖、下装饰盖		可靠地安装转向柱上装饰盖、下装饰盖，并紧固2个螺栓	
8.安装转向盘		安装转向盘，转向盘紧固螺栓，紧固力矩为30N·m 注意：转向轴的对中标记位于6点位置	
9.安装转向盘上盖		连接安全气囊线束连接器，安装转向盘上盖（转向盘安全气囊、喇叭开关总成） 注意：拆卸转向盘上盖过程中，避免和转向盘上盖正面接触，避免触碰安全气囊线束连接器的插接头，取下转向盘上盖后，正面朝上，放置在安全可靠的地方，防止误激活安全气囊，造成不必要的伤害或经济损失	

续表

作业内容	图解	具体操作方法及要求	完成确认
10.连接蓄电池负极		可靠地连接蓄电池负极	
11.结束工作		回收内外三件套,清洁车辆。整理、归位、清洁工具设备,清洁场地	

四、转向传动机构的拆装与调整

（一）转向传动机构的拆卸

以雪佛兰科鲁兹轿车转向传动机构为例,如图11-2-10所示。

① 拆卸轮胎,将转动转向盘转向横拉杆转向外侧,安全可靠地举升车辆到合适位置,并锁止举升机。

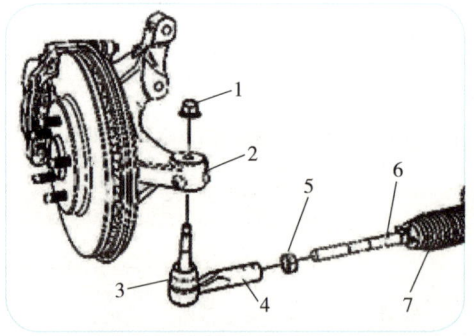

图11-2-10 雪佛兰科鲁兹轿车转向传动机构
1—转向横拉杆螺母;2—转向节;3—转向横拉杆球接头;4—外转向横拉杆;5—内转向横拉杆螺母;6—内转向横拉杆;7—转向器（转向机）护套。

图11-2-11 松开转向横拉杆螺母

② 松开转向横拉杆螺母,如图11-2-11所示。

③ 使用专用工具"拔出器"将转向传动机构外转向横拉杆从转向节上分离,专用工具使用原理如图11-2-12所示。

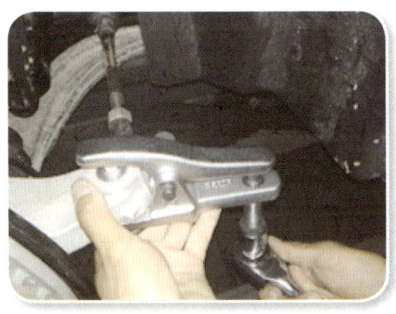

图 11-2-12 专用工具使用原理

注意：除了执行"机械转向系统的基本检查"外，还需要清洁检查转向节的锥形内孔表面，若出现变形或过度磨损，需更换转向节。

④ 标记外转向横拉杆、内转向横拉杆螺母、内转向横拉杆的位置（或数螺纹牙数），以便安装调整定位，如图 11-2-13 所示。

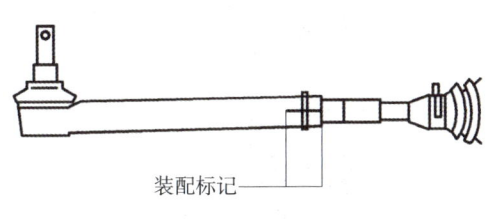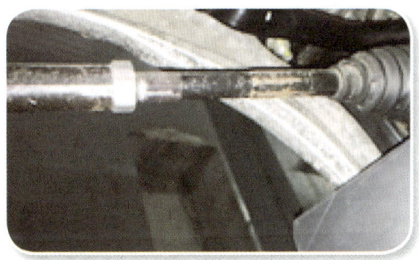

图 11-2-13 做装配标记

⑤ 用开口扳手固定内转向横拉杆，用扳手松开转向传动机构内转向横拉杆螺母，拆下外转向横拉杆，如图 11-2-14 所示。

⑥ 拆下转向传动机构内转向横拉杆螺母，用鲤鱼钳取出转向机外护套卡箍，如图 11-2-15 所示。

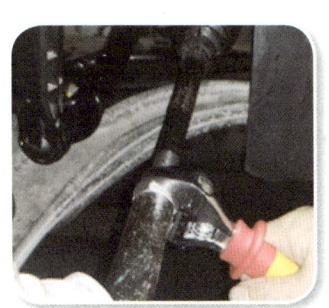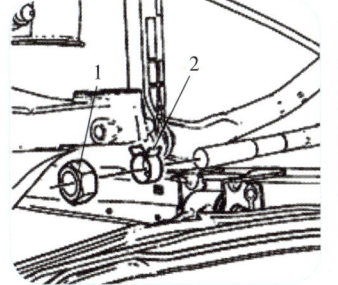

图 11-2-14 用扳手松开内转向横拉杆螺母　　图 11-2-15 转向机外护套卡箍的拆卸

1—内转向横拉杆螺母；2—转向机外护套卡箍。

⑦ 在转向机上标记内护套卡箍的安装标记，用鲤鱼钳或一字旋具松开转向机内护套卡箍，拆下转向机护套，如图 11-2-16 所示。

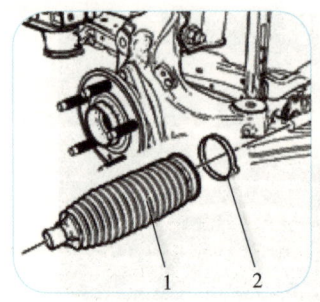  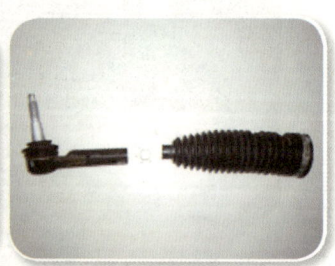

图 11-2-16 转向机护套的拆卸
1—转向机护套；2—转向机内护套卡箍。

⑧ 用专用工具逆时针方向拆下内转向横拉杆，如图 11-2-17 所示。

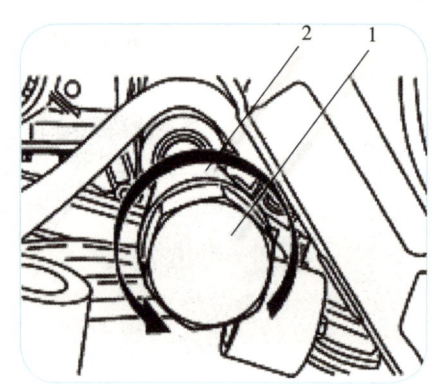 

图 11-2-17 用专用工具拆上内转向横拉杆
1—专用工具；2—内转向横拉杆。

（二）转向传动机构的安装与调整

采用与转向操纵机构拆卸相反的方法，安装转向传动机构。

① 在内转向横拉杆的螺纹上涂上螺纹锁止胶，用专用工具逆时针方向拆下内转向横拉杆并紧固至 105N·m。

② 安装转向机护套。安装时先将新的卡箍松松地安装在转向机护套的内侧，再将转向机护套安装在转向机上，调节至转向机上安装标记，使用鲤鱼钳内护套卡箍。

注意：安装前先给转向机护套内的组件涂抹润滑脂到标识位置；转向机护套必须位于转向机上正确的凹槽内。

③ 用鲤鱼钳安装转向机外护套卡箍。

④ 安装转向传动机构内转向横拉杆螺母。

⑤ 按照装配标记，安装外转向横拉杆、内转向横拉杆螺母、内转向横拉杆的位置，并紧固内转向横拉杆螺母 60N·m。

⑥ 将转向传动机构外转向横拉杆装配到转向节上，安装转向横拉杆螺母，紧固力矩为 35N·m。

⑦ 安装轮胎。

注意：所有作业完成后车辆必须进行车轮定位并调整转向横拉杆的长度，即调整车轮前束调整合格后方能交车。

（三）转向传动机构的拆装与调整操作

1. 转向传动机构的拆卸

作业内容	图解	具体操作方法及要求	完成确认
1. 车身停放就位		检查汽车停放在举升机工位上，应前后、左右位置合适	
2. 安装内外三件套		安装内外三件套	
3. 拆卸轮胎，调整车轮位置	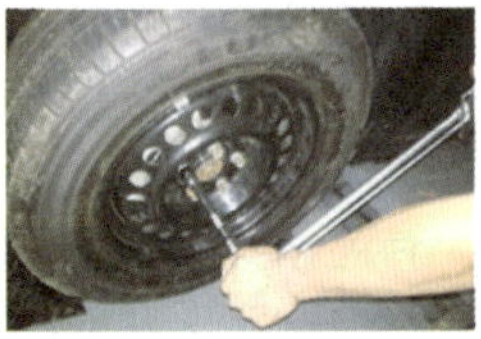	拆卸轮胎，将转向盘转向横拉杆转向外侧，以方便操作	
4. 举升车辆	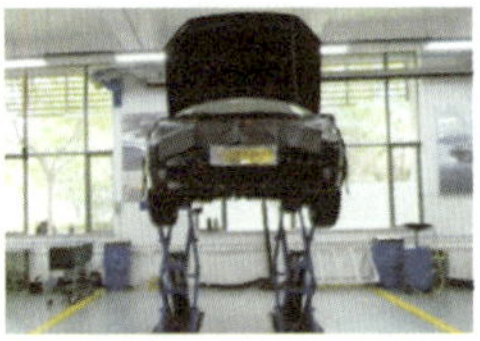	安全可靠地举升车辆到合适位置，并锁止举升机	
5. 拆卸转向横拉杆螺母	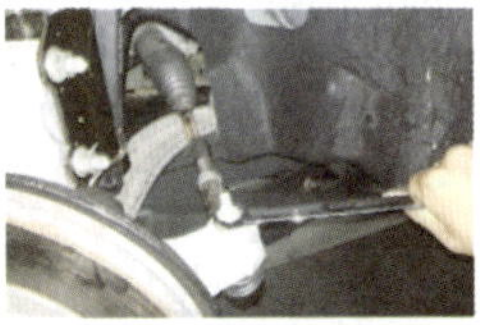	分两次以上拆卸转向横拉杆螺母	
6. 分离外转向横拉杆和转向节	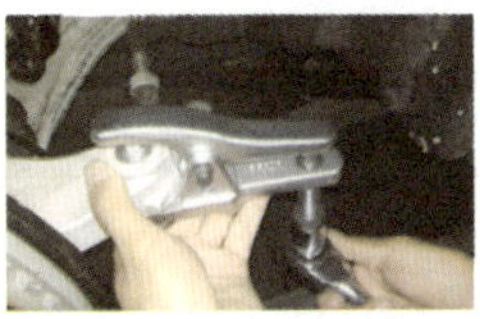	使用专用工具"拔出器"将转向传动机构外转向横拉杆从转向节上分离 注意：除了执行"机械转向系统的基本检查"外，还需要清洁检查转向节的锥形内孔表面，若出现变形或过度磨损，需更换转向节	
7. 做装配标记		标记外转向横拉杆、内转向横拉杆螺母、内转向横拉杆的位置（也可以数螺纹牙数），以便安装调整定位	

续表

作业内容	图解	具体操作方法及要求	完成确认
8. 拆卸外转向横拉杆	 	用开口扳手固定内转向横拉杆,用扳手松开转向传动机构内转向横拉杆螺母,拆下外转向横拉杆	
9. 拆卸转向机护套		用鲤鱼钳取出转向机外护套卡箍,如左图所示	
	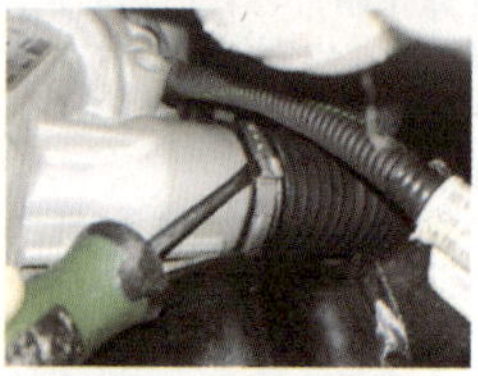	在转向机上标记内护套卡箍的安装标记,用鲤鱼钳或一字旋具松开转向机内护套卡箍,拆下转向机护套	
10. 内转向横拉杆		用专用工具逆时针方向拆下内转向横拉杆	

2. 转向传动机构的安装与调整

作业内容	图解	具体操作方法及要求	完成确认
1. 安装内转向横拉杆		在内转向横拉杆的螺纹上涂上螺纹锁止胶,用专用工具逆时针方向安装内转向横拉杆并紧固至 105N·m	

续表

作业内容	图解	具体操作方法及要求	完成确认
2. 安装转向机护套	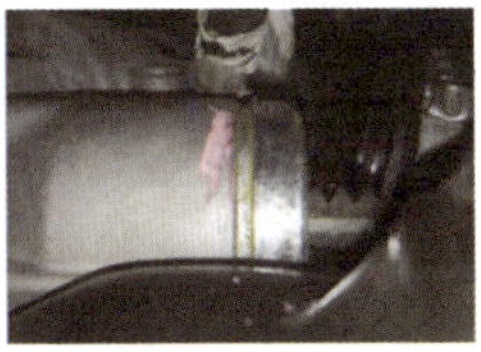	安装时先将新的卡箍松松地安装在转向机护套的内侧，再将转向机护套安装在转向机上，调节至转向机上安装标记，使用鲤鱼钳内护套卡箍 注意：安装前先给转向机护套内的组件涂抹润滑脂到标识位置；转向机护套必须位于转向机上正确的凹槽内	
3. 安装转向机外护套卡箍		用鲤鱼钳安装转向机外护套卡箍	
4. 旋入内转向横拉杆螺母	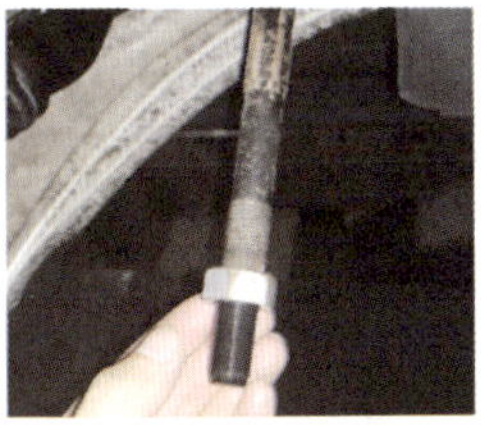	旋入转向传动机构内转向横拉杆螺母	
5. 安装外转向横拉杆		按照装配标记，安装外转向横拉杆、内转向横拉杆螺母、内转向横拉杆的位置，并紧固内转向横拉杆螺母 60N·m	
6. 安装外转向横拉杆装配到转向节上	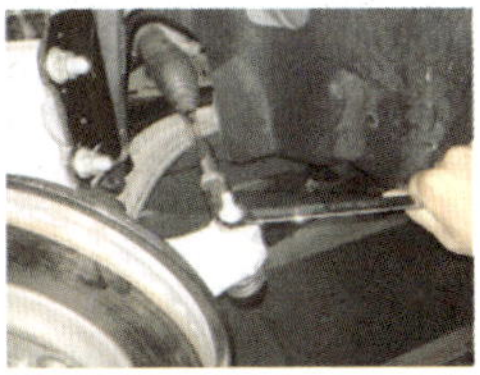	将转向传动机构外转向横拉杆装配到转向节上，安装转向横拉杆螺母，紧固力矩为 35N·m	

续表

作业内容	图解	具体操作方法及要求	完成确认
7.安装轮胎，定位调整		安装轮胎 注意：所有作业完成后车辆必须进行车轮定位并调整转向横拉杆的长度，即调整车轮前束调整合格后方能交车	
8.结束工作		清洁车辆。整理、归位、清洁工具设备，清洁场地	

五、转向器的拆装与调整

（一）车上转向器的拆装

以雪佛兰科鲁兹轿车为例。

① 脱开转向操纵机构中转向中间轴和转向器的连接，参见"转向操纵机构的拆装与调整"。

② 脱开转向传动机构中内转向横拉杆和转向器的连接，参见"转向传动机构的拆装与调整"。

③ 拆下前排气管，如图11-2-18所示。

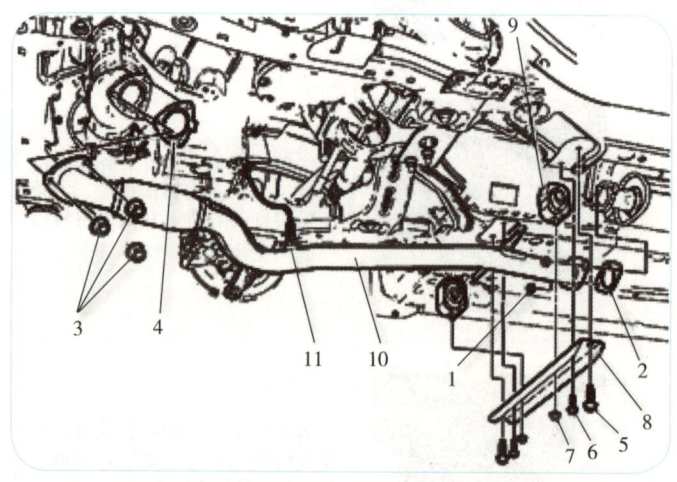

图11-2-18 拆下前排气管

1—前排气管至排气消音器的螺母；2,4—衬垫；3—催化转化器至前排气管螺母；
5—传动系统和前副车架支座螺栓；6—前排气管吊架螺栓；7—排气管吊架隔振垫螺母；
8—排气管前吊架；9—排气消音器隔振垫；10—前排气管；11—前氧传感器

注意：为避免被烫伤，应在排气系统冷却后再进行维修。拆卸排气系统零件时务必戴好安全眼镜和手套，否则从磨损的排气系统零件上掉落的铁锈和杂质会导致严重的人身伤害。

① 断开发动机前氧传感器 11 的线束连接器。
② 拆下并废弃传动系统和前副车架支座的 2 个 M10 螺栓 5，紧固力矩 60N·m。
③ 拆下前排气管吊架的 2 个 M8 螺栓 6，紧固力矩 22N·m。
④ 拆下 2 个排气管前吊架隔振垫螺母 7，紧固力矩 17N·m，取下 2 个排气消音器隔振垫 9。
⑤ 拆下前排气管至排气消音器的 2 个螺母 1，紧固力矩 17N·m，取下衬垫 2。
⑥ 拆下 3 个催化转化器至前排气管螺母 3，紧固力矩 17N·m，取下衬垫 4。
⑦ 取下前排气管 10。
④ 拆下并废弃稳定杆连杆两侧的下螺母 2，紧固力矩 22N·m，拆下稳定杆连杆 1，并将稳定杆悬挂在车上，如图 11-2-19 所示。
⑤ 拆卸发动机舱下盖板。
⑥ 拆卸影响转向器拆装的附件，松开车架不超过 55mm，但不要脱开车架，以获得更多的空间。
⑦ 将 2 个线束插头从转向机器断开，拆下线束固定螺栓和支架。
⑧ 从车架上拆下并废弃 2 个转向器固定螺栓，紧固力矩 110N·m 从侧面抽出转向器。
⑨ 采用相反的方法装配转向器。

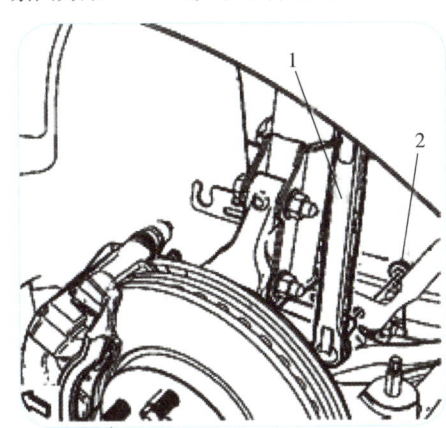

图 11-2-19 稳定杆连杆的拆卸
1—连杆；2—下螺母。

（二）齿轮齿条式转向器的拆装与调整操作

作业内容	图解	具体操作方法及要求	完成确认
1. 做装配标记，拆卸调整螺塞、压簧		从车上拆下转向器后，应在转向齿条上做上装配标记，以便安装时转向器对中 用内六角专用工具，拆下调整螺塞，取下调整螺塞、压簧	
2. 取下压块		使用尖嘴钳取下压块	

续表

作业内容	图解	具体操作方法及要求	完成确认
3. 拆卸转向器主动齿轮罩盖	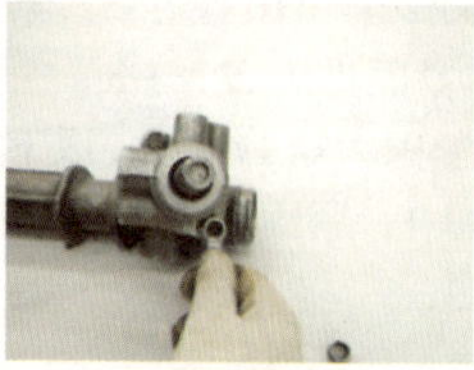	分两次以上拆下转向器主动齿轮罩盖的2个固定螺栓，紧固力矩20N·m	
4. 取下转向器主动齿轮和轴承总成		取下转向器主动齿轮和轴承总成	
5. 拆卸主动齿轮和轴承总成上的中间盖	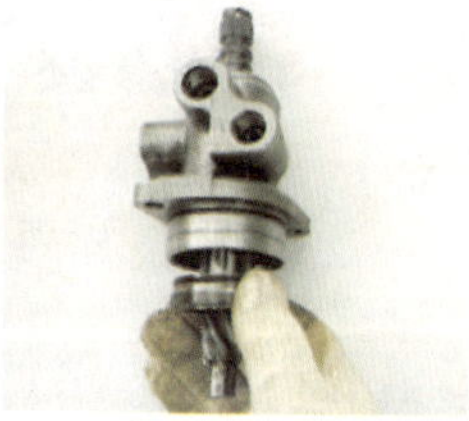	用专用工具拆下主动齿轮和轴承总成上的中间盖	
6. 分解主动齿轮和轴承总成	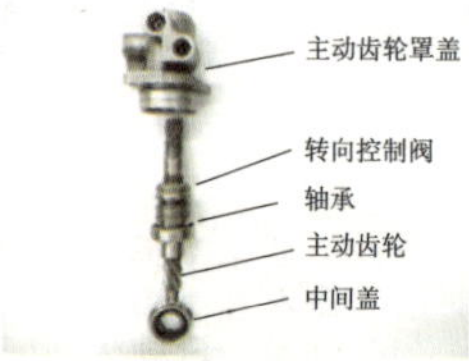	分解主动齿轮和轴承总成，分别为主动齿轮罩盖、主动齿轮、转向控制阀和轴承总成	
7. 拆卸密封罩和密封圈		用专用工具拆下密封罩和密封圈，也可以使用冲子错开180°敲击来拆卸或安装，紧固力矩50N·m	
8. 从转向器外壳中抽出齿条		从转向器外壳中抽出齿条	

续表

作业内容	图解	具体操作方法及要求	完成确认
9. 安装齿条		将齿条装入转向器外壳,并调整齿条面向转向器主动齿轮的方向	
10. 安装密封圈和密封罩		安装密封圈和密封罩,紧固力矩 50N·m	
11. 组装主动齿轮和轴承总成		组装主动齿轮和轴承总成。安装中间盖到转向器主动齿轮总成上	
12. 装主动齿轮和轴承总成到转向器壳体上	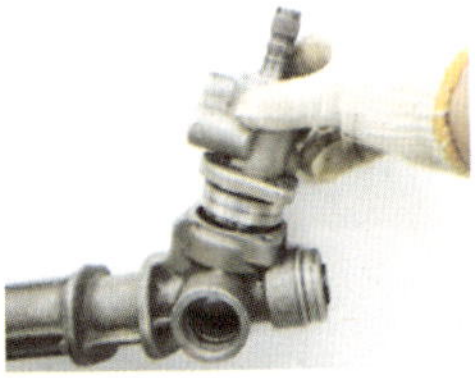	按装配标记调整齿条位置,主动齿轮上的中间位置标记需对中 安装主动齿轮和轴承总成到转向器壳体上,分两次以上安装2个螺栓,紧固力矩 20N·m	
13. 安装压块	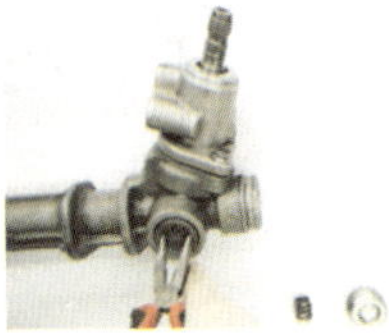	安装压块,注意压块的凹槽与齿条的圆柱背面相配合	
14. 安装压簧和调整螺塞	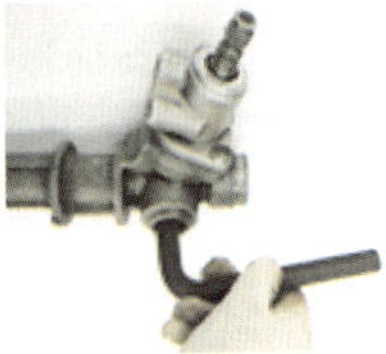 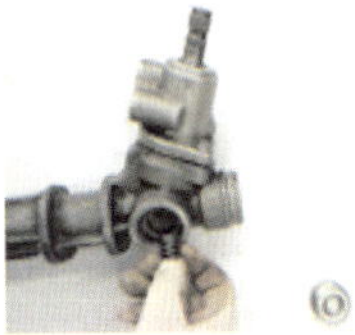	安装压簧,用内六角专用工具安装调整螺塞,紧固力矩 20N·m	

299

续表

作业内容	图解	具体操作方法及要求	完成确认
15.结束工作		整理、归位、清洁工具设备，清洁场地	

第三节 动力转向系统

一、液压助力转向系统结构认知

液压助力转向系统的组成

液压助力转向系统是由机械转向系统和动力转向装置组成。动力转向装置由机械转向器、转向控制阀、转向动力缸以及将发动机输出的部分机械能转换为压力能的转向油泵、转向油罐等组成，如图11-3-1、图11-3-2所示。

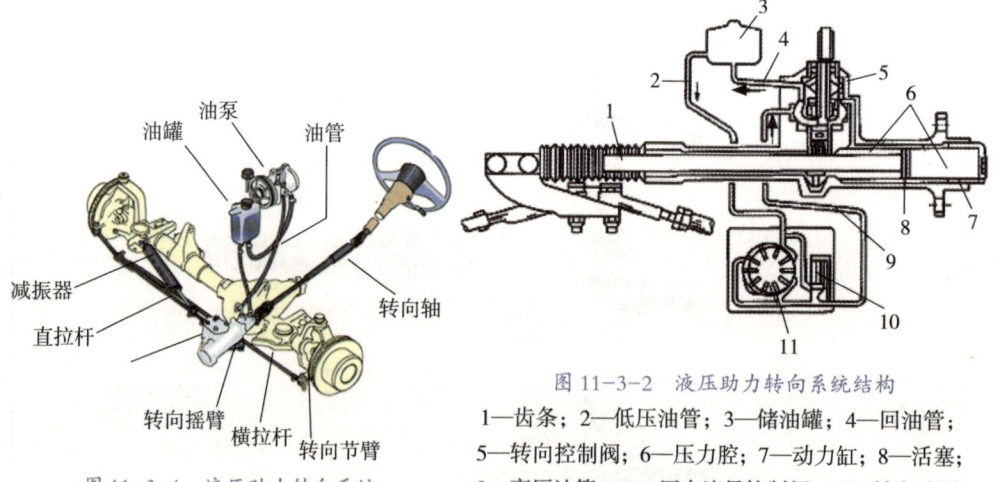

图11-3-1 液压助力转向系统

图11-3-2 液压助力转向系统结构
1—齿条；2—低压油管；3—储油罐；4—回油管；
5—转向控制阀；6—压力腔；7—动力缸；8—活塞；
9—高压油管；10—压力流量控制阀；11—转向油泵

1. 转向器

转向器齿条的左端通过横拉杆支架与左、右横拉杆连接，齿条的右端通过活塞与工作缸连接。

2. 动力缸

动力缸设在转向器壳的左端，被活塞分隔成左、右压力腔，左、右压力腔通过油管与转向控制阀相连。

3. 转向控制阀

转向控制阀与转向器主动齿轮加工或装配成一体，转向控制阀随着转向轴的转动改变液压助力油流入动力缸的方向，实现不同方向的转向助力。

4. 转向油泵

转向油泵为叶片泵，它由发动机曲轴通过皮带轮驱动，将液压油从储油罐泵入控制阀，以提供转向所需的动力源（高压油）。为了确保动力转向系统安全工作，防止液压系统工作压力超过系统允许的最大工作压力，在叶片泵内装有压力流量控制阀。当工作压力超过设定值时，压力油通过压力流量控制阀卸载使压力油返回进口；当叶片泵供油量超过设定值时，多余的油经此阀流回到叶片泵进油口。

二、转向助力油的检查与更换

（一）转向助力油的维护保养

一般厂家规定每2年/30000公里，更换转向助力油，不同汽车企业对转向助力油的检查与更换的行驶里程或年限的规定略有不同。对于液压转向助力装置而言，在使用过程中会出现转向助力油变白、气泡、浑浊、变质、液位下降等现象，致使动力转向装置性能下降或丧失，造成汽车转向沉重。其主要原因是转向助力油与空气混合、转向助力油达到更换周期或管路存在泄漏。因此，需要定期检查、添加、更换转向助力油。

转向助力油使用注意事项：

① 转向助力油含有有毒物质，如果沾到皮肤应及时清洗干净；

② 转向助力油具有腐蚀性，可能导致油漆失去光泽，也会导致橡胶配件老化，如有沾染应及时清洗；

③ 配有液力转向助力系统的汽车，在使用过程中避免原地打方向（打死方向）或方向打至极限（打死方向），长时间打死方向会烧蚀转向助力油泵。

（二）转向助力油的检查与更换

1. 转向助力油液位的检查

① 操纵举升机将车辆举升到适当高度，使转向轮离开地面，可靠锁止举升机。

② 调整转向盘，使车辆的两个前轮处于直线行驶的状态，如图11-3-3所示。

③ 清洁转向助力储液罐，转向助力系统的储液罐安装在发动机舱内发动机前方的位置，如图11-3-4所示。

图11-3-3 调整转向盘

图11-3-4 转向助系统的储液罐安装位置

④ 用手旋下储液罐盖，使用抹布擦净标尺上的油迹如图11-3-5所示，观察标尺上的刻

度线。有些车储液罐的标尺与储液罐制成一体的，罐体上注有"MAX"和"MIN"刻度线，指示液压面的最高和最低极限的位置。

 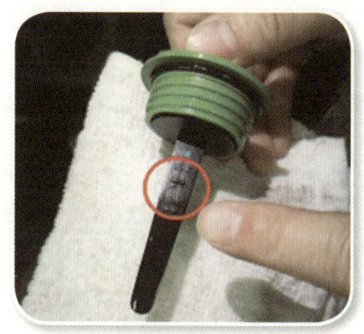

图 11-3-5　擦净油标尺　　　　　图 11-3-6　观察油标尺上液面位置

⑤先将罐盖旋紧储液罐上，然后再将罐盖旋下，观察标尺上显示的液面位置，如图 11-3-6 所示。

⑥转向助力油液面高度应在标尺的"MAX"和"MIN"刻度线之间。如果液面过低，应适当添加转向助力油，并按步骤检查是否有泄漏现象。

2. 转向助力油泄漏的检查

①操纵举升机，将车辆举升至适当高度，并可靠锁止举升机，如图 11-3-7 所示。

②检查转向器壳及各油管接头处，是否有漏油现象，如图 11-3-8 所示。

③检查转向助力油泵及各管接头处，是否有漏油现象，如图 11-3-9 所示。

 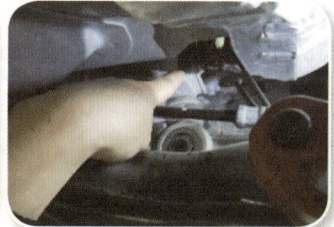 

图 11-3-7　举升车辆　　　图 11-3-8　检查转向器壳及油管接头　　　图 11-3-9　检查转向助力油泵及各管接头

④检查储液罐及各管接头处，是否有漏油现象，如图 11-3-10 所示。

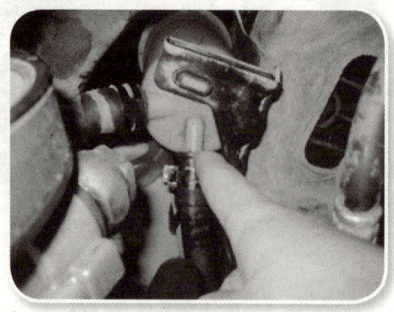 

图 11-3-10　检查储液罐及各管接头　　　图 11-3-11　转向机护套与转向器连接端

⑤ 拆下转向机护套与转向器连接端，检查防尘罩内是否存留助力液。如果防尘罩内存留助力液，说明转向器的动力油缸漏油，应更换转向器总成，如图 11-3-11 所示。

3. 转向助力油的排放

经检查，若转向助力油油质不合格或达到了厂家规定更换里程或年限，这时必须及时更换转向助力油，以下是转向助力油的更换操作。

① 用手旋下储液罐盖，连接好转向助力油抽吸桶上的压缩空气管，用吸管吸出储液罐内的助力油，如图 11-3-12 所示。

② 操纵举升机，将车辆举升至轮胎最低点距离地面约 300mm 的高度，并锁止举升机。

③ 在储液罐回油管下方垫好抹布，然后使用鲤鱼钳将转向器油管与储液罐连接端的压紧卡箍拆离，拆下储液罐回油管，如图 11-3-13 所示。

④ 轻轻拉出回油管，将一适当长度的软管与回油管和接油容器连接起来，如图 11-3-14 所示。

图 11-3-12 用吸管吸出储液罐内的助力油

图 11-3-13 拆储液罐回油管

图 11-3-14 回油管和接油容器连接

⑤ 启动发动机并保持怠速运转，同时左右转动转向盘至极限位置 10 次左右。

⑥ 排净助力液后，停止发动机运转和转动转向盘。

4. 转向助力油的加注

① 将转向器的回油管用手安插到储油罐的管接头上，如图 11-3-15 所示。

② 使用鲤鱼钳将回油管卡箍安装到位。

③ 将转向助力液加注到储液罐内，并保持液面达到"MAX"刻度线，如图 11-3-16 所示。

图 11-3-15 将转向器的回油管安装到储油罐的管接头上

图 11-3-16 加注转向助力油

5. 系统排气

① 左右转动转向盘至极限位置 10 次左右，观察储液罐中空气排放情况。

② 当储液罐中不再有气泡出现后，操纵举升机，将车辆降落到地面上。

③ 启动发动机并保持怠速运转，再次左右转动转向盘至极限位置 10 次左右。

④ 重新检查储液罐内的助力液液面高度，应位于"MAX"和"MIN"刻度线之间。如果液面过低，应适当添加补充转向助力油；若液面高于"MAX"刻度线，应吸出多余助力液。

⑤ 然后再举升车辆，检查有无转向助力油渗漏现象。

⑥ 结束工作，放下车辆、收驾驶室三件套、升起车窗玻璃、清洁整理车辆、场地、设备、工具。

注意：废弃转向助力油做集中回收处理。

三、电动助力转向系统结构认知

（一）电动助力转向系统的组成

电动助力转向系统由机械转向系统和电动助力转向装置组成。电动助力转向装置由扭矩传感器（转矩传感器）、车速传感器、电子控制单元（ECU）、电动机和减速机构组成，如图 11-3-17 所示。

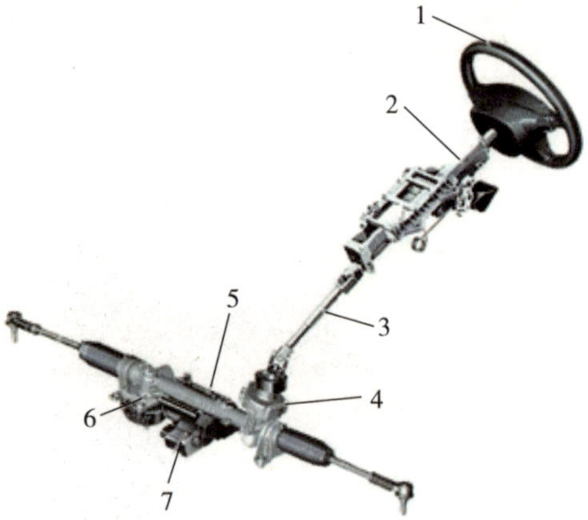

1. 扭矩传感器

扭矩传感器是测量驾驶员作用在转向盘上力矩的大小与方向的，有的扭矩传感器还能够测量转向盘转角的大小和方向。

2. 车速传感器

车速传感器有电磁感应式、霍耳式、光电式等多种形式，常见的为电磁感应式车速传感器。

图 11-3-17 电动助力转向系统

1—转向盘；2—转向柱；3—转向中间轴；
4—扭矩传感器；5—转向电动机；6—转向器；
7—电子控制单元。

3. 电子控制单元

电子控制单元的功能是，根据转矩传感器和车速传感器信号进行逻辑分析与计算后发出指令，控制电动机的动作。此外，ECU 还有安全保护和自我诊断功能。通过采集电动机的电流、发电机电压、发动机工况等信号，判断其系统工作状况是否正常。一旦系统工作异常，将自动取消助力作用，同时还将进行故障诊断分析。

4. 电动机

电动机是 EPAS 系统的动力源，其功能是根据电子控制单元的指令输出适当的辅助转矩。

5. 减速机构

电动助力转向系统的减速机构与电动机相连，起降速增扭作用。

（二）电动助力转向系统的工作原理

图 11-3-18 为电动助力转向系统的工作原理。当操纵转向盘时，装在转向盘轴上的扭矩传感器不断地测出转向轴上的转矩信号，该信号与车速信号同时输入到电子控制单元。电子控制单元根据这些输入信号，确定助力转矩的大小和方向，即确定电动机电流的大小和方向，实现转向助力大小和方向的调整。电动机的转矩加在汽车的转向机构上，使之得到一个与汽

车工况相适应的转向作用力。

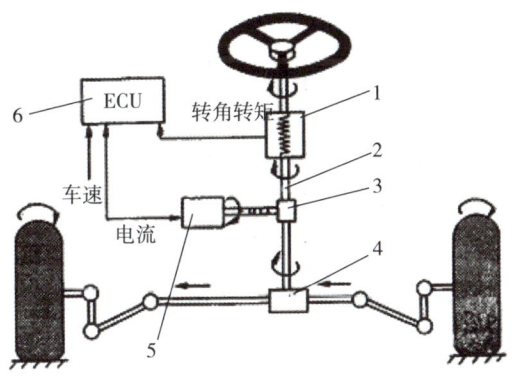

图11-3-18 电动助力转向系统的工作原理
1—扭矩传感器；2—转向轴；3—减速机构；
4—齿轮齿条式转向器；5—电动机；6—ECU。

四、电动助力转向系统的检查与诊断

（一）电动助力转向系统的自诊断（以卡罗接轿车电动助力转向系统为例）

① 打开点火开关，观看组合仪表盘的故障指示灯，如图11-3-19所示。

② 关闭点火开关，连接故障诊断仪金德KT600，如图11-3-20所示。注意不要带电操作，以免损坏仪器设备。

图11-3-19 转向系统故障指示灯

（a）关闭点火开关

（b）连接KT600

图11-3-20 连接故障诊断仪金德，KT600

③ 打开点火开关，打开故障诊断仪电源开关，选择"汽车诊断"功能，如图11-3-21所示。

④ 选择日本车系丰田汽车后，选择诊断座类型为"16PIN"，如图11-3-22所示。

图11-3-21 选择"汽车诊断"功能

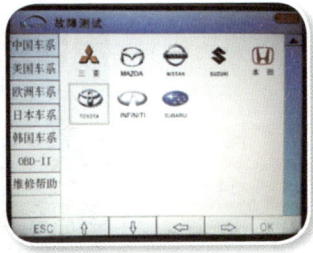

（a）选择车型

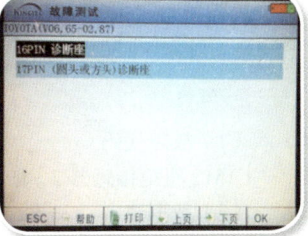

（b）选择诊断座类型

图11-3-22 选择车型和诊断座类型

⑤ 进入"电子辅助动力转向系统",选择"读取故障码",并记录当前故障代码,如图 11-3-23 所示。

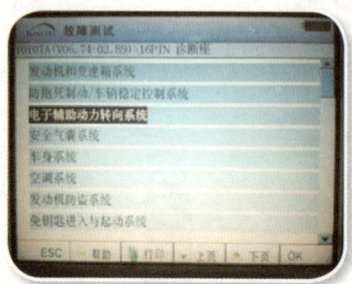
(a)电子辅助动力转向系统

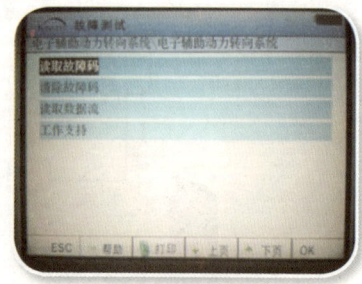
(b)读取故障码

图 11-3-23 读取当前码

⑥ 返回"功能选择"菜单,清除故障代码,并重新读取确认、记录当前故障代码,如图 11-3-24 所示。

⑦ 返回"功能选择"菜单,选择"读取数据流",查看相关数据流是否正常,从而分析判断故障所在,如图 11-3-25 所示。

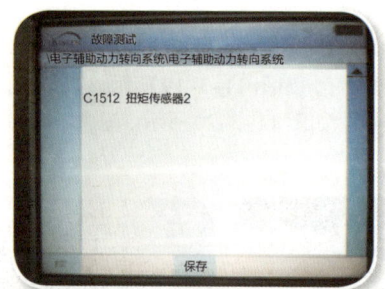
图 11-3-24 重新读取确认、记录当前故障代码

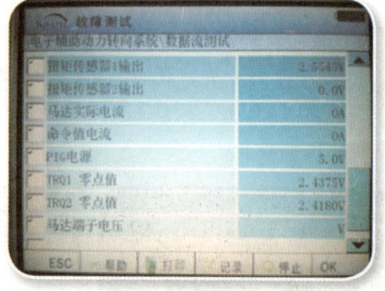
图 11-3-25 读取数据流

扭矩传感器信号 1 和信号 2 的电压标准值为:当转向盘位于中心位置时 2.3～2.7V,当转向盘向右转时 2.5～4.7V 连续变化,当转向盘向左转时 0.3～2.5V 连续变化。

⑧ 检查结果分析及判断。

(二)扭矩传感器相关电路的故障诊断与排除

1. 故障现象

转向沉重,组合仪表上转向系统故障指示灯常亮,如图 11-3-26 所示。

2. 自诊断

(1)故障代码

C1512 扭矩传感器 2,如图 11-3-24 所示。

(2)数据流

① 静态读取数据流。

读取数据流,如图 11-3-25 所示。

图 11-3-26 转向系统故障指示灯常亮

扭矩传感器1输出，2.5545V。
扭矩传感器2输出，0V。
② 动态读取数据流。
扭矩传感器信号1电压随操作转向盘变化如下：当转向盘位于中心位置时2.5545V，当转向盘向右转时2.5～4.7V连续变化，当转向盘向左转时0.3～2.5V连续变化；扭矩传感器信号2输出电压不随操作转向盘而变化，始终为0V。

3. 故障分析

通过以上诊断过程的检查，发现扭矩传感器2输出电压不正常，初步判断扭矩传感器信号2的信号线或扭矩传感器2本体故障。

4. 检测过程

以下为检测扭矩传感器所有相关电路的过程。

① 万用表检查校零，0.5Ω，正常，如图11-3-27所示。

注意：手不能直接接触万用表正反表笔的金属测头，以免影响测量值。

② 关闭点火开关，用万用表200Ω电阻挡，测量扭矩传感器电源电路的搭铁线T3/3到车身搭铁的阻值，0.8Ω，搭铁线正常，如图11-3-28所示。

图11-3-27 万用表校零

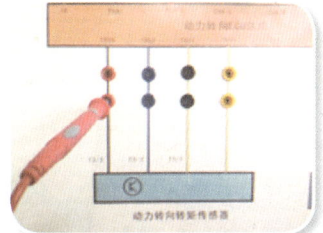

图11-3-28 测量搭铁线路

③ 打开点火开关，用万用表20V电压挡，测量扭矩传感器电源电路的正极线T3/1到车身搭铁的电压，8V，供电电压正常，如图11-3-29所示。

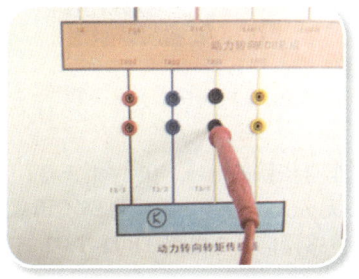

图11-3-29 测量供电电压

④ 用万用表20V电压挡，测量扭矩传感器电源电路的信号1到车身搭铁的电压，2.55V，信号电压正常，如图11-3-30所示。

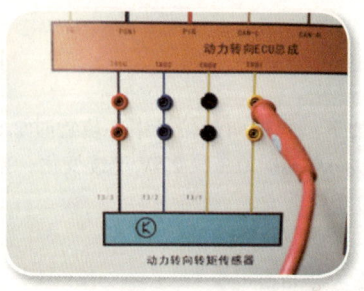

图 11-3-30　测量信号 1 输出电压

⑤ 用万用表 20V 电压挡，测量扭矩传感器电源电路的信号 2 到车身搭铁的电压，0V，信号电压不正常，如图 11-3-31 所示。

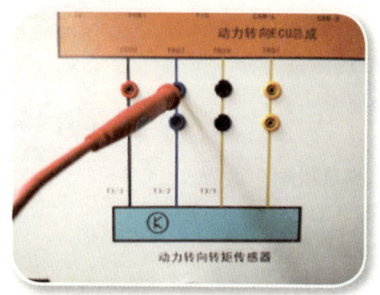

图 11-3-31　测量信号 2 输出电压

⑥ 关闭点火开关，用万用表 200Ω 电阻挡，测量扭矩传感器信号 2 电路 TR02-T3/2 的电阻，无穷大，信号 2 输出电路不正常，如图 11-3-32 所示。

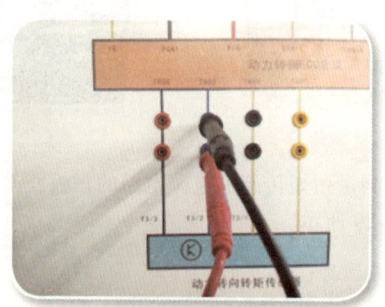

图 11-3-32　测量信号 2 输出电路阻值

5. 故障确认与排除

通过检测：扭矩传感器电源电路的信号 2 到车身搭铁的电压，0V，不正常；
扭矩传感器信号 2 电路 TR02-T3/2 的电阻，无穷大，信号 2 输出电路不正常。所以扭矩传感器信号 2 电路 TR02-T3/2，断路。修复扭矩传感器信号 2 电路 TR02-T3/2 的断路。

6. 修复后检查

读取、清除并重新确认故障码，故障码消失。
仪表转向系统故障指示灯消失。
启动发动机或教学设备，转动转向盘，转向轻便，故障现象消失。

第十二章 汽车制动系统

第一节 制动器

一、盘式车轮制动器的拆装与检修

(一)盘式车轮制动器的分类及结构

1. 盘式车轮制动器的分类

汽车上用的盘式制动器主要有两种:一种是定钳盘式制动器,另一种是浮钳盘式制动器。

2. 浮钳盘式制动器的结构

浮钳盘式制动器主要由制动盘、内外摩擦衬块、制动钳壳体、制动钳支架、前制动轮缸活塞及弹簧等组成,如图12-1-1所示。

(二)盘式车轮制动器的工作原理

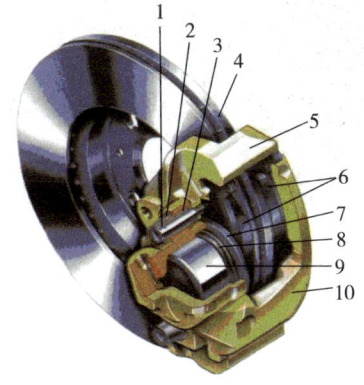

图12-1-1 浮钳盘式制动器的结构示意图
1—螺栓;2—橡胶衬套;3—塑料套;4—制动盘;5—制动钳支架;6—摩擦块;7—活塞防尘罩;8—油封;9—活塞;10—制动钳壳体。

浮钳盘式

① 浮钳盘式制动器工作时,如图12-1-2所示。

踩下制动踏板,液压作用于制动轮缸时,制动轮缸内活塞移动,把制动钳内的摩擦衬块压向制动盘,同时,制动轮缸内也受到同样的液压,把制动钳朝制动盘方向推动,而位于相反一侧的制动摩擦衬块也压向制动盘,产生制动力,迫使制动盘停止转动。

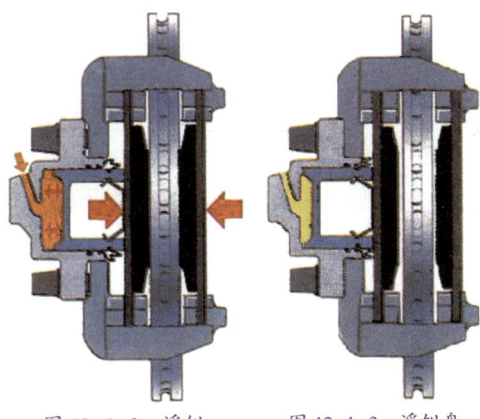

图12-1-2 浮钳盘式制动器工作时

图12-1-3 浮钳盘式制动器不工作时

② 浮钳盘式制动器不工作时，如图 12-1-3 所示。

放松制动踏板，制动轮缸内的液压消失，使原被推压在活塞上而产生变形的橡胶圈恢复原状，把活塞推回原位，使制动摩擦衬块与制动盘之间保持原有的间隙。

（三）盘式车轮制动器的检修

1. 制动盘表面磨损厚度的检查

如图 12-1-4 所示，除检查制动盘表面的磨损外，可用卡尺检查制动盘的厚度，标准值为 12mm，使用极限为 10mm，超过极限应更换。桑塔纳 LX 型轿车，制动盘的磨损极限厚度为 8mm，厚度过小时，应换用新件。富康轿车制动盘的标准厚度为 10mm（实体），使用极限为 8mm；或制动盘的标准厚度为 20.4mm（通风型），使用极限为 18.4mm。

2. 制动盘跳动的检查

如图 12-1-5 所示，用百分表检查制动盘端面圆跳动量，使用极限为 0.08mm。桑塔纳 LX 型轿车，制动盘的端面圆跳动误差大于 0.06mm，制动盘表面出现明显的磨损台阶及拉伤沟槽，可进行机加工修复。

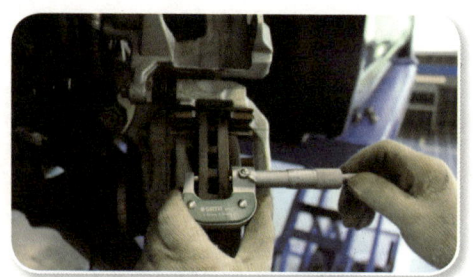

图 12-1-4　制动盘表面磨损厚度的检查

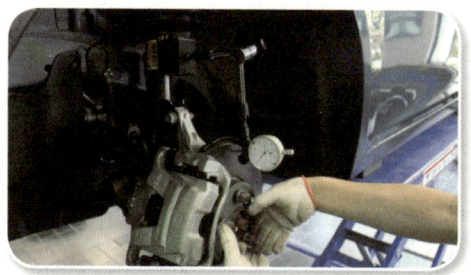

图 12-1-5　制动盘跳动的检查

3. 制动衬片厚度的检查

如图 12-1-6 所示，制动衬片的总厚度标准值为 14mm，使用极限为 7mm。制动衬片摩擦片厚度磨损极限的残余厚度应不小于 0.8mm。在未拆下时外制动衬片可通过轮辐上的孔检查其厚度，或拆下车轮后检查。

图 12-1-6　制动衬片厚度的检查

图 12-1-7　制动钳体与活塞的检查

4. 制动钳体与活塞的检查

如图 12-1-7 所示，用内径表检查制动钳体的内孔直径，用千分尺检查活塞的外径，并可计算出活塞与钳体的间隙，标准值为 0.04～0.16mm，使用极限为 0.16mm。制动钳体漏油时，应更换活塞密封圈。

如图 12-1-8 所示，在不拆下前制动器时也可通过车轮检视孔，用手电筒照明检查制动衬片厚度。当制动衬片厚度（包括底板）小于7mm时，说明制动衬片已磨损到了极限，必须更换。

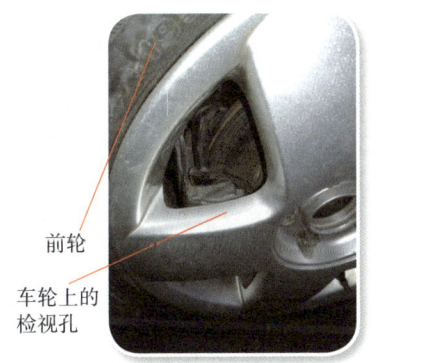

图 12-1-8　在不拆下前制动器时检查前制动衬片厚度

二、鼓式车轮制动器的拆装与检修

（一）鼓式车轮制动器的结构

桑塔纳后轮制动器是最典型的轮缸式制动器，因为它是带有驻车制动的轮缸鼓式制动器。该轮缸式制动器一般由制动底板、后制动轮缸、拉力弹簧、制动杆、制动蹄、压杆、楔形块、制动鼓等组成，如图12-1-9所示。

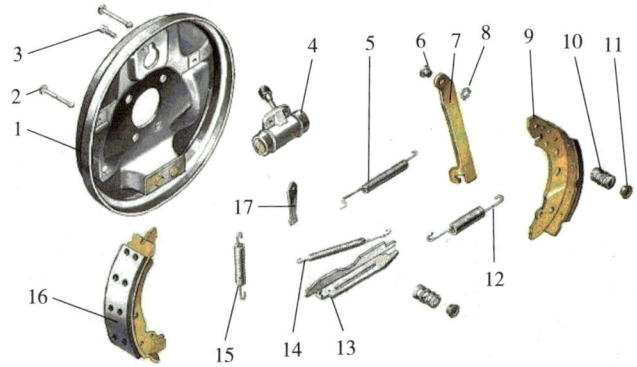

图 12-1-9　桑塔纳后轮制动器分解

1—制动底板；2—夹紧销；3—内六角螺钉；4—后制动轮缸；5—拉力弹簧；6—支承销；7—制动杆；8—弹性垫片；9—制动蹄；10—压缩弹簧；11—弹簧座；12—下拉力弹簧；13—压杆；14—上拉力弹簧；15—拉力弹簧；16—带楔形支座的制动蹄；17—楔形块。

（二）鼓式车轮制动器的工作原理

1. 轮缸式制动器工作时

踩下制动踏板，液压作用于制动分泵时，制动分泵内活塞移动，把制动蹄片推向制动鼓（图12-1-10中箭头所指），使摩擦衬片压紧旋转的制动鼓产生制动力，使车轮减速或停止转动。

2. 轮缸式制动器不工作时

放松制动踏板，制动分泵内的液压消失，制动蹄片在拉力弹簧（图 12-1-11 中箭头所指）的作用下开始回到原来位置，把活塞推回原位。这样，使制动摩擦衬块与制动鼓之间仍保持原有的间隙。

图 12-1-10 轮缸式制动器工作时　　　　图 12-1-11 轮缸式制动器不工作时

（三）鼓式制动器的检修

1. 后制动蹄片厚度检查

如图 12-1-12 所示，用卡尺 1 测量后制动蹄衬片衬 2 的厚度，标准值为 5mm，磨损极限为 2.5mm，其铆钉头 3 与摩擦片 2 表面的深度不得小于 1mm，以免铆钉头刮伤制动鼓内表面（解体前其磨损程度可通过制动底板上的观察孔进行检查）。超过磨损极限时，应换用新的摩擦片或制动蹄摩擦片总成。

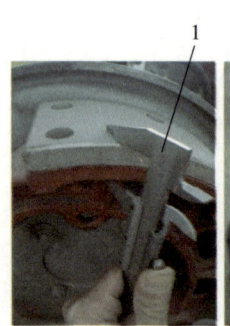  

图 12-1-12 后制动蹄衬片厚度的检查　　　　图 12-1-13 后制动鼓内孔磨损及尺寸的检查
1—卡尺；2—摩擦片；3—铆钉头。　　　　1—后制动鼓；2—卡尺；3—测量圆度工具。

2. 后制动鼓内孔磨损与尺寸的检查

如图 12-1-13 所示，用游标卡尺测量，制动鼓内径磨损不得超过 1mm（桑塔纳轿车其标准内径有 φ180mm 和 φ200mm 两种），否则，应换用新件。

用测量圆度工具 3 测量后制动鼓 1 内孔的不圆度，使用极限为 0.03mm，超过极限应更换后制动鼓。

3. 制动器定位弹簧及复位弹簧的检查

检查后制动器定位弹簧、上复位弹簧、下复位弹簧和楔形调整板拉簧的自由长度，若增长率达到5%，则应更换新弹簧。

如图12-1-14所示，检查上回位弹簧、定位弹簧、楔形调节块拉簧的自由长度，标准值分别为130mm、120mm、113mm（桑塔纳后轮制动器）。

4. 制动分泵泵体与活塞的检查

首先检查后制动分泵泵体内孔与活塞外圆表面的烧蚀、刮伤和磨损情况；其次测出分泵泵体内孔孔径，活塞外圆直径，并计算出活塞与泵体的间隙，如图12-1-15所示（间隙A=缸体内径B－活塞外径C，间隙标准值为20.64cm）。

图12-1-14　复位弹簧检查

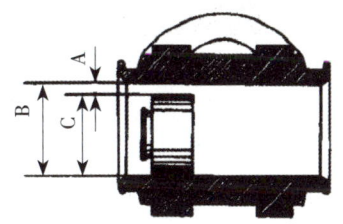

图12-1-15　后制动分泵活塞与缸体间隙的检查

三、驻车制动器的检查与调整

驻车制动器的功用是汽车停驶后防止滑溜；便于上坡起步；行车制动失效后临时使用或配合行车制动进行紧急制动（如图12-1-16所示）。

（一）驻车制动器的类型及工作原理

1. 驻车制动器的类型

驻车制动装置的结构基本等同于行车制动器，也是由制动器（图12-1-17）和制动传动机构（图12-1-18）两部分组成。制动器有中央制动器（图12-1-19）和复合制动器（图12-1-20）两种类型。制动传动机构有机械式制动传动机构（图12-1-21）、液压式制动传动机构（图12-1-22）和气压式制动传动机构（图12-1-23）。

图12-1-16　驻车制动器位置

图12-1-17　制动器

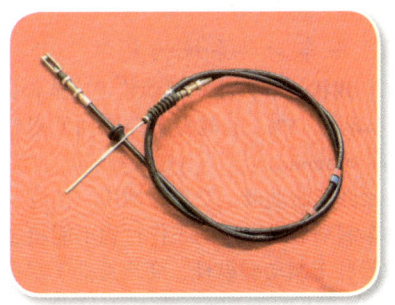

图12-1-18　制动传动机构

图 12-1-19 中央制动器

图 12-1-20 复合制动器

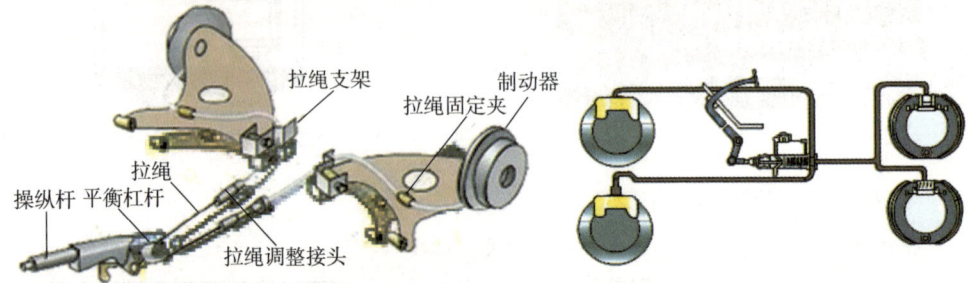
图 12-1-21 机械式制动传动机构　　图 12-1-22 液压式制动传动机构

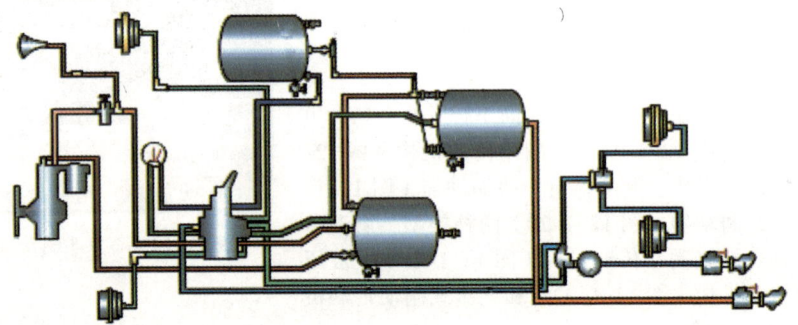
图 12-1-23 气压式制动传动机构

（二）驻车制动系统的要求

① 在空载状态下，驻车制动装置应能保证车辆在坡度为 20%（总质量为整备质量的 1.2 倍以下的车辆为 15%），轮胎与路面间的附着系数 ≥ 0.7 的坡道上正、反两个方向保持固定不动的时间 ≥ 5min。

② 拉紧驻车制动器，空车平地用二挡应不能起步。

③ 驻车制动器操纵杆的工作行程不能超过全行程的 3/4。

④ 放松驻车制动操纵杆，变速器处于空挡，支起一支驱动轮，制动鼓应能用手转动且无摩擦声。

（三）中央制动式驻车制动器的检查与调整

1. 检查

汽车每行驶 12000km 左右时，应对驻车制动器的性能进行检查。驻车制动器应满足"三、驻车制动系统的要求"的性能。

2. 调整

（1）拉杆长度调整

当驻车制动器蹄鼓间隙过大时，可以将拉杆上的锁紧螺母松开，将制动操纵杆放松到最前端，然后，拧动拉杆上的调整螺母，即可实现制动间隙调整。将调整螺母拧紧，蹄鼓间隙减小；反之，则蹄鼓间隙增大。调整完毕后，将锁紧螺母锁紧。

（2）摇臂与凸轮相互位置的调整

① 通过拉杆长度的调整后，若操纵杆自由行程仍然偏大，则应调整摇臂与凸轮的相互位置。

② 将驻车制动杆向前放松至极限位置。

③ 将摇臂从凸轮轴上取下，反时针方向错开一个或数个齿后，再将摇臂装于凸轮轴上，并将夹紧螺栓紧固。

④ 重新调整拉杆上的调整螺母，直到有合适的驻车制动拉杆行程为止。调好后，制动间隙应为 0.2～0.4mm。

⑤ 驻车制动器调好后，完全放松驻车制动杆时，制动器蹄鼓间隙为 0.2～0.4mm。向后拉驻车制动杆时，应有两"响"的自由行程，从第三"响"时应开始产生制动，第五"响"时汽车应能在规定的坡道上停住。

（3）制动器的全面调整

先拧松偏心支承轴的锁紧螺母，用扳手转动偏心支承轴。当在摆臂末端用力转动摆臂张开凸轮时，两个制动蹄的中部同时与制动鼓接触。然后用扳手固定偏心支承销，同时拧紧偏心支承销的锁紧螺母。在拧紧锁紧螺母时，偏心支承销不得转动。

（四）车轮制动式驻车制动器检查与调整

1. 检查

① 对驻车制动拉杆施加 196N（20kgf，44lbf）的力，确认拉杆行程在指定槽口数量内（聆听并计算棘齿的响声进行检查，槽口数量：8～9）。

② 每个元件的固定状况（松动、间隙等）正常。检查以下内容。

a. 有无弯曲、损坏和裂纹。如果出现故障，请更换。

b. 制动拉线和均衡器有无磨损和损坏。如果出现故障，请更换。

c. 驻车制动开关。如果不能正常工作，请更换。

2. 调整

① 拆卸控制台罩。

② 拉起驻车制动拉杆，直到能够插入一个深套筒扳手。

③ 插入深套筒扳手调整螺母。旋转调整螺母完全松离电缆，然后松开踏板。

④ 踩下脚刹 10 次左右，然后调整后制动蹄片的间隙。

3. 注意事项

① 确保牢固踩下脚刹。

② 旋转制动鼓确认没有阻力。

③ 使用以下步骤调整驻车制动器拉线。

a. 更换驻车制动电缆的时候，用 490N（50kgf，110lbf）的力操作驻车制动杆，进行 10 次。

b. 拉起驻车制动拉杆，直到能够插入一个深套筒扳。

c. 使用深套筒旋转调节螺母，从而调整驻车制动拉杆行程。

d. 对驻车制动拉杆施加 196N（20kgf，44lbf）的力，确认拉杆行程在指定槽口数量内（聆听并计算棘齿的响声进行检查）。

e. 确认将驻车制动拉杆完全释放之后，后制动器上不受阻力。

第二节　气压制动传动装置

一、气压制动传动装置结构认知

气压式制动传动装置是利用压缩空气作动力源的动力制动装置。制动时，驾驶员通过控制制动踏板的行程，便可控制制动气压的大小，从而得到不同的制动强度。气压式制动传动装置制动操纵省力、制动强度大、踏板行程小，但需要消耗发动机的动力，制动粗暴而且结构比较复杂。因此，一般用在重型和部分中型汽车上。

（一）气压制动传动装置的基本组成

气压制动传动装置的组成与布置形式随车型而异，但总的工作原理相同。管路的布置形式也分为单管路和双管路两种。以解放 CA1092 型汽车双管路制动传动装置的组成和管路布置为例介绍。

如图 12-2-1 所示为解放 CA1092 型汽车双管路气压制动系统示意。它由气源和控制装置两部分组成。气源部分包括空气压缩机、调压装置、双针气压表、储气筒、低压报警开关和安全阀等。控制装置包括制动踏板、制动控制阀等。

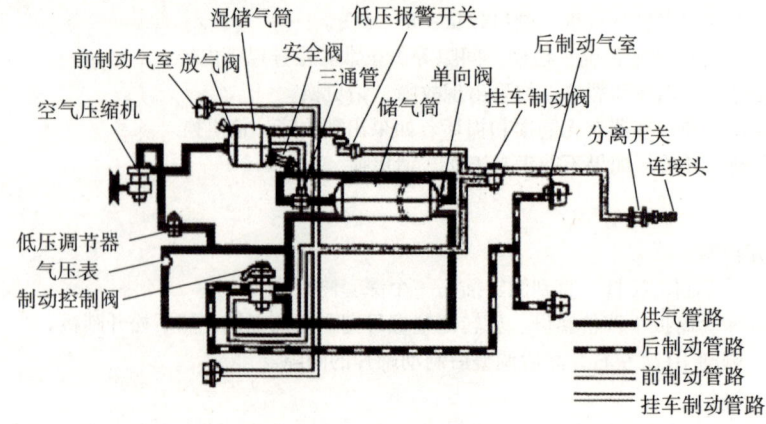

图 12-2-1　解放 CA1092 型汽车双管路气压制动系统示意

气压传动装置是利用一个双腔（或三腔）的制动控制阀，两个或三个储气筒，组成两套彼此独立的管路，分别控制两桥（或三桥）的制动器。

（二）气压制动传动装置的工作原理

当驾驶员踩下制动踏板时，拉杆带动制动控制阀拉臂摆动，使阀工作。储气筒前腔的压缩空气经阀的上腔进入后制动气室，使后轮制动；同时储气筒后腔的压缩空气通过阀下腔进入前制动气室，使前轮制动。当放松制动踏板时，制动控制阀使各制动气室与大气相通以解除制动。

（三）气压制动传动装置的维护

以解放 CA1092 车为例进行维护。

1. 空气压缩机

（1）检查

① 汽车每行驶 3 000 km 时，应检查空气压缩机的皮带的松紧度：以 30～50N 的力按下皮带中间，检查其挠度 10～15 mm；

② 充气性能检查：在发动机中速运转下，4 min 内压力表读数应由 0 升至 0.4 MPa，6 min 内压力表读数应由 0 升至 0.8 MPa；发动机停转 3 min，气压表读数下降不得超过 0.01 MPa。

（2）调整

① 空气压缩机皮带松紧度调整：松开压缩机底座支架上的固定螺栓，将调整螺栓按顺时针方向拧动，则皮带张紧，反之则松弛，调整合适后拧紧固定螺栓。

② 气压调节阀的调整：如图 12-2-2 所示，松开锁紧螺母，拧动调整螺钉，拧进则最高气压增大，反之则气压降低，调整合适后，拧紧锁紧螺母。

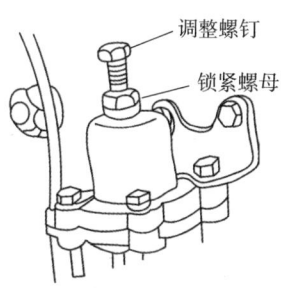

图 12-2-2 气压调节阀的调整

2. 单向阀

如图 12-2-3 所示，汽车每行驶 48 000 km 时，应拆下单向阀进行清洁和检查，如果阀门有阻滞、损坏或密封不严现象，应修理或更换。

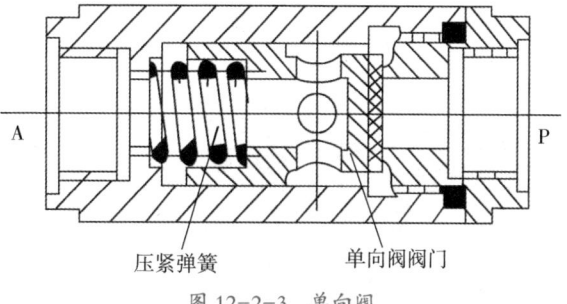

图 12-2-3 单向阀

3. 管路检查

气压制动管路不能有凹瘪及破损，各接头连接牢固、可靠。管路密封性要求：在气压为 0.8 MPa 情况下，将制动踏板踩到底，待气压稳定后，观察 3 min 后，气压降低值不得超过 0.02 MPa。

4. 制动踏板自由行程检查与调整

① 检查。用脚轻踩制动踏板至刚有阻力为止，踏板下端所移动的距离即为踏板的自由行程，如图 12-2-4 所示，

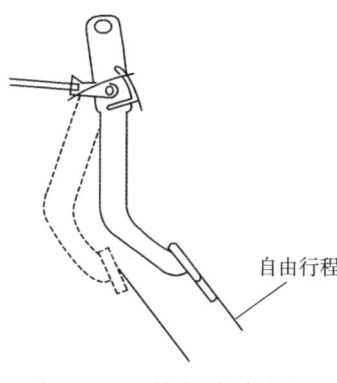

图 12-2-4 制动踏板自由行程

CA1092型汽车的自由行程为10～15mm。

② 调整。拆下制动阀拉臂与制动踏板拉杆的连接销；拧松调整螺钉的锁紧螺母；转动调整螺钉来调整上阀门排气间隙为1.2～1.4mm，旋入调整螺钉，排气间隙减少，则制动踏板自由行程缩小，反之则增大；调整合适后拧紧锁紧螺母。

二、气压制动传动装置的拆装与检修

（一）空气压缩机

空气压缩机的作用是产生压缩空气，是整个制动系统的动力源。按其缸数可分为单缸与双缸两种。

1. 空气压缩机的结构组成

如图12-2-5所示，空气压缩机主要由缸体、曲轴箱、曲轴、活塞、连杆、气缸盖总成、空气滤清器等组成。

气缸体由铸铁制成，下端用螺栓与曲轴箱连接，缸筒外圆铸有散热片。气缸盖用螺栓紧固于缸体的上端面，其间装有密封垫。缸盖上的进、排气室分别装有进气、排气阀，排气阀经管路与储气筒相通，进气阀经进气道与小空气滤清器相通，其上方装有卸荷装置。

压缩机的曲轴用两盘球轴承支承于曲轴箱前、后座孔内，前端与驱动皮带盘相连，由发动机的曲轴皮带盘通过三角带驱动。

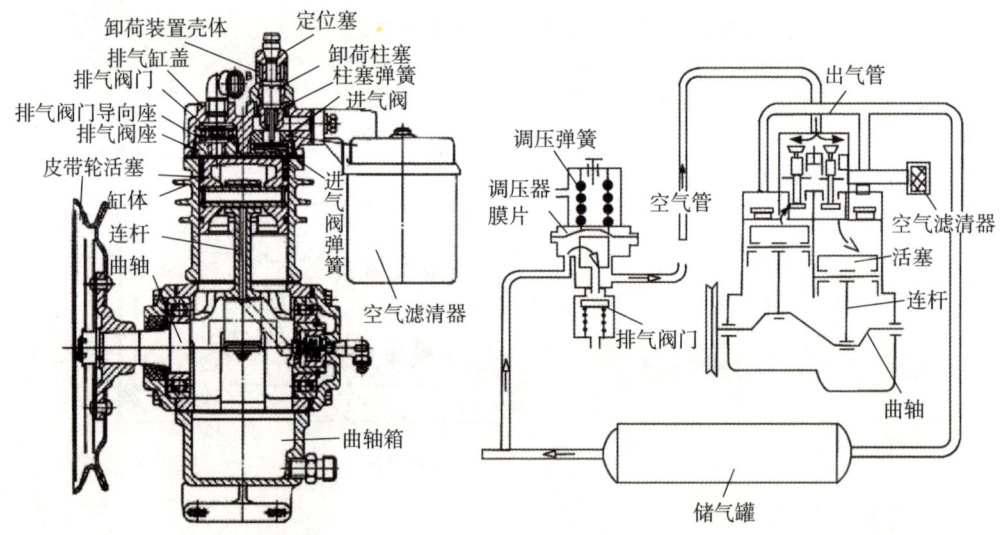

图12-2-5 空气压缩机结构　　图12-2-6 空气压缩机工作原理

2. 空气压缩机工作原理

如图12-2-6所示，当活塞自上止点下行时，吸开进气阀，外界空气即经空气滤清器、进气道、进气阀被吸入气缸。活塞上行时，进气阀在弹簧的作用下关闭，缸内空气即被压缩，压力升高。当压力升高到足以克服排气阀弹簧的张力与排气室内压缩空气的压力之和时，排气阀便开启，压缩空气经排气室和空气管送至储气罐。

3. 空气压缩机的检修

以东风EQ1090E型汽车单缸空气压缩机为例进行检修。

（1）拆卸

① 先拆下空气压缩机的进出油管接头及气接头，再拆下固定支架上的三个螺栓，将空气压缩机从发动机上取下；

② 将空气压缩机固定好，拆下缸盖总成和底板，解体连杆活塞组合件；

③ 拆下皮带轮及曲轴；

④ 拆下活塞销挡圈，压出活塞销。

（2）检修

① 空气压缩机工作时，不应有过量的润滑油窜入储气筒；

② 检查空气压缩机时应详细检查活塞与活塞环的磨损、后盖与油堵的密封、回油管是否畅通以及连杆大端与曲轴的轴向间隙等，根据发现的问题进行维修。

（3）安装

空气压缩机的装配按上述相反的顺序操作，并注意下列事项：

① 装配前必须清洗拆下的零件；

② 活塞环的缺口应相互错开；

③ 连杆活塞组的安装应注意方向；

④ 各螺栓的拧紧力矩必须符合要求。

（二）调压器

调压器是调节储气筒中压缩空气的压力，使之保持在规定的压力范围内，同时使空气压缩机能卸荷空转减少发动机的功率损失。

（三）制动控制阀

控制阀可控制从储气罐充入制动气室和挂车制动控制阀的压缩空气量，从而控制制动气室中的工作气压，并有渐进变化的随动作用，即保证制动气室的气压与踏板行程有一定的比例关系。

控制阀的检修

以东风 EQ1092 型汽车并列双腔膜片式制动控制阀为例进行检修。

（1）拆卸

① 从车上拆卸制动控制阀时，可先拆开制动控制阀与气管连接的螺母，拆掉拉臂与踏板拉杆的连接销，拆下制动控制阀与车架的连接螺栓、螺母以及制动开关接头上的导线，将制动控制阀从车上拆下。

② 解体制动控制阀时，可先拆下上体、下体的连接螺栓，卸掉拉臂与上体连接的拉臂轴，整个阀体即可解体。

③ 拧下柱塞座，松开螺母，拧下调整螺栓，即可解体下体。

④ 用卡簧钳卸掉挡圈，可将膜片总成解体。

（2）检修

制动控制阀在使用中最常见的损伤是密封不良、零件运动不灵活或调整不当等。拆检制动控制阀时可重点检查阀门与壳体接触的工作面是否有压伤痕迹；活塞上下运动是否灵活；制动阀上部挺杆运动是否灵活；橡胶零件是否老化和裂纹。

（3）安装

制动控制阀的装配按拆卸的相反顺序操作。

在制动控制阀的装配过程中，应进行必要的调整。并联双腔制动控制阀应进行以下调整。

① 排气间隙：在组装前、后两腔柱塞之前，用深度尺测量芯管到阀座平面之间的距离，前、后两腔的距离应相等，均为 1.5mm。若该间隙不符合要求，用拉臂上的调整螺钉进行调整，如图 12-2-9 所示。螺钉旋入芯管下移，排气间隙变小，则踏板的自由行程减小；反之，排气间隙变大。调整后，锁止调整螺钉。

② 最大制动压力：最大制动气压应为 539～589kPa。测量时，储气筒的压力应为 700～740kPa，此时制动拉臂应与壳体上调整螺钉接触。如果气压较低时，将壳体上的调整螺钉旋出，反复试验无误后，将锁紧螺母锁止。

③ 前、后腔的压力差：测量时，将压力表分别与前、后腔相通，踩下制动踏板至任一位置不动，旋转后腔调整弹簧的下弹簧座。旋入时，可使弹簧弹力增大，从而降低后腔的输出气压，应使后腔的输出气压比前腔低 9.8～39.3kPa。松开制动踏板，再踩到任一位置，如前后腔的压力差仍为上述数值，说明调整正确，最后将锁止螺母锁紧。

④ 制动控制阀装复后，应对制动阀的性能进行试验。串联双腔制动控制阀试验时，可在制动阀上、下进气口与储气筒之间各串入一个 1L 的容器和气压表，并用一个阀门控制气路的通断。首先通入压力为 70kPa 的压缩空气，待压力表的读数稳定后，将阀门关闭。此时只有串入的小容器中压缩空气与进气腔相通，压力表用来显示进气腔压力的变化。经 5min 试验后，气压表读数的降低不得大于 24.5kPa。否则，应检修或更换进气阀。打开阀门，使储气筒与制动控制阀相通，拉动制动拉臂至极限位置不动，然后关闭阀门，以小容器内的压缩空气检查两气腔的密封情况，在 5min 内，气压表读数降低不得大于 49kPa，否则应检查制动气室、芯管和排气阀是否漏气。

（四）制动气室

1. 制动气室的类型

制动气室的作用是把储气筒经过控制阀送来的压缩空气的压力转变为转动凸轮的机械力。常用的制动气室有膜片式和活塞式两种类型。

（1）膜片式制动气室

如图 12-2-7 和图 12-2-8 所示为东风 EQ1090E 型汽车采用的膜片式制动气室。夹布层橡胶膜片的周缘用卡箍夹紧在壳体和盖的凸缘之间。盖与膜片之间为工作腔，借橡胶软管与制动控制阀接出的钢管相通，膜片的右方与大气相通。弹簧通过焊接在推杆上的支承盘将膜片推到左极限位置。推杆的外端借连接叉与制动器的制动调整臂相连。

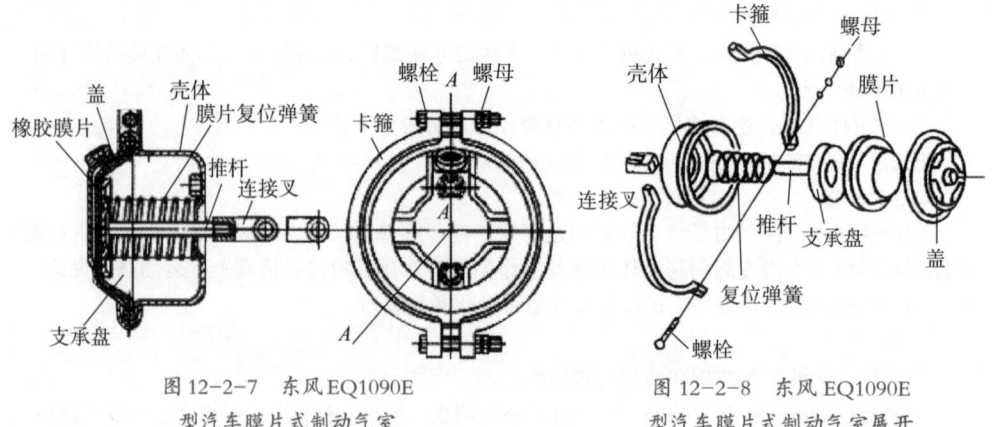

图 12-2-7 东风 EQ1090E 型汽车膜片式制动气室

图 12-2-8 东风 EQ1090E 型汽车膜片式制动气室展开

踩下制动踏板时，压缩空气自制动阀充入制动气室工作腔，使膜片向右拱，将推杆推出，使制动调整臂和制动凸轮转动而实现制动。放开制动踏板时，工作腔则经由制动阀的排气口通大气。膜片与推杆都在弹簧的作用下回位而解除制动。

（2）活塞式制动气室

如图12-2-9所示为JN1181C13型汽车前轮用的活塞式制动气室。冲压的壳体和盖用螺栓连接。活塞组件由活塞体、密封皮碗、密封圈、弹簧座和导向套筒等组成。推杆与活塞体接触的一端做成球头，因此其在轴向移动的同时还可以摆动。其工作情况与膜片式相同。

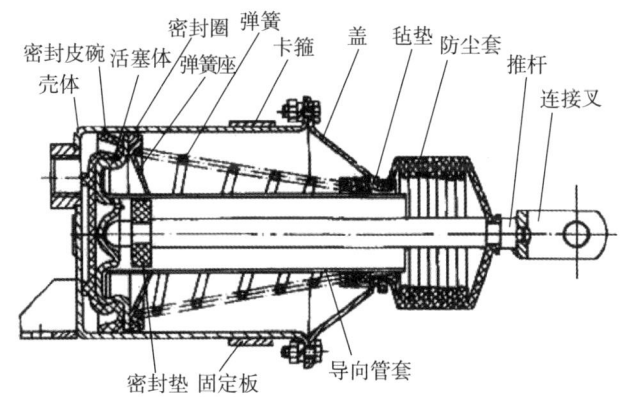

图12-2-9 JN1181C13型汽车前轮用的活塞式制动气室

2. 制动气室的检修

以东风EQ1092型汽车膜片式制动气室为例进行检修。

（1）拆卸

① 旋下推杆连接叉。
② 卸下制动气室外壳与外壳盖连接螺栓，将盖与壳分开。
③ 逐次顺序取出橡胶膜片、推杆总成及回位弹簧。

（2）检修

① 膜片如有裂纹、变形或老化等情况，应予以更换。
② 弹簧发现明显的变形或严重锈蚀，应予以更换。
③ 左、右制动气室的弹簧张力应一致，不合规定时，应予以调整。

（3）安装

膜片式制动气室的装配按拆卸相反的顺序操作，装配完成后，在气压为0.882MPa的作用下，不得有漏气现象。

（五）气压制动失效诊断

1. 汽车气压制动失效故障原因

① 空气压缩机损坏后不工作。
② 储气罐内无压缩空气。
③ 调压阀损坏后不能关闭。
④ 制动控制阀的进气阀不能打开，或排气阀不能关闭。
⑤ 气管堵塞，制动控制阀或制动气室膜片破裂漏气。

⑥制动踏板与制动控制阀拉臂脱节。

2. 汽车气压制动失效故障诊断与排除方法

① 首先检查储气罐内有无压缩空气。若无压缩空气，则应查找有无漏气之处。如无漏气之处，则为空气压缩机故障，应进行检修。

② 若空气压缩机工作正常，则应检查制动踏板与制动控制阀拉臂是否脱节，制动控制阀调整螺钉是否松动。如果上述情况都正常，则应拆检制动控制阀，并疏通气道。

第三节 液压制动传动装置

一、液压制动传动装置的拆装与检修

（一）液压制动系统的基本结构

液压制动系统主要由车轮制动器和液压传动机构组成。

车轮制动器主要由旋转部分、固定部分和调整机构组成。旋转部分是制动鼓；固定部分包括制动蹄和制动底板；调整机构由偏心支承销和调整凸轮组成，用于调整蹄鼓间隙。

液压传动机构主要由制动总泵、制动管路、制动分泵、制动液和制动软管组成，如图12-3-1所示。

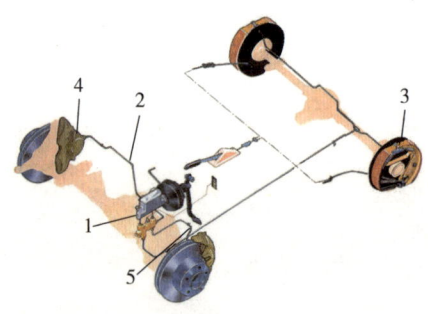

图12-3-1 液压传动机构的组成
1—制动总泵；2—制动管路；3—制动分泵；
4—制动液；5—制动软管。

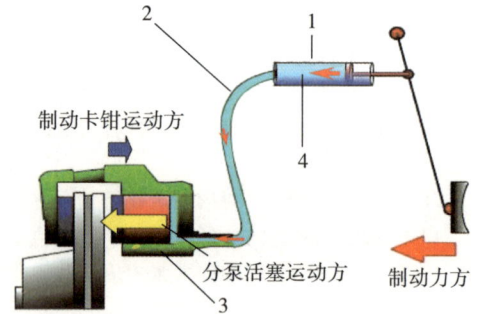

图12-3-2 液压制动机构的工作原理
1—制动总泵；2—制动管路；
3—制动分泵；4—制动液。

（二）液压制动系统的工作原理

制动系统不工作时，制动摩擦片与制动盘之间有间隙，车轮和制动盘可一起自由旋转。

制动时，要是汽车减速，脚踏下制动器踏板通过推杆和总泵活塞，使总泵油液在一定压力下流入分泵，并通过制动卡钳上的分泵活塞推动使制动摩擦片向制动盘一侧移动，同时制动卡钳反方向移动，使得内外两块摩擦片压紧在制动盘上，产生摩擦力矩。制动盘的转动受到阻力，从而产生制动器制动力，如图12-3-2所示。

当放开制动踏板时，内外两块制动蹄返回原位，制动力消失。

（三）液压制动回路

液压制动回路就是连接制动主缸与各个车轮制动轮缸的制动管路的布置形式。常见的液压制动回路有单回路、双回路两种。

1. 单回路液压制动管路

单回路液压制动管路是最简单的液压制动回路，同时也是最危险的地方。如果在该制动回路中发生泄漏，则车辆所有制动器都丧失制动能力，如图 12-3-3 所示。

2. 双回路液压制动管路

双回路液压制动管路的优点是每个制动回路都拥有各自独立的液压体系，即便一个回路出现了故障，另一个回路也能保持最低限度的制动效能。

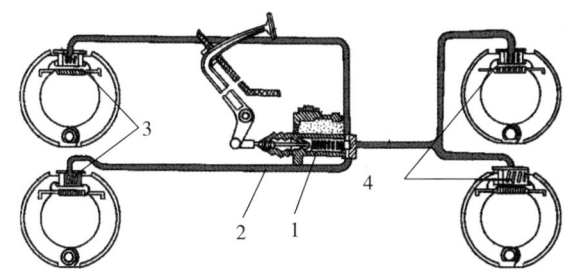

图 12-3-3　单回路液压制动管路
1—制动总泵；2—制动管路；3—前轮制动分泵；
4—后轮制动分泵。

常见类型有前后分开双液压回路（图 12-3-4）、交叉双液压回路（图 12-3-5）。

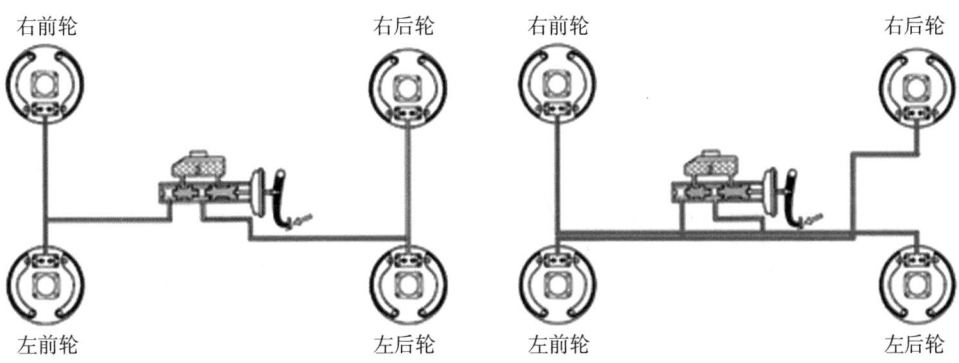

图 12-3-4　前后分开双液压回路　　　　图 12-3-5　交叉双液压回路

在前后分开双液压回路中，当一套管路失效时，另一套管路仍能保持低于正常时 50% 的制动效能。而在同样的情况下，交叉双液压回路则可以保持正常时 50% 的制动效能。

（四）液压制动系统主要部件的结构

1. 制动助力器

为了提高汽车的制动效能，减轻驾驶员的劳动强度，采用液压制动传动机构的汽车多数装有制动助力装置。

根据制动助力装置的力源不同可分为真空助力器和液压助力器两种。

轿车都采用真空助力器。

（1）真空助力器的结构

真空助力器安装在驾驶室前面的发动机隔板上，即制动踏板和制动总泵之间，如图12-3-6所示。利用发动机工作时进气管的负压，吸引橡胶膜片，并由此产生吸引力推动制动总泵的活塞。由于该助力的存在，使得踩下制动踏板更加轻便。

2. 制动总泵

（1）制动总泵的结构

制动总泵的作用是将驾驶员作用在制动踏板上的机械能转换成液压能，从而液压能通过管路再输给制动轮缸。

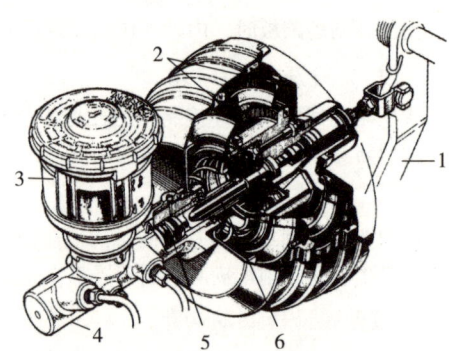

图12-3-6 真空助力器的安装位置
1—制动踏板；2—橡胶膜片；3—储液罐；
4—制动总泵；5—活塞；6—推杆

目前，制动总泵都采用双腔式，如图12-3-7所示。总泵有两个相互独立的腔：前腔与后轮制动器相连；后腔与前轮制动器相通。

（2）制动总泵的工作过程

① 制动总泵不工作时，自由状态下，即不踩刹车时，活塞在回位弹簧力下回位，补偿孔与旁通孔均保持开放，推杆与活塞之间有一间隙。

② 踏下制动踏板时，第一活塞前移，主皮碗盖遮住旁通孔，后腔封闭，液压建立；油液被压入前制动分泵轮缸，迫使第二活塞前移；主皮碗盖遮住旁通孔，前腔封闭，液压建立，向后制动分泵输液。

③ 释放制动踏板时，环形腔室内制动液经活塞顶部的小轴向孔，流入压油腔，以填补真空；同时，储液罐内制动液经补偿孔进入环形腔室，这样在活塞回位过程中避免空气侵入主缸。

（3）液位传感器

在储液罐内必须充装有适量的制动液。在储液罐盖上设置有液位传感器，如图12-3-8所示。

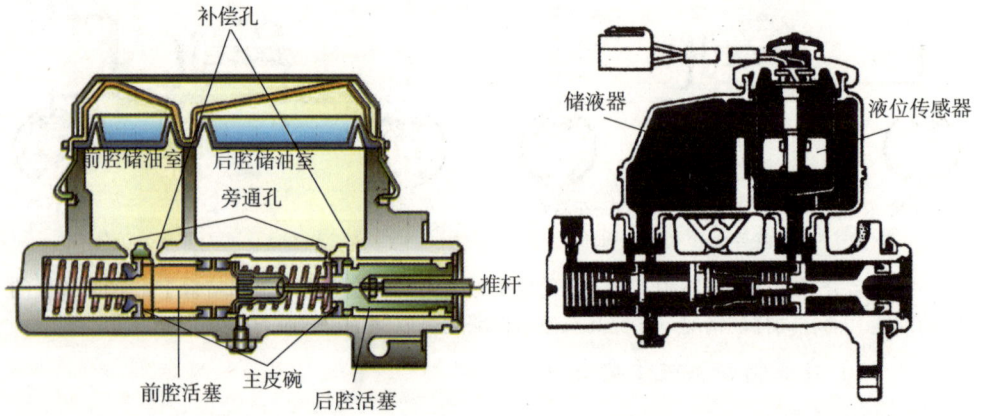

图12-3-7 制动总泵的结构　　图12-3-8 液位传感器

当储液罐中的制动液液面低于下限刻度时，就会自动开启报警开关，使仪表台上报警灯点亮，如图12-3-9所示。

3. 制动分泵

制动分泵的作用是将制动油压转变为使制动摩擦片定向移动的动力。常见型式有双活塞式、单活塞式两种。

（1）制动分泵的结构

① 单活塞式制动分泵，如图12-3-10所示。

② 双活塞式制动分泵，如图12-3-11所示。

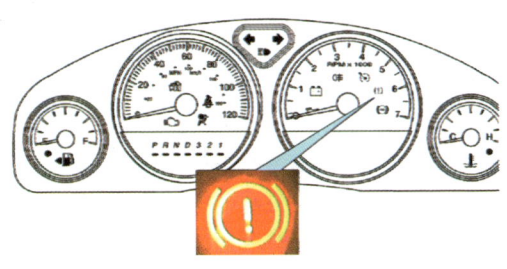

图12-3-9 制动液液位警告灯

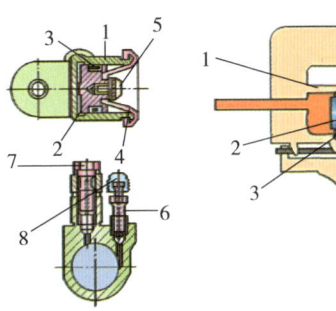

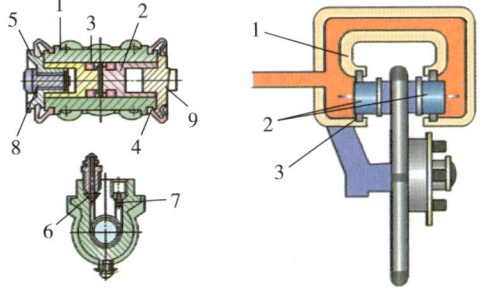

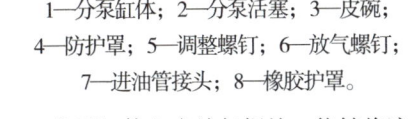

图12-3-10 单活塞制动分泵结构
1—分泵缸体；2—分泵活塞；3—皮碗；
4—防护罩；5—调整螺钉；6—放气螺钉；
7—进油管接头；8—橡胶护罩。

图12-3-11 双活塞式制动分泵结构图
1—分泵缸体；2—分泵活塞；3—皮碗；
4—防护罩；5—调整轮；6—放气螺钉；
7—进油管接头；8—顶块；9—支承盖。

分泵缸体上有放气螺栓，能够将液压制动系统内混入的空气排出，以保证制动灵敏可靠。

（2）制动分泵的工作过程

制动时，高压制动液进入两活塞间油腔，分泵活塞在制动压力作用下，沿着缸体向两侧移动，进而推动制动蹄张开，实现制动，如图12-3-12所示。

（五）液压制动系统的维护

液压制动系统的维护包括管路的检查、液压制动系统空气排放及制动踏板自由行程的调整。

1. 管路的检查

整个系统的管路、接头应无凹瘪、严重锈蚀、裂纹现象，连接应可靠无渗漏。金属管路用的管夹固定牢靠，不得与车架及其他部件相碰擦，在行车过程中不得产生较大振幅的振动。制动软管应无折叠，无脱皮、老化、膨胀等缺陷。否则应采取相应措施进行维修。

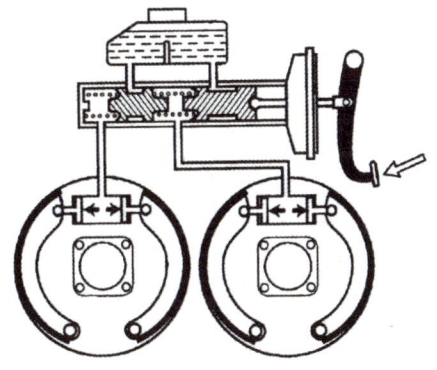

图12-3-12 制动分泵结构

2. 液压制动系统空气排放

液压制动系统在使用过程中或在维修后发现进入空气,应及时排气。放气时,将一根胶管套在放气螺钉上,胶管另一端插入一个玻璃瓶内。连续踩下制动踏板,在踏板升高后踩下并保持不动。拧松放气螺塞,制动液连同空气一起从胶管流入玻璃瓶内,待制动液排出后,拧紧放气螺塞。再重复以上放气几次,直至空气完全排出。排气应由远到近逐缸进行。排气时应随时检查制动主缸中的制动液面不可过低,否则空气会从制动主缸进入系统。

3. 制动踏板自由行程的调整

发动机熄火,踩制动踏板多次,以消除真空助力器内的残余真空。因为有真空度存在时,无法正确检查制动踏板的自由行程。踩下制动踏板,直至感到有阻力为止。测量该行程即为踏板自由行程,如图 12-3-13 所示。如果不符合要求,应改变主缸推杆的长度来进行调整。拧松推杆的锁紧螺母 1,转动推杆至符合规定,最后将锁紧螺母拧紧。

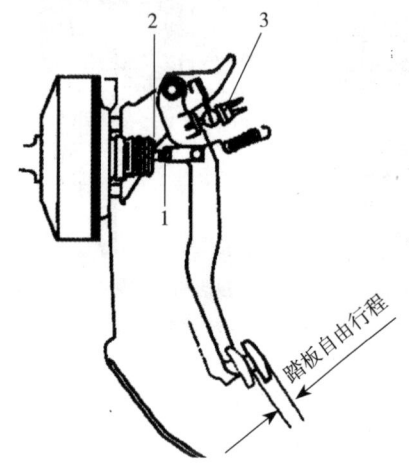

图 12-3-13 制动踏板自由行程的调整
1—锁紧螺母;2—推杆;3—制动灯开关。

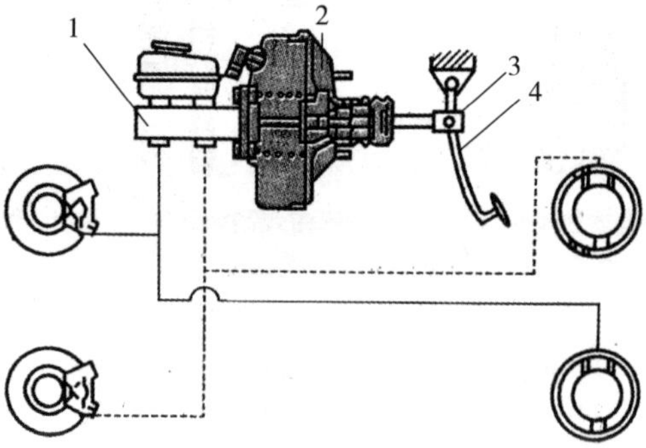

图 12-3-14 桑塔纳 LX 型轿车制动主缸与真空助力器结构
1—制动主缸;2—真空助力器;3—连接叉;4—制动踏板。

(六)液压制动传动装置主要部件的检修

1. 制动主缸与真空助力器的检修

桑塔纳 LX 型轿车采用的是对角布置的双管路液压制动系统,其制动主缸与真空助力器的结构,如图 12-3-14 所示。

在制动液充足的情况下,车辆制动性能不良,松开制动轮缸上的放气阀放气时出油无力,或车辆出现全轮制动卡滞现象,表明制动主缸损坏。使用中制动踏板沉重时,应检查真空助力器的工作性能。其方法是:发动机熄火后,用力踩动制动踏板数次,消除真空助力器中留有的真空,然后将制动踏板踩到一定位置保持不动,启动发动机,此时,应感到制动踏板有所下降,说明真空助力器良好,否则,表明真空助力器工作不良或失效。有条件时,也可用专用仪器对真空助力器进行检验。

2. 前轮缸的检修

(1) 轮缸的拆卸

① 放出制动液,取出制动钳体。

② 拆除制动软管，取下制动钳体及轮缸。
③ 在活塞对面垫上木块（以防损伤活塞），然后向轮缸进油口通入压缩空气，将活塞从缸筒中压出，如图 12-3-15 所示。
④ 从活塞上取下防尘罩，用螺钉旋具小心地从缸筒中取出密封圈。
（2）前轮轮缸主要零件的检修
活塞与缸筒配合面出现划痕、缸筒直径磨损超过 0.10mm 或缸筒与活塞的配合间隙大于 0.15mm 时，应更换制动钳总成。拆卸后，活塞密封圈及防尘罩应换用新件。
（3）前轮缸的安装
① 在活塞外表面及轮缸工作表面涂抹一层制动液，并将活塞密封圈装入缸筒的切槽中。
② 将防尘罩套装到活塞底部（注意安装方向），如图 12-3-16 所示。然后用螺钉旋具把防尘罩的内密封唇边压入缸筒的槽口内，如图 12-3-17 所示。

图 12-3-15　用压缩空气压出活塞

图 12-3-16　在活塞上安装防尘罩
1—防尘罩　2—活塞

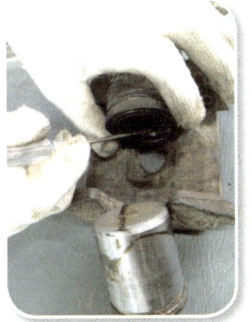

图 12-3-17　将防尘罩的唇边压入缸筒槽口中

③ 将活塞压入制动钳缸筒中。
④ 按拆卸的相反顺序将制动钳安装到车上。

3. 后轮缸的检修

（1）后轮缸的拆卸
① 放出制动液后，按照拆卸桑塔纳 LX 型轿车后轮制动器的方法拆除车轮、制动鼓及制动蹄。
② 拆下与后轮缸相连的制动管接头，拧下轮缸固定螺栓，从制动底板上取下制动轮缸。
③ 取下轮缸两端的防尘罩，如图 12-3-18 所示按顺序取出轮缸活塞、皮圈及弹簧。

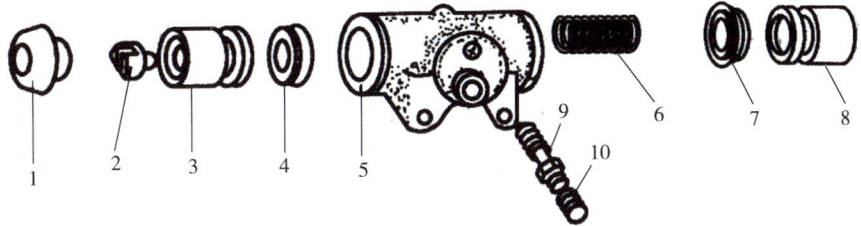

图 12-3-18　后轮缸的分解
1—护套；2—活塞顶块；3,8—活塞；4,7—皮碗；5—缸体；6—弹簧；9—放气螺钉；10—防尘罩。

（2）后轮缸主要零件的检修

橡胶防尘罩破裂、密封圈出现膨胀卡滞或磨损严重造成轮缸漏油时，均应换用新件。缸筒磨损超过 0.08mm 或缸筒与活塞配合面出现划痕及锈蚀时，应更换轮缸总成。

（3）后轮缸的装配

① 将皮圈安装到活塞上（刃口向内），并在活塞及皮圈表面涂抹一层制动液油，然后将弹簧、轮缸活塞及防尘罩依次安装到缸筒中。

② 将后轮缸安装在制动底板上，并接好制动管路。

二、制动液的检查与更换

（一）制动液

制动液，又叫刹车油，是汽车液压制动系统中传递制动压力的液态介质。

制动液的优劣直接影响汽车行驶中的安全。

1. 制动液的规格

制动液如机油一样，也有等级之分。目前常见的有 DOT3（图 12-3-19）、DOT4（图 12-3-20）、DOT5（图 12-3-21）。

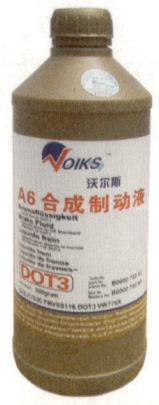

图 12-3-19　DOT3

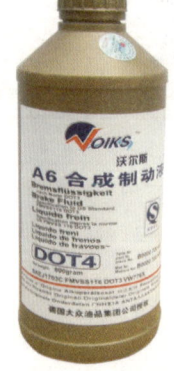

图 12-3-20　DOT4

图 12-3-21　DOT5

DOT 是美国汽车安全标准规定标称，其数字越大，级别越高。DOT 3 与 DOT 4 的不同之处主要在于沸点不同，DOT 4 比 DOT 3 更耐高温。制动液沸点见表 12-3-1 所列。

表 12-3-1　制动液沸点

工作情况	DOT 3	DOT 4
干	205°C 以上	230°C 以上
湿	140°C 以上	155°C 以上

2. 制动储液罐液面高度

制动液面必须达到标准，一般应处于储液罐最高与最低标记之间，如图 12-3-22 所示。

正确的液面高度应在储液罐的上限（MAX）和下限（MIN）标线之间。若制动液面过低，应向储液罐内加入制动液至上限位置。若行驶中制动液面过低报警灯（图 12-3-23）发亮时，应立即添加制动液。

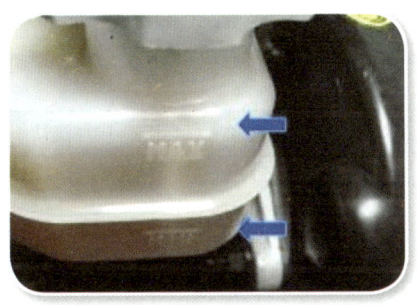

图 12-3-22 制动储液罐液液面高度

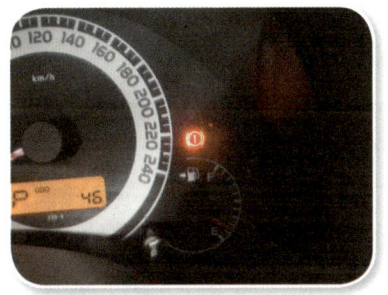

图 12-3-23 制动液液位警告灯（丰田卡罗拉）

4. 制动液缺少的原因

随着车辆使用，制动总泵储液罐会发生制动液缺少现象。其主要原因有以下三点。

① 正常挥发，导致制动液缺少。

② 制动摩擦材料的磨损，导致液压管路中制动液量的增加。

现代汽车都装有摩擦片自动调整机构，该机构可自动调整片与盘之间的间隙。因此，在使用过程中，制动液面可能略有下降，这种情况属于正常现象。

③ 制动管路发生泄漏，导致制动液缺少。

若短期内液面明显下降或降至最低标志以下，则表明制动系统内出现泄漏，此时，应立即进行检修。导致漏制动液的原因也有很多，如管路老化、制动分泵、总泵、分配阀、储液罐泄漏等。

（二）要更换制动液原因

1. 制动液在使用中易变质

车辆制动时，会有大量的热量传给制动液。长期处于这种高温条件下，制动液发生氧化变质，失去原有性能，是无法避免的。严重时会导致液压制动系统制动能力下降与丧失。

制动液色泽慢慢变化，就是制动液在变质，如图 12-3-24 所示。

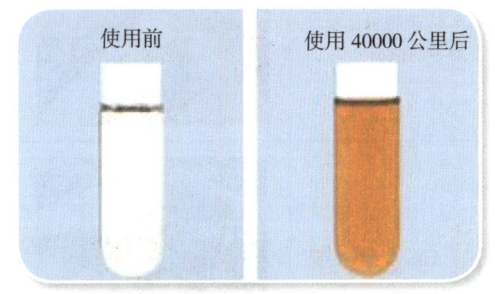

图 12-3-24 使用前后的制动液对比

2. 制动液的吸湿性

制动液具有较强的吸湿性：吸纳周围环境中的水分。

随着时间的推移，在制动液中积累的水分越来越多，沸点越来越低。如遭遇频繁制动，制动液温度上升，很可能会导致制动液沸腾，并产生气泡。另外，制动液中的水分会对制动总泵、分泵的缸体和活塞造成腐蚀，造成总泵泄漏、分泵咬死。

因此，应避免制动液长时间暴露在空气中，及时盖上制动储液罐密封盖。

3. 制动液的腐蚀性

制动液是腐蚀性液体，严禁接触人体和汽车漆面，如果接触必须即刻清洗干净。

4. 制动液更换周期

汽车生产厂家规定的制动液更换周期都有规定，一般为 2 年或车辆行驶 40000 公里。

（三）制动液的检查与更换操作

1. 制动液的检查与添加

作业内容	图解	具体操作方法及要求	完成确认
1. 打开发动机舱盖		（1）将车辆停放在水平路面上 （2）打开发动机舱盖，并正确支承	
2. 安装前格栅布		安装前格栅布	
3. 检查制动液液面高度		使用工作灯或手电筒，检查制动总泵储液罐内制动液液面高度是否在 MAX 和 MIN 标线之间	
4. 检查制动总泵及管路		制动液添加的前提条件：经检查发现制动总泵储液罐内制动液液面高度明显低于 MAX 标线 检查制动总泵及制动管、软管是否有泄漏	
5. 检查防抱死（ABS）系统管路	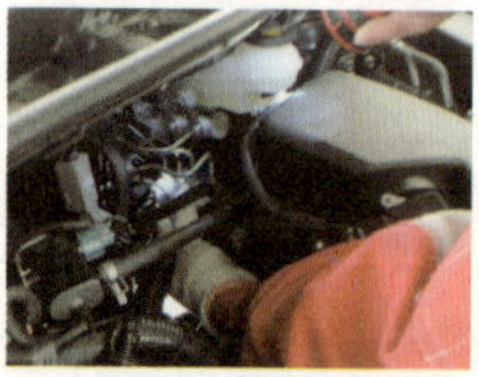	检查制动系统是否有泄漏	
6. 将车辆举升至高位		操作举升机，将车辆举升至高位 注意：举升前，必须检查车辆在举升机上停放的稳定性	
7. 检查底盘的制动管路		检查底盘的制动路是否有泄漏	

续表

作业内容	图解	具体操作方法及要求	完成确认
8.检查前轮、后轮制动分泵、管路		检查前轮、后轮制动分泵及管路是否有泄漏	
9.打开储液罐的密封盖		打开制动总泵储液罐的密封盖	
10.添加制动液		（1）添加制动液 （2）确认制动液量未超过上限MAX刻线 （3）迅速盖上制动总泵储液罐的密封盖 注意：制动液具有较强吸湿性。长时间打开储液罐的密封盖，会导致制动液变质	
11.整理作业工位		（1）收回前格栅布，关闭发动机舱盖 （2）垃圾分类 （3）清洁、整理工具车、工作台 （4）清洁车辆、场地	

2. 制动液的更换

要想顺利完成本任务，需三位同学进行配合，如图 12-3-25 所示。

1 号同学在车内负责踩制动踏板。

2 号同学在车下负责放制动液。

3 号同学负责向制动储液罐内添加制动液。

图 12-3-25　1 号、2 号、3 号三位同学的作业位置

作业内容	图解	具体操作方法及要求	完成确认
1. 操作举升机	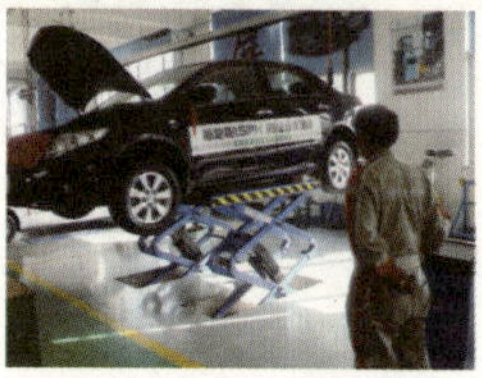	（1）1号同学进入驾驶室内 （2）2号同学打开发动机舱盖，安装前格栅布 （3）3号同学打开制动总泵储液罐的密封盖，并准备好新的制动液 （4）2号同学操作举升机，将车辆举升至中位 注意：举升前，必须检查车辆在举升机上停放的稳定性	
2. 将制动液收集器安装到四个制动分泵		2号同学在四个制动分泵放气阀上各安装一个制动液收集器	
3. 松开四个制动分泵的放气阀	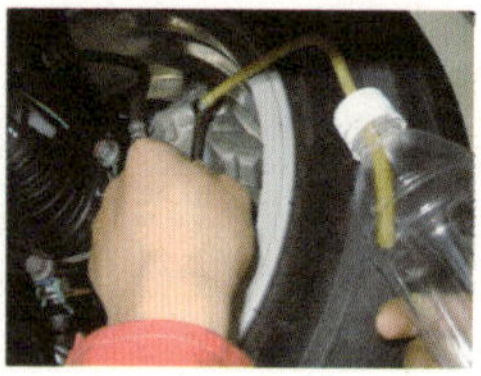	使用工具（8#和10#油管扳手）拧松四个制动分泵的放气阀。完成操作后，并告知1号同学	
4. 启动发动机，连续踩下制动踏板		（1）1号同学启动发动机，连续踩下制动踏板 （2）2号同学观察放气阀的出油情况，直到制动液不再流出。告知1号同学踩住制动踏板 （3）2号同学分别拧紧四个制动分泵上的放气阀	
5. 加注新制动液	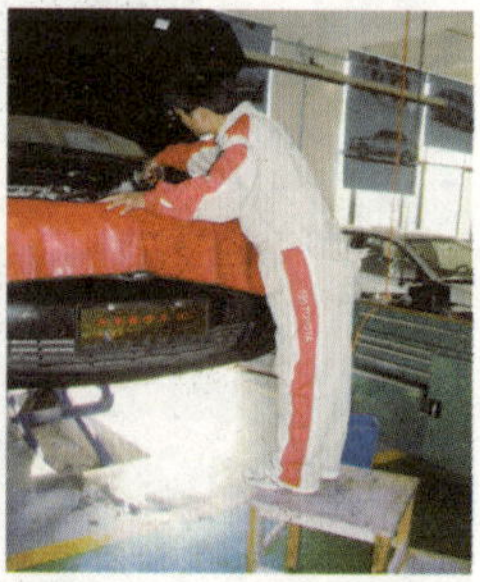	3号同学向制动总泵储液罐内加注适量新制动液	

续表

作业内容	图解	具体操作方法及要求	完成确认
6.制动管路排放空气	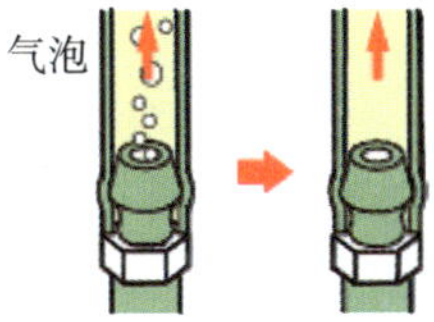 气泡	（1）1号同学连续踩下制动踏板5~6次，然后踩住不放，同时按喇叭鸣笛 （2）2号同学立刻拧松右后轮制动分泵空气阀，排出空气，再瞬间拧紧；并告知1号同学 （3）如此重复（1）、（2）项动作，直至制动液从空气阀以直线射出（喷油强劲且无气泡产生）为止 注意：1号、2号两同学的配合非常重要：制动踏板未踩住，不得拧松空气阀；空气阀未拧紧，不得松开制动踏板 （4）3号同学在储液罐内制动液缺少后，适时加注适量新制动液 （5）排放空气的顺序是：右后轮—左后轮—右前轮—左前轮 （6）3号同学补充制动液时，液量不得超过MAX刻线	
7.制动管路排放空气后检查		（1）1号同学连续踩下制动踏板5~6次，然后踩住不放，同时按喇叭鸣笛 （2）2号同学检查四个放气阀是否存在泄漏现象，同时使用油管扳手检查放气阀是否拧紧 （3）装好空气阀防尘套 （4）残余制动液的清洁：用清水清洁溅在轮胎、车身以及皮肤上的制动液 注意：制动液具有较强腐蚀性	
8.整理作业工位	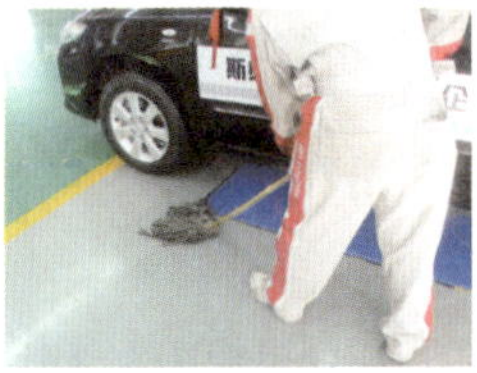	（1）收回前格栅布，关闭发动机舱盖 （2）垃圾分类 （3）清洁、整理工具车、工作台 （4）清洁车辆、场地	

第四节 ABS系统

一、ABS结构认知

ABS既有普通制动系统的制动功能，又能防止车轮抱死，使汽车在制动状态下仍能转向，保证汽车的制动方向稳定性，防止产生侧滑和跑偏，是目前汽车上最先进、制动效果最佳的制动装置。近年来由于汽车消费者对安全的日益重视，大部分的车都已将ABS列为标准配备。ABS性能对比请扫二维码。

（一）滑移率

汽车匀速行驶时，实际车速与车轮滚动的圆周速度（也称车轮速度）是相同的。在驾驶员踩制动踏板使车轮的轮速降低时，车轮滚动的圆周速度（轮胎胎面在路面上移动的速度）也随之降低，但由于汽车自身的惯性，汽车的实际车速与车轮的速度不再相等，使车速与轮速之间产生一个速度差。此时，轮胎与路面之间产生相对滑移现象，其滑移程度用滑称率表示。

1. 滑移率的计算

普通制动装置工作时：紧急制动时都会看到在水泥地面上有拖印，一般用滑移率（S_b）来表示制动过程中滑动成分有多少。

滑移率： $S_b=(V-r\omega)/V$

式中 V——车速；

r——车轮的半径；

ω——车轮的转速。

2. 制动时车轮的运动状态

汽车制动过程中轮胎的运动要经历纯滚动、边滚边滑、抱死拖滑三个阶段，如图12-4-1所示。

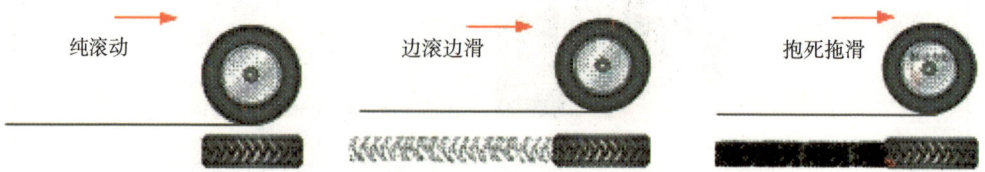

图12-4-1 制动时车轮的运动状态

① 纯滚动过程：路面印痕与胎面花纹基本一致。车速 $V=$ 轮速 $r\omega$，$S_b=0$。

② 边滚边滑过程：路面印痕可以辨认出轮胎花纹，但花纹逐渐模糊。车速 $V>$ 轮速 $r\omega$，$0<S_b<100\%$。

（3）抱死拖滑过程：路面印痕粗黑。轮速 $r\omega=0$，$S_b=100\%$。

3. 汽车行驶对滑移率的要求

① 在干燥硬实路面 $S_b=15\% \sim 30\%$，轮胎与地面的纵向附着系数最大。

② 在冰雪等湿滑路面上时：$S_b=25\% \sim 50\%$，轮胎与地面的纵向附着系数最大。

③ 当 $S_b=100\%$ 时纵向附着系数比其他滑移率情况下降低 $20\% \sim 30\%$。且横向附着系数

几乎为0，丧失了抵抗外界的横向力。

④ 当 S_b=15%～25% 时，有最大的纵向附着系数和横向附着系数，车轮既能获得最大的制动力，又具有较强的抗侧滑能力，可获得最佳的制动效果。

（二）ABS 的组成和工作原理

1. ABS 的组成

通常，ABS 是在普通制动系统的基础上加装车轮速度传感器、ABS 电控单元、制动压力调节装置及制动控制电路等组成的，如图 12-4-2 所示。

2. ABS 的工作原理

制动过程中，ABS 电控单元不断地从前后轮轮速传感器获取车轮速度信号，并加以处理，分析是否有车轮即将抱死拖滑。然后电控单元根据各速度传感器送来的车速信号，向执行机构制动压力调节机构发出指示，调节各轮制动力的大小，以保证各轮都能获得最佳的制动力。

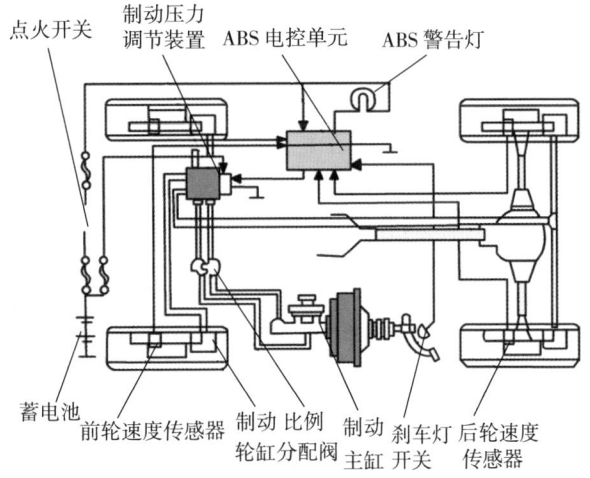

图 12-4-2　ABS 的组成

ABS 的工作过程可分为常规制动、保压制动、减压制动和增压制动等过程。

（1）常规制动过程

如图 12-4-3 所示，在常规制动过程中，ABS 系统不工作，输入与输出阀线圈中无电流通过，输入阀打开，输出阀关闭，电磁阀处于"升压"位置。此时制动主缸与制动器轮缸相通，由制动主缸来的制动液直接进入轮缸，轮缸压力随主缸压力的升高而升高。

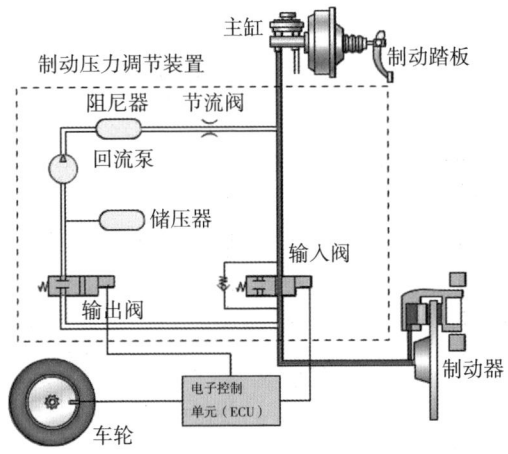

图 12-4-3　常规制动过程

（2）保压制动过程

如图12-4-4所示，当车轮滑移率S_b在15%～25%，ABS系统工作，输入阀线圈中有电流通过而关闭，输出阀线圈中无电流通过也关闭，两电磁阀处于"保压"位置。此时制动主缸与制动器轮缸不通，由制动主缸来的制动液无法进入轮缸，轮缸制动液保持不变，轮缸压力也保持不变。

（3）减压制动过程

如图12-4-5所示，当车轮滑移率$S_b > 25\%$时，ABS系统工作，输入阀线圈中有电流通过而关闭，输出阀线圈中有电通过而打开，两电磁阀处于"减压"位置。此时制动主缸与制动器轮缸不通，由制动主缸来的制动液无法进入轮缸。轮缸与储压器相通，轮缸中的制动液一部分流回储压器，并经回油泵流回主缸，轮缸制动液减少，轮缸压力也相应减少。

（4）增压制动过程

当车轮滑移率$S_b < 15\%$时，ABS工作，增大制动压力，其增压过程与常规制动过程相同。ABS制动过程请扫二维码。

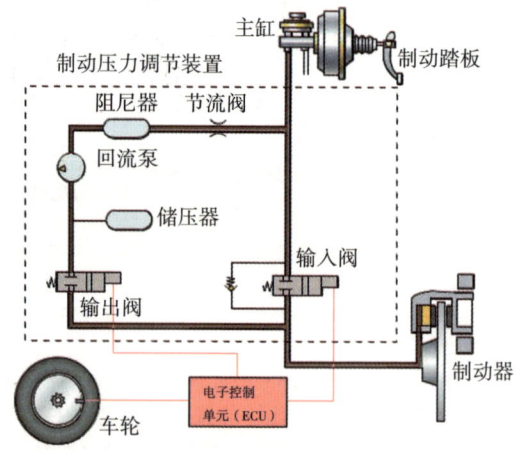

图12-4-4 保压制动过程

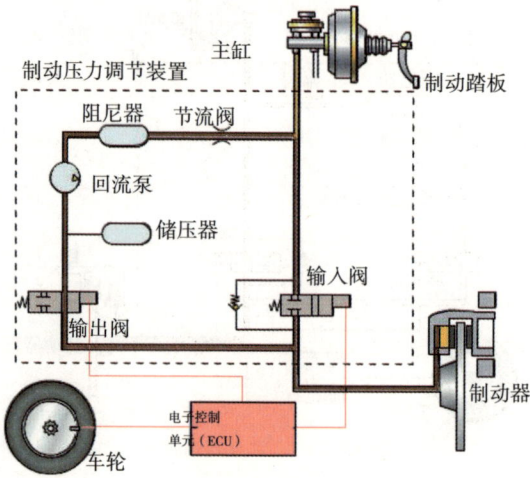

图12-4-5 减压制动过程

（三）ABS 的控制布置分布及控制通道

ABS 中，能够独立进行制动压力调节的制动管路称为控制通道。按照控制通道数目的不同，ABS 系统分为四通道、三通道、二通道和一通道四种形式，而其布置形式却多种多样，目前使用较多的为四通道控制形式。

为了对四个车轮的制动压力进行独立控制，在每个车轮上各安装一个转速传感器，并在通往各制动轮缸的制动管路中各设置一个制动压力调节分通道，如图 12-4-6 所示。

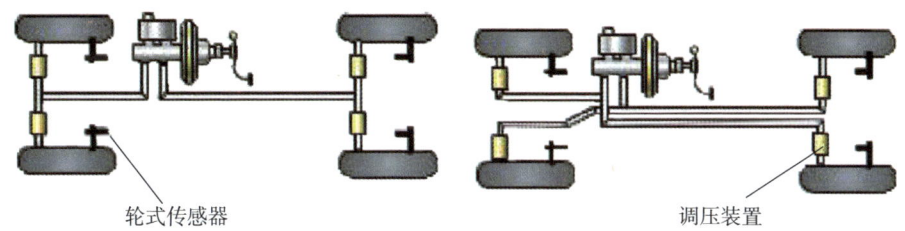

图 12-4-6　ABS 四通道控制形式

（四）ABS 的特点

① 缩短了制动距离。当控制 S_b=15%～25% 之间，地面的附着力最大，从而缩短了制动距离。

② 提高了制动稳定性。ABS 避免了车轮制动时车轮抱死情况下出现的侧滑、摆尾、掉头等情况。

③ 具有故障自诊断能力。在 ABS 出现故障后，能自动切断防抱死制动装置，恢复普通的制动装置工作。

（五）ABS 的维护

1. 传感器的维护

（1）传感器维护

① 关闭点火开关，拆下车轮，检查传感器安装有无松动；传感头和齿圈是否吸有磁性物质和污垢；传感器导线是否破损、老化；插接器是否连接牢固和接触良好，如有锈蚀、脏污，应清除，并涂少量防护剂，然后重新将导线插入连接器，再进行检测。

② 传感头与齿圈齿顶端面之间间隙可用无磁性厚薄规或合适的硬纸片检查。传感头和转子之间的间隙应为 0.3~1.1mm，如图 12-4-7 所示。

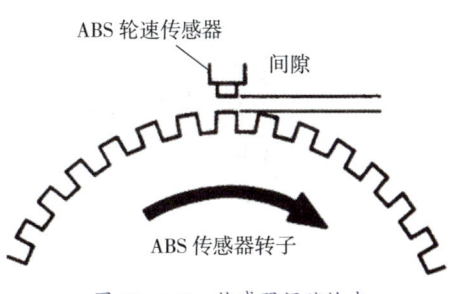

图 12-4-7　传感器间隙检查

（2）齿圈的维护

① 齿圈与车轮旋转件之间应装配牢靠，不得有松动。

② 齿圈若磁化严重，应进行退磁处理或更换。

2. ECU 的维护

控制器是 ABS 的核心部件。但出于技术保密的考虑，控制器又是不可修复件。有的控制器，只要打开，就会损坏。因此，日常对控制器的维护就显得十分重要。要特别注意的是：

① 装夹牢靠；
② 避免碰撞；
③ 避免高、低温冲击；
④ 避免雨水、灰尘侵蚀；
⑤ 插座与插头连接牢固；
⑥ 在进行焊接操作时注意将 ECU 线束拔下。

3. ABS 导线的维护

ABS 的导线及其联络要保证 ABS 有良好的抗外界电磁场干扰的能力，为了便于使用，ABS 的导线颜色也有严格的区分规定。因此导线不可随意更改，特别是控制器与传感器间的导线要有一定的屏蔽作用，更不可随意更改。ABS 导线不得松脱、碰伤、插头连接要牢固。

二、ABS 轮速传感器的检查与更换

车轮速度传感器的作用是接受车速传感器输送的车速信号，并将车速信号转换成电信号传送到电控单元。

优点是输出信号幅值不受转速影响；频率响应高；抗电磁干扰能力强。

（二）ABS 轮速传感器的检查与更换

作业内容	图解	具体操作方法及要求	完成确认
1. 准备好相关的工作		车辆进入工位前，将工位卫生清理干净，排除障碍物，准备好相关的工具、物品、耗材等	
2. 拉紧驻车制动装置		将车辆停放在举升机的中央位置，拉紧驻车制动装置，并将变速器置于空挡。再将转向盘套、换挡手柄套、座椅套、地板垫进行安装，铺设	
3. 操纵举升机		将举升机上的车辆举升到离地适当的高度。拔下轮速传感器导线插头。并从减振器卡箍内脱出传感器线束。（注意：拔插轮速传感器导线插头时应关闭点火开关，防止损坏电控单元；拔轮速传感器导线插头时严禁使用一字旋具等类似工具进行撬动，防止损坏插头和电器元件）	

续表

作业内容	图解	具体操作方法及要求	完成确认
4. 拆卸传感器		用内六角扳手拧松轮速传感器的固定螺栓。取出固定螺栓后，用手转动拔出轮速传感器，并将工具以及轮速传感器放好。（注意：轮速传感器应放好，否则会损坏轮速传感器）	
5. 万用表	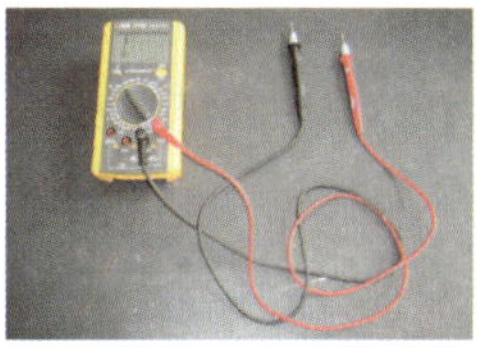	用万用表测量轮速传感器的感应线圈的电阻值（注意：电阻值应为 $1.0 \sim 1.3 \mathrm{k}\Omega$，如测量值不在规定范围内，更换轮速传感器）	
6. 轮速传感器		将轮速传感器的传感头用棉布擦干净，以防止传感头脏污会影响轮速传感器的感应灵敏度和输出电压信号失准	
7. 安装传感器	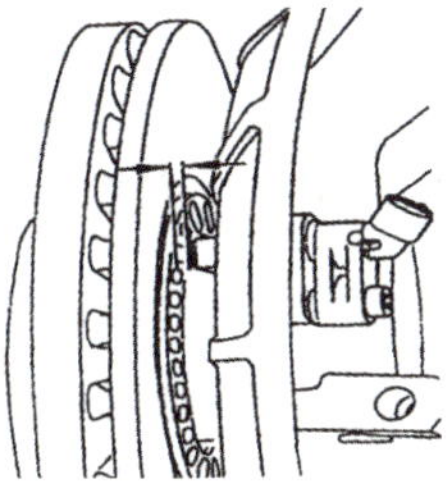	将轮速传感器插入转向节上的轮速传感器孔中。用手旋入轮速传感器固定螺栓，用内六角扳手拧紧螺栓（力矩为 $10\mathrm{N} \cdot \mathrm{m}$），最后将传感器插头插到插座上。放下举升机，清理工具、仪器，清洁场地	

参考文献

[1] 左适够. 汽车发动机构造与维修 [M]. 4版. 北京：人民交通出版社，2020.

[2] 谢伟钢，张伟. 汽车发动机构造与维修（配实训任务书）[M]. 北京：机械工业出版社，2020.

[3] 李庆军，王月雷. 汽车发动机构造与维修 [M]. 2版. 北京：机械工业出版社，2020.

[4] 王会，刘朝红. 汽车发动机构造与维修 [M]. 3版. 北京：人民交通出版社，2019.

[5] 朱方新. 汽车发动机构造与维修 [M]. 南京：江苏凤凰教育出版社，2020.

[6] 胡胜. 汽车发动机构造与维修 [M]. 3版. 北京：机械工业出版社，2019.

[7] 李强，杨金玉. 汽车发动机构造与维修 [M]. 北京：人民交通出版社，2019.

[8] 刘贵森. 汽车发动机构造与维修 [M]. 2版. 北京：中国劳动社会保障出版社，2019.

[9] 高洁. 汽车发动机构造与维修 [M]. 上海：上海交通大学出版社，2015.

[10] 陈家瑞. 汽车构造（下册）[M]. 北京：机械工业出版社，2005.

[11] 周林福. 汽车底盘构造与维修 [M]. 北京：人民交通出版社，2011.

[12] 陈社会. 汽车底盘理实一体化教材 [M]. 北京：人民交通出版社，2011.

[13] 蒋红枫. 汽车构造与拆装（底盘部分）[M]. 北京：机械工业出版社，2015.

[14] 王征. 汽车行驶与转向系统检修 [M]. 北京：机械工业出版社，2014.

[15] 黄关山. 汽车悬架及转向系统维修 [M]. 北京：人民交通出版社，2011.

[16] 关文达. 汽车构造 [M]. 北京：机械工业出版社，2004.

[17] 卢永胜. 汽车底盘构造与维修 [M]. 南京：江苏教育出版社，2004.